古代歷史文化研究輯刊

十七編

王明蓀 主編

第 4 冊

北魏與南齊、南梁戰略關係研究（中）

蔡金仁 著

國家圖書館出版品預行編目資料

北魏與南齊、南梁戰略關係研究（中）／蔡金仁 著 — 初版 —
新北市：花木蘭文化出版社，2017〔民 106〕
目 12+250 面；19×26 公分
（古代歷史文化研究輯刊 十七編；第 4 冊）
ISBN 978-986-404-944-8（精裝）
1. 戰略 2. 魏晉南北朝史
618   106001379

ISBN-978-986-404-944-8

9 789864 049448

古代歷史文化研究輯刊
十七編　第四冊　　　　　　　ISBN：978-986-404-944-8

北魏與南齊、南梁戰略關係研究（中）

作　　者　蔡金仁
主　　編　王明蓀
總 編 輯　杜潔祥
副總編輯　楊嘉樂
編　　輯　許郁翎、王筑　美術編輯　陳逸婷
出　　版　花木蘭文化出版社
社　　長　高小娟
聯絡地址　235 新北市中和區中安街七二號十三樓
　　　　　電話：02-2923-1455 ／傳真：02-2923-1452
網　　址　http://www.huamulan.tw 信箱 hml 810518@gmail.com
印　　刷　普羅文化出版廣告事業
初　　版　2017 年 3 月
全書字數　684234 字
定　　價　十七編 34 冊（精裝）台幣 68,000 元　　　版權所有・請勿翻印

北魏與南齊、南梁戰略關係研究(中)

蔡金仁 著

圖表目錄

第五章 攻勢與守勢兼具
——魏宣武帝前期與南梁之戰略關係（499～504）

　　南齊因東昏侯暴虐統治，隨意誅殺朝臣，國祚不過短短二十四年即告終，南朝漢人政權由南梁取代南齊，南梁由同樣出身蘭陵蕭氏的蕭衍所建。502 年（魏景明三年、梁天監元年）四月，已掌握中外大權的蕭衍，見時機成熟，遂廢傀儡皇帝齊和帝為巴陵王，自即皇帝位，是為梁武帝，建國號為「梁」，史稱南梁或蕭梁。南朝發生齊亡梁興的政治巨變，同一時期北魏政治也產生變化，魏宣武帝在蕭衍篡南齊的前一年正月親政，雖未如南方改朝換代般的劇烈變動，但是在政治上的影響也不小。南梁建立後，雖然北魏南方之敵由南齊轉為南梁，但南北對峙的基本戰略態勢未變，仍是北強南弱局面。而魏宣武帝對南梁的戰略態度基本上與其父魏孝文帝沒有太大差別，均持積極進取的心態，加上他不過十九歲，年輕積極，企圖心旺盛，當然也有完成南北統一的雄心壯志，故不斷對南方用兵。至於梁武帝，在南齊時就轉戰南北，戰功彪炳，多年戎馬生涯使他對戰爭並不畏懼，於是在南北兩位君主皆不畏戰的情況下，雙方衝突不斷，使北魏與南梁的戰爭成為長達十三年的戰爭。

第一節　戰略環境分析

　　北魏和南梁爆發首次大規模衝突是在 503 年（魏景明四年、梁天監二年）十月，在此之前雙方已發生多次接觸戰，但規模不大，魏宣武帝和梁武帝都

能克制。但是此時魏宣武帝親政已近三年，政事運作熟稔；南梁建立亦已一年半，梁武帝統治基礎穩固，於是在內部逐漸鞏固的情形下，南北兩位君主對外均思有所作為，因此對雙方軍隊衝突不再約束，大規模戰爭於焉爆發。

一、南梁取代南齊

　　崔慧景之亂初起時聲勢浩大，500 年（魏景明元年、齊永元二年）三月「甲子，慧景入京師，宮內據城拒守。」〔註1〕南齊朝廷幾乎束手無策，幸賴「豫州刺史蕭懿起義救援。夏四月癸酉，慧景棄眾走，斬首。」〔註2〕崔慧景亂事能夠平定，東昏侯政權得以苟延殘喘一年半，蕭懿實居首功，若崔慧景攻入皇宮，東昏侯恐怕早已遭弒殺。蕭懿因功封為尚書令，但東昏侯猜忌性格依舊，六個月後，「冬十月己卯，害尚書令蕭懿。」〔註3〕蕭懿被殺，激起其三弟雍州刺史蕭衍憤慨，二個月後起兵反齊，「十二月，雍州刺史梁王（蕭衍）起義兵於襄陽。」〔註4〕其實在蕭懿率兵赴建康勤王時，蕭衍曾規勸：〔註5〕

> 若賊滅之後，仍勒兵入宮，行伊、霍故事，此萬世一時。若不欲爾，
> 便放表還歷陽，託以外拒為事，則威振內外，誰敢不從！一朝放兵，
> 受其厚爵，高而無民，必生後悔。

由此可看出蕭衍對東昏侯已有不臣之心，勸其兄蕭懿行廢立之事，若不願採此積極作法，也應回任豫州刺史，領軍出鎮在外，即便遭東昏侯猜忌，至少兵權在身可保無虞，一旦釋出兵權，只能任人宰割。蕭衍的析論可謂一針見血，依照東昏侯隨意誅殺大臣的殘暴個性，提醒蕭懿自保之道。可惜蕭懿對忠君思想過於執著，未聽蕭衍建議，不但未帶兵入宮廢東昏侯，也未請求繼續領軍出鎮，反而接受尚書令新職，之後發展果如蕭衍所料，東昏侯不久後即誅殺未有兵權在身的蕭懿。

　　蕭衍的謀反之心在東昏侯即位之初即已顯露，當時「六貴」用事導致政治昏暗，蕭衍認為東昏侯「在東宮本無令譽，媟近左右，蜂目忍人，一總萬

〔註1〕《南齊書》卷7〈東昏侯紀〉，頁100。
〔註2〕《南齊書》卷7〈東昏侯紀〉，頁100。
〔註3〕《南齊書》卷7〈東昏侯紀〉，頁100。
〔註4〕《南齊書》卷7〈東昏侯紀〉，頁101。
〔註5〕《資治通鑑》卷143〈齊紀九〉，東昏侯永元二年，頁4472。

機，恣其所欲，豈肯虛坐主諾，委政朝臣。積相嫌貳，必大誅戮。」〔註6〕蕭衍研判南齊朝廷將有殺戮之事，當時蕭「懿罷益州還，仍行郢州事。」〔註7〕所以遣從舅張弘策至郢州向蕭懿獻策：〔註8〕

> 今得守外藩，幸圖身計，智者見機，不俟終日。及今猜防未生，宜召諸弟以時聚集。後相防疑，拔足無路。郢州控帶荊、湘，西注漢、沔；雍州士馬，呼吸數萬，虎睨其間，以觀天下。世治則竭誠本朝，時亂則爲國翦暴，可得與時進退，此蓋萬全之策。如不早圖，悔無及也。

蕭衍認爲合郢州、雍州之力，「世治則竭誠本朝，時亂則爲國翦暴。」不論治世、亂世均足以自保，然而蕭「懿聞之變色，心弗之許。」〔註9〕但是蕭衍不同，他在襄陽開始「潛造器械，多伐竹木，沉於檀溪，密爲舟裝之備。」〔註10〕可見蕭衍在東昏侯即位不久已開始蓄積實力，等待時機起兵。若蕭懿同意蕭衍之策，日後二人聯合舉兵，建梁朝政權者可能是蕭懿而非蕭衍了。

蕭衍決定起事後，擬推齊明帝第八子、東昏侯之弟南康王蕭寶融爲主，蕭寶融時爲「持節、督荊雍益寧梁南北秦七州軍事、西中郎將、荊州刺史。」〔註11〕因年僅十四，由西中郎長史蕭穎胄行府州事。荊州位於雍州南面，足以牽制蕭衍雍州軍行動。而蕭衍在雍州的各項舉措，南齊朝廷不可能不知，故東昏侯爲了防範於未然，以輔國將軍劉山陽爲巴西、梓潼二郡太守，命其率三千精兵赴任時，道過荊州，密敕蕭穎胄襲取雍州。與此同時，蕭衍亦遣參軍王天虎、龐慶國至荊州治所江陵爭取支持。襄陽爲雍州治所，位於江陵北方，「江陵去襄陽步道五百，勢同脣齒，無襄陽則江陵受敵，不立故也。」〔註12〕一旦荊州軍配合南齊朝廷指令進攻襄陽，蕭衍舉兵行動將受阻，甚至失敗；反之，江陵位於建康上游，若能將荊州納入起兵陣營，水軍由江陵順流而下，將可直達建康，於是荊州的爭取成爲雙方勝敗關鍵。

劉山陽代表的是東昏侯詔令，蕭穎胄應接受命令行事，但是他卻遲疑未決，原因在於蕭衍在雍州練兵已有一段時日，蕭穎胄沒有必勝把握，加上東

〔註6〕 《梁書》卷1〈武帝紀上〉，頁3。
〔註7〕 《梁書》卷1〈武帝紀上〉，頁3。
〔註8〕 《梁書》卷1〈武帝紀上〉，頁3～4。
〔註9〕 《梁書》卷1〈武帝紀上〉，頁4。
〔註10〕 《梁書》卷1〈武帝紀上〉，頁4。
〔註11〕 《南齊書》卷8〈和帝紀〉，頁111。
〔註12〕 《南齊書》卷15〈州郡志下〉，頁273。

昏侯殘暴，使他不得不重新思考加入蕭衍起事之可能，遂召集西中郎城局參軍席闡文、諮議參軍柳忱商議，席闡文曰：〔註13〕

> 蕭雍州（指蕭衍）蓄養七馬，非復一日，江陵素畏襄陽人，人眾又不敵，取之必不可制，制之，歲寒復不爲朝廷所容。今若殺山陽，與雍州舉事，立天子以令諸侯，則霸業成矣。

柳忱同意席闡文之議，加上蕭穎胄之弟蕭穎達也力勸其兄加入蕭衍陣營起兵，終使蕭穎胄下定決心，殺劉山陽傳首蕭衍。

蕭衍密謀舉事準備多時，兵強馬壯，加上南面障礙荊州亦加入舉事之列，蕭衍遂合雍州、荊州之兵馬進攻建康。501年（魏景明二年、齊中興元年）三月，南康王蕭寶融「即帝位於江陵，改永元三年爲中興元年，遙廢東昏爲涪陵王。」〔註14〕蕭寶融雖即皇帝位，實際上卻是蕭衍的傀儡皇帝，他即是南齊末主齊和帝。南齊政權至此一分爲二，分別爲東昏侯的建康政權與齊和帝的江陵政權。東昏侯自然視江陵政權爲僭僞，不斷遣將征討，但是因殺戮過甚暴虐無道，將士不願爲其效命，朝廷軍勝少敗多，至九月時蕭衍已推進建康城外。東昏侯令冠軍將軍王珍國負責建康防務，並召「兗州刺史張稷入衛京師，以稷爲副，實甲猶七萬人。」〔註15〕當時建康城的防衛兵力尚有七萬，若士氣高昂全力防守，蕭衍軍隊欲攻進建康城恐非易事。然東昏侯遭此覆國危機，不但不願藉賞賜激勵士氣，反而貪惜金錢又信鬼神。王珍國、張稷見此情形決定投降蕭衍，遂於十二月丙寅率兵入宮弒東昏侯請降，蕭衍軍隊順利進入建康城，齊和帝鑑於蕭衍之大功，「授高祖（蕭衍）中書監、都督揚南徐二州諸軍事、大司馬、錄尚書、驃騎大將軍、揚州刺史，封建安郡公，食邑萬戶，給班劍四十人，黃鉞、侍中、征討諸軍事並如故。」〔註16〕蕭衍雖已位極人臣，卻仍不滿足，意欲登基爲帝。502年（魏景明三年、梁天監元年）「夏四月丙寅，高祖（蕭衍）即皇帝位於南郊。」〔註17〕建立梁朝政權，是爲梁武帝，同時廢齊和帝爲巴陵王，之後又遣親信殺之，於是南北政權的對峙，由魏齊對抗轉爲魏梁對抗。

〔註13〕《梁書》卷10〈蕭穎達傳〉，頁187。
〔註14〕《梁書》卷1〈武帝紀上〉，頁9。
〔註15〕《南齊書》卷7〈東昏侯紀〉，頁105。
〔註16〕《梁書》卷1〈武帝紀上〉，頁13。
〔註17〕《梁書》卷2〈武帝紀中〉，頁33。

二、齊梁遞嬗間北魏的趁機進攻

　　南齊從崔慧景舉起反抗東昏侯旗號開始，即陷入一連串內亂中，雖然崔慧景之亂幸運平定，但蕭衍不久後又起兵反齊，東昏侯忙於調兵保衛政權，對壽春已無暇北顧，等於放棄淮南地區，也因此讓北魏佔領壽春後能站穩腳步，並以壽春爲據點開始經營淮南地區。

　　北魏經營淮南地區的同時，不少朝臣見南齊遭逢內亂，國有二君，應趁此良機興兵南伐，趁機消滅南齊，這方面意見以車騎大將軍源懷爲代表，他於 501 年（魏景明二年、齊中興元年）十月蕭衍大軍包圍建康城時，上奏魏宣武帝分析當時南齊局勢：〔註18〕

> 蕭寶融僭號於荊郢，其雍州刺史蕭衍勒兵而東襲，上流之眾已逼其郊。廣陵、京口各持兵而懷兩望，鍾離、淮陰並鼎峙而觀得失。……乘厥蕭牆之釁，藉其分崩之隙，東據歷陽，兼指瓜步，緣江鎮戍，達於荊郢。然後奮雷電之威，布山河之信，則江西之地，不刃自來，吳會之鄉，指期可舉。……若蕭衍克就，上下同心，非直後圖之難，實亦揚境危逼。何則？壽春之去建鄴，七百而已，山川水陸，彼所諳利。脫江湘無波，君臣效職，藉水憑舟，倏忽而至，壽春容不自保，江南將若之何？今寶卷邑居有土崩之形，邊城無繼援之兆，清蕩江區，實在今日。

源懷分析南齊局勢甚爲透徹，南齊地方州郡對蕭衍和東昏侯大多抱持中立觀望態度，雖說東昏侯大失人心，但陳顯達、崔慧景等名將起兵舉事，均遭東昏侯遣軍擊殺而失敗。蕭衍雖聲勢浩大、軍容壯盛，也難保不會重蹈陳、崔二人之覆轍，故地方州郡多不敢率先表態。源懷認爲，此時蕭衍軍隊已展開攻城行動，東昏侯政權即將瓦解，若未能掌握此良機，進軍南齊製造紛爭和混亂，一旦蕭衍成功推翻東昏侯，成爲南齊眾望所歸之領袖，要想進軍南方將顯得困難重重。此外，壽春乃新佔地區，北魏統治根基未穩，且壽春距離建康不遠，齊軍可利用水軍優勢乘江河迅速兵臨淮南地區。若南齊內部情勢穩定下來，其戰略眼光便容易聚焦於壽春及淮南，如此一來，與北魏再次的壽春爭奪戰勢不可免，故爲了讓淮南地區免於陷入危境，並完成消滅南方政權的國家目標，源懷建議魏宣武帝應立即揮師南伐。

　　魏宣武帝對於源懷的上奏並未立即同意，也未反對南伐之議，他指示揚

〔註18〕《魏書》卷 41〈源懷傳〉，頁 924～925。

州刺史任城王元澄：「揚州兵力，配積不少，但可速遣任城，委以處分，別加慰勉，令妙盡邊算也。」〔註19〕魏宣武帝也在觀望南齊戰局變化，先令元澄動員揚州軍隊做戰爭準備，視南齊局勢伺機而動。而建康城的攻防，也在蕭衍很快進入建康，迅速控制局面後結束。魏宣武帝認為南齊政局並未因蕭衍的入主建康而引發動盪，南伐良機已無，故揚州魏軍的作戰準備也暫停，「以（蕭）衍事克，遂停。」〔註20〕

　　魏宣武帝對源懷即刻南伐之議持審慎態度乃正確之決策，這可從當時魏宣武帝面臨的內外情勢分析。首先：就內部情勢而言，前文已述源懷上此奏在 501 年（魏景明二年、齊中興元年）十月，該年正月魏宣武帝始親政，而為了從六位輔政大臣手中取回權力，北魏朝廷引發不小的政治動盪，如五月「壬戌，太保咸陽王禧謀反，賜死。」〔註21〕輔政大臣之一的咸陽王元禧因謀反被殺，其他的輔政大臣是否同樣會有謀反動作，這是魏宣武帝至為擔心的，故其首要之務在鞏固皇權，避免謀反事件再度發生，若組織大軍討伐南齊，其他輔政大臣是否會有兵變或武力謀反情事發生實難預料，故魏宣武帝現階段作為應是安定內部重於對外攻略。其次：就外部情勢而言，南齊許多地方州郡雖對蕭衍軍和朝廷軍作戰袖手旁觀，但是對魏軍的入侵並非如此，北魏屬外患入侵並非內戰，一旦魏宣武帝興師南伐，南齊各州郡軍隊必然會有抵抗動作；而當時南齊的態勢是，建康城已被蕭衍軍隊包圍，東昏侯令不出建康，蕭衍勝利態勢逐漸明顯，若北魏此時南伐，在東昏侯無法指揮的情形下，南齊面對外患入侵需有一領導中心，各州郡唯有聽蕭衍號令，他極有可能成為南齊各地軍隊對抗魏軍的最高領袖，形成因魏軍的入寇，反而協助蕭衍加速推翻東昏侯的情形發生，雖然這僅是一種推測，但依當時南北及南齊的內外情勢推斷，並非不無可能。再者，北魏與南齊對峙雖一直處於魏強齊弱背景，不過依當時雙方國力，北魏尚未具備徹底消滅南方政權的絕對優勢，因此不宜貿然出兵，北魏要消滅南齊須經過審慎評估及擬妥詳細戰略規劃，若未經戰略評估驟然出兵，容易遭致失敗命運。綜上所述，依北魏當時內部環境、外部環境，魏宣武帝未依源懷之議發動滅齊戰爭，實乃正確之決策。

〔註19〕《魏書》卷41〈源懷傳〉，頁 925。
〔註20〕《魏書》卷41〈源懷傳〉，頁 925。
〔註21〕《魏書》卷8〈世宗紀〉，頁 193。

三、北魏對淮南地區初期之經營

　　北魏佔有壽春後拓地至淮南，將以壽春爲中心的淮南地區，大部分畫入揚州地域，因此揚州刺史成爲這片淮南新地區的經營者。而如何穩固北魏統治，化解人心思齊轉而民心歸魏，就成爲揚州刺史的挑戰。北魏擁有淮南地區後負責揚州事務的依序爲彭城王元勰、鎮南將軍元英、車騎將軍王肅、任城王元澄，其中元勰、元英、元澄均爲宗室，可見北魏對淮南地區的重視。元勰率北魏大軍平定淮南，魏宣武帝「詔勰以本官領揚州刺史。」〔註22〕戰後淮南的初期治理遂由元勰一肩挑起。鑑於戰亂初平，他首先關注復原工作，史載：「勰簡刑導禮，與民休息，州境無虞，遐邇安靜。」〔註23〕淮南初附最忌人心不穩，元勰的寬厚施政贏得淮南士庶推崇，《魏書・彭城王勰傳》載其施政云：「勰政崇寬裕，絲毫不犯，淮南士庶，追其餘惠，至今思之。」〔註24〕不僅如此，更獲得魏宣武帝肯定，下詔褒獎：「威效兼著，公私允稱，義所欽嘉。」〔註25〕雖然元勰在淮南頗有治績，仍在 500 年（魏景明元年、齊永元二年）八月被召回洛陽，「魏主召勰還洛陽，……以元英行揚州事。尋以王肅爲都督淮南諸軍事、揚州刺史，持節代之。」〔註26〕元英、王肅依序接替負責淮南地區軍政事務，但時間皆不長，故無特殊政績。501 年（魏景明二年、齊中興元年）七月「壬戌，車騎將軍、儀同三司王肅薨。」〔註27〕魏宣武帝以元澄爲繼任人選，「除都督淮南諸軍事、鎮南大將軍、開府、揚州刺史。」〔註28〕元澄接任時正處於南齊內戰的關鍵時刻，結果蕭衍脫穎而出，不久後篡齊建梁。梁武帝建立南梁後急欲收回淮南地，因此和元澄在淮南地域爆發多次邊境衝突，淮南局勢變的更加複雜，使北魏主持淮南軍政事務的元澄面臨更大的挑戰。

　　北魏佔領壽春後，針對當時壽春所處環境推行適應的政策，在軍政方面，最重要者乃部署重兵，500 年（魏景明元年、齊永元二年）十月甲午，魏宣武帝「詔壽春置兵四萬人。」〔註29〕這是因應壽春不斷受到南齊軍事威脅所做

〔註22〕《魏書》卷 21 下〈獻文六王下・彭城王勰傳〉，頁 578。
〔註23〕《魏書》卷 21 下〈獻文六王下・彭城王勰傳〉，頁 578。
〔註24〕《魏書》卷 21 下〈獻文六王下・彭城王勰傳〉，頁 579。
〔註25〕《魏書》卷 21 下〈獻文六王下・彭城王勰傳〉，頁 579。
〔註26〕《資治通鑑》卷 143〈齊紀九〉，東昏侯永元二年，頁 4470。
〔註27〕《魏書》卷 8〈世宗紀〉，頁 194。
〔註28〕《魏書》卷 19 中〈景穆十二王中・任城王雲附子澄傳〉，頁 470。
〔註29〕《魏書》卷 8〈世宗紀〉，頁 192。

決定，因為就在三個月前，壽春遭受齊軍攻擊，「秋七月，寶卷又遣陳伯之寇淮南。」〔註30〕幸北魏揚武將軍、汝陰太守傅永率軍馳援，與壽春城內的元勰內外合擊始擊退來犯齊軍。由於壽春戰略地位重要，南齊不知何時又會遣將來犯，故唯有配屬四萬大軍始能應付齊軍，確保壽春安全。在單一城鎮駐紮四萬軍隊，算是非常龐大數目，北魏做如此兵力配置的戰略思維有二，首先：元勰原率十萬魏軍投入壽春戰場，在擊退齊軍後魏軍北返，僅留駐守壽春所需兵力，因而使元勰面對齊將陳伯之的進攻時，無足夠兵力抵禦，幸傅永領所部兵馬赴援，壽春始轉危為安，北魏鑑於這項教訓，為保壽春免於南齊威脅，故需在壽春常駐四萬兵馬。其次：壽春距北魏河洛中心地區遙遠，一旦南齊大舉進攻，在守城兵力不足情況下，容易迅速被攻破，屆時北魏再從洛陽遣軍救援，恐怕魏軍未到，壽春已支撐不住淪陷了。故北魏以四萬軍隊駐守壽春的戰略思維，乃以這四萬軍隊回擊南齊任何對壽春的攻擊行動。若南齊發動大規模的攻城作戰，這四萬守城部隊務必堅守爭取時間，讓北魏朝廷能有時間抽調各地軍隊增援壽春。壽春有四萬魏軍守衛，齊軍短時間內應無法攻下，待各地魏軍齊至，只要壽春尚未淪陷，齊軍恐無法面對魏軍多股部隊的合擊，如此方可保壽春穩固無虞。

民政方面，魏宣武帝於501年（魏景明二年、齊中興元年）九月「乙卯，免壽春營戶為揚州民。」〔註31〕根據張金龍的研究，北魏推行這一措施可作兩種理解：〔註32〕

（1）「壽春營戶」是指原裴叔業治下的南齊軍人家屬，果如此，則此舉意在通過提高其家屬地位以籠絡當地舊軍人，體現了北魏統治壽春的新政；（2）「壽春營戶」是指彭城王勰等南下接應裴叔業佔領壽春時帶到當地的北魏軍人家屬，果如此，則此舉是將北方人變為當地人，改變壽春城的居民結構，以利今後北魏對壽春的控制。

這兩種情況都有可能，但是因記載有限，張金龍也認為「目前還難以完全分辨是哪種情況。」〔註33〕筆者認為，不管北魏「壽春營戶」施行的對象是原南齊軍人家屬或北魏軍人家屬，都是一種積極的籠絡措施。「壽春營戶」若指

〔註30〕《魏書》卷8〈世宗紀〉，頁192。
〔註31〕《魏書》卷8〈世宗紀〉，頁194。
〔註32〕張金龍，《北魏政治史（八）》卷10〈宣武帝時代（499～515）〉，頁220。
〔註33〕張金龍，《北魏政治史（八）》卷10〈宣武帝時代（499～515）〉，頁220。

原南齊軍人家屬，可理解為北魏以軟硬兼施策略治理壽春，駐紮四萬魏軍乃防止原南齊軍民任何脫離北魏統治的陰謀行動，此為強烈的恫嚇作用；至於軟性策略則是「免壽春營戶為揚州民。」北魏施此恩惠目的，乃在增強原南齊軍人家屬對北魏的向心，原南齊軍人是壽春城內一股軍事力量，若有陰謀者操控，組織反叛行動，會威脅北魏在壽春的統治，故唯有推恩於這類人身上，瓦解他們對南齊的向心，使北魏得以從內部鞏固統治力量。另「壽春營戶」若是指出征至壽春的北魏軍人家屬，也可解釋為北魏對他們作戰勝利的獎賞，且這批人很有可能是駐守壽春的四萬魏軍。從時間點來看，北魏決定在壽春置兵四萬人是在 500 年（魏景明元年、齊永元二年）十月，次年九月宣布「免壽春營戶為揚州民。」這些魏軍士兵的家鄉都在北方，要他們無後顧之憂願意長駐壽春，必須適度回饋，因此放免他們的家屬為揚州民，成為最好的施恩方式，而這些魏軍家屬成為一般人民後，壽春城內的人口結構將產生改變，如此也可說明上述張金龍的觀點，將北方人變成當地人，有利於北魏對壽春的控制。

四、南齊亡臣的奔魏

（一）鄱陽王蕭寶夤逃奔北魏

502 年（魏景明三年、齊中興二年）三月，南齊鄱陽王蕭寶夤投奔北魏，蕭寶夤乃齊明帝第六子，齊明帝時封建安王；東昏侯繼位「以為車騎將軍、開府，領石頭戍軍事。」〔註34〕齊和帝「以寶夤為衛將軍、南徐州刺史，改封鄱陽王。」〔註35〕蕭寶夤為東昏侯同母弟，深得東昏侯信任，故以其領石頭戍軍事，護衛建康安全，不料蕭寶夤卻參與一場推翻東昏侯行動，《魏書‧蕭寶夤傳》載：〔註36〕

> 寶卷昏狂，其直後劉靈運等謀奉寶夤，密遣報寶夤，寶夤許之。遂迎寶夤率石頭文武向其臺城，稱警蹕，百姓隨從者數百人。會日暮，城門閉，乃燒三尚及建業城，城上射殺數人，眾乃奔散。寶夤棄車步走，部尉執送之，自列為人所逼，寶卷亦不罪責也。

蕭寶夤雖參與謀反，然東昏侯憐其為同母弟未予誅殺，且無任何苛責。東昏

〔註34〕《魏書》卷 59〈蕭寶夤傳〉，頁 1313。
〔註35〕《魏書》卷 59〈蕭寶夤傳〉，頁 1313。
〔註36〕《魏書》卷 59〈蕭寶夤傳〉，頁 1313。

侯被推翻後，蕭衍掌握南齊軍政大權，逐漸顯露篡位野心，開始大肆殺害南齊宗室，蕭寶夤即是在此背景下，爲了逃避蕭衍追殺而投奔北魏。蕭衍於502年（魏景明三年、梁天監元年）四月篡齊建梁，《南齊書・和帝紀》載三月辛丑：「邵陵王寶攸、晉熙王寶嵩、桂陽王寶貞伏誅。」〔註37〕三工皆爲齊明帝子、東昏侯弟，《南齊書》雖僅以「伏誅」含糊帶過，但實爲蕭衍所殺。另《資治通鑑》則有「梁王（蕭衍）將殺齊諸王。」及「殺齊邵陵王寶攸、晉熙王寶嵩、桂陽王寶貞。」的明確記載。〔註38〕蕭寶夤爲避殺身之禍，決定投奔北魏，北奔至壽春之東城戍，「戍主杜元倫推檢，知實蕭氏子也，以禮延待，馳告揚州刺史、任城王澄。」〔註39〕元澄獲報後甚爲重視，除立即回報北魏朝廷外，更遣車馬侍衛迎接並隆重接待。

　　魏宣武帝對蕭寶夤的降附甚爲重視，遣羽林監劉桃符前往迎接，「及至京師，世宗（魏宣武帝）禮之甚重。伏訴闕下，請兵南伐。」〔註40〕北魏對蕭寶夤禮遇甚隆乃因其爲南齊宗室，父齊明帝、兄東昏侯先後爲南齊君主，和劉宋宗室義陽王劉昶於465年（魏和平六年、宋泰始元年）奔魏時情況類似，劉昶乃宋文帝第九子，其父宋文帝、兄宋孝武帝亦先後爲劉宋君主，劉昶在北魏獲得高度重視與禮遇，497年（魏太和二十一年、齊建武四年）卒時，魏孝文帝還爲之舉哀。北魏從465年至502年（魏景明三年、齊中興二年）〔註41〕近四十年間，雖仍有南朝將相王侯來奔，但未見如蕭寶夤般身份、血緣與皇室如此緊密之宗室。

　　兩國對峙時，若有重量級人士投奔至敵國，正好可讓敵國做精神號召，北魏亦是如此，對蕭寶夤「禮之甚重。」入魏後不僅官爵顯赫，「除使持節、都督東揚南徐兗三州諸軍事、鎮東將軍、東揚州刺史、丹陽郡開國公、齊王。」〔註42〕甚至尚北魏南陽長公主，北魏上述諸般舉措實有其政治意涵在，其一：示範作用。讓南朝朝野明白投奔北魏所能獲得之待遇，藉以吸引其統治階層來歸，若王侯將相能源源不斷投奔北魏，可藉此打擊南朝民心士氣。其

〔註37〕《南齊書》卷8〈和帝紀〉，頁114。
〔註38〕《資治通鑑》卷145〈梁紀一〉，武帝天監元年，頁4515。
〔註39〕《魏書》卷59〈蕭寶夤傳〉，頁1313。
〔註40〕《魏書》卷59〈蕭寶夤傳〉，頁1314。
〔註41〕西元502年南朝年號凡二變，蕭衍於當年四月廢齊和帝自即帝位建梁朝政權，是爲梁武帝，改年號中興爲天監，故四月蕭衍篡齊前，南朝年號爲齊和帝中興二年；之後則爲梁武帝天監元年。
〔註42〕《魏書》卷59〈蕭寶夤傳〉，頁1314。

二：獲取情報。蕭寶夤在南齊曾領石頭戍軍事，石頭戍乃建康重要鎮戍，職司建康城之防護，故對建康城的防衛體系及兵力配置應相當瞭解，這對北魏而言乃相當有價值之情報。此外，蕭寶夤曾任南徐州刺史，「南徐州，鎮京口。……宋氏以來，桑梓帝宅，江左流寓，多出膏腴。」〔註43〕可見南徐州對南朝而言乃相當重要之地域，蕭寶夤既爲南徐州刺史，對該地區人口、錢賦，及北魏最在乎的駐軍人數及部隊佈防等軍事機密理應知之甚詳，而今北魏可藉蕭寶夤之口獲得這些重要情報。其三：建立漢人傀儡政權。非我族類其心必異，乃南方漢人長久以來的夷夏觀念，他們對北方胡人殊無好感，魏宣武帝若趁南方易代之際興兵南伐，恐激起漢人全力反抗，徒增魏軍損失。而此時梁朝新立統治尚未穩固，魏宣武帝可採「以漢制漢」政策，利用南梁境內南齊殘餘勢力，以武力對抗梁朝並推蕭寶夤爲主協助其復國，建立效忠北魏的漢人傀儡政權，同時透過蕭寶夤政權向南拓展領土，而非以魏軍直接進攻，避免加深胡漢對立。

　　蕭寶夤因逢國破家亡之痛，故對復國之念頗爲堅定，至洛陽初見魏宣武帝即「請兵南伐。」積極的態度對魏宣武帝南伐信念不無影響。易言之，魏宣武帝原本即有南伐企圖，因蕭寶夤的態度加速了魏宣武帝南伐時程，並強化其信念，所以魏宣武帝才會在即位第四年、親政第三年的 503 年（魏景明四年、梁天監二年）六月，以協助蕭寶夤討伐梁武帝爲名，發兵攻梁，爆發魏梁第一次大規模戰爭。

（二）江州刺史陳伯之降魏

　　陳伯之乃南齊末期軍界後起之秀，《梁書・陳伯之傳》載：〔註44〕

　　　　陳伯之，濟陰睢陵人也。……後隨鄉人車騎將軍王廣之，廣之愛其勇，每夜臥下榻，征伐嘗自隨。……又頻有戰功，以勳累遷爲冠軍將軍、驃騎司馬，封魚復縣伯，邑五百戶。

南齊在陳顯達、崔慧景等名將接連起兵反東昏侯敗死之後，具威望及戰功的將領已不多，陳伯之即爲其中之一，故東昏侯面對蕭衍率軍反叛，遂將平叛大任交付陳伯之，「義師（蕭衍軍）起，東昏假伯之節、督前驅諸軍事、豫州刺史，將軍如故。尋轉江州，據尋陽以拒義軍。」〔註45〕蕭衍知陳伯之勇猛

〔註43〕《南齊書》卷14〈州郡志上〉，頁246～247。
〔註44〕《梁書》卷20〈陳伯之傳〉，頁311。
〔註45〕《梁書》卷20〈陳伯之傳〉，頁311。

善戰，與之硬拼徒增將士傷亡，遂做勸降之計，「高祖（蕭衍）得伯之幢主蘇
隆之，使說伯之，即以爲安東將軍、江州刺史。」〔註46〕蕭衍建南梁政權即
位爲梁武帝後，仍以陳伯之出鎮江州，「伯之不識書，及還江州，得文牒辭訟，
惟作大諾而已。」〔註47〕由於陳伯之不識字，其僚佐「並乘伯之愚闇，恣行
姦險，刑政通塞，悉共專之。」〔註48〕梁武帝獲悉後，欲整飭吏治，乃遣人
替換這些僚佐，卻遭到陳伯之反對，而陳伯之更在其左右褚緭、別駕鄧繕、
記室參軍戴永忠、長流參軍朱龍符等人慫恿下，502 年（魏景明三年、梁天監
元年）五月戊子舉兵反。

　　陳伯之謀反乃南梁建立後首件武力叛亂，梁武帝甚爲重視，「以領軍將軍
王茂爲征南將軍、江州刺史，率眾討之。」〔註49〕陳伯之兵力不足又無外援，
無法形成氣候，不到一個月時間即被平定，而陳伯之在南方已無法立足，遂
投降北魏，「六月……，陳伯之奔魏，江州平。」〔註50〕北魏在三個月內，連
續有南齊宗室蕭寶夤及南梁將領陳伯之來歸，故決定對陳伯之大加封賜，「魏
以伯之爲使持節、散騎常侍、都督淮南諸軍事、平南將軍、光祿大夫、曲江
縣侯。」〔註51〕希冀作爲樣板人物吸引更多南方統治階層人物降魏。

五、魏宣武帝之親政

　　魏孝文帝 499 年（魏太和二十三年、齊永元元年）四月病逝於穀塘原之
行宮時，選定六位輔政大臣，六人雖護衛太子元恪順利即位，但是因君臣間
對權力的競奪，種下魏宣武帝與輔政大臣爭鬥之因子。六位輔政大臣，宗室
四人：咸陽王元禧、北海王元詳、任城王元澄、廣陽王元嘉；異姓二人：宋
弁、王肅。異姓二人中雖然以宋弁爲吏部尚書共同輔政，但宋弁不久即卒，
並未輔政，「高祖（魏孝文帝）每稱（宋）弁可爲吏部尚書。及崩，遺詔以弁
爲之，與咸陽王禧等六人輔政，而弁已先卒，年四十八。」〔註52〕在這五人
中，只有王肅非宗室，他乃東晉名相王導之後，爲當時之高門士族，其出身

〔註46〕《梁書》卷 20〈陳伯之傳〉，頁 311。
〔註47〕《梁書》卷 20〈陳伯之傳〉，頁 312。
〔註48〕《梁書》卷 20〈陳伯之傳〉，頁 312。
〔註49〕《梁書》卷 2〈武帝紀中〉，頁 38。
〔註50〕《梁書》卷 2〈武帝紀中〉，頁 38。
〔註51〕《梁書》卷 20〈陳伯之傳〉，頁 314。
〔註52〕《魏書》卷 63〈宋弁傳〉，頁 1416。

背景與投魏經過前文已有詳述，此處不再贅述。王肅雖與四位宗室共同輔政，但是並非與每位親王都相處融洽，王肅與元禧、元詳關係較佳，「禧兄弟並敬而昵之，上下稱爲和輯。」〔註53〕至於元澄則對王肅頗爲不滿，《魏書·王肅傳》載曰：〔註54〕

> 唯任城王澄以其起自羈遠，一旦在己之上，以爲憾焉。每謂人曰：「朝
> 廷以王肅加我上尚可，從叔廣陽，宗室尊宿，歷任內外，云何一朝
> 令肅居其右也？」肅聞其言，恆降而避之。

四位宗室分爲兩派，元禧、元詳爲一派；元澄、元嘉爲另一派。宋弁死後，輔政僅剩五人，王肅又親元禧一派，三人聯合，勢力遂在元澄、元嘉之上，加上後來元嘉又持中立觀望態度，元澄益形孤立。之後元澄欲排擠王肅，誣陷其反叛，但受制於元禧、元詳，事遂不成，可見雖有五人輔政，掌實權者皆爲元宗室，王肅聊備一格而已。〔註55〕

輔政大臣間鬥爭激烈，元澄勢衰被排擠外任，「尋出爲平西將軍、梁州刺史（治所仇池，今甘肅西和東南）。」〔註56〕遠離北魏中央權力中樞，王肅不久後亦於500年（魏景明元年、齊永元二年）正月出朝外任。當時南齊豫州刺史裴叔業欲以壽春降魏，北魏朝廷以王肅爲「使持節、都督江西諸軍事、車騎將軍。」〔註57〕與彭城王元勰率軍十萬前往接收。王肅在壽春爭奪戰中，大敗南齊豫州刺史蕭懿，並生擒南齊交州刺史李叔獻，王肅雖立下大功，但卻被任命爲「散騎常侍、都督淮南諸軍事、揚州刺史、持節。」〔註58〕未能回到中央。元嘉不久後亦被調離中央，「遷司州牧。」〔註59〕元嘉原爲尚書左僕射、元澄爲尚書右僕射，王肅則爲尚書令，現三人均出朝外任，爲彌補尚書省職務空缺，魏宣武帝徵元勰入朝，「冬十月……丁亥，改授彭城王勰、錄尚書事。」〔註60〕元勰原欲遠離政務的願望落空。雖然元勰威望高於元禧與元詳，但是晚於二人接觸政務，又未列輔政大臣，北魏朝政盡由

〔註53〕《魏書》卷63〈王肅傳〉，頁1410。
〔註54〕《魏書》卷63〈王肅傳〉，頁1410。
〔註55〕參見王吉林，〈北魏繼承制度與宮闈鬥爭之綜合研究〉，《華岡文科學報》，第
　　　　11期，1978年1月，頁114～115。
〔註56〕《魏書》卷19中〈景穆十二王中·任城王雲附子澄傳〉，頁470。
〔註57〕《魏書》卷63〈王肅傳〉，頁1410。
〔註58〕《魏書》卷63〈王肅傳〉，頁1411。
〔註59〕《魏書》卷18〈太武五王·廣陽王嘉傳〉，頁428。
〔註60〕《魏書》卷8〈世宗紀〉，頁192。

元禧與元詳二人操控。然而，隨著魏宣武帝對政治運作與國政愈來愈熟悉，親政企圖也愈來愈強烈，而在輔政大臣不願歸政的情況下，君臣間的衝突遂不可免。

元禧與元詳雖掌控朝政，但不久後二人亦發生權力衝突，「咸陽王禧爲宰輔，權重當時。」〔註61〕元詳因權勢不及元禧；威望不如元勰，爲排擠二人爭權奪勢，遂向魏宣武帝進讒言：〔註62〕

> 時咸陽王禧漸以驕矜，頗有不法，北海王詳陰言於世宗（魏宣武帝），
> 世宗深忌之。又言勰大得人情，不宜久在宰輔，勸世宗遵高祖遺敕。

魏宣武帝對輔政大臣專權早已不滿，急思剪除輔政諸王，取回失落的皇權，尤其元禧，「不親政務，驕奢貪淫，多爲不法。」〔註63〕魏宣武帝因大權旁落不敢輕舉妄動，直至元禧不以專斷朝政爲滿足，仍欲進一步控制禁軍，與領軍將軍于烈發生衝突：〔註64〕

> 咸陽王禧……曾遣家僮傳言於（于）烈曰：「須舊羽林虎賁執仗出
> 入，領軍可爲差遣。」烈曰：「天子諒闇，事歸宰輔，領軍但知典
> 掌宿衛，有詔不敢違，理無私給。」奴惘然而返，傳烈言報禧。禧
> 復遣謂烈曰：「我是天子兒，天子叔，元輔之命，與詔何異？」烈
> 厲色而答曰：「向者亦不道王非是天子兒、叔。若是詔，應遣官人，
> 所由遣私奴索官家羽林，烈頭可得，羽林不可得！」

領軍將軍乃禁軍統領，職司宿衛宮廷安全，此職歷來在北魏政治中具舉足輕重之地位。元禧對于烈的剛直頗爲憤恨，遂將于烈出爲恒州刺史，另以心腹爲領軍將軍。于烈不願外任，「烈不願藩授，頻表乞停。」〔註65〕于烈認爲，能與元禧抗衡者，僅魏宣武帝一人而已，唯有其親政，始能免於交出禁軍兵權並外任地方之命運，遂令其子長水校尉于忠向魏宣武帝進言曰：「諸王等意不可測，宜廢之，早自覽政。」〔註66〕魏宣武帝瞭解于烈父子的意向後，明白禁軍並未附於元禧，仍是忠於帝室，既然已掌握禁軍動向，遂決定發動政變，罷黜輔政大臣，奪回失落的皇權。

〔註61〕《魏書》卷31〈于烈傳〉，頁739。
〔註62〕《魏書》卷21下〈獻文六王下·彭城王勰傳〉，頁580。
〔註63〕《資治通鑑》卷144〈齊紀十〉，和帝中興元年，頁4482。
〔註64〕《魏書》卷31〈于烈傳〉，頁739。
〔註65〕《魏書》卷31〈于烈傳〉，頁739。
〔註66〕《魏書》卷21下〈獻文六王下·彭城王勰傳〉，頁580。

501 年（魏景明二年、齊中興元年）正月，北魏將舉行祫祭，即宗廟祭祀，眾多宗室都會參加，此乃元禧、元詳、元勰三人需同時出現之場合，魏宣武帝決定於此時發動政變奪權，《魏書・彭城王勰傳》載曰：[註67]

> 時將祫祭，王公並齋於廟東坊。世宗遣于烈將宿衛壯士六十餘人召禧、勰、詳等，引入，見之於光極殿。

依引文所述，「于烈將宿衛壯士六十餘人召禧、勰、詳等。」元禧等人猝不及防，幾乎是被武力挾持，魏宣武帝對三人云：[註68]

> 恪雖寡昧，忝承寶曆，比纏尪疹，實憑諸父，苟延視息，奄涉三齡。

> 父等歸遜殷勤，今便親攝百揆，且還府司，當別處分。

魏宣武帝對三位叔王的處分為：「遵（魏孝文帝）遺詔，聽司徒、彭城王勰以王歸第。太尉、咸陽王禧進位太保，司空、北海王詳為大將軍、錄尚書事。」[註69] 元勰無任何官職；元禧雖是太保，不過為一榮銜而已，不具任何政治權力；元詳雖為錄尚書事，但已無法擅權，最後決策權操之於魏宣武帝。

魏宣武帝在即位兩年後，憑藉領軍將軍于烈支持，得以發動政變，自輔政大臣手中奪回天子應有之政治權力，終得乾綱獨斷，而對南梁的和戰態度，也不必受輔政大臣掣肘。年僅十九歲的魏宣武帝銳氣正盛，加上初掌政權，對南梁戰略改採積極的攻勢作為，雙方戰爭遂不可免。

第二節　戰略規畫與作戰經過

503 年（魏景明四年、梁天監二年）十月，北魏和南梁爆發自南梁建立以來首次大規模戰爭，但這並非魏梁第一次衝突，此前雙方已在淮南地區發生多次邊境衝突。

一、邊境衝突

502 年（魏景明三年、梁天監元年）五月，梁武帝即位甫一月，時任北魏揚州刺史的任城王元澄，率先對南梁挑起邊境衝突：「（北魏）揚州小峴戍主党法宗襲（蕭）衍大峴戍，破之，擒其龍驤將軍邾菩薩送京師（洛陽）。」

〔註67〕《魏書》卷 21 下〈獻文六王下・彭城王勰傳〉，頁 580。
〔註68〕《魏書》卷 21 上〈獻文六王上・咸陽王禧傳〉，頁 537。
〔註69〕《魏書》卷 8〈世宗紀〉，頁 193。

〔註 70〕元澄非陽春揚州刺史，其官銜爲「都督淮南諸軍事、鎮南大將軍、開府、揚州刺史。」〔註 71〕可見元澄實乃淮南地區最高軍政長官，北魏賦予南陲邊防重任。而元澄屬主戰派，對南齊的戰略態度十分積極，「頻表南伐，世宗不許。」〔註 72〕魏宣武帝未准原因，可能尚未親政，朝政由輔政大臣掌控，而元禧等人不希望輔政大臣之一的元澄，藉軍事征討建立功業，進而提升個人威望回朝爭權，故不允對南梁用兵。

魏宣武帝親政後，對南方戰略態度轉趨積極，與元澄戰略思維不謀而合，但並未於此時用兵南齊，原因在於北魏的政治局勢不夠穩定。由於元禧不滿朝政大權被剝奪，陰謀爲亂，若此時發動對南齊的戰爭，一旦對外作戰失敗，將重創甫親政的魏宣武帝領導威信。魏宣武帝安內重於對外，暫不願出兵南齊，先專注於內部政治動向，而元禧果然起兵謀反：〔註 73〕

> 世宗既覽政，（元）禧意不安。而其國齋帥劉小苟，每稱左右言欲誅禧。禧聞而歎曰：「我不負心，天家豈應如此！」由是常懷憂懼。……禧遂與其妃兄兼給事黃門侍郎李伯尚謀反。

亂事很快被平定，501 年（魏景明二年、齊中興元年）「夏五月……壬戌，太保咸陽王禧謀反，賜死。」北魏國內政治局勢因此穩定下來，魏宣武帝皇權獲得鞏固。既然內部政治問題已解決，魏宣武帝遂將眼光投注於南方事務，欲向南方開疆拓土，但不宜貿然發動大規模戰爭，應先試探性的以區域衝突爲主，遂有次年五月元澄遣小峴戍主党法宗率軍襲擊南梁大峴戍之軍事行動。

梁武帝甫稱帝即遭此敗績，立即遣軍還擊，「蕭衍將張囂之寇陷夷陵戍（今河南新縣南）。」〔註 74〕元澄見夷陵戍遭梁軍攻陷，急遣重兵赴援，「澄遣輔國將軍成興步騎赴討，大破之，復夷陵，囂之遁走。」〔註 75〕此戰魏軍斬首梁軍二千餘級。〔註 76〕元澄連獲勝仗，爲擴大戰果，更於 503 年（魏景

〔註 70〕《魏書》卷 98〈島夷蕭衍傳〉，頁 2173。

〔註 71〕《魏書》卷 19 中〈景穆十二王中・任城王雲附子澄傳〉，頁 470。

〔註 72〕《魏書》卷 19 中〈景穆十二王中・任城王雲附子澄傳〉，頁 470。

〔註 73〕《魏書》卷 21 上〈獻文六王上・咸陽王禧傳〉，頁 538。

〔註 74〕《魏書》卷 19 中〈景穆十二王中・任城王雲附子澄傳〉，頁 471。

〔註 75〕《魏書》卷 19 中〈景穆十二王中・任城王雲附子澄傳〉，頁 471。

〔註 76〕「揚州破蕭衍將張囂之，斬級二千。」揚州指任城王元澄，他時爲揚州刺史。參見《魏書》卷 8〈世宗紀〉，頁 195。

明四年、梁天監二年）三月，遣軍續攻南梁各鎮戍：〔註77〕

> （元澄）又遣長風戍主奇道顯攻蕭衍陰山戍，破之，斬其戍主龍驤
> 將軍、都亭侯梅興祖。仍引攻白棗戍，又破之，斬其寧朔將軍、關
> 內侯吳道爽。

北魏這一連串對淮南鎮戍的攻勢，皆由元澄主導。第一波攻勢遣小峴戍主党法宗攻襲大峴戍，其實帶有試探意味。自北魏佔領淮南地後，南方在南北對峙中更顯劣勢，不論是南齊或新興的南梁，都在淮南地域部署重兵，更對壽春虎視眈眈，皆欲趁機奪回淮南地。元澄把握南朝政權更迭的契機，出兵清除南梁軍隊對壽春外圍鎮戍的威脅，同時可測試原南齊守邊的將領及其部隊，是否願意對新朝效忠。若將領或駐軍不願對梁朝效忠，對魏軍之進攻可能不願抵抗甚或以所屬鎮戍降魏，如此北魏可不費吹灰之力得到這些鎮戍，因此才有小峴戍主党法宗攻佔大峴戍之舉，可視之為元澄的戰略試探。

元澄是公忠體國的元宗室，跟隨魏孝文帝多年頗獲信任，包括遷都洛陽後，遣元澄北返平城曉諭反對遷都的保守派；以及列為六位輔政大臣之一，故元澄深知魏孝文帝的未竟志向，而他自己亦對國家有遠大抱負，因此他在502年（魏景明三年、梁天監元年）五月試探性的遣軍攻佔大峴戍後，便欲擴大戰爭規模，若戰爭順利更可大舉南伐完成魏孝文帝的統一大業，遂於八月上表請伐鍾離。魏宣武帝見元澄欲大舉對新興的南梁用兵，乃遣羽林監范紹至壽春商議出兵事宜，據《魏書·范紹傳》載：〔註78〕

> 揚州刺史、任城王澄請征鍾離，敕紹詣壽春，共量進止。澄曰：「須
> 兵十萬，往還百日，渦陽、鍾離、廣陵、盧江，欲數道俱進，但糧
> 仗軍資，須朝廷速遣。」紹曰：「計十萬之眾，往還百日，須糧百日。
> 頃秋以向末，方欲徵召，兵仗可集，恐糧難至。有兵無糧，何以克
> 敵？願王善思，為社稷深慮。」澄沉思良久曰：「實如卿言。」使還，
> 具以狀聞。

魏宣武帝的戰略態度似乎不太贊成此刻對南梁大舉用兵，尤其在看到元澄欲以十萬大軍從渦陽、鍾離、廣陵、盧江等地分四路大軍南伐的戰略部署後。作為北魏朝廷的代表，范紹的回應自然代表魏宣武帝的意涵，不過元澄是魏孝文帝顧命的輔政大臣之一，又是宗室元老，甫親政的魏宣武帝，對其不免

〔註77〕《魏書》卷19中〈景穆十二王中·任城王雲附子澄傳〉，頁471。
〔註78〕《魏書》卷79〈范紹傳〉，頁1755～1756。

有幾分敬重與顧忌，因此並未直接否決南伐之議，而是透過范紹傳達軍糧籌集的困難，亦即軟性反對此時對南梁發動大規模戰爭。久歷官場與戰場的元澄，當可判斷出魏宣武帝的意圖，遂只能無奈接受，且未再上表堅持南伐。

魏宣武帝反對此刻出兵南梁的原因當可歸納為內外兩方面，首先：內部因素在於他剛從輔政大臣手中取回權力，故發動大型戰爭需慎重，雖然已擁有皇權能乾綱獨斷，但貿然南伐，若戰勝則罷；若敗戰且傷亡慘重，對自己的威望不免有損，故暫緩南伐，先觀察情勢發展再做決定。其二：外部因素在於元澄的出兵，僅有佔領大峴戍的小型戰果，並未帶給魏宣武帝足夠信心，雖云元澄南征北討戰功彪炳，更隨魏孝文帝南伐與齊軍有豐富的作戰經驗，但南方已改朝換代，大破之後大立，南朝軍隊的戰力是否會因南梁政權的建立促使其戰力提升，目前尚不得而知，因此在元澄對南梁用兵未取得進一步戰果前，魏宣武帝持謹慎保守態度。

元澄雖然在 502 年（魏景明三年、梁天監元年）八月上表請伐鍾離未獲魏宣武帝同意，〔註79〕但是他在十二月及次年三月於淮南各鎮戍與南梁軍隊的多次衝突中屢獲勝仗，這些戰果強化了魏宣武帝對南梁發動大規模戰爭的

〔註79〕 任城王元澄上表請伐鍾離的時間，《魏書‧范紹傳》並未載明時間，參見《魏書》卷 79〈范紹傳〉，頁 1755～1756。至於《魏書‧任城王澄傳》則未載此表，但是可觀察到有「頻表南伐，世宗不許。」的記載，而且是繫於出任揚州刺史之下：「除都督淮南諸軍事、鎮南大將軍、開府、揚州刺史。」多次擊敗梁軍，連續攻破南梁淮南多處鎮戍之前：「蕭衍將張囂之寇陷夷陵戍，澄遣輔國將軍成興步騎赴討，大破之，復夷陵，囂之遁走。又遣長風戍主奇道顯攻蕭衍陰山戍，破之，斬其戍主龍驤將軍、都亭侯梅興祖。仍引攻白棗戍，又破之，斬其寧朔將軍、關內侯吳道爽。」參見《魏書》卷 19 中〈景穆十二王中‧任城王雲附子澄傳〉，頁 470～471。故可確知元澄出任揚州刺史後、攻破南梁淮南多處鎮戍前，曾多次上表請求南伐，《魏書‧范紹傳》所載請求南伐鍾離之表，應當就是「頻表南伐」之一。再參校《資治通鑑》則更明確，元澄遣党法宗攻佔大峴戍是在 502 年（魏景明三年、梁天監元年）五月：「魏揚州小峴戍主党法宗襲大峴戍，破之，虜龍驤將軍郟菩薩。」上表請伐鍾離是在同年八月：「魏揚州刺史任城王澄表請攻鍾離，魏主羽林監敦煌范紹詣壽陽，共量進止。」攻佔南梁淮南多處鎮戍則為十二月：「十二月，將軍張囂之侵魏淮南，取木陵戍，魏任城王澄遣輔國將軍成興擊之，囂之敗走。」以及次年三月：「魏揚州刺史任城王澄遣長風城主奇道顯入寇，取陰山、白棗二戍。」參見《資治通鑑》卷 145〈梁紀一〉，武帝天監元年，頁 4523、4526、4527，以及同書同卷，武帝天監二年，頁 4529。藉由時間排比可知，元澄在 502 年（魏景明三年、梁天監元年）五月攻佔大峴戍，八月即上表請伐鍾離，未獲許可，接著便在次年三月對淮南各鎮戍用兵，取得不錯戰果。

信心。至於梁軍則屢嘗敗仗，梁武帝極思雪恥，而此時他已即位二年，南齊殘餘勢力早已誅除殆盡，於是在國內政治穩定情形下，梁武帝認為北伐時機已然成熟。在南北兩位君主皆具主戰的戰略思維下，雙方已醞釀出大戰之氛圍。

二、北魏的戰略規畫

　　元澄雖然在邊境衝突中獲得勝利，但身為淮南地區軍政長官的他，已察覺到南梁有進行作戰準備的跡象。梁武帝因與魏軍在邊境衝突中屢次失利，瞭解步騎作戰乃魏軍之優勢，而南方江河及其支流眾多，魏軍不習水戰，應發揮南人熟悉水性優勢，制定水淹淮南地之戰略。元澄驚覺該戰略若執行成功，淮南地區將非魏有，遂於 503 年（魏景明四年、梁天監二年）七月上表魏宣武帝曰：〔註80〕

> 蕭衍頻斷東關，欲令巢湖汎溢。湖周回四百餘里，東關合江之際，廣不過數十步，若賊計得成，大湖傾注者，則淮南諸戍必同晉陽之事矣。又吳楚便水，且灌且掠，淮南之地，將非國有。壽陽去江五百餘里，眾庶惶惶，並懼水害。脫乘民之願，攻敵之虛，豫勒諸州，纂集士馬，首秋大集，則南瀆可為飲馬之津，霍嶺必成徙倚之觀，事貴應機，經略須早。縱混一不可必果，江西自是無虞。若猶豫緩圖，不加除討，關塞既成，襄陵方及，平原民戍定為魚矣。

元澄詳加評估南梁的水淹戰略，並仔細分析魏梁的戰略態勢，與其被動防禦，不如發動大規模進攻，即便未能完成一統天下大業，也能重擊南梁，減低其對淮南地區之威脅。魏宣武帝覽表後始知情況嚴重，為取得戰略先機，立即下達動員令，「詔發冀、定、瀛、相、并、濟六州二萬人，馬一千五百匹，令仲秋之中畢會淮南，并壽陽先兵三萬，委（元）澄經略。」〔註81〕「八月庚子，以吏部尚書元英假鎮南將軍，攻蕭衍義陽。」〔註82〕魏宣武帝的戰略規畫是：魏軍分為東、西二路，在淮南和義陽二處同時發動攻勢，淮南東路軍配置五萬兵馬，由時任揚州刺史的元澄統帥，五萬兵馬包括元澄原統領的三萬壽春駐軍，加上北魏中央另撥的二萬兵馬。另外，北魏朝廷命熟悉南方情

〔註80〕《魏書》卷 19 中〈景穆十二王中・任城王雲附子澄傳〉，頁 471～472。
〔註81〕《魏書》卷 19 中〈景穆十二王中・任城王雲附子澄傳〉，頁 472。
〔註82〕《魏書》卷 8〈世宗紀〉，頁 196。

勢的南朝降將蕭寶夤、陳伯之等隨軍南伐，歸元澄節制，可見此路應爲魏軍主力。義陽西路軍則由鎮南將軍元英統領，兵力多寡因史未明載故不得其詳，不過，依後續戰況推測，在元英圍攻義陽時，城內梁軍不滿五千，南梁朝廷急遣曹景宗、王僧炳等將率軍三萬來救，卻遭元英擊破，元英面對至少三萬五千梁軍夾擊，尚能獲得勝利，可見義陽西路軍應在二萬至三萬間，甚至更多。

三、東路魏軍：鍾離之戰

503 年（魏景明四年、梁天監二年）十月，魏軍東、西二路集結部署完畢，遂對南梁展開攻勢。東路魏軍戰略目標指向南梁淮南重鎮鍾離，元澄展開扇形攻勢，以各路魏軍齊出的多點式進攻，營造魏軍浩大聲勢，運用心理戰令梁軍恐懼，並造成其防守壓力。元澄的扇形攻勢奏效，統軍党法宗及「傅豎眼、王神念等進次大峴、東關、九山、淮陵。」〔註 83〕並以高祖珍領三千騎爲遊軍，伺機接應各軍行動。魏軍勢如破竹，南梁各城戍非戰即潰，史載：〔註 84〕

> 神念克其關要、潁川二城，斬（蕭）衍軍主費尼。而（南梁）寧朔將軍韋惠、龍驤將軍李伯由仍固大峴。（元）澄遣統軍党法宗、傅豎眼等進軍克之，遂圍白塔、牽城，數日之間，便即逃潰。衍清溪戍望風散走。

梁武帝面對淮南城戍接連失守之戰況，立即遣將赴援，以「徐州刺史司馬明素率眾三千，欲援九山；徐州長史潘伯隣規固淮陵；寧朔將軍王燮負險焦城。」〔註 85〕不過這三路救援行動俱遭失敗，党「法宗進克焦城，破淮陵，擒明素，斬伯隣。」〔註 86〕十一月，党法宗乘勝追擊，率二萬步騎挺進阜陵戍，

〔註 83〕《魏書》卷 19 中〈景穆十二王中‧任城王雲附子澄傳〉，頁 472。另參見《資治通鑑》卷 145〈梁紀一〉，武帝天監二年，頁 4532。

〔註 84〕《魏書》卷 19 中〈景穆十二王中‧任城王雲附子澄傳〉，頁 472。

〔註 85〕《魏書》卷 19 中〈景穆十二王中‧任城王雲附子澄傳〉，頁 472。潘伯隣此人官職、姓名，《魏書》各傳紀記載均不同，據《魏書》卷 8〈校勘記〉7：「按卷 19 中〈元澄傳〉、卷 98〈蕭衍傳〉作『徐州刺史司馬明素』，『徐州長史潘伯隣』。這裏不記司馬明素官位，又以潘佃隣爲刺史，疑有脫訛。『佃』『伯』不知孰是。」頁 217～218。至於潘伯隣（隣），卷 19 中〈元澄傳〉作隣，頁 472；卷 98〈島夷蕭衍傳〉作憐，頁 2173；卷 8〈世宗紀〉，作憐，頁 196。《資治通鑑》卷 145〈梁紀一〉則作「徐州長史潘伯鄰」，頁 4532。

〔註 86〕《魏書》卷 19 中〈景穆十二王中‧任城王雲附子澄傳〉，頁 472。另尚可參見《魏書》卷 98〈島夷蕭衍傳〉，頁 2173；《魏書》卷 8〈世宗紀〉，頁 196；《資

戍主馮道根用兵得宜，稍微阻遏魏軍攻勢，《梁書‧馮道根傳》載：〔註87〕

> 會魏將党法宗、傅豎眼率眾二萬，奄至城下，道根塹壘未固，城中
> 眾少，皆失色。道根命廣開門，緩服登城，選精銳二百人，出與魏
> 軍戰，敗之。魏人見意閑，且戰又不利，因退走。是時魏分兵於大
> 小峴、東桑等，連城相持。魏將高祖珍以三千騎軍其間，道根率百
> 騎橫擊破之，獲其鼓角軍儀。於是糧運既絕，諸軍乃退。遷道根輔
> 國將軍。

馮道根雖敗党法宗、傅豎眼、高祖珍等魏將，但未損及魏軍戰力，且魏軍暫
退乃因糧秣不繼而起，故並未影響東路魏軍整體攻勢。次年正月，元澄親率
大軍圍攻鍾離，鍾離面對北魏大軍猛攻，危在旦夕。梁武帝為解鍾離之危，
訂定三項救援戰術三管齊下，其一：遣征虜將軍趙祖悅攻北魏江州刺史陳伯
之於東關，牽制魏軍陳伯之部，希冀削弱魏軍對鍾離的壓力。其二：「蕭衍冠
軍將軍張惠紹，游擊將軍殷暹、驍騎將軍趙景悅、龍驤將軍張景仁等率眾五
千，送糧鍾離。」〔註88〕梁武帝的戰略思維是先送糧於鍾離，避免城內糧食
消耗殆盡，摧毀守軍意志力，並以五千兵馬增強鍾離防禦力量，避免鍾離過
早陷落，以爭取抽調援軍時間。其三：元澄親自領軍圍攻鍾離，且壽春駐軍
幾乎全數投入鍾離戰場，壽春城防必定空虛。梁武帝著眼於東路魏軍的後防
薄弱，採「圍魏救趙」之策，攻敵之所必救，遣將襲擊壽春，「（蕭）衍將姜
慶眞襲據壽春外郭。」〔註89〕這對壽春防務造成空前危機，若壽春淪陷，不
但北魏此次用兵南梁將被迫終止，也影響北魏長期對淮南地區的經營，且淮
南地區恐遭南梁收復。

　　梁武帝對鍾離的三項救援行動全部失敗，首先，504 年（魏正始元年、梁
天監三年）正月，「江州刺史曲江公陳伯之破蕭衍將趙祖悅於東關。」〔註90〕
梁武帝的牽制作戰失敗。其次，南梁朝廷對鍾離的後勤補給及兵力增援，元
澄認為必須將其殲滅於鍾離城外，不能讓南梁援軍及糧食進入城內，遂遣「統
軍王足、劉思祖邀擊於邵陽。」〔註91〕爆發紹陽之戰。北魏平遠將軍劉思祖

治通鑑》卷 145〈梁紀一〉，武帝天監二年，頁 4532。
〔註87〕《梁書》卷 18〈馮道根傳〉，頁 287～288。
〔註88〕《魏書》卷 19 中〈景穆十二王中‧任城王雲附子澄傳〉，頁 473。
〔註89〕《魏書》卷 19 中〈景穆十二王中‧任城王雲附子澄傳〉，頁 472。
〔註90〕《魏書》卷 8〈世宗紀〉，頁 197。
〔註91〕《魏書》卷 98〈島夷蕭衍傳〉，頁 2173。

指揮有方，以三面合擊戰術大敗梁軍，《魏書‧劉思祖傳》：〔註92〕

> 任城王之圍鍾離也，蕭衍遣其冠軍將軍張惠紹及彭瓮、張豹子等率
> 眾一萬送糧鍾離。時思祖爲平遠將軍，領兵數千邀（蕭）衍餉軍於
> 邵陽，遣其長史元龜步騎一千，於鍾離之北遏其前鋒，錄事參軍繆
> 琰掩其後，思祖身率精銳橫衝其陳，三軍合擊，大破之，擒惠紹及
> 衍驍騎將軍、祁陽縣開國男趙景悅、悅弟寧遠將軍景脩、寧遠將軍
> 梅世和、屯騎校尉任景攸、長水校尉邊欣、越騎校尉賈慶眞、龍驤
> 將軍徐敞等，俘斬數千人。

上引文所載張惠紹率送糧於鍾離的南梁援軍爲一萬，與前引《魏書‧任城王
澄傳》所載「蕭衍冠軍將軍張惠紹，游擊將軍殷暹、驍騎將軍趙景悅、龍驤
將軍張景仁等率眾五千，送糧鍾離。」〔註93〕的五千軍士不同，爲何有五千
差異，何者爲是？記載邵陽之戰的史實分見於《魏書》〈任城王傳〉、〈劉思
祖傳〉、〈島夷蕭衍傳〉，而奇怪的是，身爲邵陽之戰梁軍統帥的張惠紹，卻
在《梁書‧張惠紹傳》未見關於邵陽之戰的任何記載，〔註94〕有可能是爲其
戰敗而隱諱。《魏書》載梁軍部隊的數目，〈任城王傳〉爲五千〔註95〕、〈劉
思祖傳〉爲一萬〔註96〕、〈島夷蕭衍傳〉僅載戰爭經過未載數目。〔註97〕《魏
書‧劉思祖傳》載一萬可能是爲誇大劉思祖戰功，因戰勝一萬與五千所獲戰
功自然不同，此論點可從《資治通鑑》得到印證：「任城王澄攻鍾離，上（梁
武帝）遣冠軍將軍張惠紹等將兵五千送糧詣鍾離。」〔註98〕由《資治通鑑》
佐證可知，邵陽之戰的梁軍應以《魏書‧任城王傳》所載五千爲是。然不論
梁軍數目爲何，其大敗足可斷定，主帥張惠紹遭魏軍俘虜，其餘被俘將領，
自「軍主以上二十七人。」〔註99〕另由梁軍遭魏軍「俘斬數千人」來看，五
千人幾乎全軍覆沒。南梁送糧援軍遭殲滅，鍾離在無法得到南梁中央奧援，
又在魏軍日夜猛攻下，隨時有陷落之虞。

　　梁武帝遣姜慶眞率軍襲擊壽春的「圍魏救趙」戰略，初步獲得成效，元

〔註92〕《魏書》卷 55〈劉思祖傳〉，頁 1228～1229。

〔註93〕《魏書》卷 19 中〈景穆十二王中‧任城王雲附子澄傳〉，頁 473。

〔註94〕參見《梁書》卷 18〈張惠紹傳〉，頁 285～286。

〔註95〕參見《魏書》卷 19 中〈景穆十二王中‧任城王雲附子澄傳〉，頁 473。

〔註96〕參見《魏書》卷 55〈劉思祖傳〉，頁 1228～1229。

〔註97〕參見《魏書》卷 98〈島夷蕭衍傳〉，頁 2173。

〔註98〕《資治通鑑》卷 145〈梁紀一〉，武帝天監三年，頁 4537。

〔註99〕《魏書》卷 19 中〈景穆十二王中‧任城王雲附子澄傳〉，頁 473。

澄以長史韋纘留守壽春，然而他大概未曾預料到梁軍竟會偷襲壽春，且攻陷壽春外郭，對壽春造成極大防守壓力。韋纘臨陣慌亂智勇不足，「長史韋纘倉卒失圖，計無所出。」〔註100〕元澄之母孟氏當時正在壽春城內，適時挺身而出，發揮其膽識，率守軍堅守壽春，史載：〔註101〕

> 孟乃勒兵登陴，先守要便。激厲文武，安慰新舊，勸以賞罰，喻之
> 逆順，於是咸有奮志。親自巡守，不避矢石。賊不能克，卒以全城。

孟氏領壽春守軍與姜慶眞進行攻防，而魏軍蕭寶夤部當時正屯駐壽春附近之棲（栖）賢寺，〔註102〕見壽春遇襲，領軍赴援，與孟氏內外合擊，大敗梁軍，姜慶眞領殘兵敗走，壽春之危得解。

　　東路魏軍於二月時化解壽春之危並瓦解南梁對鍾離的送糧行動，元澄為加速圍攻鍾離，調集東路魏軍各部積極投入鍾離的攻城行動。然至三月下旬，鍾離仍未攻破，此時淮河暴漲又逢大雨，魏軍營帳、戰具皆遭雨水浸濕，對攻城的魏軍而言甚為狼狽，士兵的戰力與意志不免受到影響。而此時南梁水軍又陸續前往增援，即將投入鍾離戰場，由於魏軍不諳水戰，加上雨季將至，元澄見戰略形勢不佳，若續攻鍾離恐遭敗績，遂引兵歸壽春。

四、西路魏軍：義陽之戰

　　西路魏軍由鎮南將軍元英統領，和東路魏軍於 503 年（魏景明四年、梁天監二年）十月同時向南梁發動攻勢，當東路魏軍統帥元澄兵向鍾離時，元英亦率西路魏軍直指戰略目標義陽。南梁地方軍對西路魏軍的進攻反應較為迅速，其司州刺史蔡道恭早在八月時，已接獲北魏即將南伐情報，又見魏軍調動頻繁，他觀察敵我態勢後認為，若北魏大軍直趨義陽，在義陽守軍不足五千，糧食僅足以支撐半年的情況下，義陽恐將陷魏，為萬全計，蔡道恭「遣其驍騎將軍楊由率城外居民三千餘家，於城西南十里賢守山即嶺為三柵。」〔註103〕希望發揮居高臨下的地形優勢，與義陽呈犄角之勢，能相互呼應支援。

　　蔡道恭戰略判斷正確，魏軍欲攻取義陽，須先奪取賢守山這個重要軍事

〔註100〕《魏書》卷 92〈列女・任城國太妃孟氏傳〉，頁 1983。
〔註101〕《魏書》卷 92〈列女・任城國太妃孟氏傳〉，頁 1983。
〔註102〕《資治通鑑》作棲賢寺：《魏書》作栖賢寺。參見《資治通鑑》卷 145〈梁紀一〉，武帝天監三年，頁 4536。《魏書》卷 59〈蕭寶夤傳〉，頁 1314。
〔註103〕《魏書》卷 19 下〈景穆十二王下・南安王禎附子英傳〉，頁 498。

據點，否則魏軍與梁軍進行義陽城池攻防時，容易遭受與義陽互爲犄角的賢守山梁軍攻擊，屆時魏軍將腹背受敵。而元英在十月發動攻勢時，果然率魏軍直撲賢守山而來：〔註104〕

> （元）英勒諸軍圍賢首壘，焚其柵門。楊由乃驅水牛，從營而出，繼之以兵。軍人避牛，師遂退下。尋分兵圍守。

蔡道恭的防禦陣勢雖初步獲得功效，不過始料未及的是賢守山內部竟發生叛變，「柵民任馬駒斬（楊）由以降。」〔註105〕元英遂輕而易舉佔有賢守山。賢守山既下，與義陽互爲犄角之戰略優勢已失，魏軍全力猛攻義陽，義陽軍民在蔡道恭率領下，守城意志堅定，魏軍各種攻城戰具、戰術傾巢而出，戰況慘烈，《梁書‧蔡道恭傳》載：〔註106〕

> 魏乃作大車載土，四面俱前，欲以塡塹，道恭輒於塹內列艨衝鬭艦以待之，魏人不得進。又潛作伏道以決塹水，道恭載土屯塞之。相持百餘日，前後斬獲不可勝計。魏大造梯衝，攻圍日急，道恭於城內作土山，厚二十餘丈；多作大槊，長二丈五尺，施長刃，使壯士刺魏人登城者。魏軍甚憚之。

蔡道恭以不足五千之衆，與魏軍「相持百餘日」，雙方在義陽呈現膠著狀態。元英不願西路魏軍全數被牽制在義陽，爲能早日攻陷，元英改變戰術，一面繼續圍攻義陽；另一方面分兵南攻西陽和夏口，擴大打擊面，佔領義陽四周鎮戍，欲令義陽成爲孤城。

　　義陽岌岌可危之戰況，南梁朝廷獲悉後，於十一月展開第一波救援行動，遣吳子陽率軍馳援，在白沙關與魏軍遭遇，梁軍大敗，十一月乙亥「鎮南將軍元英大破蕭衍將吳子陽於白沙，擒斬千數。」〔註107〕以「擒斬千數」觀之，南梁這支救援部隊兵力不多，應在數千人之譜，可見並非大規模救援行動。梁武帝對鍾離和義陽的戰略思考模式相同，對鍾離遭東路魏軍圍困，梁武帝先遣五千兵馬送糧鍾離，希望增強鍾離防禦力量，勿令其過早陷落，爭取組織援軍時間。義陽情況亦復如此，吳子陽所率小股梁軍，其目的在延長義陽防守時間，讓梁武帝能有充裕時間調集援軍赴援，這可由梁武帝第二波救援行動得到驗證，否則以吳子陽數千之衆，和義陽城內不足五千之守

〔註104〕《魏書》卷19下〈景穆十二王下‧南安王禎附子英傳〉，頁498。
〔註105〕《魏書》卷19下〈景穆十二王下‧南安王禎附子英傳〉，頁498。
〔註106〕《梁書》卷10〈蔡道恭傳〉，頁193。
〔註107〕《魏書》卷8〈世宗紀〉，頁196。

軍，如何能擊退元英所率之北魏大軍。

　　504 年（魏正始元年、梁天監三年）二月，南梁朝廷派出第二波援軍，此時義陽已遭魏軍圍攻達四個月之久，也因蔡道恭的堅守，為梁武帝爭取到調集大軍赴援時間。梁武帝第二波救援義陽行動聲勢浩大，由平西將軍、郢州刺史曹景宗及後將軍王僧炳率三萬步騎赴義陽：〔註 108〕

　　　　蕭衍遣其平西將軍曹景宗、後將軍王僧炳等率步騎三萬來救義陽。僧炳統眾二萬據鑿峴，景宗率一萬繼後。（元）英遣冠軍將軍元逞、揚烈將軍曹文敬進據樊城以抗之。英部勒將士，掎角討之，大破僧炳軍，俘斬四千餘人。

元英得知三萬梁軍直奔義陽而來，訂定阻敵於外之戰略，不讓其與義陽城內守軍內外呼應，否則魏軍將陷腹背受敵困境。元英令冠軍將軍元逞、揚烈將軍曹文敬進據樊城進行攔擊部署，於是當梁軍行進至樊城時，與魏軍爆發樊城會戰。三月壬申，梁軍大敗，遭魏軍俘斬四千餘人，曹景宗收拾殘軍轉進鑿峴，此後迫於魏軍軍威未再出擊，「景宗到鑿峴，頓兵不前。」〔註 109〕

　　魏軍屢攻義陽不下，乃因蔡道恭守城有方，「蔡道恭字懷儉，南陽冠軍人也。父那，宋益州刺史。」〔註 110〕南齊時曾任越騎校尉、後軍將軍、輔國將軍、冠軍將軍、右衛將軍、右將軍。齊亡梁興，梁武帝將其進號平北將軍，史書稱其「累有戰功、素著威略。」〔註 111〕可見蔡道恭乃齊末梁初之名將，他率領義陽不滿五千守軍，屢挫元英的攻城行動，然而這種態勢至五月因蔡道恭病逝而發生變化：〔註 112〕

　　　　會道恭疾篤，乃呼兄子僧勰、從弟靈恩及諸將帥謂曰：「吾受國厚恩，不能破滅寇賊，今所苦轉篤，勢不支久，汝等當以死固節，無令吾沒有遺恨。」……眾皆流涕。其年五月卒。魏知道恭死，攻之轉急。

蔡道恭病卒後，由其從弟蔡靈恩代行州事，繼續率義陽守軍抗魏。南梁朝廷鑑於義陽日益危急，此戰略重鎮若失，對北方國防影響甚大，為確保義陽，續於七月派出第三波援軍，遣寧朔將軍馬仙琕救義陽，而馬仙琕的南梁援軍與西路魏軍連續爆發三次激烈戰鬥：〔註 113〕

〔註 108〕《魏書》卷 19 下〈景穆十二王下・南安王楨附子英傳〉，頁 498。
〔註 109〕《梁書》卷 10〈蔡道恭傳〉，頁 194。
〔註 110〕《梁書》卷 10〈蔡道恭傳〉，頁 193。
〔註 111〕《梁書》卷 10〈蔡道恭傳〉，頁 193。
〔註 112〕《梁書》卷 10〈蔡道恭傳〉，頁 194。
〔註 113〕《魏書》卷 19 下〈景穆十二王下・南安王楨附子英傳〉，頁 498。

> （蕭）衍將馬仙琕率眾萬餘，來掩（元）英營。英命諸軍偽北誘之，
> 既至平地，統軍傅永等三軍擊之，賊（梁軍）便奔退。進擊潰之，
> 斬首二千三百級，斬賊羽林監軍鄧終年。

馬仙琕首次與元英交鋒，原擬趁魏軍不備掩襲魏軍營柵，卻被元英以誘敵戰術打敗，萬餘梁軍陣亡二千三百餘人，但馬仙琕並未撤退，重新整軍決戰，雙方爆發第二次戰鬥：〔註114〕

> 仙琕又率一萬餘人，重來決戰。英勒諸將，隨便分擊，又破之，復
> 斬賊將陳秀之。統軍王買奴別破東嶺之陣，斬首五百。

馬仙琕再遭元英擊敗。與此同時，元英並未因馬仙琕的牽制而放棄對義陽的進攻，仍督軍日夜猛攻，蔡靈恩漸感不支。馬仙琕見義陽恐將陷落，遂對魏軍進行第三次攻擊，希望減低魏軍對義陽的攻勢。馬仙琕率「盡銳決戰，一日三交，皆大敗而返。」〔註115〕馬仙琕所率南梁援軍，三次與魏軍作戰全遭敗績，已無力再攻擊魏軍，至此，南梁對義陽的三波救援行動皆告失敗，而義陽城內也已糧盡援絕，代行州事的蔡靈恩，只得開城降魏，「至八月，（義陽）城內糧盡，乃陷。」〔註116〕

由馬仙琕能對魏軍發動三次攻勢來看，第三波南梁援軍當在二萬至三萬間。雖然他首次以萬餘人掩襲魏軍，遭「斬首二千三百級」，卻仍然能迅速發動第二波攻勢，再以萬餘人決戰魏軍，可見馬仙琕所率梁軍至少二萬人，且未在首次進攻時全數投入，才能有後備兵力迅速投入第二次作戰。而馬仙琕在連續兩場敗仗後，尚能「盡銳決戰」，還能與魏軍「一日三交」，且魏軍三度擊敗梁軍後，始令其喪失作戰能力，「大敗而返。」足證馬仙琕所率梁軍應超過二萬，但不致超過三萬。因二月時，梁武帝才遣曹景宗、王僧炳領軍三萬救義陽，七月再遣馬仙琕率軍救義陽，兩波援軍時間相差不過五個月。南梁朝廷需同時兼顧義陽戰場與鍾離戰場，為援救義陽連續抽調各地兵力組織兩支三萬大軍，實有其困難，故馬仙琕所領兵力應不會超過三萬，合理範圍當在二萬至三萬間。

義陽陷落後，連帶影響其外圍關戍防務，「靈恩勢窘，遂降。三關戍聞之，亦棄城而走。」〔註117〕三關戍指義陽三關：武陽關（東關或稱武勝關、

〔註114〕《魏書》卷19下〈景穆十二王下・南安王禎附子英傳〉，頁498～499。
〔註115〕《魏書》卷19下〈景穆十二王下・南安王禎附子英傳〉，頁499。
〔註116〕《梁書》卷10〈蔡道恭傳〉，頁194。
〔註117〕《魏書》卷19下〈景穆十二王下・南安王禎附子英傳〉，頁499。

今河南信陽西南）、黃峴關（中關或稱九里關、今河南羅山西南）、平靖關（西關或稱平靜觀、今河南信陽南），魏軍兵不血刃佔領了義陽三關。此後雙方軍事行動皆停止，由於東路魏軍已於三月撤出鍾離戰場，故北魏與南梁首次戰爭，至八月西路魏軍佔領義陽及三關後始告結束。北魏也因元英率西路魏軍攻下義陽達成設定之戰略目標，為褒獎其功勞，魏宣武帝「封元英為中山王。」〔註118〕

〔註118〕《魏書》卷 8〈世宗紀〉，198。

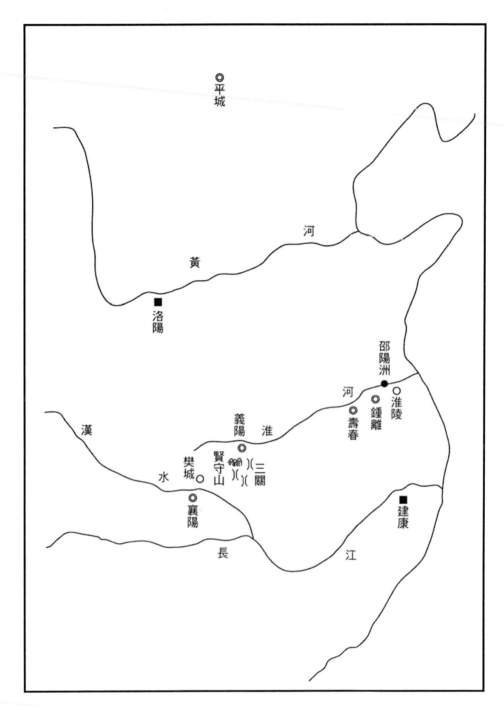

圖五：魏宣武帝前期與南梁戰爭相關形勢圖

第三節　戰爭檢討

　　南北戰略重鎮義陽統治權的轉換，是首次魏梁戰爭中最大的驚奇，也使魏宣武帝首度對南梁用兵便獲得不錯的戰果，不過，北魏的另一戰略目標鍾離並未能如願攻下。至於南梁，開國初期即遭北魏攻陷西陲重鎮義陽，對其西疆國防形勢影響甚鉅。雖然成功守住鍾離，但是義陽、鍾離本來即為南梁所有，現失去義陽，對梁武帝而言乃一大挫敗。現將戰爭檢討分述如後，以明北魏何以能攻陷義陽及南梁成功守住鍾離之因。

一、北魏戰略規畫正確得宜

　　北魏自佔有壽春開始經營淮南地區以來，不斷受到南朝勢力騷擾，壽春作為北魏插入淮南的一枚棋子，成為北魏對南用兵的前進指揮基地，對南朝北方國防構成嚴重威脅，因此從南齊至南梁，均欲收復壽春，相繼遣軍進攻，雖然魏軍都能獲得勝利，但是南朝覬覦壽春的態度從未改變。北魏為了消除南朝對壽春的威脅，決定以攻為守主動出擊，為淮南地區創造安全環境。

　　北魏共動員八萬大軍，任城王元澄所領東路軍五萬人，鎮南將軍元英所率西路軍估計二萬至三萬，以此軍隊規模要對南梁發動總攻，進而南北統一，似乎不太可能，且僅以二路大軍南下，容易遭梁軍阻擊，可見北魏發動這次戰爭的目的，乃為打擊南梁對淮南地區的侵擾，當然，若進軍順利，北魏自可隨時增援，擴大為統一戰爭亦不無可能。

　　北魏當時的國家利益在確保淮南地區安全，免於受南梁騷擾，遂據此首度對南梁用兵，其戰略規畫以東、西二路軍分攻鍾離、義陽二重鎮，就戰爭結果而言，佔領義陽但鍾離未下，戰略目標可謂達成一半，若非天雨及淮河暴漲等因素影響，北魏或有攻克鍾離之機會。

　　在鍾離攻防戰中爆發的邵陽之戰，魏軍大獲全勝，對照因淮河暴漲撤退時的損兵折將，邵陽之戰可算是北魏在鍾離攻防戰中所獲最大的戰果，若非邵陽之戰的勝利，元澄恐怕在淮南戰事中無任何功績。由於元澄攻打鍾離始終未能攻下，更在撤軍時因淮河暴漲損失四千餘兵士，加上因親自領軍進攻鍾離未能坐鎮壽春，導致壽春外城遭梁軍攻陷，若非其母孟氏及蕭寶夤擊退梁軍使壽春轉危為安，一旦壽春遭梁軍攻陷，元澄恐難辭其咎。魏宣武帝對元澄的功高震主已有疑慮，若有上述情形發生，元澄恐因此獲罪，由此可凸顯邵陽勝仗對元澄在淮南戰事中的重要性。

　　鍾離向爲南北必爭的軍事重鎮，梁武帝見鍾離遭魏軍猛攻，恐有陷落之
虞，遂決定先強化防守力量，援助兵力及糧食至鍾離；另一方面，元澄亦探
得南梁援軍及糧食往鍾離移動的訊息，若這批援軍及糧食進入鍾離城，其防
禦力量將得以強固，魏軍進攻的難度也會增高，故當務之急在阻止這批援軍
和糧食進入鍾離城，因此派出軍隊截擊。雙方主帥梁武帝、元澄的戰略目標
均相當清楚也正確無誤，其成敗則取決於戰術的執行。而二人對遂行戰術的
將領亦非常重視，梁武帝遣張惠紹、元澄則派出劉思祖，張、劉二人久經戰
陣，堪稱北魏、南梁優秀的將領，《梁書‧張惠紹傳》：〔註119〕

> 張惠紹字德繼，義陽人也。少有武幹。齊明帝時爲直閤，後出補竟
> 陵橫桑戍主。……聞義師起，馳歸高祖（梁武帝），板爲中兵參軍，
> 加寧朔將軍、軍主。……惠紹累有戰功。……遷驍騎將軍。

至於劉思祖，雖是北魏大儒劉芳叔父劉撫之的孫子，但是在北魏卻以武功見
長，「（劉）芳叔撫之，孫思祖，勇健有將略。……屢爲統軍南征，累著功捷。」
〔註120〕

　　由引文所載二人事蹟可知，梁武帝挑選張惠紹、元澄選擇劉思祖都經過
審慎思考，張、劉二人均非未經戰事之輩，足證雙方對鍾離之戰的重視。然
戰爭結果必有勝負，據《魏書‧島夷蕭衍傳》：〔註121〕

> （蕭）衍遣冠軍張惠紹率眾軍送糧於鍾離，任城王澄遣統軍王足、
> 劉思祖邀擊於邵陽，大破之，生擒惠紹，并其驍騎將軍祁陽縣開國
> 男趙景悅等十將，斬獲數千級。

邵陽之戰魏勝梁敗原因及對淮南戰事的影響，可分三點說明：

　　第一：魏勝梁敗關鍵在於雙方指揮官的戰略素養。魏軍將領劉思祖的戰
鬥佈署爲：「遣其長史元龜步騎一千，於鍾離之北遏其前鋒，錄事參軍繆琰掩
其後，思祖身率精銳橫衝其陳，三軍合擊。」〔註122〕由元龜領軍與梁軍前鋒
部隊接戰，阻止其往前推進；再遣繆琰攻打梁軍後背；自己則率主力與梁軍
正面對決。《梁書‧張惠紹傳》並未載張惠紹在邵陽與魏軍作戰的經過，可能
因其敗戰被俘而有所隱諱，既然對邵陽之戰隻字未提，當然不可能有張惠紹
的戰鬥佈署與戰術執行的相關記載了。至於《資治通鑑》也未載雙方的戰術

〔註119〕《梁書》卷18〈張惠紹傳〉，頁285。
〔註120〕《魏書》卷55〈劉思祖傳〉，頁1228。
〔註121〕《魏書》卷98〈島夷蕭衍傳〉，頁2173。
〔註122〕《魏書》卷55〈劉思祖傳〉，頁1229。

及兵力佈署，僅有魏軍力挫梁軍的記載，「戰于邵陽，（魏軍）大敗梁兵，俘惠紹等十將，殺虜士卒殆盡。」〔註123〕因此無從得知張惠紹採行何種戰術迎擊魏軍，故無法比較二人戰術遂行之優劣。不過，即便瞭解張惠紹的佈署與戰術，以結果而論，勝利一方之戰術必然獲得成功的驗證。劉思祖先以一部魏軍攻擊梁軍的先鋒部隊，再以另一部魏軍掩襲其後，自率一部攻其正面，等於以三支部隊攻入五千梁軍中，將其切成三段，使其各自為戰無法互相呼應。戰鬥結果梁軍大敗，士兵死傷殆盡，更有多位將領遭俘，足證魏軍指揮官劉思祖的戰略素養確較張惠紹技高一籌。

第二：魏軍在邵陽大敗梁軍，使南梁對鍾離的兵力、糧食援助中斷，對淮南戰事有深遠的影響。首先在鍾離戰場方面，使元澄對鍾離的攻勢得以繼續，假設張惠紹擊敗劉思祖魏軍，並和城內南梁守軍相呼應，如此將對元澄魏軍形成內外夾擊，而一旦五千梁軍和糧食進入鍾離城，將強化鍾離的防禦力量，如此一來，不用等到淮河暴漲，元澄恐會提早撤軍。其次是義陽戰場。元英率領的西路魏軍攻勢較東路魏軍順暢，此由其最終攻下義陽及其三關可知，若南梁取得紹陽之戰勝利，鍾離梁軍士氣必然提升，而在鍾離、義陽東西兩戰場相互影響下，當能刺激義陽梁軍的士氣，堅定他們固守義陽的決心，如此一來，即使元英最後仍能攻陷義陽，但過程中恐會付出更多傷亡的代價，原因在於張惠紹梁軍在紹陽取勝對義陽梁軍的影響不在實際戰場的作戰層面，而是在心理戰的影響層面。最後是壽春戰場，南梁偷襲壽春的行動已造成壽春城內軍民的恐慌，若劉思祖在邵陽戰敗，不但會影響元澄對鍾離的攻勢，也會令原本因遭梁軍偷襲而使壽春軍民浮動的心更加難以控制，是否會因此而影響抵禦梁軍的力量，殊難預料。

第三：梁將張惠紹戰敗被俘後，不久即遭北魏釋放，據《梁書·張惠紹傳》：「天監四年（505、魏正始二年），大舉北伐，惠紹與冠軍長史胡辛生、寧朔將軍張豹子攻宿預。」〔註124〕邵陽之役發生在504年（魏正始元年、梁天監三年），可見張惠紹雖被北魏俘虜，但不久即被放還，否則何以能在隔年率軍北伐。張惠紹遭俘又被釋放一事，在南北對立時期透露出兩點意涵。其一：南北對戰由來已久，將領或軍士遭對方俘虜所在多矣，但並非人人皆可釋放歸國，關鍵在於其身份地位。梁武帝積極爭取北魏釋放張惠紹，在於二

〔註123〕《資治通鑑》卷145〈梁紀一〉，武帝天監三年，頁4537。
〔註124〕《梁書》卷18〈張惠紹傳〉，頁285。

人的姻親關係，《魏書‧島夷蕭衍傳》載：「惠紹，衍舅子也。衍乃移書求之，朝議欲示威懷，遂聽惠紹等還。」〔註125〕由於南梁政權甫建立，北魏對梁武帝的國防政策也尚在觀察中，故在北魏君臣「欲示威懷」的心態下，讓其南返。由此可見，雙方將士、官員雖被對方俘虜，但若有特殊身份地位，經對方要求後，是有可能被釋放的。其二：此事件表明雖然南北處於軍事對抗中，但仍然有一些交流、溝通的管道，而且這種管道由來已久，因放還戰俘或交換戰俘，並非一蹴可及，需有一段時間的磋商，過程中或許會討價還價，如南梁希望放還張惠紹，北魏自然也開出名單希望南梁放還哪些戰俘，雙方必會要求交換等值戰俘，以張惠紹身份地位而言，或許南梁需釋放二至三位甚至更多魏軍將士始能交換，雖然史未明載梁武帝為了爭取張惠紹而放還哪些北魏戰俘，但依常情判斷，北魏應該也迎回一些魏軍將士。由此可見，北魏在與南朝對峙期間，不論是劉宋、南齊、南梁，雙方都存在著戰俘交換行為以及談判溝通的管道。

二、任城王元澄未能在淮河暴漲前攻下鍾離

北魏朝廷對東路魏軍的戰略目標鍾離，戰略規畫是十月發動攻勢，以五個月時間進行攻城，希望戰事勿延至次年四月，此為魏宣武帝對元澄下達的指令，《魏書‧任城王澄傳》：〔註126〕

> （魏宣武帝）又詔：「鍾離若食盡，三月已前，固有可克，如至四月，淮水泛長，舟行無礙，宜善量之。前事捷也，此實將軍經略，勳有常焉。如或以水盛難圖，亦可為萬全之計，不宜昧利無成，以貽後悔也。」

魏宣武帝不希望攻取鍾離行動拖過次年四月，屆時淮河泛漲，不利魏軍作戰，若擁有水軍優勢的南梁水師加入戰爭，魏軍恐不敵勢必撤退，攻佔鍾離的目標將無法達成。元澄原依北魏朝廷之戰略規畫，四月前攻克鍾離，不料，南梁以鍾離乃淮南重鎮絕不可失，發動三項救援行動，雖俱遭失敗，但襲擊壽春的行動竟能攻陷外郭，震撼魏軍，以致元澄雖然粉碎南梁三項救援意圖，卻也耽誤對鍾離的進攻，導致進入四月時，天降大雨、淮河暴漲，元澄不得不退兵，「既而遇雨，淮水暴長，引歸壽春。還既狼狽，失兵四千餘人。」

〔註125〕《魏書》卷98〈島夷蕭衍傳〉，頁2173。
〔註126〕《魏書》卷19中〈景穆十二王中‧任城王雲附子澄傳〉，頁472～473。

〔註127〕其結果正如魏宣武帝所料。「失兵四千餘人」對東路五萬魏軍而言，已是不小損失，元澄遂遭有司糾彈因此受到懲處，「有司奏軍還失路，奪其開府，又降三階。」〔註128〕以魏宣武帝為首的北魏朝廷在進行戰略規畫時，其實已將季節氣候因素考慮進去，所以才會勒令元澄定要在四月前攻克鍾離，可見北魏戰略規畫頗為詳細縝密。

　　另外據前述引文，魏宣武帝下詔對元澄所做進攻鍾離的戰略指導可窺知一項訊息。元澄對戰事的進行似乎沒有完全的決策權，其中戰術執行當然可以由前線最高指揮官決定，但高層次戰略的運籌帷幄，仍由魏宣武帝透過詔書的形式下達，而魏宣武帝也擔憂元澄或因將在外，「君命有所不受。」〔註129〕而拒絕奉行詔令，遂另派賈思伯隨軍監督，「任城王澄之圍鍾離也，以思伯持節為其軍司。」〔註130〕以確保元澄能忠實執行朝廷命令，據《魏書・賈思伯傳》載：〔註131〕

> 賈思伯，字士休，齊郡益都人也。……思伯釋褐奉朝請，太子步兵
> 校尉、中書舍人，轉中書侍郎。頗為高祖所知，常從征伐。及世宗
> 即位，以侍從之勤，轉輔國將軍。

從賈思伯任中書舍人、中書侍郎等職可知其與魏孝文帝頗為接近，再從「頗為高祖所知」一語可知頗獲魏孝文帝信任，加上「常從征伐」，故對兵陣之事應有一定瞭解。魏宣武帝繼位後，同樣獲其信任，因此以賈思伯持節監督前線戰事的進行，確是合適人選。

　　元澄為宗室且獲魏孝文帝高度重視，何以魏宣武帝對他無法完全信任，原因可歸納為兩點，其一：元澄為宗室耆老，在北魏朝廷頗有威望，且常從魏孝文帝征伐，在軍界亦有一定聲望，又是六位輔政大臣之一，而魏宣武帝好不容易從輔政大臣手中取回所有權力，自然不想大權再度旁落，或出現功高震主情形。如是之故，魏宣武帝對元澄尚存疑慮，如同之前以彭城王元勰經營壽春，之後因不放心將其調回中央一樣，但是淮南情勢險峻需由元澄鎮守；進攻鍾離戰事亦需其指揮，因此暫時無法將他調回，遂遣賈思伯持節監督一切軍事行動。其二：魏宣武帝進軍淮南，於 503 年（魏景明四年、梁天

〔註127〕《魏書》卷 19 中〈景穆十二王中・任城王雲附子澄傳〉，頁 473。
〔註128〕《魏書》卷 19 中〈景穆十二王中・任城王雲附子澄傳〉，頁 473。
〔註129〕孫武著、吳仁傑注譯，《孫子讀本》〈九變篇第八〉，頁 53。
〔註130〕《魏書》卷 72〈賈思伯傳〉，頁 1613。
〔註131〕《魏書》卷 72〈賈思伯傳〉，頁 1612～1613。

監二年）六月丙戌下詔：「發冀、定、瀛、相、并、濟六州二萬人、馬千匹，增配壽春。」〔註132〕魏宣武帝僅動員二萬部隊，加上壽春駐軍三萬不過五萬，以此兵力欲消滅南梁完成南北統一實不可能，因此魏宣武帝的戰略目標相當清楚，將淮南戰爭設定爲區域戰手，擬透過對淮南鎮戍的掃蕩，消除南梁勢力，確保北魏壽春城及淮南鎮戍的安全。不過，元澄深知魏孝文帝宏願，一旦戰事順利，難保元澄不會乘勝追擊揮軍南下，如此一來戰爭規模勢將擴大，這與魏宣武帝原先設定之戰略目標不符，且其親掌皇權未久，內部尚需整合，現階段實不宜進行統一戰爭，故爲做戰爭損害控管，須對元澄的失控預防，故遣賈思伯代表朝廷監督戰鬥勢所必須。

三、南朝降將陳伯之、蕭寶夤表現佳

作爲南朝降將的陳伯之、蕭寶夤，在此次戰爭中表現出色，二人先後降魏後，對南梁均持主戰態度，積極勸請魏宣武帝南伐，《魏書‧蕭寶夤傳》載：
〔註133〕

> 景明三年（502、梁天監元年）閏四月，（蕭寶夤）及至京師，世宗禮之甚重。伏訴闕下，請兵南伐。……是年冬，蕭衍江州刺史陳伯之與其長史褚緭等自壽春歸降，請軍立效。世宗以寶夤誠懇及伯之所陳，時不可失，四年……四月，除（蕭寶夤）使持節、都督東揚南徐兗三州諸軍事、鎮東將軍、東揚州刺史、丹陽郡開國公、齊王，配兵一萬，令且據東城，待秋冬大舉。

魏宣武帝決定對南梁用兵後，開始進行作戰準備，對二位降將更予以重用，納入東路魏軍，歸元澄指揮：〔註134〕

> 先是朝議有南伐之意，以蕭寶夤爲東揚州刺史據東城，陳伯之爲江州刺史戍陽石，以（元）澄總督二鎮，授之節度。

陳伯之、蕭寶夤雖入魏不久，但在對南梁作戰過程中，不僅表現英勇，更立下功績展現對北魏之忠心。元澄率軍攻鍾離，梁武帝爲解鍾離之圍，遣征虜將軍趙祖悅進攻魏軍陳伯之部，藉以減輕魏軍對鍾離的攻勢。陳伯之與趙祖悅戰於東關，成功將其擊退，讓元澄無後顧之憂能全力進攻鍾離。倘若陳伯

〔註132〕《魏書》卷8〈世宗紀〉，頁196。
〔註133〕《魏書》卷59〈蕭寶夤傳〉，頁1314。
〔註134〕《魏書》卷19中〈景穆十二王中‧任城王雲附子澄傳〉，頁472。

之敗退，則元澄需分兵或回師相救，如此一來，進攻鍾離的行動將受阻，若他不理會趙祖悅仍繼續攻城，極有可能遭受趙祖悅從後掩襲，並和鍾離城內梁軍內外夾攻，迫使元澄提早退出鍾離戰場，由此觀之，陳伯之之勝，對東路魏軍幫助甚大。

蕭寶夤在梁將姜慶眞以「圍魏救趙」戰略襲擊壽春時，奮勇作戰將其擊退，護衛了壽春安全：〔註135〕

> 正始元年（504、梁天監三年）三月，寶夤行達汝陰，束城已陷。遂停壽春之栖賢寺。值賊將姜慶眞內侵，士民響附，圍逼壽春，遂據外郭。寶夤躬貫甲冑，率下擊之，自四更交戰，至明日中時，賊旅彌盛。寶夤以眾寡無援，退入金城。又出相國東門，率眾力戰，始破走之。當寶夤壽春之戰，勇冠諸軍，聞見者莫不壯之。

引文中「當寶夤壽春之戰，勇冠諸軍，聞見者莫不壯之。」可見蕭寶夤作戰非常英勇。事實上，蕭寶夤擊退姜慶眞力保壽春未失，對鍾離戰場乃至整體戰略形勢有非常深遠之影響。若壽春陷梁，元澄所率東路魏軍，將無法繼續進攻鍾離，勢必回師救援，如此將造成戰略態勢丕變，東路魏軍原採攻勢進攻鍾離，回防壽春後則轉爲守勢，不但南梁鍾離之危得解，甚至連帶影響西路魏軍作戰。就戰略環境而言，壽春乃北魏在淮南重要之軍事重鎮，據此可經營淮南地區，供應魏軍南向用兵之補給，若失壽春，淮南地區亦將如骨牌般全數失去，北魏在淮南地區將無據點可立足，少了壽春這前進指揮基地，對爾後南伐作戰之後勤補給將更爲困難。據此可知，蕭寶夤守護壽春成功，確保東路魏軍作戰順利，使北魏繼續擁有較佳的戰略環境，此乃蕭寶夤入魏後，首度對北魏做出積極的貢獻。

四、孟氏的堅守壽春

梁將姜慶眞趁壽春空虛之際率軍偷襲，竟攻陷外郭，壽春情勢一時頗爲危急，幸元澄之母孟氏挺身而出，「任城國太妃孟氏，鉅鹿人，尚書令、任城王澄之母。」〔註136〕孟氏適時填補壽春城群龍無首的空缺，接手指揮，調度守軍全力守城，終得化險爲夷，孟氏英勇之行爲，實與北俗重視婦女傳統有關。

〔註135〕《魏書》卷59〈蕭寶夤傳〉，頁1314。
〔註136〕《魏書》卷92〈列女・任城國太妃孟氏傳〉，頁1983。

　　北魏乃鮮卑拓跋氏所建，在未建立北魏王朝前的部落聯盟時期，尚處游牧階段，拓跋氏非常重視婦女，婦女地位甚高，與漢民族重男輕女完全不同。拓跋氏在部落聯盟時期為何婦女地位崇高，可透過婚姻習俗與婦女地位觀察，雖然史未詳載拓跋氏婚姻習俗，但透過烏桓、鮮卑等相關記載入手，仍可勾勒出輪廓加以瞭解，《後漢書‧烏桓鮮卑傳》提及：〔註137〕

> 其性捍塞，怒則殺父兄，而終不害其母，以母有族類，父兄無相仇報故也。……其嫁娶則先略女通情，獲半歲百日，然後送牛馬羊畜，以為聘幣。婿隨妻還家，妻家無尊卑，旦旦拜之，而不拜其父母。為妻家僕役，一二年間，妻家乃後遣送女，居處財務一皆為辦。其俗妻後母，報寡嫂，死則歸其故夫。計謀從用婦人，為鬥戰之事乃自決之。

由上述記載可知烏桓、鮮卑的婚俗，其特點約有下列數端：第一，即使在婚後，女方與母系部落的關係並未斷絕，雖然「怒則殺父兄」，卻不敢害其母，乃因害怕母系外家部落報復。第二，有收繼婚俗，從「其俗妻後母，報寡嫂，死則歸其故夫。」來看，其收繼婚俗自有一套順序與規則，並非漫無章法。第三，「計謀從用婦人。」、「婿隨妻還家，……為妻家僕役。」顯示在家庭裡，女性擁有崇高地位，使婦女在家庭中展現當家作主的風範。

　　拓跋氏建立北魏王朝後，在封建化過程中，不少漢臣進入北魏朝廷，加上社會上和漢人頻繁接觸，以往部落聯盟時期重視婦女的傳統，是否會因此而改變？這可從顏之推之言觀察之：〔註138〕

> 鄴下風俗，專以婦持門戶，爭訟曲直，造請逢迎，車乘填街衢，綺羅盈府寺，代子求官，為夫訴屈。此乃恆、代之遺風乎？

顏之推所見「專以婦持門戶」之鄴下風俗，早在拓跋氏部落聯盟時即已存在，拓跋社會婦女地位崇高，乃沿襲東胡族中烏桓、鮮卑之婚俗以及重視婦女地位傳統而來。顏之推曾仕官北齊，他見北齊社會尚有婦女獨當一面的情形，而北齊高氏政權胡化甚深，故重視婦女的傳統，從拓跋氏的部落聯盟至北魏王朝，再至東魏、北齊一直存在，也深刻影響北方社會。因此，當元澄領兵在外，壽春遭襲時，其母孟氏適時挺身而出，發揮婦女當家作主風範，激勵將士堅守壽春，終得擊退梁軍，此乃北俗重視婦女地位的表現。

〔註137〕〔劉宋〕范曄，《後漢書》（中華書局點校本）卷90〈烏桓鮮卑列傳〉，頁2979。
〔註138〕顏之推著、王利器集解，《顏氏家訓集解》（臺北：明文書局，1999年3月），卷1〈治家〉第5，頁60。

壽春遇襲，不免引起北魏朝廷恐慌，雖最後安然無恙，仍要追究相關罪責，「長史韋纘坐免官，（元）澄以在外無坐。」〔註139〕元澄因領軍圍攻鍾離，當時不在壽春，故未予責罰，而負責壽春防務的長史韋纘，大敵當前卻徬徨無計，遭免官。至於展現巾幗不讓鬚眉的孟氏，則拖到靈太后時才為其立碑褒獎：〔註140〕

> （元）澄以狀表聞，屬世宗崩，事寢。靈太后後令曰：「鴻功盛美，
> 實宜垂之永年。」乃敕有司樹碑旌美。

因孟氏堅守使壽春得以不失，讓元澄能繼續進攻鍾離，否則，若當時孟氏不在壽春，在韋纘計無所出情形下，壽春恐將失陷，壽春一失，將嚴重影響魏軍在淮南的作戰，甚至導致南伐的終止，可見孟氏堅守壽春，對北魏整體戰略形勢有極正面之貢獻。

壽春雖然轉危為安，梁軍的偷襲行動沒有得逞，但是值得檢討的是北魏在壽春的防禦體系，先看當時壽春城的指揮官韋纘，出身「三輔冠族」〔註141〕家世顯赫，韋氏一族自韋閬任魏太武帝咸陽太守為北魏政權服務後，子孫多人均在北魏朝廷任官。韋纘父韋珍在魏孝文帝時曾任郢州刺史、荊州刺史、中軍大將軍、彭城王元勰長史等職。〔註142〕韋纘出身官宦世家，加上「聰敏明辯」獲得魏孝文帝賞識，因此其仕途頗為平順：〔註143〕

> （韋纘）聰敏明辯，為博士李彪所稱。除祕書中散，遷侍御中散。
> 高祖每與名德沙門談論往復，纘掌綴錄，無所遺漏，頗見知賞。轉
> 散騎侍郎，徙太子中舍人，仍兼黃門，又兼司徒右長史，尋轉長兼
> 尚書左丞。

從韋纘在北魏朝廷任官的經歷來看，均為文吏，並無軍事上的歷練，因此在處理章奏文牘上頗為稱職，故王肅任揚州刺史時，以韋纘為長史，「肅薨，敕纘行州事。任城王澄代肅為州，復啟纘為長史。」〔註144〕在王肅卒後、元澄未到任前，韋纘代行州事，等於是北魏在淮南地區的最高行政長官，而元澄到任後，亦是著眼他對淮南形勢的瞭解及揚州州務的熟悉，故仍以其為長史。

〔註139〕《魏書》卷19中〈景穆十二王中・任城王雲附子澄傳〉，頁472。
〔註140〕《魏書》卷92〈列女・任城國太妃孟氏傳〉，頁1983。
〔註141〕《魏書》卷45〈韋閬傳〉，頁1009。
〔註142〕參見《魏書》卷45〈韋珍傳〉，頁1013～1014。
〔註143〕《魏書》卷45〈韋纘傳〉，頁1014。
〔註144〕《魏書》卷45〈韋纘傳〉，頁1014。

由此觀之，當元澄離開壽春時，最佳的代理人選自屬韋纘爲宜，元澄的作法實無可厚非。然此舉頗有檢討空間，誠如上述，韋纘的官場經歷皆以文職爲士，兵戎殺伐之事非其所長，若北魏與南梁未處於交戰的緊張時期，而是維持和緩的戰略關係時，當元澄不在壽春，如奉詔返回洛陽，韋纘短期代理州務應無問題，但是北魏與南梁已處於戰爭狀態，淮南各地烽火遍佈，在此緊繃的戰略形勢下，將壽春城的防務交予韋纘實太過冒險。

元澄會有這種調度亦有其兩難之處，因其需領兵進攻鍾離，勢必有人接替他鎮守壽春。其實不妨換個角度思考，進攻鍾離的軍事行動是否一定要由元澄領軍。北魏發動淮南戰爭的戰略目標是義陽、鍾離兩大重鎮，魏宣武帝以元英爲進攻義陽的主帥，而進攻鍾離亦需另一重臣、上將領軍，元澄不論資歷、威望均可擔當攻打鍾離的主帥，他亦頗有抱負，對魏孝文帝一統南北的宏願非常瞭解，曾上表魏宣武帝：「臣參訓先朝，……前言舊軌，頗亦聞之。」〔註145〕雖多次上表請求南伐，但都未得到魏宣武帝正面的回應。如今魏宣武帝發動淮南戰爭，欲掃蕩淮南由南梁控制的鎮戍，以減輕對壽春的威脅，更欲攻佔鍾離、義陽。元澄見其多次呼籲的南伐戰爭終於啓動，即便魏宣武帝未以其爲進攻鍾離之統帥，恐怕他也會奏請領軍進攻鍾離或南梁其餘鎮戍，亦即他不願坐守壽春，必然想領軍南伐完成魏孝文帝之宏願。雖是如此，但以魏宣武帝爲首的北魏朝廷，應有一完善的戰略思考，若要讓元澄領軍作戰，則須另遣一大將協助壽春的防禦，如楊大眼、奚康生等北魏名將，而不是將壽春防務交予文吏出身的韋纘，以致面對梁軍進攻時徬徨無計，造成梁軍攻陷壽春外城的一場虛驚。

或許當時北魏君臣以及元澄的戰略思考是：南梁正遭北魏各路軍隊在淮南各地進攻，抵禦魏軍已相當吃力，實難有餘力發動攻勢進攻北魏城戍，因此讓韋纘戍守壽春已綽綽有餘。詎料，南梁竟出乎意料襲擊壽春，幸壽春最後轉危爲安，而南梁對壽春亦無進一步的攻勢，可見北魏從中央至地方忽略了防禦的重要性，也低估了對手，足證在遂行戰爭作爲時，需做全面性的戰略思考，進攻與防禦並重。

五、南梁偷襲壽春行動未能適時增援

梁武帝爲解鍾離之圍，遣姜慶眞率軍偷襲壽春，攻敵之所必救，戰術運用

〔註145〕《魏書》卷19中〈景穆十二王中・任城王雲附子澄傳〉，頁471。

靈活值得稱許。《孫子兵法》有云：「攻而必取者，攻其所不守也。」〔註146〕進攻而必然得手的，乃因攻擊的是敵人疏於防守之處。又云：「進而不可禦者，衝其虛也。」〔註147〕進攻敵人令其無法防禦，乃是攻擊其空虛之處。梁武帝襲擊壽春的戰略行為，正是上述兩項《孫子兵法》的最佳詮釋。不過，值得檢討的是，以「圍魏救趙」襲擊壽春初步獲得成功後，南梁應擴大戰果遣軍增援，持續對壽春施加軍事壓力，在壽春防禦力量不足的情況下，孟氏、蕭寶寅不一定能抵擋住梁軍的攻勢，一旦梁軍攻進城內，壽春戰場勢必發生變化。

北魏為保壽春，若從北魏境內遣軍支援緩不濟急，抽調刻正進攻鍾離或義陽之部隊往援乃最迅速之方式。果如此，則鍾離或義陽戰場之魏軍將轉進至壽春，被迫放棄對鍾離或義陽的進攻，南梁「圍魏救趙」的戰略目的將達成。但是若欲繼續對壽春施加壓力，達成上述戰略目的，尚需視南梁有無部隊可支援姜慶真繼續進攻壽春，若有部隊可支援，還需視這支部隊原先設定之戰略目標為何。

梁武帝派姜慶真奇襲壽春是在504年（魏正始元年、梁天監三年）二月，「將軍姜慶真乘魏任城王澄在外，襲壽陽。」〔註148〕在此之後南梁有三支援軍出現，分別是「任城王澄攻鍾離，上（梁武帝）遣冠軍將軍張惠紹等將兵五千送糧詣鍾離。」〔註149〕、「蕭衍遣其平西將軍曹景宗、後將軍王僧炳等率步騎三萬來救義陽。」〔註150〕以及馬仙琕救援義陽的二萬餘梁軍，依《資治通鑑》的時間排序，可知梁武帝遣張惠紹送糧鍾離是在二月；〔註151〕曹景宗、馬仙琕先後馳援義陽分別在二月及七月，〔註152〕可見南梁仍有部隊可派往淮南。但是張惠紹的戰略目標在鞏固鍾離的防守，而曹景宗、馬仙琕這兩支部隊的戰略目標都是解義陽之圍，是否能轉移原先設定的戰略目標改為支援姜慶真襲擊壽春的軍事行動，進一步擴大對壽春的壓迫，甚至乘勝佔領壽春呢？

張惠紹赴鍾離、曹景宗援義陽、姜慶真襲壽春這三支部隊幾乎是同時出

〔註146〕孫武著、吳仁傑注譯，《孫子讀本》〈虛實篇第六〉，頁38。
〔註147〕孫武著、吳仁傑注譯，《孫子讀本》〈虛實篇第六〉，頁39。
〔註148〕《資治通鑑》卷145〈梁紀一〉，武帝天監三年，頁4536。
〔註149〕《資治通鑑》卷145〈梁紀一〉，武帝天監三年，頁4537。
〔註150〕《魏書》卷19下〈景穆十二王下‧南安王禎附子英傳〉，頁498。
〔註151〕參見《資治通鑑》卷145〈梁紀一〉，武帝天監三年，頁4537。
〔註152〕參見《資治通鑑》卷145〈梁紀一〉，武帝天監三年，頁4537、4542。

動，都在 504 年（魏正始元年、梁天監三年）二月，﹝註153﹞所以張惠紹、曹景宗這兩支援軍不可能改變原先戰略目標，理由很簡單，梁武帝遣援軍四出有其整體戰略規劃。北魏進攻重點鎖定鍾離、義陽兩重鎮，故梁武帝當務之急在鞏固這兩處的防禦力量，所以才會令張惠紹、曹景宗率軍赴援。至於姜慶眞則作爲偏師，兵行險招，希望能藉由突擊壽春的行動，製造魏軍紛亂，營造有利張惠紹與曹景宗的赴援行動。張惠紹、曹景宗這兩支梁軍因與姜慶眞同時行動，所以不可能將原先設定戰略目標的鍾離、義陽，忽然間轉移至壽春。另外，張惠紹梁軍在二月的邵陽之役幾乎遭劉思祖魏軍殲滅；而曹景宗因畏敵不敢出，其部屬王僧炳所率梁軍也在三月遭魏軍元逞部於樊城擊潰，﹝註154﹞在張惠紹、曹景宗二人的部隊均敗於魏軍的情況下，欲令其支援姜慶眞進攻壽春的可能性不大。

　　於是可以援助姜慶眞的只剩馬仙琕這支二萬左右的梁軍，但是梁武帝並未在二月姜慶眞突襲壽春初擊得手後，第一時間即派馬仙琕馳援，擴大對壽春的壓迫，反而持觀望態度，觀察義陽與壽春的戰況，以決定馬仙琕梁軍的調度。當時由曹景宗、王僧炳率領的第二支赴援義陽的梁軍，正與圍困義陽的魏軍交鋒，或許梁武帝認爲，義陽的存在較進攻壽春具更大的戰略意義，畢竟義陽是南梁所有，一旦失陷，將使南梁在淮南地區更顯劣勢，故梁武帝的戰略思維在保義陽。至於壽春，本來即由北魏控制，雖然姜慶眞攻陷外郭，若將馬仙琕梁軍投入壽春攻防，未必有攻陷壽春的把握，且壽春遭梁軍攻擊陷入危境，北魏朝廷會從中央或其他地區調軍支援，如此一來，梁軍有可能在魏軍內外夾擊下全軍覆沒，故梁武帝並未將馬仙琕梁軍投入壽春戰場，而是採取保守戰略，希望能保有義陽，並在七月時遣馬仙琕前往義陽支援。

　　如果由曹景宗、王僧炳率領的第二支義陽援軍，能擊退魏軍解義陽之圍，或許梁武帝會將馬仙琕梁軍投入壽春的戰鬥中，但由於曹景宗的消極龜縮，加上王僧炳所率梁軍遭魏軍擊潰，使這支義陽援軍亦未能發揮功效，迫使梁武帝派出馬仙琕這第三支援軍。如果先前梁武帝即派馬仙琕支援姜慶眞助攻壽春，此時恐無兵可再支援義陽，義陽恐會提早陷落，義陽若提早陷落是否會讓魏軍乘勝追擊，再續佔南梁更多城戍，無法預料，不過對南梁的軍民士氣必然打擊甚大。據上可知，梁武帝未適時支援偷襲壽春的行動，採取的戰

﹝註153﹞參見《資治通鑑》卷 145〈梁紀一〉，武帝天監三年，頁 4536～4537。
﹝註154﹞參見《資治通鑑》卷 145〈梁紀一〉，武帝天監三年，頁 4537。

略較爲保守，他僅想擾亂魏軍，達到讓對手慌亂的地步，但既然已跨出突襲的腳步，未持續下去頗爲可惜。

　　馬仙琕梁軍遭魏軍擊潰，義陽也終遭魏軍攻陷，若按照結果去評論梁武帝未支援壽春也不盡公平，因爲戰場形勢千變萬化，即便先遣馬仙琕增援姜慶眞，如前所述，義陽少了馬仙琕這支梁軍與魏軍抗衡，恐會提早陷落，爾後的戰略情勢會如何演變，無人可預料。可能北魏佔領義陽已滿足，一如原先的結果結束淮南戰事；亦有可能續遣大軍增援繼續南伐，如此將帶給南梁更大的戰爭傷害。事實上，不妨將梁武帝當時的戰略作爲做個轉換，先遣軍支援姜慶眞進攻壽春，畢竟已攻陷壽春外郭證明這項大膽戰略奏效，應擴大對壽春城的打擊，梁武帝可命壽春附近南梁各州刺史派州軍支援；或由中央調禁軍馳援。另外也可先派馬仙琕率軍支援，但是如此一來，將馬仙琕投入壽春戰場，是否南梁就不會有第三支援助義陽的部隊，其實不然，梁武帝有五個月時間可組織援助義陽的第三支援軍，包括抽調淮南以外未遭戰爭波及的州軍，或中央禁軍，另擇良將率領馳援義陽，如此既可令支援義陽的第三波援軍依舊，還可達到支援壽春戰場的目的，惜梁武帝未持續對壽春增援，使其大膽的戰略嘗試終究成爲泡影。

六、南梁鍾離、義陽二城守將的堅守

　　北魏進攻南梁的兩大戰略目標：鍾離與義陽，前者爲南梁北徐州治所，昌義之任刺史；後者則爲司州治所，時司州刺史爲蔡道恭。戰爭結果南梁雖失義陽保鍾離，但由於義陽、鍾離二城守將的堅守，魏軍在這兩個重鎮的作戰過程並不輕鬆。西路魏軍從 503 年（魏景明四年、梁天監二年）十月發動攻勢，至次年八月始攻下義陽，南梁能堅守義陽十個月，守將蔡道恭功不可沒。而昌義之堅強守衛鍾離，令元澄久攻不下，待時序進入淮河暴漲季節只得退兵，甚至損軍四千餘人，昌義之亦有大功。

　　「昌義之，歷陽烏江人也。少有武幹。齊代隨曹虎征伐，累有戰功。」〔註155〕由引文可知昌義之在南齊時已嶄露頭角，之後追隨梁武帝，「時天下方亂，高祖（梁武帝）亦厚遇之。」〔註156〕在梁武帝兵發建康過程中，昌義之全力輔佐，領軍盪平各地齊軍的抵抗，深得梁武帝信任，故南梁政權建

〔註155〕《梁書》卷 18〈昌義之傳〉，頁 293。
〔註156〕《梁書》卷 18〈昌義之傳〉，頁 293。

立後，「封永豐縣侯，邑五百戶。除驍騎將軍。出爲盱眙太守。」〔註157〕在
魏宣武帝即將興兵犯梁前夕，南北邊界戰雲密佈，對於淮南重鎮鍾離，梁武
帝判斷北魏勢在必得，需有一信任且才智卓越之將領鎮守，遂將守衛鍾離之
重責人任交付昌義之，大監「□年（503，魏景明四年），遷假節、督北徐州
軍事、輔國將軍、北徐州刺史，鎮鍾離。」〔註158〕而昌義之也不負所託，
積極強化鍾離防禦力量，令魏軍無功而返。鍾離未陷魏，等於破壞北魏的戰
略規劃，若元澄攻下鍾離，其戰略作爲應有揮軍南下及軍援義陽兩種，或是
兩種同時進行，然不論何者，對南梁皆極爲不利。若在鍾離陷魏的背景下揮
軍南下，必造成南梁恐慌；若元澄率軍增援義陽，使東、西二路魏軍戰力得
以整合，義陽恐將提早陷落，且更刺激北魏繼續增兵，戰爭規模必將擴大，
幸昌義之固守鍾離，「魏寇州境，義之擊破之。」〔註159〕使上述對南梁不利
的情形並未出現，他也因此得到梁武帝封賞，「進號冠軍將軍，增封二百戶。」
〔註160〕

　　司州刺史蔡道恭對南梁的貢獻與昌義之相較不遑多讓，義陽最終雖遭魏
軍攻陷，但對蔡道恭而言乃非戰之罪。他的義陽守軍不滿五千，且在糧食僅
可支撐半年的劣勢條件下，與元英所率魏軍「相持百餘日，前後斬獲不可勝
計。」〔註161〕至其504年（魏正始元年、梁天監三年）五月病卒時，義陽尚
在南梁手中，上距去年十月魏軍進攻義陽已有七月之久，換言之，蔡道恭在
糧食僅剩半年情形下，堅守義陽七個月，突破食糧供應極限，可謂將守備能
量發揮的淋漓盡致。蔡道恭病卒後由其從弟蔡靈恩接手義陽防務，竟繼續支
撐三個月，至八月終因城內糧盡，加上南梁朝廷的三波援軍皆遭魏軍擊退，
在糧盡援絕下不得不開城投降。蔡道恭、蔡靈恩以有限糧食、兵力，將西路
魏軍至少二萬大軍困在義陽戰場，使其無法順利攻克義陽再繼續南下，若讓
魏軍迅速攻下義陽趁勝南下，南梁損失恐怕不止義陽。義陽最終雖陷魏，但
魏軍已疲憊不堪，需休養整補，雙方因而暫熄烽火，南梁的損失僅在義陽及
其附近鎮戍，這都要歸功蔡道恭、蔡靈恩固守義陽十個月的功勞。

　　相較於蔡道恭兄弟堅守義陽力抗魏軍，受命率援軍赴援的平西將軍曹景

〔註157〕《梁書》卷18〈昌義之傳〉，頁293。
〔註158〕《梁書》卷18〈昌義之傳〉，頁293。
〔註159〕《梁書》卷18〈昌義之傳〉，頁293。
〔註160〕《梁書》卷18〈昌義之傳〉，頁293。
〔註161〕《梁書》卷10〈蔡道恭傳〉，頁194。

宗，卻臨陣畏縮，其表現與英勇抗魏的蔡氏兄弟實有天壤之別。事實上義陽的陷魏，梁武帝所遣三波援軍俱遭魏軍擊退是一大主因，但是分析這三波梁軍的戰鬥過程，卻有很大不同，尤其在將領的指揮方面。前文已述，率領第一波援軍的吳子陽僅有數千兵馬；而第三波援軍主帥馬仙琕約有兩萬左右，吳子陽、馬仙琕分別率領這兩支梁軍與魏軍爆發激烈戰鬥，雖然俱遭魏軍擊敗，但爲了救援義陽義無反顧與魏軍作戰，雖敗猶榮。較爲可議的是第二波援軍主帥曹景宗，所率援軍三萬最多，但卻畏於魏軍勢盛，不敢與之正面交鋒，「魏寇司州，圍刺史蔡道恭。時魏攻日苦，城中負板而汲，景宗望門不出，但耀軍遊獵而已。」〔註162〕由於曹景宗的懼敵怯戰，使三萬援軍無法發揮最大戰力，僅有二萬梁軍投入戰鬥，他派後軍將軍王僧炳領軍二萬與魏軍作戰，自領一萬爲後繼。當時西路魏軍統帥元英對梁武帝所派的這支三萬援軍不敢小覷，令冠軍將軍元逞領兵拒敵，雙方於樊城正面交戰。自爲後繼的曹景宗，其責本就是觀察戰場形勢變化伺機救援，故當王僧炳的二萬梁軍與魏軍陷入惡戰時，曹景宗自當率軍往援，詎料曹景宗不此之途，「望門不出，但耀軍遊獵。」導致王僧炳大敗，遭魏軍斬殺四千餘人。

　　觀乎曹景宗之戰場作爲實非良將，其爲官更是貪婪，任郢州刺史時專好財貨，且不得民心，「景宗在州，驚貨聚斂。於城南起宅，長堤以東，夏口以北，開街列門，東西數里，而部曲殘橫，民頗厭之。」〔註163〕可見曹景宗自身操守已有問題，且從「部曲殘橫」一語觀之，其部隊軍紀也大有問題。梁武帝以畏戰操守不佳的將領與軍紀不良的部隊救援義陽，失敗當可預見。曹景宗的怯懦對比蔡道恭、蔡靈恩、吳子陽、馬仙琕等人的英勇，其差距不可以道里計。

　　梁武帝對曹景宗在義陽戰場的毫無作爲，並未予以懲戒，《梁書·曹景宗傳》：「及司州城陷，爲御史中丞任昉所奏，高祖（梁武帝）以功臣寢而不治，徵爲護軍。」〔註164〕賞罰分明是領導統御的重要條件，對於義陽的陷魏，曹景宗的怠惰有一定的責任，然而梁武帝卻對言官的糾彈視而不見，反而爲其掩過。原來曹景宗政治正確，在南齊末年政治紛亂時，曹景宗即已結納梁武帝，「高祖爲雍州刺史，景宗深自結附，數請高祖臨其宅。時天下方亂，高祖亦厚

〔註162〕《梁書》卷9〈曹景宗傳〉，頁179。
〔註163〕《梁書》卷9〈曹景宗傳〉，頁179。
〔註164〕《梁書》卷9〈曹景宗傳〉，頁179。

加意焉。」〔註165〕有功獎賞、有過懲罰乃理所當然，《孫子兵法》將「賞罰孰明」〔註166〕列為判斷戰爭勝負的條件之一。梁武帝因曹景宗為其從龍功臣而不予加罪，實非君主所應為，其他梁軍將士必然看在眼裡，值此開國之際，卻有賞罰不明情況發生，對爾後與魏軍的作戰，多少會影響梁軍將士在戰場上的表現。

第四節　小　結

　　魏宣武帝在位十六年，其間與南梁的戰略關係可分為前、中、後三期，前期：499～504 年（魏太和二十三年至正始元年、齊永元元年至梁天監三年），中期：504～507 年（魏正始元年至四年、梁天監三年至六年），後期：507～515 年（魏正始四年至延昌四年、梁天監六年至十六年）。前期即是本章所述的內容與範圍，北魏在這五年與南梁在淮南地區發生多次的衝突與戰爭，從邊界衝突至大戰皆有之，其中最規模最大的一次為淮南爭奪戰，使北魏在魏宣武帝前期與南梁的戰略關係陷入緊張狀態，這可從其個人及當時南北邊區的情勢觀察之。

　　就魏宣武帝個人而言，先從其年齡來看，他十六歲繼承皇位，因此這五年他的年歲從十六至二十，正是少年天子階段。如果是中壯年繼位，思想與作為容易保守，這種見解雖非絕對，但青年皇帝一般較具朝氣與奮發之精神，而魏宣武帝即是如此，因此他銳意開邊，在位的十六年，據張金龍的統計，只有即位當年與親政的景明二年（501、齊中興元年）沒有戰爭，其他每年都有戰事發生，〔註167〕可見年輕的魏宣武帝對南梁展現了積極的企圖心，從而使北魏與南梁間戰爭不斷。其次，其父魏孝文帝欲混一南北的志願他不可能不知，加上他的漢化頗深，魏宣武帝生於太和七年（483、齊永明元年），他出生成長的年代，正是文明太后大力推動漢化時期，之後魏孝文帝又於 493 年（魏太和十七年、齊永明十一年）遷都洛陽，漢化腳步較文明太后邁的更快更廣，使魏宣武帝十一至十七歲的少年、青少年時期，均在漢文化氣息濃厚的洛陽度過。而且他在 497 年（魏太和二十一年、齊建武四年）正月被立

〔註165〕《梁書》卷 9〈曹景宗傳〉，頁 179。
〔註166〕孫武著、吳仁傑注譯，《孫子讀本》〈計篇第一〉，頁 4。
〔註167〕參見張金龍，《北魏政治史（八）》卷 10〈宣武帝時代（499～515）〉，頁 368。

為皇太子後，〔註168〕可以想見，魏孝文帝對他的漢化教育必然甚為重視，在這樣的環境與薰陶下，魏宣武帝成長為一漢化君主並不意外，從《魏書・世宗紀》稱其「雅愛經史。」〔註169〕即可知漢文化因子在他身上的影響。因此，漢民族王朝的大一統，理所當然成為他追尋的目標，於是在魏宣武帝親政後，便須對南梁用兵，進而消滅之，如此才能達成魏孝文帝一統南北之志願並實踐漢文化中的大一統之義。

另外，就當時南北邊區的情勢而言，元澄時任揚州刺史，前文已有詳述，多次遣軍進攻南梁所屬的淮南各鎮戍，皆獲勝利，如破大峴戍、陰山戍、白稟戍等，並俘虜、擊殺多位梁將，如陣前斬殺梅興祖、吳道爽；俘邾菩薩等。這些邊區衝突的勝利，強化魏宣武帝進一步對南梁用兵的信心。再者，北魏在佔有壽春的基礎上，繼續攻佔淮南其他城戍，擴大對淮南地域的佔領乃理所當然。且壽春突出於淮南，戰略形勢孤單，周遭多為南梁勢力，為鞏固壽春免於南梁的威脅，須佔領淮南其他鎮戍形成軍事防線。而魏宣武帝親政未久，實不宜發動滅亡南梁的戰爭，畢竟政治勢力盤根錯節，率爾發動大型的統一戰爭，一旦戰敗，對魏宣武帝的威信將是一大打擊，且其年齡尚輕，會產生何種政治動盪，無法預料。故應先以區域戰爭為之，以壽春為據點，先攻佔淮南四鎮，再逐步佔領淮南地域，及至北魏在淮南的統治穩固後，再發動滅亡南梁的戰爭較為合宜。而觀乎魏宣武帝用兵南梁的戰略規畫，符合上述的戰略思維，將目標鎖定淮南四鎮中的義陽、鍾離，先以區域戰爭為之，再視戰爭結果決定下一步。

綜上所述，年富力強的魏宣武帝對南梁企圖心強烈，且漢文化的大一統之義及魏孝文帝的志願亦深刻影響著他；加上元澄在淮南與梁軍作戰屢獲勝利，同時在壽春入魏後，也必須保障壽春的國防安全，為了達成上述國家目標與理想，魏宣武帝雖然只是即位初期，仍然選擇對南梁挑起戰爭。不過在務實的考量下，他並未御駕親征及發動滅亡南梁的舉國戰爭，而是遣宗室元英與元澄率軍南侵，以攻佔義陽、鍾離兩大淮南重鎮為目標，戰爭結果義陽入魏，鍾離仍由南梁控制，達成設定目標的百分之五十。魏宣武帝這種持盈保泰的戰略思維，可將對自己的傷害降至最低，如果敗戰，因其未御駕親征，且將戰爭規模限定在區域戰爭，可使君主威信不至重挫，進而引發政治效應。

〔註168〕參見《魏書》卷8〈世宗紀〉，頁191。
〔註169〕《魏書》卷8〈世宗紀〉，頁215。

由魏宣武帝與元澄對南梁積極的的戰略作為可知，北魏從中央君主至地方刺史，在上述理想與目標的影響下，頻頻與南梁爆發衝突與戰爭，使魏宣武帝前期與南梁戰略關係充滿著紛擾與緊張。而在淮南戰爭中，北魏、南梁均有攻勢與守勢，雖然北魏採攻勢入侵梁境，但在壽春之戰中採守勢擊退姜慶眞梁軍；至於南梁，面對魏軍入侵，當然採守勢抵禦，但是過程中也採攻勢進攻北魏壽春，因此雙方在淮南戰爭中，呈現攻勢與守勢兼具的情形。

第六章　全面性的戰爭
——魏宣武帝中期與南梁之戰略關係（504～507）

　　北魏與南梁首次戰爭於 504 年（魏正始元年、梁天監三年）八月暫告一段落，對原屬南梁的義陽與鍾離，北魏攻取義陽及其三關；南梁仍保有鍾離，但雙方對戰爭結果皆不滿意。就北魏而言，興師動眾僅攻佔義陽，且是魏宣武帝執政後首次對外用兵，鍾離未下，與當初設定之戰略目標有落差。至於南梁，更無法接受這個結果，因義陽與鍾離本為南梁領土，今失義陽，尤其南梁以漢民族正統王朝自居，在國土及國家尊嚴的壓力下，朝野均視失土為奇恥大辱，故以收復失地為首要之務。而北魏欲驅除南梁在淮南地區之勢力，以保證壽春及淮南地區之安全，先決條件即需佔有鍾離，故鍾離仍是北魏極欲奪取之目標，如是之故，北魏與南梁在首次戰爭後，不但彼此關係未和緩，反而愈趨緊張，終於在 505 年（魏正始二年、梁天監四年）二月雙方爆發全面性戰爭，戰場擴及東部、中部和西部，規模之大、戰場之廣，為南北朝時期北魏與南朝戰爭所少見。

第一節　戰略環境分析

一、北魏君臣對南梁積極主戰的戰略態度

　　魏宣武帝元恪為魏孝文帝次子，本無法入繼太統，其能繼位乃拜其兄太

子元恂遭魏孝文帝廢殺所賜。魏孝文帝遷都洛陽推動漢化改革，變服飾、改姓氏、易語言，並矢志消滅南朝政權，使北魏成爲大一統王朝，即使在其有生之年無法如願，他也期望太子元恂能繼承這項偉大志業，然而元「恂不好書學。」而且「深忌河洛暑熱，意每追樂北方。」〔註1〕之後更捲入保守派謀反事件，魏孝文帝大爲失望，遂廢元恂改立次子元恪爲太子。元恪得立太子，除了因其爲次子，依長幼之序立爲太子可減少紛爭外，最重要原因乃元恪與魏孝文帝一樣，漢化甚深，史載其「雅愛經史，尤長釋氏之義，每至講論，連夜忘疲。」〔註2〕可見魏孝文帝選擇繼承人，能否貫徹其漢化事業是重要考量之一。

魏宣武帝深受漢文化影響並繼承魏孝文帝建立大一統王朝遺志，統一南北遂成其奮鬥之目標，而爲完成此偉大志業，需持續對南梁用兵，直至消滅爲止。因此，魏宣武帝並不會因首次興師南犯，戰果未如預期而停止對南梁的軍事行動，相反地，在上述目標與志業的驅使下，必然會藉機發動戰爭，以建立大一統的北魏王朝。另魏宣武帝雖「雅愛經史」，但並非不重武事的文弱之輩，「（502、魏景明三年、梁天監元年）冬十月庚子，（魏宣武）帝親射，遠及一里五十步，羣臣勒銘於射所。」〔註3〕若君主重文治不習武事，通常會以文教禮儀治天下，治國理念雖平實穩定，卻缺乏向外開疆闢土的氣度，不願輕易發動戰爭。魏宣武帝既善射，反映在對南梁的戰略態度上，不畏戰也不怯戰，意識型態趨近於以武力解決南北對峙問題。

魏宣武帝對南梁採積極主戰的戰略態度，若北魏君臣對南梁和戰態度不一，在魏宣武帝欲征討南梁時，容易遭到大臣勸阻；若大臣同樣欲以戰爭行爲解決南北問題，在君臣態度一致的情形下，對南梁用兵將無可避免。以當時北魏大臣而言，居淮南前線的揚州刺史，其戰略態度至爲關鍵，和平主義者可能會盡量避免與南梁衝突，反之，積極主戰者則會不時挑釁對方，製造衝突。

任城王元澄頗得魏孝文帝信任，亦爲魏宣武帝輔政大臣，魏宣武帝以其「都督淮南諸軍事、鎮南將軍、開府、揚州刺史。」〔註4〕將淮南軍政大權及國防安全託付元澄，可見其受魏宣武帝之重用。事實上，魏宣武帝正因與元

〔註1〕 《魏書》卷22〈廢太子恂傳〉，頁588。
〔註2〕 《魏書》卷8〈世宗紀〉，頁215。
〔註3〕 《魏書》卷8〈世宗紀〉，頁195。
〔註4〕 《魏書》卷19中〈景穆十二王中・任城王雲附子澄傳〉，頁470。

澄對南梁的戰略態度一致，故以其爲淮南軍政長官，否則君主主戰、前線將帥主和，國家戰略無法統合將會危及國防安全。元澄對南梁的態度，可從其任揚州刺史後，即「頻表南伐。」〔註5〕觀察出其對南梁的主戰思想，且他對當前的敵我態勢相當瞭解，甚至魏宣武帝親政後首次對南梁用兵發動的淮南爭奪戰，亦是元澄察覺「蕭衍頻斷東關，欲令巢湖汎溢。」〔註6〕一旦梁武帝水淹戰略成功，淮南將遭重創，因此向魏宣武帝提出警告，主張先發制人進攻南梁。由此觀之，元澄充滿雄心壯志，極思有一番作爲，而這應是來自他對魏孝文帝漢化志業的體認，希望能幫助魏宣武帝完成南北統一的目標。元澄在北魏朝廷乃輩份崇高之元老重臣，堪稱元宗室意見領袖，其一言一行舉足輕重，故其對南梁的主戰思維，對北魏朝廷必然會有一定程度的影響。

　　繼元澄爲揚州刺史者爲薛眞度，他曾任荊州刺史並隨魏孝文帝南伐，故對淮河流域的戰略形勢非常熟悉。他對南梁的戰略態度亦屬主戰派，「初，遷洛後，眞度每獻計於高祖（魏孝文帝），勸先取樊鄧，後攻南陽，故爲高祖所賞。」〔註7〕薛眞度在揚州刺史任內，秣馬厲兵積極進行戰備整備工作，也與南梁爆發邊區衝突。505 年（魏正始二年、梁天監四年）六月，《魏書·薛眞度傳》載：〔註8〕

> 蕭衍豫州刺史王超宗率眾圍逼小峴，眞度遣兼統軍李叔仁等率步騎
> 擊之。超宗逆來拒戰，叔仁擊破之，俘斬三千。還朝，除金紫光祿
> 大夫，加散騎常侍，

薛眞度還朝後，魏宣武帝以宗室元嵩出任揚州刺史。元嵩乃元澄之弟，作戰英勇，曾隨魏孝文帝南伐立下不少戰功，史載：〔註9〕

> 後從平沔北，累有戰功，除左中郎將，兼武衛將軍。高祖（魏孝文
> 帝）南伐，蕭寶卷將陳顯達率眾拒戰。（元）嵩身備三仗，免胄直前，
> 將士從之，顯達奔潰，斬獲萬計。嵩於爾日勇冠三軍。高祖大悦而
> 言曰：「任城康王大有福德，文武頓出其門。」以功賜爵高平縣侯，
> 賚帛二千五百匹。

元嵩對南朝的存在主張以武力解決，曾於南齊末蕭衍起兵討伐東昏侯時，上

〔註5〕《魏書》卷 19 中〈景穆十二王中·任城王雲附子澄傳〉，頁 470。
〔註6〕《魏書》卷 19 中〈景穆十二王中·任城王雲附子澄傳〉，頁 471。
〔註7〕《魏書》卷 61〈薛眞度傳〉，頁 1356。
〔註8〕《魏書》卷 61〈薛眞度傳〉，頁 1357。
〔註9〕《魏書》卷 19 中〈景穆十二王中·任城王雲附子嵩傳〉，頁 486。

表勸魏宣武帝趁機南伐，《魏書・元嵩傳》：〔註10〕

> 嵩表曰：「蕭寶卷骨肉相殘，忠良先戮，臣下囂然，莫不離背。……
> 流聞寶卷雍州刺史蕭衍兄懿於建業阻兵，與寶卷相持，荊郢二州刺
> 史並是寶卷之弟，必有圖衍之志。臣若遣書相聞，迎其本謀，冀獲
> 同心，并力除衍。平衍之後，彼必旋師赴救丹陽，當不能復經營疆
> 陲，全固襄沔。臣之軍威已得臨據，則沔南之地可一舉而收。……
> 總兵佇銳，觀釁伺隙，若其零落之形已彰，怠懈之勢已著，便可順
> 流摧鋒，長驅席卷。」

元嵩希望趁南齊內亂，荊州、郢州、雍州防務空虛之際，一舉攻克沔南之地，
若南齊因內亂而分崩離析，正可趁勢席捲南方之地，達成一統江山的目標。
魏宣武帝詔曰：「所陳嘉謀，深是良計。如當機形可進，任將軍裁之。」〔註11〕
魏宣武帝當時尚未親政，此詔應是輔政大臣意見，但由元嵩上表內容可知其
屬主戰派，與魏宣武帝對南朝的戰略思維相同。

　　裴叔業以壽春降魏後，北魏以壽春為據點經營淮南地區，此區域大部分
劃入揚州領域。而從南齊至南梁，皆欲奪回壽春收復淮南，故北魏揚州刺史
一職，直接面對南朝武力威脅，為保淮南地區，魏宣武帝先後以元澄、薛真
度、元嵩任揚州刺史，其共通點都是主戰派，如此方能積極備戰以抗衡南梁
不時對壽春之侵擾。這三位在淮南前線之將領，與魏宣武帝戰略思維相同，
等於形成北魏朝廷主戰勢力，而其餘北魏朝臣深居洛陽，無法知悉前線戰略
情勢，唯有最前線之揚州刺史能全盤瞭解敵我態勢，作戰爭行為之判斷。既
然前後三任揚州刺史皆主張對南梁武力征討，加上魏宣武帝亦持同樣態度，
是故魏梁若爆發全面性之戰爭，當不致太令人意外。

二、梁武帝積極北伐的戰略態度

　　雖然北魏君臣對南梁持積極主戰態度，但是梁武帝欲大舉北伐收復北方
河山之積極性，並不輸北魏君臣，此從梁武帝下達之〈北伐詔〉即可得知：
〔註12〕

〔註10〕　《魏書》卷19中〈景穆十二王中・任城王雲附子嵩傳〉，頁486～487。
〔註11〕　《魏書》卷19中〈景穆十二王中・任城王雲附子嵩傳〉，頁487。
〔註12〕　許敬宗等編，《文館詞林》卷662《詔三二・征伐上》，頁104。此詔作者為沈
　　　　約。

　　今遣中領軍雲杜縣開國侯慶遠等濟自牛渚，卷甲風驅，徑趣長瀨；
　　寧朔將軍王僧炳等熊羆三萬，步出橫塘；左將軍珍國武（虎）旅五
　　萬，相系電發，北向鍾離，直出肥口；冠軍將軍紹叔等餐□兒四萬，
　　飛帆巢湖，席卷合肥，直指淮沘；征南將軍茂先等水步六萬，同出
　　廬江，風掃壽春，反我侵地；輔國將軍叡等浮舟清泗，北取下邳，
　　雲徹飆舉，吞蕩彭汴；後軍將軍和海艚凌波；迳出長廣，營丘歸國，
　　一麾以定；左將軍景宗等總獎鄧銳師，底定伊洛；征虜將軍丘黑勒
　　華陽之眾，斜趣長安，緣邊牧守，各據要害，絕其歸逭，勿使能反；
　　侍中穎達等出鎮瓜步，枕威江涘。西道眾軍，并受茂成規；北討群
　　師，悉稟秀戎律；郢、司、雍，自知（如）先相督。

　上述詔書頒布時間在 504 年（魏正始元年、梁天監三年），但月、日等時間史
未明載，該年正是魏軍與梁軍在淮南義陽、鍾離交戰的如火如荼時刻。據張
金龍研究，此詔頒布應在八月之前數月，〔註13〕但是未明確指出範圍，以致
一至七月都有可能，筆者認為梁武帝〈北伐詔〉應在四月至八月間頒布。據
當時戰況，元澄久攻鍾離不下，因天雨及淮河暴漲等季節性因素，於三月底
退出鍾離戰場，魏軍聲勢為之一挫。四月後南梁僅需面對義陽戰場，壓力減
輕一半，梁武帝有可能欲趁此時機大舉北伐，光復北方河山並驅除北魏於塞
外，故在四月後下此〈北伐詔〉。

　　觀察梁武帝〈北伐詔〉之軍隊調度、北伐路線等軍事部署，南梁幾乎傾
全國之力投入北伐，動員兵力至少二十萬，以雷霆萬鈞之勢全線出擊，然而
梁軍各路將領與兵馬，是否按詔書所云展開軍事行動，似乎有待商榷。首先，
元澄率東路魏軍圍攻鍾離，雖然最後失敗撤退，但是一開始魏軍節節勝利，
梁軍則屢屢敗退，且梁武帝三項救援行動全部失敗，可見鍾離及其附近地區
遭受重創，正待休養生息之時，是否有兵馬、物資等支持梁武帝北伐，存疑。
另，義陽遭元英所率西路魏軍圍攻，情勢岌岌可危，梁武帝於三月遣平西將
軍曹景宗、後將軍王僧炳率三萬步騎救義陽，元英大敗之，斬殺四千餘人。
從鍾離、義陽等地梁軍屢遭魏軍擊敗可知，南梁元氣大傷，不太容易再動員
二十萬兵力大規模北伐。

　　其次，梁武帝若真依照〈北伐詔〉的戰略戰術執行，史書在相關人物之
本傳應會有記載。從「北討群師，悉稟秀戎律。」一語可知，梁武帝以其七

〔註13〕參見張金龍，《北魏政治史（八）》卷10〈宣武帝時代（499～515）〉，頁238。

弟安成王蕭秀爲北伐軍主帥，檢視《梁書·安成王秀傳》：「（天監）二年，以本號徵領石頭戍事，加散騎常侍。三年，進號右將軍。五年，加領軍、中書令。」〔註14〕按理蕭秀統領南梁大軍北伐，《梁書·安成王秀傳》絕不可能在504年（魏正始元年、梁天監三年）的記載僅有「進號右將軍。」一句，且在前後數年均未見他與北魏戰爭的記載，故蕭秀未領軍北伐實屬無誤。另《梁書》中鄭紹叔〔註15〕、韋叡〔註16〕、王珍國〔註17〕等將領本傳在該年之記述，僅有抵抗魏軍入侵之記載，未見按〈北伐詔〉之軍事部署而率軍北伐之內容。

再從《梁書·武帝紀》探察，504年（魏正始元年、梁天監三年）全年之記事，未有北伐軍與魏軍交戰之記載，梁軍北伐與魏軍接戰乃何等重大之事，梁武帝本紀絕無可能隻字未提。至於《資治通鑑》，司馬光考證詳細，檢核史料實事求是，他亦未於該年載入〈北伐詔〉所云之事。〔註18〕綜合上述，梁武帝〈北伐詔〉相關史實應是：在鍾離梁軍擊退元澄魏軍固守鍾離後，梁武帝欲趁鍾離戰場壓力稍減之際，全力搶救義陽，故於七月派寧朔將軍馬仙琕率軍救義陽，展開第三波救援行動，同時頒布〈北伐詔〉，下達總動員指令，欲在馬仙琕擊退義陽魏軍後，趁勢大舉北伐，故依此判斷，〈北伐詔〉應是在六、七月間頒布，並開始調集兵馬進行北伐準備。惟戰場情勢千變萬化，梁軍在義陽戰場並未如鍾離戰場般幸運，義陽終遭魏軍攻陷，此一巨變，迫使梁武帝停止北伐動員，因義陽陷落，對南梁北方國防產生極大影響，梁武帝需全盤檢討北方國防戰略，故北伐之事不得不中斷，也因此才有〈北伐詔〉見諸於史料，卻未有北伐軍與魏軍爭戰之記載。

梁武帝雖未依〈北伐詔〉之戰略戰術進行北伐，但是可據此詔窺見梁武帝對北魏之戰略態度，雖南北對峙長期處於北強南弱態勢，但梁武帝並未因此採守勢，反而欲大舉北伐。梁武帝積極的戰略思維實有其背景，大凡任一朝代在開國之初，氣象煥然一新，又經過一番征戰始推翻前朝，故將領善戰且軍隊作戰經驗豐富，一般皆屬國力較強時期。梁武帝爲南梁開國皇帝，天監初年正是南梁強盛期，故梁武帝對北魏採攻勢的主戰態度，良有以也。是

〔註14〕《梁書》卷22〈太祖五王·安成王秀傳〉，頁342。
〔註15〕參見《梁書》卷11〈鄭紹叔傳〉，頁210。
〔註16〕參見《梁書》卷12〈韋叡傳〉，頁221。
〔註17〕參見《梁書》卷17〈王珍國傳〉，頁278。
〔註18〕參見《資治通鑑》卷145〈梁紀一〉，武帝天監三年，頁4536～4545。

故淮南戰役南梁雖挫敗，但梁武帝戰略思維未改變，仍欲尋求戰機與北魏一戰，在雙方君主都持積極主戰的戰略態勢下，全面性的戰爭勢不可免。

三、魏軍南伐的軍糧供應

自壽春及淮南地區入魏後，該地域即成南北火藥庫，而淮南距北魏中心河洛地區遙遠，軍糧問題對南伐魏軍乃一大考驗，元澄任揚州刺史時，曾上表請伐鍾離及淮南，並向中央要求支援十萬兵馬及軍糧，「須兵十萬。……但糧仗軍資，須朝廷速遣。」〔註19〕這項要求遭北魏朝廷派至揚州的使者范紹否決，其云：「兵仗可集，恐糧難至。」〔註20〕可見十萬之眾不是問題，但軍糧卻是一大挑戰，故欲以北魏後方支援前線軍糧實有難處。

504年（魏正始元年、梁天監三年）八月結束的淮南戰役，東部戰場即是圍繞淮南地域進行，北魏曾就鍾離攻防加以檢討，元澄雖因大雨及淮河暴漲等季節性因素而敗北，但軍糧供給亦是一大主因。鍾離距南梁中心地帶近，梁軍糧食供應問題不大，對魏軍而言卻是一大問題，魏軍長途遠征，僅依賴淮南小部份地區的糧食補給，不符魏軍所需，況且淮南地區糧食尚須供應壽春城所需，因此解決之道，須在淮河南北廣開屯田，儲存軍糧以供軍需，才能徹底解決南伐魏軍的軍糧問題，於是魏宣武帝決定在淮河南北實施屯田：〔註21〕

> 九月丙午，詔緣淮南北所在鎮戍，皆令及秋播麥，春種粟稻，隨其土宜，水陸兼用，必使地無遺利，兵無餘力，比及來稔，令公私俱濟也。

魏宣武帝在八月甫結束淮南戰事後，次月即下詔，足見軍糧問題對北魏的急迫性，同時亦證明其對南梁用兵的積極與企圖心，於戰爭結束一個月內即廣開屯田。魏宣武帝命范紹為西道六州營田大使，負責屯田任務，「發河北數州田兵二萬五千人，通緣淮戍兵合五萬餘人，廣開屯田。」〔註22〕由於范「紹勤於勸課，頻歲大獲。」〔註23〕也因為屯田獲得一定成效，使南伐魏軍的軍糧問題獲得一定程度的解決，從而增加魏宣武帝南伐的信心。

〔註19〕　《魏書》卷79〈范紹傳〉，頁1755～1756。
〔註20〕　《魏書》卷79〈范紹傳〉，頁1756。
〔註21〕　《魏書》卷8〈世宗紀〉，頁198。
〔註22〕　《魏書》卷79〈范紹傳〉，頁1756。
〔註23〕　《魏書》卷79〈范紹傳〉，頁1756。

四、西部邊區的戰略形勢

　　北魏與南梁在西部的紛爭，與氐族的叛降不定有密切關係。南朝經常對梁州氐族挑撥離間，施以官爵財貨等利誘手段，使氐族依違於北魏、南朝二大強權間，今日叛北魏降南朝、明日又離南朝附北魏，使北魏在西南地區統治呈現複雜的局勢。尤其在魏宣武帝時期，氐族多次叛亂，皆賴北魏朝廷遣軍平亂，以503年（魏景明四年、梁天監二年）正月氐族亂事為例，「梁州氐楊會反。詔行梁州事楊椿、左將軍羊祉討之。……五月甲戌，楊椿、羊祉大破反氐，斬首數千級。」〔註24〕氐人楊會的謀反，竟長達五個月始告平定，便可知該區域氐族勢力之強及情勢之複雜。亂平後北魏並未進一步掃蕩，乃因六月即爆發淮南戰役，北魏朝廷注意力轉移至鍾離、義陽二處，暫時無暇執行穩固當地統治的工作，以致造成日後氐族再次叛亂之後果。

　　氐族之源流，據《魏書‧氐傳》載：〔註25〕

　　　氐者，西夷之別種，號曰白馬。……秦漢以來，世居岐隴以南，漢

　　　川以西，自立豪帥。……漢建安中，……始徙居仇池。

進入南北朝後，氐族搖擺於南北政權間。氐族首領楊集始在位時，曾附於北魏，並至洛陽覲見魏孝文帝，魏孝文帝大加封賜，「拜都督、南秦州刺史、安南大將軍、領護南蠻校尉、漢中郡侯、武興王，賜以車旗戎馬錦綵繒纊等。尋還武興，進號鎮南將軍，加督寧、湘等五州諸軍事。」〔註26〕武興（今陝西略陽）乃氐族聚居的中心區域，亦是政治中心，故魏孝文帝封楊集始為武興王。

　　氐族原根據地仇池，遭北魏所佔，楊集始欲規復舊土，亦可能受南齊挑撥，遂與仇池北魏駐軍發生衝突，「後（北魏）仇池鎮將楊靈珍襲破武興，集始遂入蕭賾（齊武帝）。」〔註27〕魏宣武帝即位，楊集始再度降魏，「景明初，集始來降，還授爵位，歸守武興。死，子紹先立，……紹先年幼，委事二叔集起、集義。」〔註28〕氐族首領雖接受北魏官爵籠絡，但其民族性桀傲不馴，氐族各部常有互不相服情事發生，因此才有上述氐人楊會謀反之事。另，即使氐族首領接受北魏官爵，並不代表永世降服，而秦隴地區地形崎嶇、

〔註24〕《魏書》卷8〈世宗紀〉，頁195～196。
〔註25〕《魏書》卷101〈氐傳〉，頁2227。
〔註26〕《魏書》卷101〈氐傳〉，頁2232。
〔註27〕《魏書》卷101〈氐傳〉，頁2232。
〔註28〕《魏書》卷101〈氐傳〉，頁2232。

山勢險峻，非魏軍擅長騎兵作戰之所，且氐族熟悉該地域之地形地物，掌握地理優勢，北魏欲以武力擊潰氐族，有其困難，故以武力逼迫、官爵籠絡兩面政策雙管齊下，而氐族也知北魏之劣勢，常利用南北政權的對峙從中謀求最大利益，故氐族對北魏或降或服之態度，實爲常態。

南梁疆域之西北，亦即北魏之西南，梁武帝深知此處民族問題複雜，故對該區域之經營特別重視，不料，負責該地區經略的梁州刺史莊丘黑卒於任上：〔註29〕

> 會蕭衍以莊丘黑爲征虜將軍、梁秦二州刺史，鎮南鄭，黑請（夏侯）
> 道遷爲長史，帶漢中郡。會黑死，衍以王鎮（珍）國爲刺史，〔註30〕
> 未至而道遷陰圖歸順。

莊丘黑雖爲梁、秦二州刺史，但「秦州寄治漢中南鄭。」〔註31〕乃僑置州未有實際領土。梁武帝針對該地區嚴峻情勢，審慎挑選繼任人選，決定以左衛將軍、散騎常侍王珍國接任。王珍國歷事南齊、南梁，出身武官世家，不論是北抗魏軍或掃蕩國內盜賊，功績卓著，屢獲南齊諸帝讚譽，史載：〔註32〕

> 王珍國字德重，沛國相人也。父廣之，齊世良將，官至散騎常侍、
> 車騎將軍。珍國起家冠軍行參軍，累遷虎賁中郎將、南譙太守，治
> 有能名。時郡境苦饑，乃發米散財，以拯窮乏。齊高帝手敕云：「卿
> 愛人治國，甚副吾意也。」永明初，遷桂陽內史，討捕盜賊，境內
> 肅清。……（齊）武帝雅相知賞，每歎曰：「晚代將家子弟，有如
> 珍國者少矣。」……建武末，魏軍圍司州，（齊）明帝使徐州刺史
> 裴叔業攻拔渦陽，以爲聲援，起珍國爲輔國將軍，率兵助焉。魏將
> 楊大眼大眾奄至，叔業懼，棄軍走，珍國率其眾殿，故不至大敗。

梁武帝起兵推翻東昏侯，大軍包圍建康時，王珍國衛東昏侯命守衛朱雀門，卻暗中向梁武帝輸誠，「高祖（梁武帝）斷金以報之。」〔註33〕王珍國與梁武帝結盟後，遂「勒兵入自雲龍門，即東昏於內殿斬之。」〔註34〕王珍國立此

〔註29〕　《魏書》卷71〈夏侯道遷傳〉，頁1580。
〔註30〕　「鎮」當爲「珍」之誤。參見〔清〕錢大昕，《廿二史考異》（上海：上海古籍出版社，2004年4月）卷28〈魏書一・夏侯道遷傳〉，頁486。
〔註31〕　《南齊書》卷15〈州郡志下〉，頁296。
〔註32〕　《梁書》卷17〈王珍國傳〉，頁277～278。
〔註33〕　《梁書》卷17〈王珍國傳〉，頁278。
〔註34〕　《梁書》卷17〈王珍國傳〉，頁278。

大功，深得梁武帝寵信，「以功授右衛將軍。」〔註35〕梁武帝以王珍國任梁州刺史一職，考慮周全，因其係武職出身，熟悉戰陣行伍之事，既有剿滅盜賊經驗，又有對抗魏軍的作戰經歷，故以王珍國鎮梁州，肩負起籠絡氐族、備禦北魏之責。

梁州長史兼漢中太守夏侯道遷，在莊丘黑卒、王珍國尚未到任的政務真空時刻，暫攝州務，遂啓其降魏之機。他於 504 年（魏正始元年、梁天監三年）閏十二月，向北魏傳達欲以漢中歸降訊息，《魏書‧世宗紀》：「蕭衍行梁州事夏侯道遷據漢中來降，假尚書邢巒鎮西將軍，率眾以赴之。」〔註36〕其實夏侯道遷並非首次降魏，也非首次背叛南朝，據《魏書‧夏侯道遷傳》載：〔註37〕

> 夏侯道遷，譙國人。……仕蕭鸞（齊明帝），以軍勳稍遷至前軍將軍、
> 輔國將軍。隨裴叔業至壽春，爲南譙太守。兩家雖爲姻好，而親情
> 不協，遂單騎歸國。拜驍騎將軍，隨王肅至壽春，遣道遷守合肥。
> 肅薨，道遷棄戍南叛。

夏侯道遷因與裴叔業關係不睦，故早一步先裴叔業入魏，「遂單騎歸國。」而王肅於 501 年（魏景明二年、齊中興元年）卒於壽春後，夏侯道遷隨即叛魏降齊。由此可見，夏侯道遷此次欲以漢中投魏已是二次降魏了。

夏侯道遷的降魏之舉曾遭梁州內部忠於南梁勢力反抗，雙方發生衝突，夏侯道遷被圍，險遭殲滅。當時在梁州境內，尚有一支忠於南梁、由楊靈珍統率的氐族武力。楊靈珍原爲北魏仇池鎮將，之後投奔南梁，梁武帝以楊「靈珍爲征虜將軍，假武都王，助戍漢中，有部曲六百人。」〔註38〕夏侯道遷對楊靈珍這支武力頗爲忌憚，密謀除之。當時南梁朝廷遣使者前來，夏侯道遷決定趁此機會一併誅除：「道遷乃僞會使者，請靈珍父子，靈珍疑而不赴。道遷乃殺使者五人，馳擊靈珍，斬其父子。」〔註39〕夏侯道遷擊殺南梁朝廷使者及楊靈珍，等於正式揭起反旗，梁州大爲震動，震動之因乃夏侯道遷掌握梁州軍政大權，又聯合一批地方官員共同舉事，《魏書‧江悅之傳》載：「（蕭）衍秦梁二州刺史莊丘黑死，夏侯道遷與悅之及龐樹、軍主李忻榮、張元亮、

〔註35〕《梁書》卷 17〈王珍國傳〉，頁 278。
〔註36〕《魏書》卷 8〈世宗紀〉，頁 198。
〔註37〕《魏書》卷 71〈夏侯道遷傳〉，頁 1580。
〔註38〕《魏書》卷 71〈夏侯道遷傳〉，頁 1580。
〔註39〕《魏書》卷 71〈夏侯道遷傳〉，頁 1581。

士孫天與等，謀以梁州內附。」〔註40〕由於夏侯道遷勢力龐大，梁州文武官員及各地郡守等多持觀望態度，大多按兵不動，但亦有不願降魏者，引兵攻夏侯道遷，梁州內部降魏派與反降魏派爆發軍事衝突，降魏派一度情況危急：〔註41〕

> （夏侯道遷）既殺蕭衍使者及楊靈珍，（蕭）衍華陽太守尹天寶率眾向州城。（江）悅之與（龐）樹、（李）忻榮勒眾逆戰，爲天寶所敗，遂圍南鄭。戰經四日，眾心危沮，咸懷離貳。悅之盡以家財散賞士卒，身當矢刃，晝夜督戰。會武興軍至，天寶敗走。道遷之克全勳款，悅之實有力焉。

夏侯道遷能平定反降魏派勢力，依靠戍守漢中的冠軍將軍江悅之的支持。「江悅之，字彥和，濟陽考城人也。……好兵書，有將略，善待士，有部曲數百人。」〔註42〕齊武帝以其爲輔國將軍，遣戍漢中。南梁建立後，討平劉季連謀反，「蕭衍初，劉季連據蜀反叛，悅之率部曲及梁秦之眾討滅之，以功進號冠軍將軍。」〔註43〕之後又平定氐族亂事：「武興氐破白馬，進圖南鄭，悅之率軍拒戰，大破氐眾，還復白馬。」〔註44〕由江悅之軍功來看，他長期戍守漢中，接連平定地方亂事，在梁州軍界應頗有威望，兼之自擁部曲，在梁州是一股強悍的地方勢力。夏侯道遷欲以梁州降魏，即需獲得江悅之支持，若江悅之反對，夏侯道遷恐不易成功，事實證明，夏侯道遷遭華陽太守尹天寶圍攻時，迭遭敗績，幸賴江悅之「盡以家財散賞士卒，身當矢刃，晝夜督戰。」得以擊退尹天寶，繼續進行後續的降魏行動。

夏侯道遷以梁州降魏有如裴叔業以壽春降魏翻版，觸動北魏與南梁的敏感神經。壽春爲淮南重鎮，乃北魏、南朝必爭之地，南鄭（今陝西漢中東）亦然，南鄭屬漢中郡，乃梁州治所，梁州地域居北魏、南梁西疆交接處，漢、氐雜處，戰略地位重要，北魏據之，往南可直攻益州蜀地；往東可攻魏、梁中部接壤處之襄沔地區，反之，南梁擁梁州，足以遏止北魏進窺益州企圖；另可牽制魏軍對襄沔地區之作戰，故在夏侯道遷欲以梁州降魏後，重演北魏與南梁爭奪壽春劇本，雙方均遣軍速往梁州，北魏以鎮西將軍邢巒領軍赴梁

〔註40〕《魏書》卷71〈江悅之傳〉，頁1589。
〔註41〕《魏書》卷71〈江悅之傳〉，頁1589。
〔註42〕《魏書》卷71〈江悅之傳〉，頁1589。
〔註43〕《魏書》卷71〈江悅之傳〉，頁1589。
〔註44〕《魏書》卷71〈江悅之傳〉，頁1589。

州接收；南梁以新任梁州刺史王珍國率軍前往就任，在雙方皆欲控制梁州情形下，魏軍與梁軍之衝突幾可預期。

五·中部襄沔地區的戰略形勢

　　南梁失義陽及三關後，對其中部國防線產生重大影響，義陽及其三關戰略地位重要，北魏據之可揮軍直下；南梁據之可抗北魏，故義陽對雙方而言均是極欲掌握之軍事重鎮，顧祖禹曾言義陽之軍事地位，曰：「蓋其地群山環結，地形阻隘，北接陳汝，襟帶許洛，南連襄鄖，肘腋安黃，自古南北爭衡，義陽常爲重鎮。」〔註45〕如引文所述，義陽成爲淮南地區安定與否之關鍵，北魏佔有義陽，便能穩定淮南；反之，南梁佔義陽，猶如掐住北魏在淮南之咽喉，威脅北魏在當地之統治，故北魏在與南梁的中期戰爭中，中部戰場以義陽及其三關的爭奪爲中心。

　　「義陽不守，則壽春、合肥不得安枕而臥。」〔註46〕義陽的地理位置影響壽春安危，北魏欲穩定壽春及淮南地區，即需佔有淮河上游的義陽及襄沔地區，因此當北魏佔有壽春及淮南後，於500年（魏景明元年、齊永元二年）對南齊的襄沔地區發動攻勢，《南齊書·魏虜傳》：〔註47〕

> 虜既得淮南，其夏，遣偏冠軍將軍南豫州刺史席法友攻北新蔡、安豐二郡太守胡景略於建安城，死者萬餘人，百餘日，朝廷無救，城陷，虜執景略以歸。其冬，虜又遣將桓道福攻隨郡太守崔士招，破之。

「朝廷無救」是因東昏侯面臨蕭衍的強力挑戰，朝廷軍節節敗退，東昏侯政權有覆滅之虞，故東昏侯無暇北顧，以致魏軍在襄沔地區的拓展，獲得一定成效。

　　襄沔地區爲蠻族聚居地，民族複雜，北魏爲加強控制避免紛爭，其政策是以當地蠻帥爲地方刺史、太守，如東豫州刺史田益宗，《魏書·田益宗傳》：〔註48〕

> 光城蠻也。身長八尺，雄果有將略，貌狀舉止，有異常蠻。世爲四山蠻帥。受制於蕭賾（齊武帝）。太和十七年（493、齊永明十一年），

〔註45〕顧祖禹，《讀史方輿紀要》卷50〈河南五〉，頁2176。
〔註46〕顧祖禹，《讀史方輿紀要》卷50〈河南五〉，頁2177。
〔註47〕《南齊書》卷57〈魏虜傳〉，頁999。
〔註48〕《魏書》卷61〈田益宗傳〉，頁1370。

遣使張超奉表歸款。……所統守宰，任其銓置。

北魏朝廷為安置田益宗，「乃於新蔡立東豫州，以益宗為刺史。」〔註49〕其下所轄光城太守梅興之、安蠻太守梅景秀，由梅氏為蠻族大姓可知二人亦為蠻族首領。由於田益宗久處襄沔之地，對當地戰略情勢有深刻的見解，在北魏佔有壽春後，他提出「欲守淮南須佔義陽」之戰略主張，上表魏宣武帝曰：〔註50〕

> 且壽春雖平，三面仍梗，鎮守之宜，實須豫設。義陽差近淮源，利涉津要，朝廷行師，必由此道。若江南一平，有事淮外，須乘夏水汎長，列舟長淮。師赴壽春，須從義陽之北，便是居我喉要，在慮彌深。義陽之滅，今實時矣。

田益宗分析義陽戰略地位與壽春安危具連動關係，故勸魏宣武帝即刻揮軍取義陽，更提出行軍部署與戰術執行，《魏書‧田益宗傳》載：〔註51〕

> 然行師之法，貴張形勢。請使兩荊之眾西擬隨雍，揚州之卒頓于建安，得捍三關之援；然後二豫之軍直據南關，對抗延頭。遣一都督總諸軍節度，季冬進師，迄于春末，弗過十旬，克之必矣！

其實相同主張不止身為地方刺史的田益宗有此見解，北魏中央亦有人持相同看法，可以宗室元英為代表，其曾上表云：〔註52〕

> 臣乞躬率騎三萬，直指沔陰，據襄陽之城，……義陽孤絕，密邇天境，外靡糧援之期，內無兵儲之固。此乃臨焚之鳥，不可去薪；授首之寇，何容緩斧。若此行有果，則江右之地，斯為經略之基。

北魏中央與地方對義陽均有相同之見解，魏宣武帝遂接納元英、田益宗主張，雖未依照田益宗所呈之戰術據以執行，但決定派兵取義陽，由元英擔此重任，作戰經過前文已有詳述，不再贅述。〔註53〕不過，需特別指出的是，元英與梁軍作戰過程中，田益宗率州軍與部曲協同作戰：〔註54〕

> （魏宣武帝）遣鎮南元英攻義陽。益宗遣其息魯生領步騎八千，斷賊糧運，并焚其鈞城積聚。（蕭）衍戍主趙文舉率眾拒戰，魯生破之，

〔註49〕《魏書》卷61〈田益宗傳〉，頁1370。
〔註50〕《魏書》卷61〈田益宗傳〉，頁1371。
〔註51〕《魏書》卷61〈田益宗傳〉，頁1371。
〔註52〕《魏書》卷19下〈景穆十二王下‧南安王禎附子英傳〉，頁497。
〔註53〕參見本書，頁301～305。
〔註54〕《魏書》卷61〈田益宗傳〉，頁1371。

獲文舉及小將胡建興、古皓、莊元仲等,斬五千餘級,溺死千五百
人,倉米運舟焚燒蕩盡。後賊寧朔將軍楊僧遠率眾二千,寇逼蒙籠,
益宗命魯生與戍主奇道顯逆擊破之,追奔十里,停斬千餘。進號平
南將軍。

田益宗在義陽戰場發揮極大作用,而北魏最終能攻克義陽,田益宗功不可
沒。

504 年(魏正始元年、梁天監三年)八月淮南戰役結束,北魏雖佔有義
陽,淮南得以鞏固,但並未給襄沔地區帶來和平,也未消除魏、梁二軍在淮
南的緊張對峙局面,尤其南梁對義陽的陷落耿耿於懷,整軍備戰急欲收復失
土;而北魏對新佔領之義陽亦駐重兵守衛,雙方於中部地區均投注不少兵
力,隨時可能因戰火點燃而引爆戰爭。

第二節　戰略規畫與作戰經過

505 年(魏正始二年、梁天監四年)二月,北魏與南梁爆發全面性戰爭,
戰場遍及兩國國境線的東部、中部、西部,規模之大為北魏與南朝戰爭中所
罕見。戰爭源起乃因南梁梁州長史兼漢中太守夏侯道遷欲以州降魏,引爆北
魏、南梁對梁州控制權之爭奪,雙方均派軍前往,魏軍與梁軍首先在梁州引
爆衝突,此為西部戰場。之後北魏在東部與中部發動攻勢,梁武帝亦下詔大
舉北伐,雙方在東部與中部亦發生激戰。東部戰場仍以鍾離攻防為重心;中
部戰場則是以義陽三關的爭奪為中心。

一、西部戰場

(一)魏軍攻佔梁州

504 年(魏正始元年、梁天監三年)閏十二月,代行梁州事的南梁梁州
長史兼漢中太守夏侯道遷,向北魏傳達欲以梁州歸降的訊息後,魏宣武帝大
喜過望,「詔加(邢)巒使持節、都督征梁漢諸軍事、假鎮西將軍,進退徵
攝,得以便宜從事。」〔註55〕北魏遣邢巒領軍赴梁州接收;南梁方面亦有相
同行動,梁武帝以王珍國為使持節、都督梁秦二州諸軍事,率軍前往上任,
顯然北魏與南梁均不願梁州落入對方手中。但是王珍國行動不及,邢巒早一

〔註55〕《魏書》卷65〈邢巒傳〉,頁1439。

步進入漢中，「會梁州長史夏侯道遷以州降魏，珍國步道出魏興，將襲之，不果。」〔註56〕北魏雖控制漢中，但梁州大部份郡守仍奉南梁號令，為領有梁州全境，北魏採撫剿齊施、恩威並行策略。首先對降魏諸人大加封賜，魏宣武帝賜夏侯道遷璽書曰：「今授卿持節、散騎常侍、平南將軍、豫州刺史、豐縣開國侯，食邑一千戶。并同義諸人，尋有別授。」〔註57〕魏宣武帝希望以夏侯道遷受北魏隆重禮遇為模範，鼓勵其他尚忠於南梁之官員歸順北魏；其次，對率軍抗拒之官員及趁隙為亂之氐族，則以武力強勢征討。

邢巒於 505 年（魏正始二年、梁天監四年）二月進入漢中後，立即面對氐族的叛亂，「二月，梁州氐反，絕漢中運路。」〔註58〕氐族面對北魏、南梁二大強權，其內部不同勢力依自我選擇各自依附。氐族此刻斷漢中糧道，乃因夏侯道遷進行降魏計畫時，遭華陽太守尹天寶率軍圍攻南鄭，情勢一度危急，夏侯道遷求救於氐酋楊紹先、楊集起、楊集義，但三人皆不願出兵相助，楊紹先時為武興王，因年幼委政楊集起、楊集義二位叔父，不願出兵應是楊集起、楊集義之意。幸楊集義弟楊集朗引兵來救，才擊退尹天寶，前引文曾提及「（蕭）衍華陽太守尹天寶率眾向州城。……遂圍南鄭。……會武興軍至，天寶敗走。」〔註59〕武興軍即為楊集朗部隊，其政治立場傾向北魏，而楊集起、楊集義二人則傾向南梁。邢巒面對氐族叛亂，他認為漢中糧道絕不能斷，否則入梁州魏軍將有斷糧之虞，遂遣軍分擊，大破之，氐族亂事迅速被平定。

梁州境內各郡守及地方文武官員，對北魏大軍壓境，其態度有二：一為歸順北魏；一為率軍抵抗。前者有南梁龍驤將軍李侍叔以關城降魏，另「蕭衍輔國將軍任僧幼等三十餘將，率南安、廣長、東洛、大寒、武始、除口、平溪、桶谷諸郡之民七千餘戶，相繼而至。」〔註60〕梁州三十餘位將領一次降魏，除了震懾於魏軍之軍威外，夏侯道遷歸順北魏所獲得的禮遇與官祿，亦有不小之影響。至於持武力抵抗者，邢巒亦採軍事力量對抗，遣將進攻。時南梁「平西將軍李天賜、晉壽太守王景胤等擁眾七千，屯據石亭。」〔註61〕邢巒遣統軍韓多寶率軍討平。隨著梁州戰事順利，魏宣武帝認為：「巒至彼，

〔註56〕《梁書》卷 17〈王珍國傳〉，頁 278～279。
〔註57〕《魏書》卷 71〈夏侯道遷傳〉，頁 1582～1583。
〔註58〕《魏書》卷 8〈世宗紀〉，頁 198。
〔註59〕《魏書》卷 71〈江悅之傳〉，頁 1589。
〔註60〕《魏書》卷 65〈邢巒傳〉，頁 1439。
〔註61〕《魏書》卷 65〈邢巒傳〉，頁 1439。

須有板官，以懷初附，高下品第，可依征義陽都督之格也。」〔註62〕為了便於邢巒經營梁州地區，遂「拜巒使持節、安西將軍、梁秦二州刺史。」〔註63〕邢巒獲梁州刺史之職，等於北魏將梁州全權交付邢巒，亦即希望邢巒儘速盪平梁州全境。

邢巒觀察梁州戰略形勢，雖有多處仍有梁將駐守，但多是負隅頑抗，且梁州距南梁中心地帶甚遠，所獲援助有限，遂決定以軍事掃蕩方式，分遣魏軍出擊，梁州遂陷入遍地烽火中，《魏書·邢巒傳》載：〔註64〕

> 蕭衍巴西太守龐景民恃遠不降，巒遣巴州刺史嚴玄思往攻之，斬景民，巴西悉平。蕭衍遣其冠軍將軍孔陵等率眾二萬，屯據深坑，冠軍將軍魯方達固南安，冠軍將軍任僧褒、輔國將軍李畎戍石同。巒統軍王足所在擊破之，梟衍輔國將軍樂保明、寧朔將軍李伯度、龍驤將軍李思賢，賊遂保回車柵。足又進擊衍輔國將軍范峻，自餘斬獲殆將萬數。孔陵等收集遺眾，奔保梓潼，足又破之，斬衍輔國將軍符伯度，其殺傷投溺者萬有餘人。

由上述引文可知，梁武帝曾遣援軍二萬，但仍抵擋不住魏軍攻勢，以「殺傷投溺者萬有餘人」觀之，梁軍非死即傷，損失相當慘重。魏軍二月至七月間在梁州攻城掠地，順利佔有梁州，「開地定民，東西七百，南北千里，獲郡十四、二部護軍及諸縣戍。」〔註65〕北魏能定梁州，邢巒部將中以王足軍功最著，數敗梁軍，北魏朝廷以其為益州刺史，王足遂大獲鼓舞，領軍往益州前進，七月時進逼涪城，南梁益州岌岌可危。

（二）魏軍經略益州

魏軍王足部既已逼近涪城，邢巒上表魏宣武帝，請求趁勢平蜀，他分析益州蜀地之戰略態勢，北魏居五項戰略優勢：〔註66〕

> 第一：揚州、成都相去萬里，陸途既絕，唯資水路。蕭衍兄子淵藻，去年四月十三日發揚州，今歲四月四日至蜀。水軍西上，非周年不達，外無軍援，一可圖也。

> 第二：益州頃經劉季連反叛，鄧元起攻圍，資儲散盡，倉庫空竭，

〔註62〕《魏書》卷65〈邢巒傳〉，頁1439。
〔註63〕《魏書》卷65〈邢巒傳〉，頁1439。
〔註64〕《魏書》卷65〈邢巒傳〉，頁1439。
〔註65〕《魏書》卷65〈邢巒傳〉，頁1439。
〔註66〕《魏書》卷65〈邢巒傳〉，頁1440。

今猶未復，兼民人喪膽，無復固守之意，二可圖也。

第三：蕭淵藻是裙屐少年，未洽治務，及至益州，便戮鄧元起、曹
　　　亮宗，臨戎斬將，則是駕馭失方。范國惠津渠退敗，鎖執在
　　　獄。今之所任，並非宿將重名，皆是左右少年而已，既不厭
　　　民望，多行殘暴，民心離解，三可圖也。

第四：蜀之所恃唯劍閣，今既克南安，已奪其險，據彼界內，三分
　　　已一。從南安向涪，方軌任意，前軍累破，後眾喪魂，四可
　　　圖也。

第五：昔劉禪據一國之地，姜維爲佐，鄧艾既出綿竹，彼即投降。
　　　及符堅之世，楊安、朱彤三月取漢中，四月至涪城，兵未及
　　　州，仲孫逃命。桓溫西征，不旬月而平。蜀地昔來恒多不守。
　　　況淵藻是蕭衍兄子，骨肉至親，若其逃亡，當無死理。脫軍
　　　克涪城，淵藻復何宜城中坐而受困？若其出鬭，庸蜀之卒唯
　　　便刀稍，弓箭至少，假有遙射，弗至傷人，五可圖也。

邢巒認爲北魏進攻蜀地掌握的五項戰略優勢爲：

1、蜀地距南梁中心地區遙遠，梁軍援救困難費時。

2、蜀地經數次叛亂，爲平亂而耗費大量資財，元氣未復。

3、梁武帝以其兄蕭懿子蕭淵藻爲益州刺史，蕭淵藻年未弱冠，甫至益州
　即殺將戮臣，不孚人望，梁武帝所命非人。

4、蜀地險隘關戍已遭魏軍攻佔，梁軍對魏軍普遍有恐懼心態，今應利用
　魏軍之軍威乘勝直入蜀地。

5、舉例蜀地歷史上的多次攻防，說明蜀地無法長守。

　　邢巒將進攻蜀地的戰略態勢分析的頗爲透徹，無奈魏宣武帝此時未有平
蜀之意，或者認爲時機尚未成熟，其戰略目標鎖定東部戰場和中部戰場，二
者重要性大過西部戰場，逐向邢巒下達至爲清楚之詔令：「則安民保境，以悅
邊心。子蜀之舉，更聽後敕。」〔註67〕其實王足攻入益州後，仍與進攻梁州
一樣勢如破竹，連敗梁軍，史載：〔註68〕

　　王足逼涪城，（七月）壬辰，蕭衍巴西太守庾域，冠軍將軍、統軍主
　　李畋等逆戰，足擊破之，停斬千數。（八月）庚戌，王足遣統軍紀洪

〔註67〕《魏書》卷65〈邢巒傳〉，頁1441。
〔註68〕《魏書》卷8〈世宗紀〉，頁200。

雅、盧祖遷等攻破衍軍，斬其秦梁二州刺史魯方達等十五人。壬子，
王足又遣統軍盧祖遷等擊破衍軍，斬其都督、冠軍將軍、梓潼縣開
國子王景胤，劉達等二十四將軍。

王足在益州戰績輝煌，至十一月時，已取得三分之一蜀地，「益州諸郡成降者
十二三，民送編籍者五萬餘戶。」〔註 69〕北魏未利用此良機乘勢進佔蜀地，
殊爲可惜，若能以所得益州之地努力經營，厚實北魏在益州之統治力，他日
以此爲基礎再圖蜀地將更爲容易，但北魏朝廷並未如是思考，且後續發展意
外的讓北魏勢力退出益州。

王足一面圍攻涪城，一面分軍攻略益州各地，屢敗梁軍，益州郡成亦有
多處降魏，局勢大有可爲。然而魏宣武帝在否決邢巒的攻蜀之策後，隨即下
達事後看來實爲錯誤之決策：以梁州軍司羊祉接王足爲益州刺史，這道命令
讓王足頗爲不滿，憤而將圍攻涪城魏軍撤還，魏軍對益州之攻勢自此停止，
南梁因此獲得喘息機會，而王足之後竟叛魏降梁，使北魏失去一員驍將。北
魏另一名投降南梁的將領爲李仲遷，王足攻克巴西後，邢巒「遣軍主李仲遷
守之。仲遷得蕭衍將張法養女，有美色，甚惑之。散費兵儲，專心酒色，公
事諮承，無能見者。」〔註 70〕邢巒見李仲遷怠忽政務，至感憤怒且欲以懲戒，
「仲遷懼，謀叛，城人斬其首，以城降（蕭）衍將譙希遠，巴西遂沒。」〔註
71〕北魏因對王足的處置有瑕疵，及巴西守將的失德，使北魏在益州的勢力
儘數退出，而南梁朝廷已遣「天門太守張齊將兵救益州。」〔註 72〕但是北
魏在魏宣武帝無滅蜀的作戰計畫下，已放棄在蜀地之作戰，未再派兵入蜀，
西部戰場之戰爭遂告結束。

（三）魏軍討平氐族叛亂

魏軍在西部戰場的作戰過程中，因梁州爲氐族地域，氐族時降時叛的不
安定因素成爲魏軍統帥邢巒的後顧之憂。505 年（魏正始二年、梁天監四年）
「冬十有一月戊辰朔，武興國王楊紹先叔父集起謀反，詔光祿大夫楊椿討
之。」〔註 73〕早在二月邢巒率魏軍至漢中納降時，氐族即曾謀反欲斷漢中糧
道，幸邢巒處置得宜，遣軍擊破之，未造成魏軍絕糧困境。此時魏軍在西部

〔註 69〕《魏書》卷 8〈世宗紀〉，頁 201。
〔註 70〕《魏書》卷 65〈邢巒傳〉，頁 1442。
〔註 71〕《魏書》卷 65〈邢巒傳〉，頁 1442～1443。
〔註 72〕《資治通鑑》卷 146〈梁紀二〉，武帝天監四年，頁 4555。
〔註 73〕《魏書》卷 8〈世宗紀〉，頁 201。

戰場已取梁州，正進逼涪城，面對氐族再度謀反，北魏朝廷並未令邢巒移師討伐氐族，而是派出光祿大夫楊椿率軍平叛，次月又再增派援軍，「十有二月庚申，又詔驃騎大將軍源懷慎，[註74] 令討武興反氐。」[註75] 可見楊椿的征討並不順利。此時西部戰場戰局出現變化，王足不滿北魏朝廷令羊祉接替他任益州刺史，遂撤圍涪城之兵離去，魏宣武帝也無繼續攻略蜀地意圖，北魏在西部戰場對南梁軍事行動因而停止，遂令邢巒受源懷節制共討氐族。

　　源懷與邢巒合軍後，氐族便無招架之力，506年（魏正始三年、梁天監五年）正月「壬申，梁秦二州刺史邢巒連破氐賊，克武興。……己卯，楊集起兄弟相率降。」[註76] 為禍三個月的氐亂終得平定，北魏為避免氐族再度叛亂，執武興王楊紹先送洛陽，以其地置武興鎮，尋改為東益州。魏軍討平氐亂，以建武將軍傅豎眼居首功，「後武興氐楊集義反叛，推其兄子紹先為主，攻圍關城。梁州刺史邢巒遣豎眼討之。集義眾逆戰，頻破走之，乘勝追北，仍克武興。」[註77] 北魏討平氐亂後，始真正結束在西部戰場的軍事作為，而邢巒在此戰場的傑出表現，立即被調往東部戰場協助中山王元英。

二、東部戰場

（一）前哨戰：505年八月至九月

　　相較於西部戰場採取守勢作戰面對魏軍之強攻，南梁在東部戰場採積極攻勢。梁武帝雖於505年（魏正始二年、梁天監四年）十月丙午下詔北伐，「以中軍將軍、揚州刺史臨川王宏都督北討諸軍事，尚書右僕射柳惔為副。」[註78] 不過早在八、九月雙方已發生前哨戰，此時正當西部戰場魏軍王足部圍攻涪城，東部戰場亦點燃戰火，雙方在壽春周邊地域不斷衝突。南梁湘州刺史楊公則突然於八月率軍進攻壽春外圍鎮戍，其目的在為十月的大舉北伐試探壽春防務虛實。梁武帝早在二月西部戰場發生戰鬥之際，即「遣衛尉卿

[註74]　《魏書》卷8〈校勘記〉10，頁218：又詔驃騎大將軍源懷慎，按卷41〈源懷傳〉云本名思禮，「後賜名懷」，此作「懷慎」，疑衍「慎」字。但當時雙名常單稱，所見北魏墓誌中名與史傳不合者此類甚多，也可能源懷實雙名「懷慎」，今仍之。

[註75]　《魏書》卷8〈世宗紀〉，頁201。

[註76]　《魏書》卷8〈世宗紀〉，頁201。

[註77]　《魏書》卷70〈傅豎眼傳〉，頁1557。

[註78]　《梁書》卷2〈武帝紀中〉，頁42。

楊公則率宿衛兵塞洛口。」〔註79〕此舉顯示梁武帝北伐之企圖，早已部署北伐事宜，其戰略意圖即是不論西部戰場勝負為何，進攻淮南勢在必行。

　　梁軍的先頭部隊由三支武力組成，八月時分向壽春周圍發動進攻，其兵力部署及攻擊目標，據《魏書‧元嵩傳》載：〔註80〕

　　　　蕭衍湘州刺史楊公則率眾二萬，屯軍洛口，姜慶眞領卒五千，據於
　　　　首陂，又遣其左軍將軍寯小眼，軍主何天祚、張俊興等率眾七千，
　　　　攻圍陸城。

梁軍楊公則部一開始獲致不錯戰果，「至洛口，壽春士女歸降者數千戶。魏豫州刺史薛恭（眞）度遣長史石榮等前鋒接戰，即斬石榮，逐北至壽春。」〔註81〕北魏淮南地區軍政長官揚州刺史元嵩，見豫州長史石榮遭斬，遂遣軍迎敵。元嵩迎戰這三支梁軍，首先於八月「甲寅，揚州擊（蕭）衍將姜慶眞於羊石（今安徽霍丘東南），破之。」〔註82〕接著於九月大破楊公則，「衍湘州刺史楊公則率眾寇壽春，揚州刺史元嵩擊破之，斬獲數千級。」〔註83〕最後擊退陸城梁軍寯小眼部，「（元）嵩乃遣統軍封邁、王會等步騎八千討之。邁達陸城，賊皆夜遁，追擊破之，斬獲數千，公則、慶眞退還馬頭。」〔註84〕

　　元嵩擊退進攻壽春周圍之梁軍，由楊公則部二萬、寯小眼部七千兵馬皆遭魏軍斬首數千級來看，梁軍先遣部隊遭受重創，楊公則等率敗軍暫時退回馬頭（今安徽懷遠東南），以待梁軍主力北上。

　　梁武帝於十月下詔大舉北伐，他對這次北伐至為重視，北伐軍最重要者乃軍費、兵員、武器，梁武帝分別採行因應措施。軍費部分，「是歲（505、魏正始二年、梁天監四年），以興師費用，王公以下各上國租及田穀，以助軍資。」〔註85〕兵員部分則征發民丁，「天監四年（505、魏正始二年），大舉北伐，訂民丁。」〔註86〕沈顗為齊末梁初著名文學家，他亦在征發之列，從另一個角度看，連文人都遭征發，可見征發之廣，〔註87〕足證梁武帝對這

〔註79〕　《梁書》卷2〈武帝紀中〉，頁42。
〔註80〕　《魏書》卷19中〈景穆十二王中‧任城王雲附子嵩傳〉，頁487。
〔註81〕　《梁書》卷10〈楊公則傳〉，頁197。
〔註82〕　《魏書》卷8〈世宗紀〉，頁200。
〔註83〕　《魏書》卷98〈島夷蕭衍傳〉，頁2174。
〔註84〕　《魏書》卷19中〈景穆十二王中‧任城王雲附子嵩傳〉，頁487。
〔註85〕　《梁書》卷2〈武帝紀中〉，頁42。
〔註86〕　《梁書》卷51〈處士‧沈顗傳〉，頁745。
〔註87〕　參見《梁書》卷51〈處士‧沈顗傳〉，頁745載：「沈顗字處默，吳興武康人

次北伐的重視與投入。武器部分，部分梁軍武器精良銳利，《梁書・臨川王宏傳》：〔註88〕

> （天監）四年，高祖（梁武帝）詔北伐，以（蕭）宏爲都督南北兗北徐青冀豫司霍八州北討諸軍事。宏以帝之介弟，所領皆器械精新，軍容甚盛，北人以爲百數十年所未之有。

臨川王蕭宏爲梁武帝六弟，既掛帥北征，所獲待遇自然不同於他人，器械精新當可想見，且北魏亦讚其百數十年所未有，然而此語出自《梁書》而非《魏書》，恐有過譽之嫌，不過蕭宏爲梁武帝在世諸弟中年紀最大者，梁武帝以其統軍北伐，武器精良銳利優於其他將領當可想見。

（二）梁軍大舉進攻：505 年十月至十二月

南梁北伐大軍於 505 年（魏正始二年、梁天監四年）十月對壽春及淮南地區發動全面攻勢，魏軍在揚州刺史元嵩指揮下，與梁軍展開激烈戰鬥，《魏書・元嵩傳》對雙方交戰過程有詳盡描述：〔註89〕

> （蕭）衍徐州刺史昌義之屯據高皇，遣三軍潛寇陰陵，以淮水淺竭，不通船艦，屯於馬頭。

> 衍將田道龍、何景先等領卒三千已至衡山，規寇陸城。寇並充逼。

> （元）嵩遣兼統軍李叔仁等援合肥、小峴、楊石，頻戰破之。

> 衍征虜將軍趙草屯於黃口，嵩遣軍司趙熾等往討之，先遣統軍安伯醜潛師夜渡，伏兵下蔡。草率卒四千，逆來拒戰，伯醜與下蔡戍主王虎等前後夾擊，大敗之，俘斬溺死四千餘人。

> 統軍李叔仁等夜襲硤石之賊，又破之。

> 衍將姜慶眞專據肥汭，冠軍將軍曹天寶屯於鷄口，軍主尹明世屯東硤石。嵩遣別將羊引次于淮西，去賊營十里，司馬趙熾率兵一萬爲表裏聲勢。眾軍既會，分擊賊之四壘。四壘之賊，戰敗奔走，斬獲數千，溺死萬數。

> 統軍牛敬賓攻硤石，明世宵遁。慶眞合餘燼浮淮下，下蔡戍主王略

也。父坦之，齊都官郎。顯幼清靜有至行，慕黃叔度、徐孺子之爲人。讀書不爲章句，著述不尚浮華。……天監四年，大舉北伐，訂民丁，吳興太守柳惲以顯從役，揚州別駕陸任以書責之，惲大慚，厚禮而遣之。」
〔註88〕《梁書》卷22〈太祖五王・臨川王宏傳〉，頁 340。
〔註89〕《魏書》卷 19 中〈景穆十二王中・任城王雲附子嵩傳〉，頁 487～488。

截流擊之,俘斬太半。於是威名大振。

梁軍對淮南各鎮戍的進攻行動,全遭魏軍擊退,除了傳統北強南弱的因素外,同時也顯示北魏在淮南地區之經營已見成效,否則以當時南梁大軍聲勢,應有眾多漢人民戶迎「王師」到來,但是南北史書均未見有淮南民戶大量歸附南梁的記載。此外,魏軍能擊退多路梁軍對淮南各鎮戍的攻擊,顯現北魏在淮南的戰備整備工作至為確實,作為北魏南方對南梁重要的國境戰略線,壽春及淮南地區發揮了重要屏障,抵擋住梁軍進攻。

北魏與南梁這次在淮南的攻防,因主力部隊並未出動,雙方真正投入戰鬥的兵力差距不大,梁軍略多於魏軍。蕭宏領北伐軍屯駐洛口(今安徽淮南青洛河入淮之口),「(天監)四年,大舉北伐,揚州刺史臨川王督眾軍軍洛口。」〔註90〕洛口成為梁軍北伐大本營。蕭宏遣將分擊淮南各鎮戍,首波攻勢出動的兵力,依前述引文,田道龍、何景先領卒三千;征虜將軍趙草率卒四千;姜慶真領卒五千,但徐州刺史昌義之、冠軍將軍曹天寶、軍主尹明世三部梁軍數目不詳,以田道龍、趙草、姜慶真等梁將所率兵力分別有三千、四千、五千不等,推測三部兵力不詳之梁軍,每部最少應在二千至三千之間,故總計約二萬。其中姜慶真的五千,乃在前哨戰與楊公則俱遭元嵩擊退後,待蕭宏率軍北上而與其會合。另徐州刺史昌義之率其州兵參戰,「義之以州兵受節度,為前軍。」〔註91〕徐州州兵當不止二千,故蕭宏投入第一波攻勢的戰鬥部隊,約二萬至三萬。

魏軍投入的兵力,引文所載僅有司馬趙熾率兵一萬,其餘統軍李叔仁、統軍安伯醜、別將羊(靈)引、統軍牛敬賓、下蔡戍主王虎與王略等魏將所率兵力均未詳載,保守估計這六將兵力應超過一萬,故魏軍與梁軍對抗之兵力亦在二萬至三萬之間。

(三)擴大戰場:506 年元月至六月

南梁北伐軍主帥蕭宏對淮南地區發動第一波攻勢全遭魏軍擊退後,東部戰場第一階段戰事暫告一段落。進入 506 年(魏正始三年、梁天監五年)元月,南梁將戰場擴大,進攻目標從淮南擴大到淮北,在淮北和徐兗地區開闢第二戰場,發動牽制性作戰,掩護蕭宏所率北伐軍主力向淮南鎮戍進攻,顯然梁武帝北伐之決心,未因第一階段戰事失利而退縮,也使第二階段戰爭更

〔註90〕《梁書》卷 18〈昌義之傳〉,頁 293。
〔註91〕《梁書》卷 18〈昌義之傳〉,頁 293。

加激烈。

　　南梁第二階段戰略目標以壽春外圍梁城（今安徽壽縣西）、合肥、洛口三鎮戍爲主，這三鎮戍與義陽三關功能相同，三關拱衛義陽，三鎮戍則拱衛壽春，壽春與三鎮戍互爲表裏、唇齒相依。梁城、合肥、洛口分別位於壽春的西方、西南、東北，梁軍北伐大本營認爲，直接攻打壽春，梁軍容易受到壽春外圍鎮戍襲擊，且這些鎮戍魏軍能迅速支援壽春作戰，故梁軍設定「阻點打援」戰略，預備拔除壽春外圍鎮戍孤立壽春。

　　從 506 年（魏正始三年、梁天監五年）正月開始，梁軍再度發動攻勢，進攻目標以壽春三鎮戍爲主，首先進攻梁城：「（正始）三年正月，（蕭）衍（北）徐州刺史昌義之寇梁城。」〔註 92〕昌義之攻梁城，遭北魏平南將軍陳伯之擊敗，陳伯之勇猛善戰，乃南朝名將，揚名於南齊、南梁二朝，502 年（魏景明三年、梁天監元年）歸順北魏，受到北魏重用，「魏以伯之爲使持節、散騎常侍、都督淮南諸軍事、平南將軍、光祿大夫、曲江縣侯。」〔註 93〕梁軍大本營認爲，陳伯之扼守梁城重鎮，守城有方，梁軍欲攻取梁城，難度頗高，若以重兵進攻，恐將遭遇重大損失，而陳伯之原爲南人，若能策反，以情理勸其歸降南梁，不僅可得一猛將，更可削弱梁城防禦力量。

　　蕭宏對勸降之議頗爲贊同，命諮議參軍丘遲勸降，「中軍將軍臨川王宏北伐，遲爲諮議參軍，領記室。時陳伯之在北，與魏軍來距，遲以書喻之，伯之遂降。」〔註 94〕南梁策反成功，三月「伯之乃於壽陽擁眾八千歸。」〔註 95〕陳伯之的叛魏歸梁，的確對梁城防務產生影響，同時也增加南梁信心。蕭宏遂於五月分兵出擊，自領一軍逕攻梁城，另遣豫州刺史韋叡取合肥，二人均順利攻陷之，「五月……乙亥，（蕭）衍將蕭容（宏）陷梁城。辛巳，衍將韋叡陷合肥城。」〔註 96〕梁城、合肥的陷落令北魏大爲震撼，洛口已於去年陷梁，梁軍並以之爲北伐大本營，現梁城再陷，蕭宏更將大本營移師梁城，如此一來，北魏壽春三鎮戍俱淪陷，壽春已成孤城，處境堪慮。

　　506 年（魏正始三年、梁天監五年）正月，南梁在徐兗地區啓動牽制性作戰，數敗魏軍，這對掩護梁軍主力進攻淮南戰場發揮很大效果。梁軍進攻北魏

〔註 92〕《魏書》卷 98〈島夷蕭衍傳〉，頁 2174。
〔註 93〕《梁書》卷 20〈陳伯之傳〉，頁 314。
〔註 94〕《梁書》卷 49〈文學上・丘遲傳〉，頁 687。
〔註 95〕《梁書》卷 20〈陳伯之傳〉，頁 315。
〔註 96〕《魏書》卷 8〈世宗紀〉，頁 202。

徐兗之作戰，由多位將領分別負責，戰爭規模雖不大，但戰術頗為靈活。首先是南梁「冀州刺史桓和入寇南青州，州軍擊走之。」〔註97〕桓和的入侵迅速被北魏地方部隊擊退，未對北魏造成任何威脅，之後則不然。二月，「（蕭）衍將蕭昞率眾五萬寇淮陽（今江蘇宿豫東南）。」〔註98〕三月，南梁「輔國將軍劉思效破魏青州刺史元繫於膠水（今山東膠縣）。」五月「壬申，蕭衍將張惠紹入寇，陷宿豫（預）。」〔註99〕南梁太子右衛率張「惠紹與冠軍長史胡辛生、寧朔將軍張豹子攻宿預，執城主馬成龍，送于京師。」〔註100〕宿預乃淮陽郡治，現宿預淪陷、淮陽被圍，北魏採取兩項救援行動，《魏書‧世宗紀》：〔註101〕

> 六月……丁未，假平南將軍奚康生破蕭衍將張惠紹，斬其徐州刺史宋黑。丁巳，詔尚書邢巒出討徐兗。

北魏兩項救援行動都收到效果，先遣奚康生率軍救援，奚康生雖獲勝利，但在邢巒未投入徐兗戰場前，仍未能止住北魏敗績，「六月庚子，（南梁）青、冀二州刺史桓和前軍克朐山城。」〔註102〕「秋七月丙寅，（蕭）衍將桓和寇孤山，陷固城。」〔註103〕由上述引文可知，北魏在徐兗地區接連喪失宿預、朐山城、固城等城戍，東部戰場情況愈來愈危急，而邢巒在西部戰場優異的表現，使北魏在西部戰事結束後，隨即命他領軍援助徐兗地區。

　　在梁軍進攻上述北魏城戍的行動中，以合肥攻防最為激烈。梁軍對合肥的進攻是由韋叡負責，韋叡遣其右軍司馬胡略取合肥，久未能下，遂至合肥觀察魏軍防務及其周遭山川地理形勢。他見肥水流經此處，而魏軍為增加合肥防衛力量，在合肥東、西築二小城，以為合肥屏障，「魏初分築東西小城夾合肥。」〔註104〕增加梁軍進攻合肥的困難度，且魏軍防禦體系嚴整，若梁軍直接攻城與合肥守軍正面對決，梁軍士兵恐有大量傷亡。

　　為攻打易守難攻的合肥，韋叡訂定二項進攻戰術：1、為保有梁軍有生力量，避免大量犧牲，決定築肥水堰，水淹合肥：〔註105〕

〔註97〕《魏書》卷8〈世宗紀〉，頁201。
〔註98〕《魏書》卷8〈世宗紀〉，頁202。
〔註99〕《魏書》卷8〈世宗紀〉，頁202。
〔註100〕《梁書》卷18〈張惠紹傳〉，頁285～286。
〔註101〕《魏書》卷8〈世宗紀〉，頁202。
〔註102〕《梁書》卷2〈武帝紀中〉，頁44。
〔註103〕《魏書》卷8〈世宗紀〉，頁202。
〔註104〕《梁書》卷12〈韋叡傳〉，頁222。
〔註105〕《梁書》卷12〈韋叡傳〉，頁222。

（韋）叡按行山川，曰：「吾聞『汾水可以灌平陽，絳水可以灌安邑』，
即此是也。乃堰肥水，親自表率，頃之，堰成水通，舟艦繼至。

2、先奪取東、西二城，瓦解合肥防禦體系，避免三城相互支援，箝制梁軍攻城行動。韋叡築堰和進攻東、西二城兩項戰術同時執行，而北魏見合肥情勢危急，為保合肥以衛壽春，遣羊靈引率五萬兵馬急赴合肥。羊靈引乃梁州軍司羊祉之弟，羊祉曾奉魏宣武帝之命接替王足為益州刺史，激起王足不滿而投梁。梁軍多位將領估計無法抗衡五萬魏軍，紛請韋叡向南梁朝廷請求援軍，《梁書・韋叡傳》：〔註106〕

叡笑曰：「賊已至城下，方復求軍，臨難鑄兵，豈及馬腹。且吾求濟師，彼亦微眾，猶如吳益巴丘，蜀增白帝耳。『師克在和不在眾』，古之義也。」因與戰，破之，軍人少安。

羊靈引所率五萬魏軍應屬中山王元英的十萬大軍，北魏朝廷見梁軍攻勢凌厲，淮南情勢日益嚴峻，乃於四月遣元英領軍增援，「蕭衍遣將軍寇肥梁，詔（元）英使持節，加散騎常侍、征南將軍、都督揚徐二道諸軍事，率眾十萬討之，所在皆以便宜從事。」〔註107〕羊靈引曾在 503 年（魏景明二年、梁天監二年）隨元英南伐任其軍司，參與圍攻義陽之役。這次有可能再隨其救援淮南，並因情況緊急，先率五萬兵馬赴援，詎料遭韋叡所敗。元英率十萬援軍四月出發，五月投入東部戰場不成問題，雖羊靈引五萬魏軍為解合肥之圍遭梁軍擊破，但《魏書》未載此事，據上載《梁書・韋叡傳》及《資治通鑑》皆僅用「破之」二字帶過，〔註108〕未詳述魏軍傷亡情形，可知羊靈引所率五萬魏軍折損並不嚴重，否則以梁軍能擊敗魏軍獲此戰果，自應大書特書誇大戰功，由此可見，五萬魏軍戰力尚稱完整。之後羊靈引與元英所率魏軍會合，投入東部戰場的作戰。

北魏合肥守軍亦知肥水堰對合肥之威脅，遂對肥水堰展開破壞行動，《梁書・韋叡傳》載：〔註109〕

〔註106〕《梁書》卷 12〈韋叡傳〉，頁 222。
〔註107〕《魏書》卷 19 下〈景穆十二王下・南安王禎附子英傳〉，頁 499。
〔註108〕「魏築東、西小城夾合肥，（韋）叡先攻二城，魏將楊靈胤（羊靈引）帥眾五萬奄至，眾懼不敵，請奏益兵。叡笑曰：『賊至城下，方求益兵，將何所及！且吾求益兵，彼亦益兵，兵貴用奇，豈在眾也！』遂擊靈胤，破之。」《資治通鑑》卷 146〈梁紀二〉，武帝天監五年，頁 4560。
〔註109〕《梁書》卷 12〈韋叡傳〉，頁 222。

> 肥水堰立，使軍主王懷靜築城於岸守之，魏攻陷懷靜城，千餘人皆
> 沒。魏人乘勝至叡堤下，其勢甚盛，軍監潘靈祐勸叡退還巢湖，諸
> 將又請走保三叉。叡怒曰：「寧有此邪！將軍死綏，有前無却。」因
> 令取繳扇麾幢，樹之堤下，示無動志。叡素羸，每戰未嘗騎馬，以
> 板輿自載，督厲眾軍。魏兵來鑿堤，叡親與爭之，魏軍少却，因築
> 壘於堤以自固。

肥水堰破壞不成，北魏援軍又遭梁軍擊退，困守合肥的魏軍，無計可施，終
遭韋叡攻陷：〔註110〕

> 叡起闘艦，高與合肥城等，四面臨之。魏人計窮，相與悲哭。叡攻
> 具既成，堰水又滿，魏救兵無所用。魏守將杜元倫登城督戰，中弩
> 死，城遂潰。俘獲萬餘級，牛馬萬數，絹滿十間屋，悉充軍賞。

韋叡充分利用山川地形，就地取材築肥水堰，運用水淹戰略給予合肥魏軍極
大壓力，可見其深得用兵之法，《孫子兵法》有云：「夫地形者，兵之助也。
料敵制勝，計險易、遠近，上將之道也。知此而用戰者必勝。」〔註111〕韋叡
發揮優秀的軍事素養與傑出的指揮才能，以少勝多攻佔合肥，使壽春城逐漸
孤立，韋叡實為南梁少見的傑出將領。

　　壽春三鎮戍陷梁後，對北魏產生連鎖反應，在淮南地區持續失城陷地，
「五月……己丑，（蕭）衍將又陷羊石、霍丘二城。六月辛丑，又陷小峴戍。」
〔註112〕魏宣武帝見梁軍節節進逼，壽春危殆，淮南地區有可能被南梁收復，
如此一來，北魏因佔領淮南而對南梁形成的戰略優勢將消失，對爾後向南用
兵、防禦南梁北伐均產生不利影響。此外，北魏國力始終強過南朝，以往都
是北魏向南朝拓展疆域，如今卻是南梁向北魏擴張領土，北魏君臣當覺顏面
無光，基於此，魏宣武帝決定在淮南投入更多兵力，不計代價保住淮南，而
結果正如北魏所料，戰局在七月開始改觀。

（四）北魏反攻：506 年七月至十月

　　北魏君臣認為，欲讓淮南脫離戰火，唯有發動大規模反擊，始能將梁軍
逐出淮南地域，故魏宣武帝於四月「庚戌，以中山王英為征南將軍、都督揚
徐二道諸軍事，指授邊將。」〔註113〕不料事與願違，元英不但未能逐退梁軍，

〔註110〕《梁書》卷 12〈韋叡傳〉，頁 222。
〔註111〕孫武著、吳仁傑注譯，《孫子讀本》〈地形篇第十〉，頁 73。
〔註112〕《魏書》卷 8〈世宗紀〉，頁 202。
〔註113〕《魏書》卷 8〈世宗紀〉，頁 202。

連羊靈引率五萬魏軍馳援合肥亦遭擊退，合肥、梁城接連失陷，魏宣武帝對淮南戰局甚爲憂心，下詔元英曰：〔註114〕

> 賊勢滋甚，圍逼肥梁，邊將後規，以至於此。故有斯舉，必期勝捷，而出軍淹滯，肥梁已陷。聞之惋懣，實乖本圖。今眾軍雲集，十有五萬，進取之方，其算安在？克殄之期，復當遠近？竟以幾日可至賊？所必勝之規，何者爲先？故遣步兵校尉、領中書舍人王雲指取機要。

據上可知，元英統領十五萬大軍，其中十萬爲他自己率領南下的部隊，五萬爲當地壽春及淮南地區守軍，因其爲淮南戰場最高指揮官，故所有地方駐軍皆歸他指揮。另，此詔隱約透露出魏宣武帝對元英擁十五萬大軍未能克敵致勝感到不滿，遂於五月「壬午，詔尚書元遙率眾南討。」〔註115〕六月「丁巳，詔尚書邢巒出討徐兗。」〔註116〕壽春三鎮戍的失守對北魏在淮南的戰略形勢影響太大，魏宣武帝不得不另派宗室元遙前往淮南協助。而邢巒在西部戰場於 506 年（魏正始三年、梁天監五年）正月結束軍事行動後，北魏朝廷鑑於他在西部戰場的優秀表現，遂命其率軍投入東部戰場。

北魏對淮南地區的支援不斷投入，東部戰場魏軍也開始反擊，進入七月，在元英重新調整部署下，整個淮南局勢完全扭轉，之前屢遭敗績的魏軍，開始反敗爲勝，「秋七月……戊子，中山王英大破（蕭）衍徐州刺史王伯敖於陰陵，斬其將二十五人，首虜五千有餘。」〔註117〕這場勝仗讓低迷的魏軍士氣爲之一振，魏宣武帝再增援軍十萬，「己丑，詔發定、冀、瀛、相、并、肆六州十萬人以濟南軍。」〔註118〕這支十萬大軍八月徵集完畢後，由安樂王元詮率領赴援淮南，「八月……己酉，詔平南將軍、安樂王詮督後發諸軍以赴淮南。」〔註119〕後發諸軍指的即是七月征發六州的十萬大軍。魏宣武帝於淮南再增援軍十萬，合併元英先前所率的十萬，加上元遙部數目不詳之魏軍及原淮南各鎮戍之魏軍，北魏已投入近三十萬大軍，全歸元英節制。魏宣武帝之所以動員如此龐大的軍事力量，除了不惜任何代價要保住淮南的信念外，另外就是冀望在短期內對南梁施加龐大軍事壓力，儘速解決淮

〔註114〕《魏書》卷 19 下〈景穆十二王下・南安王禎附子英傳〉，頁 499。
〔註115〕《魏書》卷 8〈世宗紀〉，頁 202。
〔註116〕《魏書》卷 8〈世宗紀〉，頁 202。
〔註117〕《魏書》卷 8〈世宗紀〉，頁 202～203。
〔註118〕《魏書》卷 8〈世宗紀〉，頁 203。
〔註119〕《魏書》卷 8〈世宗紀〉，頁 203。

南問題，否則一旦戰事拖延，對魏軍後勤補給甚爲不利，且北魏在東部、中部、西部戰場皆有和南梁交戰，維持龐大軍隊數目對北魏社會、經濟的負擔相當沉重，故魏宣武帝不願淮南戰場演變成持久戰，期望在最短時間內能奪回遭梁軍攻佔的淮南鎮戍。

邢巒持續發揮在西部戰場優秀的軍事才能，在東部戰場徐兗地區一樣迭獲勝仗，八月平兗州：〔註120〕

> 八月壬寅，安東將軍邢巒破蕭衍將桓和於孤山，斬首萬餘級。將軍元恒別克固城，斬衍冠軍將軍桓方慶。統軍畢祖朽別克蒙山，斬衍龍驤將軍矯道儀等，斬賊及赴沂死者四千餘人。兗州平。

九月平徐州：〔註121〕

> 九月癸酉，邢巒大破衍軍於宿豫，斬其大將藍懷恭等四十餘人。張惠紹棄宿豫，蕭昞棄淮陽南走，追斬數萬級。徐州平。

邢巒順利完成討平徐兗之任務，南梁以徐兗戰場牽制魏軍，掩護淮南梁軍的功能消失，北魏可集中全力於淮南。此時元英正策畫攻取梁城、洛口，魏宣武帝詔邢巒率軍渡淮，策應元英與梁軍在洛口的會戰，詔文曰：〔註122〕

> 淮陽、宿豫雖已清復，梁城之賊，猶敢聚結，事宜乘勝，并勢摧殄。可率二萬之眾渡淮，與征南（指征南將軍元英）掎角，以圖進取之計。

於是元英與邢巒合軍出擊，大敗梁軍，《魏書・世宗紀》：〔註123〕

> 九月……己丑，中山王英大破衍軍於淮南，衍中軍大將軍、臨川王蕭宏，尚書右僕射柳惔，徐州刺史昌義之等棄梁城沿淮東走。追奔次於馬頭，衍冠軍將軍、戌主朱思遠棄城宵遁，擒送衍將四十餘人，斬獲士卒五萬有餘。

另據《魏書・中山王英傳》：〔註124〕

> 又頻破賊軍於梁城，斬其支將四十二人，殺獲及溺死者將五萬。……凡收米三十萬石。……英追至于馬頭，衍馬頭戌主委城遁走，遂圍鍾離。

〔註120〕《魏書》卷8〈世宗紀〉，頁203。
〔註121〕《魏書》卷8〈世宗紀〉，頁203。
〔註122〕《魏書》卷65〈邢巒傳〉，頁1444。
〔註123〕《魏書》卷8〈世宗紀〉，頁203。
〔註124〕《魏書》卷19下〈景穆十二王下・南安王禎附子英傳〉，頁500。

魏軍戰果豐碩，殲滅俘虜梁軍五萬，獲米糧三十萬石，魏宣武帝獲此捷報，下詔慰勞元英並命其擴大戰果：〔註125〕

> 詔勞英曰：「知大摧鯨寇，威振南海，江浦無塵，三楚卷壒，聲被荒隅，同軌斯始，公私慶慰，良副朕懷。便當乘威藉響，長驅吳會，翦拉遺燼，截彼東南也。」

元英乘勝追擊攻佔馬頭直抵鍾離，魏軍再一次進窺鍾離，鍾離攻防戰於焉展開。

（五）鍾離之戰：506年十一月至507年三月

是否繼續進攻鍾離，北魏朝廷有兩派主張，一派認為魏軍征戰多時，兵疲馬困，且南人長於守城，率爾攻城恐會遭致重大損失，今已收復淮南地，應即時班師，欲圖鍾離且待他日。另一派認為應趁南梁大敗士氣低落之際，揚魏軍軍威，乘勝奪取鍾離，並繼續攻城掠地拓展北魏疆域。其實不止北魏朝廷意見分歧，前線統帥亦持不同意見，元英採積極主戰態度，主張續攻鍾離；邢巒則認為魏軍長途遠征，與梁軍歷經多場激烈戰鬥，疲累至極，應讓魏軍休養生息，撤軍北返，暫不對鍾離用兵。北魏朝廷對元英提出進攻鍾離的主張，因正處魏軍收回壽春三鎮戌，盡逐淮南梁軍之際，故主戰派的言論高漲，反對用兵朝臣的主張得不到重視，於是元英得到北魏朝廷支持續攻鍾離，也才有前述魏宣武帝的下詔褒獎，並鼓勵他乘勝追擊。而邢巒獲悉北魏朝廷決定採納元英續攻鍾離的主張後，隨即上表反對：〔註126〕

> 夫圖南因於積風，伐國在於資給，用兵治戎，須先計校。非可抑爲必勝，幸其無能。若欲掠地誅民，必應萬勝；如欲攻城取邑，未見其果。得之則所益未幾，不獲則虧損必大。蕭衍……雖野戰非人敵，守城足有餘，今雖攻之，未易可克。又廣陵懸遠，去江四十里，鍾離、淮陰介在淮外，假其歸順而來，猶恐無糧艱守，況加攻討，勞兵士乎？

邢巒主張「謂宜修復舊戌，牢實邊方，息養中州，擬之後舉。」〔註127〕魏宣武帝對邢巒下詔書回應，詔曰：「濟淮掎角，事如前敕，何容猶爾磐桓，方有此請！可速進軍，經略之宜聽征南至要。」〔註128〕魏宣武帝令邢巒聽元英指

〔註125〕《魏書》卷19下〈景穆十二王下・南安王禎附子英傳〉，頁500。
〔註126〕《魏書》卷65〈邢巒傳〉，頁1444～1445。
〔註127〕《魏書》卷65〈邢巒傳〉，頁1445。
〔註128〕《魏書》卷65〈邢巒傳〉，頁1445。

揮，但邢巒再度上表表明不願配合進攻鍾離並請辭還朝，《魏書‧邢巒傳》載：
〔註129〕

> 今若往也，彼牢城自守，不與人戰，城塹水深，非可填塞，空坐至
> 春，則士自弊苦。……臣寧苻怯懦不進之責，不受敗損空行之
> 罪。……若信臣言也，願賜臣停；若謂臣難行求回，臣所領兵統悉
> 付中山，任其處分，臣求單騎隨逐東西。……臣雖不武，忝備征將，
> 前宜可否，頗實知之，臣既謂難，何容強遣。

魏宣武帝顧慮將帥不合無法協同作戰，且邢巒戰略思維已與元英不同，二人實無法合作，遂准邢巒還朝，另遣熟悉淮南事務的鎮東將軍蕭寶寅代之。

元英進攻鍾離並不順利，從 506 年（魏正始三年、梁天監五年）十月發動攻勢開始，至次年二月尚未能攻佔，反對用兵鍾離的主張在北魏朝廷再度響起，且之前任城王元澄進攻鍾離，因天雨及淮河暴漲等因素而退兵，殷鑑不遠，若此時續攻鍾離，魏軍可能會重蹈覆轍，於是魏宣武帝決定暫時停止對鍾離的進攻，詔元英曰：〔註130〕

> 師行已久，士馬疲瘠，賊城險固，卒難攻屠。冬春之交，稍非勝便，
> 十萬之眾，日費無貲。方圖後舉，不待今事。

魏宣武帝希望暫緩進攻鍾離，因為魏軍自出征以來，軍費負擔沈重，但是元英仍堅持續攻鍾離，上表曰：「實願朝廷特開遠略，少復賜寬，假以日月，無使為山之功，中途而廢。」〔註131〕很明顯他不願半途而廢，故希望魏宣武帝能允其所請。然元英並未得到善意回應，魏宣武帝再下詔書：〔註132〕

> 大軍野次，已成勞久，攻守之方，理可豫見。比頻得啟，制勝不過
> 暮春，及省後表，復期孟夏之末。彼土蒸溽，無宜久淹。勢雖必取，
> 乃將軍之深計；兵久力殆，亦朝廷之所憂。

魏宣武帝對元英下達三封詔書，依前述詔書引文，第一封是奪回梁城、洛口等鎮戍後，時間是 506 年（魏正始三年、梁天監五年）九月，魏宣武帝諭令乘勝追擊，「便當乘威藉響，長驅吳會。」〔註133〕第二封、第三封皆在 507 年（魏正始四年、梁天監六年）二月，魏宣武帝以「十萬之眾，日費無貲。」、

〔註129〕《魏書》卷 65〈邢巒傳〉，頁 1445。
〔註130〕《魏書》卷 19 下〈景穆十二王下‧南安王禎附子英傳〉，頁 500。
〔註131〕《魏書》卷 19 下〈景穆十二王下‧南安王禎附子英傳〉，頁 500。
〔註132〕《魏書》卷 19 下〈景穆十二王下‧南安王禎附子英傳〉，頁 500～501。
〔註133〕《魏書》卷 19 下〈景穆十二王下‧南安王禎附子英傳〉，頁 500。

「大軍野次，已成勞久。」〔註134〕等理由，希望暫緩攻打鍾離，讓征戰已久的魏軍休養生息，以待他日再舉。比較這三封詔書，首封詔書期待元英擴大戰果直搗江南；二、三封卻轉為保守，希望暫停軍事行動。魏宣武帝的戰略思維似乎前後矛盾、態度反覆不定，其實是北魏朝臣和前線將領都有兩派意見，影響魏宣武帝決策，造成其前後乖異之態度。

　　魏宣武帝面對北魏朝臣及前線將領的兩派不同主張，顯然舉棋不定，他向元英下達第二、三封詔書時，分別遣使至前線觀察局勢，欲進一步瞭解敵我態勢，第二封詔書先派范紹赴前線：〔註135〕

　　（魏宣武帝）又詔（范）紹詣鍾離，與都督、中山王英論攻鍾離形

　　勢，英固言必克。紹觀其城隍防守，恐不可陷，勸令班師，英不從。

　　紹還，具以狀聞。

顯然作為魏宣武帝特使的范紹，並不認同元英主張，他認為鍾離城防堅固，非輕易可攻陷。范紹曾在 503 年（魏景明四年、梁天監二年）時，因時任揚州刺史的任城王元澄欲討伐鍾離，他同樣奉北魏朝廷之命，至淮南與元澄商討鍾離經略事宜，故范紹對鍾離的形勢有一定程度瞭解。元英不願接受范紹建議班師回朝，范紹只能返回洛陽回報鍾離局勢及元英堅定之態度，遂有魏宣武帝第三封詔書，再度遣使前往淮南觀察鍾離整體戰略態勢，「故遣主書曹道往觀軍勢，使還，一一具聞。」〔註136〕然而元英的主戰態度仍未改變，「及（曹）道還，英猶表云『可克』。」〔註137〕魏宣武帝領導的北魏朝廷，此刻陷入兩難，朝臣和前線將帥對鍾離均分成進攻與撤軍兩派見解。不過封建時代最後仍取決於君主的決定，而在魏宣武帝對南梁具積極企圖的情況下，決定採納元英的主張繼續進攻鍾離。

　　元英率領魏軍對鍾離發動全面進攻，卻受到鍾離梁軍堅強的抵抗。當時鍾離守將為南梁北徐州刺史昌義之，城內防禦力量薄弱，僅三千駐軍，幸梁武帝戰略判斷正確，認為魏軍不會輕易北返，定會續攻鍾離，故命鍾離加強戰備：〔註138〕

　　魏中山王元英乘勢追躡，攻沒馬頭，城內糧儲，魏悉移之歸北。議

〔註134〕《魏書》卷19下〈景穆十二王下·南安王禎附子英傳〉，頁500。
〔註135〕《魏書》卷79〈范紹傳〉，頁1756。
〔註136〕《魏書》卷19下〈景穆十二王下·南安王禎附子英傳〉，頁501。
〔註137〕《魏書》卷19下〈景穆十二王下·南安王禎附子英傳〉，頁501。
〔註138〕《梁書》卷18〈昌義之傳〉，頁293～294。

者咸曰：「魏運米北歸，當無復南向。」高祖（梁武帝）曰：「不然，
此必進兵，非其實也。」乃遣土匠脩營鍾離城，敕義之為戰守之備。
鍾離防務嚴整確實，無怪乎范紹「觀其城隍防守」後會發出「恐不可陷」之
語。〔註139〕昌義之率領三千梁軍對抗數十萬魏軍的戰術頗為簡單，即堅守城
池以待後援，務必支撐至援軍到來，若鍾離很快被魏軍攻陷，依元英用兵心
態及魏宣武帝之企圖心，效法魏太武帝率大軍兵臨長江窺伺建康的可能性極
高，故昌義之激勵所屬，全力投入鍾離保衛戰，支撐愈久便能爭取愈多時間，
讓南梁朝廷能有充裕時間組織援軍。

《梁書‧昌義之傳》載：「鍾離城北阻淮水，魏人於邵陽洲西岸作浮橋，
跨淮通道。（元）英據東岸，（楊）大眼據西岸，以攻城。」〔註140〕魏軍開始
攻城後，不僅攻勢凌厲更日夜猛攻，昌義之率三千守軍與之抗衡，雙方戰鬥
激烈，史載：〔註141〕

> 義之督帥，隨方抗禦。魏軍乃以車載土填塹，使其眾負土隨之，嚴
> 騎自後蹙焉，人有未及回者，因以土迮之，俄而塹滿。（元）英與
> （楊）大眼躬自督戰，晝夜苦攻，分番相代，墜而復升，莫有退者。
> 又設飛樓及衝車撞之，所值城土輒頹落。義之乃以泥補缺，衝車雖
> 入而不能壞。義之善射，其被攻危急之處，輒馳往救之，每彎弓所
> 向，莫不應弦而倒。一日戰數十合，前後殺傷者萬計，魏軍死者與
> 城平。

元英未能一鼓作氣攻下鍾離，令梁軍獲得喘息空間，加上魏軍死傷慘重，「前
後殺傷者萬計，魏軍死者與城平。」《梁書》描述雖稍嫌誇大，但魏軍在攻城
行動中必然造成大量傷亡。

十一月，「高祖（梁武帝）遣征北將軍曹景宗，都督眾軍二十萬以拒之。
次邵陽洲，築壘相守，高祖詔（韋）叡率豫州之眾會焉。」〔註142〕南梁增
援二十萬大軍由征北將軍曹景宗率領投入鍾離戰場，與魏軍展開決戰。梁武
帝令曹景宗待各路兵馬齊集後再發動總攻，但曹「景宗欲專其功，乃違詔而
進，值暴風卒起，頗有湑溺，復還守先頓。」〔註143〕曹景宗因貪功躁進，

〔註139〕《魏書》卷79〈范紹傳〉，頁1756。
〔註140〕《梁書》卷18〈昌義之傳〉，頁294。
〔註141〕《梁書》卷18〈昌義之傳〉，頁294。
〔註142〕《梁書》卷12〈韋叡傳〉，頁223。
〔註143〕《梁書》卷9〈曹景宗傳〉，頁180。

致梁軍士兵溺死不少，只得暫頓邵陽洲以待各軍。「及韋叡至，與景宗進頓邵陽洲，立壘去魏城百餘步。魏連戰不能却，殺傷者十二三，自是魏軍不敢逼。」〔註144〕南梁二十萬援軍在曹景宗、韋叡率領下與魏軍展開激烈戰鬥，魏軍數度攻擊皆無法擊退梁軍，甚至元英親自上陣亦然：〔註145〕

> （元）英自率眾來戰，（韋）叡乘素木輿，執白角如意麾軍，一日數
> 合，英甚憚其強。魏軍又夜來攻城，飛矢雨集，叡子黯請下城以避
> 箭，叡不許。軍中驚，叡於城上屬聲呵之，乃定。

韋叡雖勇猛善戰，但無法大敗魏軍解鍾離之圍，元英亦無法擊退南梁援軍，雙方互相攻伐，在邵陽洲成爲對峙之局。

507 年（魏正始四年、梁天監六年）二月，決定鍾離之戰結局的因素出現。時淮河水位漸漲，韋叡見魏軍在淮河上邵陽洲築橋置柵，便決定利用南人之水軍優勢，以己之長攻敵之短，「叡裝大艦，使梁郡太守馮道根、廬江太守裴邃、秦郡太守李文釗等爲水軍。」〔註146〕梁武帝更決定用火攻，「高祖詔（曹）景宗等逆裝高艦，使與魏橋等，爲火攻計。令景宗與叡各攻一橋，叡攻其南，景宗攻其北。」〔註147〕元英及其他魏將缺乏危機意識，見韋叡等人進行水軍的作戰準備時，未能窺知梁軍正欲發揮其水軍優勢，而水軍乃魏軍之短。元英未做應變之策及退軍之計，仍欲以魏軍步騎優勢與梁軍作戰，一旦淮河暴漲利於南梁水軍作戰時，魏軍恐凶多吉少。三月，「春水生，淮水暴長六七尺。」〔註148〕韋叡見機不可失，率水軍發動火攻，大敗魏軍，史載：〔註149〕

> （韋）叡即遣之，鬥艦競發，皆臨敵壘，以小船載草，灌之以膏，
> 從而焚其橋。風怒火盛，烟塵晦冥，敢死之士，拔柵斫橋，水又漂
> 疾，俄忽之間，橋柵盡壞。而（馮）道根等皆身自搏戰，軍人奮勇，
> 呼聲動天地，無不一當百，魏人大潰。元英見橋絕，脫身遁去。魏
> 軍趨水死者十餘萬，斬首亦如之。其餘釋甲稽顙，乞爲囚奴，猶數
> 十萬。所獲軍實牛馬，不可勝紀。

〔註144〕《梁書》卷 9〈曹景宗傳〉，頁 180。
〔註145〕《梁書》卷 12〈韋叡傳〉，頁 223。
〔註146〕《梁書》卷 12〈韋叡傳〉，頁 223。
〔註147〕《梁書》卷 9〈曹景宗傳〉，頁 180。
〔註148〕《梁書》卷 9〈曹景宗傳〉，頁 180。
〔註149〕《梁書》卷 12〈韋叡傳〉，頁 223～224。

梁軍以火攻燒毀魏軍架設於淮河上之橋樑，淮河南北魏軍遭截斷，首尾無法相顧，且風助火勢，魏軍心理驚恐之下無法遂行戰鬥。位於南岸的元英，見橋已斷魏軍大敗，奔往梁城；北魏猛將楊大眼亦燒營而走，梁軍則乘勝追擊，魏軍幾乎全軍覆沒，北魏遭此重創，東部戰場已無力再進攻，只能暫採守勢，魏梁第二次戰爭的東部戰場，以南梁大勝告終。

三、中部戰場

中部戰場主要在襄沔地區，南梁失義陽三關後，不僅在襄沔地區居於劣勢，在淮南地區形勢更為不利，因為北魏佔有義陽後，可將壽春、義陽連結成一道國防線，《讀史方輿紀要》載：〔註150〕

> 六朝保淮南，常爭義陽者，義陽淮西屏蔽也。義陽不守，則壽春、
> 合肥不得安枕。魏高閭言壽春、盱眙、淮陰，淮南本原者，就淮南
> 言也。由上流言，則重在義陽。

淮南、淮西互為聯防，相互支援，南梁北伐欲越過淮河，需先掃除義陽、壽春二地魏軍，而北魏欲南伐，亦可由此二地長驅南下，對南梁北方國防形成巨大威脅。

梁武帝極思收復義陽，但魏軍勢強故未有積極行動，不過由於梁軍在東部戰場進軍順利，梁武帝決定進軍襄沔地區，並伺機收復義陽，遂於 506 年（魏正始三年、梁天監五年）四月「遣江州刺史王茂先〔註151〕寇荊州，屯於河南城（今湖北襄陽北）。」〔註152〕梁武帝點燃中部戰場戰火，其背景乃因梁軍於該年正月在東部戰場再次發動攻勢，不但連敗魏軍，更於五月攻佔北魏梁城、合肥等淮南重要鎮戍，而梁武帝在四月進攻襄沔地區，其目的顯然在配合東部戰場，希望牽制住義陽三關魏軍，令其無法救援淮南。

襄沔地區為蠻族聚集地，王茂先為擾亂北魏在該地區之統治，積極招誘蠻族分地置州，史載：〔註153〕

〔註150〕顧祖禹，《讀史方輿紀要》卷 4〈歷代州域形勢四‧南北朝〉，頁 181～182。
〔註151〕《南史》卷 55〈王茂傳〉，頁 1351 載：「王茂字休連，一字茂先，太原祁人也。」《魏書》稱王茂先，《梁書》、《南史》、《資治通鑑》稱王茂。參見《魏書》卷 8〈世宗紀〉，頁 202。《梁書》卷 1〈武帝紀〉，頁 4、5、8、9、10。《南史》卷 55〈王茂傳〉，頁 1351。《資治通鑑》卷 146〈梁紀二〉，武帝天監五年，頁 4559。
〔註152〕《魏書》卷 8〈世宗紀〉，頁 202。
〔註153〕《魏書》卷 73〈楊大眼傳〉，頁 1634。

> 蕭衍遣其前江州刺史王茂先率眾數萬次于樊雍，招誘蠻夏，規立宛
> 州，又令其所署宛州刺史雷豹狼、軍主曹仲宗等領眾二萬偷據河南
> 城。

王茂先所領數萬梁軍乃一股不小軍事力量，若未能及時遏止其對襄沔地區的侵略，一旦戰事擴大恐危及義陽，且魏軍在東部戰場失城陷地，中部戰場不能再失守，故北魏朝廷對梁軍的入寇迅速做出反應，《魏書·楊大眼傳》載：〔註154〕

> 世宗以大眼爲武衛將軍、假平南將軍、持節，都督統軍曹敬、邴虯、
> 樊魯等諸軍討茂先等，大破之，斬（蕭）衍輔國將軍王花、龍驤將
> 軍申天化，俘馘七千有餘。

楊大眼大破王茂先據《魏書·世宗紀》是在四月辛酉，〔註155〕可見楊大眼率領魏軍迅速在當月即將入侵梁軍擊潰。

　　受王茂先挑唆的蠻族，爲安撫其心並防止日後蠢動，北魏特別注意後續的管理問題，《魏書·宇文福傳》載：〔註156〕

> （宇文福）除太僕少卿。尋以（蕭）衍將寇邊，假節、征虜將軍，
> 領兵出三關討之。又詔福行豫州事，與東豫州刺史田益宗共相影援，
> 綏過蠻楚。

北魏以太僕少卿宇文福、東豫州刺史田益宗負責蠻族管理，由「綏過蠻楚」來看，應採軟硬兼施方式，且爲了防止蠻族倒向南梁，宇文福、田益宗之作爲應不致太過強硬。此外，爲了加強北魏對義陽之統治，魏宣武帝於「五月乙丑朔，詔尚書拯義陽初附之戶。」〔註157〕魏宣武帝這項舉措有其意義，北魏於 504 年（魏正始元年、梁天監三年）八月佔有義陽後，統治時間不過二十一個月，胡漢情結並不容易消弭，況且南梁漢人政權近在咫尺，加上王茂先挑撥蠻族，相信他也會煽動漢人，而義陽城內漢人居多數，北魏需爭取漢人民心，爲避免其謀亂及日後梁軍圍攻義陽時，城內漢人與梁軍裡應外合，故適時施恩漢人實屬必須。

　　中部戰場戰火並未因楊大眼擊退王茂先後而平息，十月時，雙方再度爆

〔註154〕《魏書》卷73〈楊大眼傳〉，頁 1634。
〔註155〕參見《魏書》卷8〈世宗紀〉，頁 202。
〔註156〕《魏書》卷44〈宇文福傳〉，頁 1001。
〔註157〕《魏書》卷8〈世宗紀〉，頁 202。

發衝突，「蕭衍遣將士卒三萬寇義陽。」〔註158〕《魏書·世宗紀》並未載明梁武帝遣何將進攻義陽，不過《魏書·島夷蕭衍傳》則有清楚記載：「十月，衍征虜將軍馬仙琕率眾三萬寇義陽，郢州刺史婁悅以州軍擊走之。」〔註159〕梁武帝再次挑起中部戰場戰火仍是基於東部戰場情勢。九月，元英所率北魏大軍大敗梁軍，收復淮南各鎮戍，魏軍乘勝追擊，十月進圍鍾離。南梁在東部戰場先勝後敗，現鍾離更遭魏軍圍困，情況危急，故梁武帝進攻義陽的戰略目的，乃希望藉由進攻義陽，能吸引東部戰場魏軍前往救援，如此可減輕鍾離承受魏軍包圍之壓力，但事與願違，北魏郢州刺史婁悅迅速率州軍擊退梁軍，解除義陽危機，魏梁第二次大戰的中部戰場，自此亦告平息。

〔註158〕《魏書》卷8〈世宗紀〉，頁203。
〔註159〕《魏書》卷98〈島夷蕭衍傳〉，頁2174。

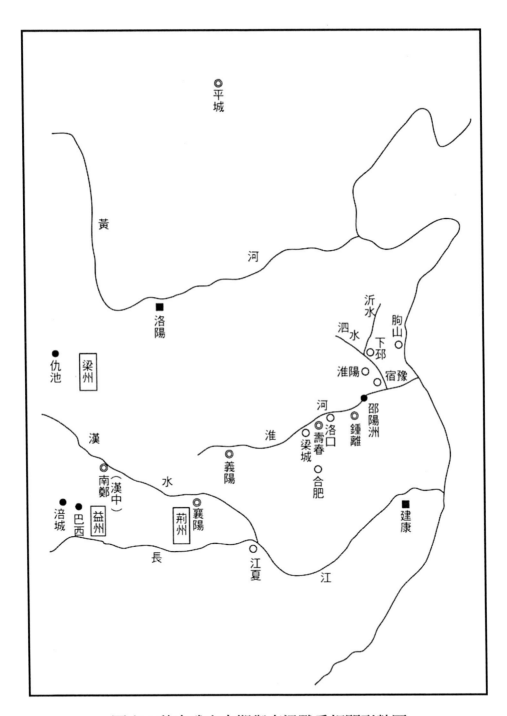

圖六：魏宣武帝中期與南梁戰爭相關形勢圖

第三節　戰爭檢討

　　北魏主動挑起的魏梁第二次大戰，戰場遍及南北邊區的東部、中部、西部，雙方軍隊沿著南北國境線激戰，可謂全面性的戰爭。雖然北魏投入龐大的軍力與資源，但與其所獲成果相較似乎不成比例，以作為主戰場的東部戰場而言，鍾離始終未能攻下；而中部戰場的襄沔地區所獲戰果並不多；至於西部戰場乃魏軍連戰連勝之地，不過北魏並未乘勝追擊，反而主動撤軍。反觀南梁，雖然在戰爭過程中屢遭魏軍擊敗，更喪失不少鎮戍，但是指標性的重鎮如鍾離都能固守，更在鍾離的最後決戰中大敗魏軍，阻止北魏在淮南的進一步擴張。南梁何以能在北強南弱態勢下力抗北魏大軍；而北魏先後動員數十萬大軍，卻未能繼續在淮南開疆拓土，雙方勝敗之緣由，實有必要加以分析。現將戰爭檢討以戰場地域劃分為西部、東部、中部三個部分，分述如下。

一、西部戰場

（一）北魏更換益州刺史失策

　　魏宣武帝陣前更換益州刺史，導致王足恚恨，史載王足「驍果多策略。隸邢巒伐蜀，所在克捷。詔行益州刺史。遂圍涪城，蜀人大震。世宗復以羊祉為益州，足聞而引退，後遂奔蕭衍。」〔註160〕王足在《魏書》中未有單獨列傳，上述記載乃附於《魏書‧崔延伯傳》之後，僅有短短數句。另《魏書‧世宗紀》及《魏書‧邢巒傳》亦有載其事蹟，但多是戰爭行為，未見其出身及在北魏的仕宦生涯，亦不知曾任北魏何種官職。

　　魏宣武帝以王足為益州刺史，原有獎勵性質，因魏軍在西部戰場與梁軍的爭戰，以王足戰果最為輝煌，《魏書‧世宗紀》詳錄505年（魏正始二年、梁天監四年）王足在梁州與梁軍爭戰之功績：〔註161〕

> （四月）邢巒遣統軍王足西伐，頻破蕭衍諸軍，遂入劍閣，執行輔國
> 將軍范始男送京師。……（六月）甲寅，蕭衍冠軍將軍李畋等置營始
> 平郡東，涪水之北。王足逆擊敗之，斬衍冠軍將軍張湯，輔國將軍馬
> 市，寧朔將軍李當、姜見祖，輔國將軍馮文豪，龍驤將軍何營之等……
> 乙丑，蕭衍冠軍將軍王景胤、輔國將軍魯方達等攻竹亭，王足大破之，

〔註160〕《魏書》卷73〈崔延伯傳〉，頁1639。
〔註161〕《魏書》卷8〈世宗紀〉，頁199～200。

斬其輔國將軍王明達、龍驤將軍張方熾。……戊辰，蕭衍將魯方達屯
戍新城，足又遣統軍盧祖遷等擊敗之，斬衍冠軍將軍楊伯仁、寧朔將
軍任安定。……（七月）戊子，王足擊破蕭衍軍，斬其龍驤將軍喻增
暉、寧朔將軍庫保壽、輔國將軍魯天惠、建武將軍王文標。

王足可謂常勝將軍，對梁軍所向披靡，很快底定梁州全境，且在七月時，更
進逼涪城，兵鋒已入益州。北魏朝廷以王足為益州刺史，乃對其在梁州功績
之獎賞，且有鼓勵他續向益州進軍之意。當時益州屬南梁，北魏在益州未有
實土，封王足為益州刺史，自是鼓勵其進佔益州領土，否則王足僅為一空頭
刺史。不過魏宣武帝後續決策頗出意料，竟以梁州軍司羊祉接替王足為益州
刺史，這項決策頗有可議之處，但史書並未載明魏宣武帝何以有此作為？可
能是王足欲乘勝伐蜀，其上司魏軍西部戰場統帥邢巒亦持相同看法，並上表
勸請伐蜀，但遭魏宣武帝否決，他不希望繼續進攻蜀地，而是應將攻擊重心
置於淮南，故以羊祉代王足為益州刺史，暫停王足在益州之攻勢。

　　王足對益州刺史遭撤換的不滿立即顯現在行動上，「又王足於涪城輒還，
遂不定蜀。」〔註162〕北魏本可順勢進攻蜀地，但隨著王足的退兵，經營蜀地
的最佳時機遂告消失。而王足對魏宣武帝的不滿並未因此而結束，不久後叛
魏降梁，並以其豐富的軍事素養及對北魏之瞭解，在爾後南梁與北魏的戰爭
中，不時向梁武帝獻策，《梁書·康絢傳》：〔註163〕

　　　時魏降人王足陳計，求堰淮水以灌壽陽。足引北方童謠曰：「荊山為
　　　上格，浮山為下格，潼沱為激溝，併灌鉅野澤。」高祖（梁武帝）
　　　以為然。

王足乃一優秀將領，觀其率魏軍在梁、益二州數敗梁軍、斬殺梁將，即可知
其作戰勇猛。魏宣武帝解其益州刺史一職，導致他轉投南梁，並獻進攻北魏
之策，原為北魏良將，卻為南梁所用，對北魏而言殊為可惜。

　　魏宣武帝作法應可更具彈性，雖不願王足進軍蜀地，但不必解其益州刺
史，仍可以他為益州刺史，經營目前所佔之益州領土。若魏宣武帝一定要解
王足益州刺史之職，則需有相關懷柔的配套措施。邢巒在西部戰場能迭獲勝
仗，而南梁可謂慘敗，功勞最大者首推王足。當邢巒因功為使持節、安西將
軍、梁秦二州刺史時，王足僅獲一益州刺史，明顯不夠，若魏宣武帝欲解王

〔註162〕《魏書》卷65〈邢巒傳〉，頁1442。
〔註163〕《梁書》卷18〈康絢傳〉，頁291。

足益州刺史，應封賜其他官職，以安其心，甚至調至領有實土之州任刺史，如此可望順勢結束西部戰事，亦不失爲一良策，且王足尚能爲北魏所用，不致發生日後降梁情事。

（二）北魏應乘勝追擊攻略蜀地

魏軍在西部戰場節節勝利佔有梁州之後，逐步向益州蜀地推進，這當屬自然之勢，但魏宣武帝未有如此戰略思維，意欲停止魏軍在益州之攻勢，但進攻戰機稍縱即逝，故邢巒上表請求伐蜀，表文中提出具體進攻蜀地的戰略規畫，其表曰：〔註164〕

> 昔鄧艾、鍾會率十八萬眾，傾中國資給，裁得平蜀，所以然者，闕實力故也。況臣才絕古人，智勇又闕，復何宜請二萬之眾而希平蜀？所以敢者，正以據得要險，士民慕義，此往則易，彼來則難，任力而行，理有可克。今王足前進，已逼涪城，脫得涪城，則益州便是成擒之物，但得之有早晚耳。且梓潼已附，民戶數萬，朝廷豈得不守之也？若守也，直保境之兵則已一萬，臣今請二萬伍千，所增無幾。又劍閣天險，古來所稱，張載銘云：「世亂則逆，世清斯順。」此之一言，良可惜矣。……且臣之意算，正欲先圖涪城，以漸而進。若克涪城，便是中分益州之地，斷水陸之衝，彼外無援軍，孤城自守，復何能持久哉！臣今欲使軍軍相次，聲勢連接，先作萬全之計，然後圖彼，得之則大克，不得則自全。

表奏有云：「今王足前進，已逼涪城。」王足進逼涪城是在 505 年（魏正始二年、梁天監四年）七月，故邢巒當在七月至八月間上此表。邢巒爲伐蜀已是二度上表，前次上表力陳北魏進攻蜀地的五項戰略優勢，但魏宣武帝並未採納伐蜀之議。這次二度上表，提出通盤戰略規畫，他認爲蜀中險要之地及多處郡縣已爲魏軍所佔，「夏，四月，……邢巒遣統軍王足將兵擊之，所至皆捷，遂入劍閣。（孔）陵等退保梓潼，足又進擊，破之。」〔註165〕另，巴西更在三月早被魏軍攻佔，「蕭衍巴西太守龐景民恃遠不降，巒遣巴州刺史嚴玄思往攻之，斬景民，巴西悉平。」〔註166〕魏軍已佔軍事重鎮劍閣，同

〔註164〕《魏書》卷65〈邢巒傳〉，頁1441～1442。
〔註165〕《資治通鑑》卷146〈梁紀二〉，武帝天監四年，頁4549。
〔註166〕《魏書》卷65〈邢巒傳〉，頁1439。《資治通鑑》將此事繫於四月之前、二月之後，據此推測而得三月。「巴西太守龐景民據郡不下，郡民嚴玄思聚眾自稱巴州刺史，附於魏，攻景民，斬之。」參見《資治通鑑》卷146〈梁紀二〉，

時又攻佔益州巴西、梓潼二郡，現正圍攻另一戰略要地涪城，「若克涪城，便是中分益州之地，斷水陸之衝。」一旦魏軍攻陷涪城，北魏將可繼梁州之後再攻佔益州，持續往南拓地，這對北魏而言乃極佳的戰略態勢，故邢巒計畫以「軍軍相次，聲勢連接。」營造魏軍氣勢，運用心理戰令梁軍恐懼，減低其戰力，再一舉進攻，望能成就收益州之功；如進攻失利，亦能以目前所佔益州之地為戰果坐收。

　　邢巒向魏宣武帝提出全面進攻蜀地的計畫，但是未被接受，以北魏歷史發展的角度觀之，北魏實錯過最佳伐蜀時機。魏宣武帝再有伐蜀想法並付諸行動是在十年後的 514 年（魏延昌三年、梁天監十三年）十一月，「詔司徒高肇為大將軍、平蜀大都督，步騎十萬西伐。」〔註167〕邢巒所率進攻梁、益二州魏軍不過二萬，魏宣武帝令高肇統領十萬大軍，可謂大規模的征討行動，有一舉奪下蜀地之決心，但兩個月後魏宣武帝崩逝，北魏隨即陷入宮廷鬥爭，高肇不得不放棄攻蜀急返洛陽，最後太子元詡順利即位為魏孝明帝，高肇不久後被殺，北魏伐蜀行動遂無疾而終。之後北魏陷入內外交迫困境，內有靈太后擅權亂政，外有六鎮之亂，已無力再伐蜀，且逐步走向衰亡，更分裂成東魏、西魏。故北魏未在伐蜀最佳時機攻略蜀地，喪失了取益州為北魏疆域之機會，故據此可檢討，魏宣武帝當時之決策實有討論空間。誠如邢巒所言，即便無法克竟伐蜀全功，亦能保有所佔益州之地。邢巒闡述的乃以攻代守概念，多攻陷益州土地，便能擴大北魏防禦縱深，從而加重南梁的防守壓力，讓南梁不敢輕舉妄動，否則以現今所佔益州的一部份地域，不足以開展防禦範圍，在防禦縱深不足的情況下，容易遭梁軍奪回。而結果一如邢巒所料，王足先自涪城撤軍，邢巒不久後又被調往東部戰場，北魏在益州的控制力減弱，所獲鎮戍逐漸棄守，加上北魏巴西守將李仲遷失德，導致巴西遭梁軍收復，由此可見，在戰爭行為中，有些戰機是稍縱即逝，一旦未把握便不會再出現了。

二、東部戰場

（一）梁軍統帥臨川王蕭宏的戰略素養不佳

　　南梁北伐軍能攻佔北魏壽春三鎮戍，並非其主帥臨川王蕭宏統領有方，

武帝天監四年，頁 4548。
〔註167〕《魏書》卷 8〈世宗紀〉，頁 214。

而是其下有一批能征善戰之良將，相反地，北伐軍因蕭宏怯儒未乘勝追擊，導致全線潰敗，所佔城戍盡皆失去。當梁軍在淮南戰場節節勝利，攻佔壽春三鎮戍後，壽春已被孤立，故應對壽春發動攻勢，然蕭宏不僅不願進攻，甚至欲班師，「諸將欲乘勝深入，（蕭）宏聞魏援近，畏儒不敢進，召諸將欲議旋師。呂僧珍曰：『知難而退，不亦善乎。』宏曰：『我亦以爲然。』」〔註168〕呂僧珍時爲左衛將軍，「總知宿衛。」〔註169〕可見南梁北伐軍有相當部分乃禁衛軍組成。不過，其餘諸將對班師之論紛表反對，《南史·臨川王宏傳》：〔註170〕

> 柳惔曰：「自我大眾所臨，何城不服，何謂難乎？」裴邃曰：「是行也，固敵是求，何難之避？」馬仙琕曰：「王安得亡國之言。天子掃境內以屬王，有前死一尺，無却生一寸。」昌義之怒鬚盡磔，曰：「呂僧珍可斬也。豈有百萬之師，輕言可退，何面目得見聖主乎！」

蕭宏見附己者少，諸將全持反對立場，他「不敢便違羣議，停軍不前。魏人知其不武，遺以巾幗。」〔註171〕諸將見北魏援軍逐漸逼近，紛紛請戰，欲率軍逕取壽春，「宏固執不聽，乃令軍中曰：『人馬有前行者斬。』自是軍政不和，人懷憤怒。」〔註172〕

蕭宏乃梁軍主帥，但戰略素養不足，面對北魏元英、邢巒所率援軍，不外戰、退、鞏固佔領區三策，但其攻守無策，且犯了多項錯誤：

其一：南梁北伐軍在淮南戰場一路長勝，奪取北魏淮南多處鎮戍，自應續攻壽春，對其施加壓力，將元英率領之魏軍引往壽春，而非自縮在梁城、洛口，不願出擊，使梁軍陷入守勢，而讓魏軍採攻勢。壽春對北魏而言，乃不可失之戰略重鎮，一旦蕭宏遣軍進襲壽春，而壽春有陷落之虞時，若元英移師救援，則梁城不會受到魏軍攻擊；或元英另遣軍救援壽春，如此則進攻梁城、洛口之魏軍將會減少，可舒緩梁軍防守壓力。是故蕭宏決策第一錯誤在應逕攻壽春而未進攻，且在多位梁將一再請命下，他仍不爲所動。

其二：未能鞏固佔領區，即使蕭「宏聞魏援近，畏儒不敢進。」〔註173〕

〔註168〕《南史》卷51〈梁宗室上·臨川王宏傳〉，頁1275。

〔註169〕《梁書》卷11〈呂僧珍傳〉，頁213。

〔註170〕《南史》卷51〈梁宗室上·臨川王宏傳〉，頁1275。

〔註171〕《南史》卷51〈梁宗室上·臨川王宏傳〉，頁1275。

〔註172〕《南史》卷51〈梁宗室上·臨川王宏傳〉，頁1276。

〔註173〕《南史》卷51〈梁宗室上·臨川王宏傳〉，頁1275。

不願主動出擊欲據城防守，亦應遣軍分守各鎮戍。這次北伐能攻佔北魏鎮戍，獲之不易，不代表爾後還能輕易攻陷北魏鎮戍，故應加強各鎮戍的防守，儲存軍糧、兵仗，並策動當地漢人形成支持梁軍之氛圍，同時向南梁朝廷求援，增派援軍面對即將進行的各鎮戍攻防戰。魏軍若欲收復各鎮戍，勢必分成多股部隊，兵力因此而分散。蕭宏應率大軍居中策應，伺機救援危急鎮戍，但他未做如此思考與部署。故蕭宏第二錯誤在不願主動出擊下，未加強新佔各鎮戍之防務，作鞏固佔領區之謀畫。

　　其三：蕭宏的班師之議僅獲呂僧珍贊同，多位將領均表反對，呂僧珍更替其緩頰，謂班師之意乃「欲使全師而反。」不願造成梁軍士兵犧牲，然觀乎蕭宏之後的作為，並未如此。若他決定班師保存梁軍，應有撤軍之計畫與步驟，但史籍未載其有如此之行為，恐是他懼諸將反對，亦怕梁武帝怪罪，故未率軍回朝。《孫子兵法》有云：「將者，智、信、仁、勇、嚴也。」〔註174〕其中的智和勇，指的是將領需具備智慧才能和勇敢果決，而這二者皆為蕭宏所缺。他見魏軍勢強欲避鋒芒，提議班師回朝，遭眾將反對後也未有其他作為，任令戰局惡化，即便他不願採攻勢，欲保全實力班師，但是最後也未下令全軍撤退。故其第三錯誤在戰退不定、攻守失策，欲戰則全軍出擊、欲守則分軍把守、欲退則分批撤軍，他因忌憚眾將意見，自己又未能果斷下達命令班師，只能保持現狀被動遭魏軍攻擊，且戰局惡化之際竟棄眾將士而不顧，「洛口軍潰，宏棄眾走。其夜暴風雨，軍驚，宏與數騎逃亡。諸將求宏不得，眾散而歸。」〔註175〕南梁北伐大敗而回，蕭宏臨敵應對無策，應負主要之責。不過他回朝後並未受懲處，仍任中軍將軍、揚州刺史，半年後在曹景宗、韋叡重創魏軍的邵陽大捷後，梁武帝遷其「為驃騎將軍、開府儀同三司。」〔註176〕梁武帝未究責，乃因其為梁武帝在世諸弟最年長者，深獲梁武帝寵信，然其未承擔戰敗責任，對南梁軍界恐有負面之影響。

（二）鍾離之戰的攻守檢討

　　在鍾離攻守中爆發的邵陽之戰，梁軍大敗魏軍，以少勝多、以弱擊強，足以媲美三國赤壁之戰及東晉淝水之戰，但邵陽之戰在歷史上沒有引起多大關注，若謂此役乃北魏與南朝對峙過程中，南朝最輝煌之勝利，並不為過。

〔註174〕孫武著、吳仁傑注譯，《孫子讀本》〈計篇第一〉，頁4。
〔註175〕《南史》卷51〈梁宗室上·臨川王宏傳〉，頁1276。
〔註176〕《梁書》卷2〈武帝紀中〉，頁45。

南梁何以能在魏強梁弱格局下大勝，其原因有下列數端：

1、南梁君臣上下同心

邵陽之戰的背景正逢南梁北伐軍新敗之餘，梁軍主帥蕭宏攻守無策，失梁城、洛口往南敗逃，之前北伐所獲戰果化爲烏有，梁軍正處士氣低迷之際。反觀北魏，其主帥元英乘收復壽春三鎮戍，挾大敗梁軍餘威，向南擴張勝果，直指淮南重鎮鍾離。南梁雖處戰略劣勢，但是君臣均體認固守鍾離之重要，若鍾離不守，魏軍將長驅南下，如此則南梁危矣！故梁武帝和其臣僚，並未有棄鍾離之心，上下一心堅守鍾離。然則南梁君臣何以有如此自信必能固守鍾離，當然與之前成功擊退元澄對鍾離的進攻有關，此次經驗增強了南梁君臣捍衛鍾離之信心。

南梁鍾離守將北徐州刺史昌義之，乃邵陽之戰的關鍵人物，《梁書‧昌義之傳》：「（天監）四年（505、魏正始二年），大舉北伐，揚州刺史臨川王督眾軍於洛口，義之以州兵受節度，爲前軍，攻魏梁城戍，克之。」〔註177〕昌義之率所屬參與北伐，在梁軍大敗後，他立即回到鍾離備戰，防備北魏大軍乘勢向南進軍，因鍾離乃淮河防禦魏軍的第一道防線。當魏軍在淮南節節進逼，而梁軍四處敗退之際，「眾（梁）軍各退散，魏中山王元英乘勢追躡，攻沒馬頭。」〔註178〕梁武帝判斷元英不會罷兵，有極高機率進攻鍾離，「乃遣土匠脩營鍾離，敕義之爲戰守之備。」由於南梁君臣在梁軍敗退時，第一時間對鍾離即有警覺，積極進行防禦準備，故城防堅強，使昌義之能以三千駐軍抗衡三十萬魏軍。元英自 506 年（魏正始三年、梁天監五年）十月進攻鍾離，至507 年（魏正始四年、梁天監六年）三月敗退止，共達六個月之久。昌義之堅守鍾離以待援軍，而南梁朝廷亦未放棄鍾離，遣二十萬大軍赴援，在南梁君臣同心下，不僅解鍾離之圍，更大敗魏軍創邵陽大捷，若鍾離迅速被魏軍攻陷，南梁也就不會有後來的邵陽大捷，由此更凸顯昌義之堅守鍾離的可貴。

2、梁軍戰略戰術正確

南北對峙因自然條件影響，北人擅長騎兵作戰，南方湖泊、河流眾多，故南人長於水戰。另外，北人善於野戰，南人則擅於守城，北方騎兵部隊在廣闊平原衝殺，進攻力道強勁，能發揮其武力優勢，但騎兵在攻城戰中能凸顯的優勢則不大。邵陽之戰乃典型南方優勢戰役，梁軍發揮守城、水軍優勢，

〔註177〕《梁書》卷 18〈昌義之傳〉，頁 293。
〔註178〕《梁書》卷 18〈昌義之傳〉，頁 293～294。

盡量避免出城與魏軍決戰，因爲城外決戰絕對無法抵擋魏軍騎兵的衝殺。而元英並未發揮魏軍之優勢，誘敵於城外殲滅之，反而一味以步騎攻城，加上淮河流經鍾離之側，若梁軍以其強項水軍進攻，魏軍該如何應戰？他並未備妥應對之策。事實上，鍾離當時承受魏軍極大的軍事壓力，元英應進一步堅壁清野，使鍾離成爲孤城，並阻斷南梁水、陸援軍，讓鍾離凋閉而自陷，若無法擊退南梁援軍，達到孤立鍾離的目的，則應盡早撤退保存實力爲宜，惜他未做如此戰略思考，讓魏軍處於戰略劣勢下進攻，相反地，梁軍則是處在較佳的戰略地位。

　　梁軍以水軍優勢火攻魏軍，實屬絕佳之戰術，即便魏軍以水軍應敵，恐非水上戰術純熟、戰技精良之南梁水軍之敵。而在水軍戰術執行上，南梁君臣均有同樣戰略思維，他們見魏軍建連橋數百丈溝通淮河南北營柵，均認爲梁軍之戰術，應以水軍衝破連橋並用火焚毀魏軍營柵。梁武帝遣曹景宗率軍赴援時，即已擬定火攻戰術，「高祖（梁武帝）詔景宗等逆裝高艦，使與魏橋等，爲火攻計。」〔註179〕而執行戰術者，則由韋叡率領數位精通水軍戰術之將領執行，由《梁書・張惠紹傳》觀之：「魏軍攻鍾離，詔左衛將軍曹景宗督眾軍爲援，進據邵陽，惠紹與馮道根、裴邃等攻斷魏連橋，短兵接戰，魏軍大潰。」〔註180〕由引文可知，太子右衛率張惠紹；輔國將軍、梁郡太守馮道根；廬江太守裴邃等人皆參與了火攻魏軍行動。

　　至於水軍戰艦，則是裴邃所造，「魏人爲長橋斷淮以濟。（裴）邃築壘逼橋，每戰輒克，於是密作沒突艦。」〔註181〕507年（魏正始四年、梁天監六年）三月淮河暴漲後，南梁水軍已整軍待發，「（韋）叡即遣之，鬭艦競發。」〔註182〕《梁書・韋叡傳》所言「鬭艦」，亦即《梁書・裴邃傳》所稱「沒突艦」，另《梁書・馮道根傳》稱戰艦：「魏攻鍾離，高祖復詔叡救之，道根率眾三千爲叡前驅。……及淮水長，道根乘戰艦，攻斷魏連橋數百丈，魏軍敗績。」〔註183〕南梁水軍本即佔優勢，在風助火勢情形下，盡毀魏軍連橋、營柵，《孫子兵法》云：「故以火佐攻者明，以水佐攻者強。」〔註184〕用火

〔註179〕《梁書》卷9〈曹景宗傳〉，頁180。
〔註180〕《梁書》卷18〈張惠紹傳〉，頁286。
〔註181〕《梁書》卷28〈裴邃傳〉，頁414。
〔註182〕《梁書》卷12〈韋叡傳〉，頁223～224。
〔註183〕《梁書》卷18〈馮道根傳〉，頁288。
〔註184〕孫武著、吳仁傑注譯，《孫子讀本》〈火攻篇第十二〉，頁93。

輔助進攻，會使進攻效果明顯，用水來輔助進攻，會強化攻勢，此次南梁水軍運用火攻戰術，實爲上述《孫子兵法》的最佳詮釋。在梁武帝正確的戰略認知與戰術制定及前線將領確實的執行戰術下，造就了南梁的邵陽大捷，成爲南北戰爭中南朝少見的大勝。

3、北魏君臣見解殊異

北魏朝廷是否支持元英進攻鍾離，分成兩派意見，但是一開始是支持繼續往南進軍擴大戰果，此從魏宣武帝向元英下達之詔書可爲明證：〔註185〕

> 知大摧鯨寇，威振南海，江浦無塵，三楚卷壒，聲被荒隅，同軌斯始，公私慶慰，良副朕懷。便當乘威藉響，長驅吳會，剪拉遺燼，截彼東南也。

此詔之背景乃506年（魏正始三年、梁天監五年）九月，元英大破蕭宏統率之南梁北伐軍，收復淮南三鎮戍之後，北魏上下充滿勝利喜悅，故元英於十月揮師鍾離，北魏君臣自然希望乘勝追擊。此前元澄攻取鍾離失敗，乃肇因於天雨及淮河暴漲等自然因素，相信北魏君臣在朝議時應有朝臣提出這個歷史教訓，或許是北魏君臣對元英的梁城勝利過於自信，包括魏宣武帝自己，都相信依元英優秀的軍事才能，定能在當年十二月底前佔領鍾離，避開來春的雨季及淮河水位高漲等因素。事實上，前線元英及後方北魏君臣作如此樂觀推測有其依據，因爲當時魏軍正逢勝利之際，士氣高昂，而梁軍新敗之餘，士氣低落，最重要者，乃元英率領近三十萬大軍，進攻僅有三千梁軍駐守之鍾離城，應如反掌折枝易，三個月時間實已足夠，故元英得到北魏朝廷全力支持兵進鍾離。至於反對聲音則完全被掩蓋，即便戰略素養不下元英之邢巒，如前文所述上表向魏宣武帝提出警告：魏軍征戰日久已感疲乏，且軍糧等後勤問題不利魏軍，但是此時主戰派聲音壟斷一切，邢巒意見未獲重視，不久後更請辭，魏宣武帝以蕭寶夤入替，可見北魏君臣對攻佔鍾離充滿樂觀與希望。

當元英未能於十二月底前攻佔鍾離時，北魏君臣意見轉趨保守，尤其進入507年（魏正始四年、梁天監六年）元月後，前次令元澄兵敗鍾離的雨水、淮河等自然因素即將到來，撤軍避免傷亡的論調於焉出現。北魏朝廷上的戰、退兩派意見再度交鋒，但隨著戰事的膠著，魏宣武帝爲避免魏軍傷亡，二月下詔元英希望撤軍，「賊城險固，卒難攻屠。……方圖後舉，不待今事。」

〔註185〕《魏書》卷19下〈景穆十二王下・南安王楨附子英傳〉，頁500。

〔註186〕但他上表堅持繼續進攻，「實願朝廷特開遠略，少復賜寬，假以日月，無使爲山之功，中途而廢。」〔註187〕元英所請隨即遭否決，北魏朝廷對撤軍應已達成共識，否則魏宣武帝不會迅速再下詔書班師，「制勝不過暮春，及省後表，復期孟夏之末。彼土蒸潯，無宜久淹。勢雖必取，乃將軍之深計；兵久力殆，亦朝廷之所憂。」〔註188〕當初反對續攻鍾離的意見，明顯揭露於詔書中，可見魏軍圍攻鍾離已五個月卻未能攻下，北魏朝廷意見也發生翻轉，主戰派聲音已不復見，取而代之的是撤軍聲浪，故魏宣武帝再次下詔希望元英早日班師。

　　魏宣武帝對南梁一直保有旺盛企圖心，北魏朝廷撤軍之議已成主流，但魏宣武帝仍希望元英能攻佔鍾離繼續向南挺進，所以他爲了瞭解前線眞實戰況及魏、梁二軍在鍾離的態勢，在二月份連下兩道希望撤軍詔書的同時，先後派范紹、曹道兩位使者「往觀軍勢，使還，一一具聞。」〔註189〕二人向魏宣武帝回報，均對鍾離戰況不表樂觀，范紹認爲鍾離防務堅強厚實，「恐不可陷，勸令班師，（元）英不從。」〔註190〕魏宣武帝獲此二人報告後，始知鍾離實際軍事態勢，魏軍實已到班師之時。或許魏宣武帝欲再發詔書嚴令班師，但之後淮河暴漲，魏軍遭南梁水軍火攻而大敗，魏宣武帝嚴令班師之詔，不及發詔或未發，皆無關大局，均已難挽北魏邵陽之敗。

　　自506年（魏正始三年、梁天監五年）四月元英率軍南伐後，前文述及魏宣武帝共對他下達三封詔書，第一封是該年九月收復壽春三鎮戍，肅清淮南梁軍時，魏宣武帝嘉獎其辛勞，並要他乘勝南進。第二、三封全在次年二月，也就是圍攻鍾離戰事不順之際。元英得到魏宣武帝第一封詔書明確的同意，才繼續進軍鍾離，而第二、三封詔書魏宣武帝已明白表示希望停止鍾離的軍事行動，但詔書用語甚爲平順，如第二封詔書：「方圖後舉，不待今事。……未易致力者，亦不煩肆兵。凱旋遲近，不復委曲。」〔註191〕第三封詔書：「勢雖必取，乃將軍之深計；兵久力殆，亦朝廷之所憂。」〔註192〕未見令其回朝或罷兵等強制性語氣。鍾離戰事不利，北魏朝廷撤軍主張已盛

〔註186〕《魏書》卷19下〈景穆十二王下・南安王禎附子英傳〉，頁500。
〔註187〕《魏書》卷19下〈景穆十二王下・南安王禎附子英傳〉，頁500。
〔註188〕《魏書》卷19下〈景穆十二王下・南安王禎附子英傳〉，頁500～501。
〔註189〕《魏書》卷19下〈景穆十二王下・南安王禎附子英傳〉，頁501。
〔註190〕《魏書》卷79〈范紹傳〉，頁1756。
〔註191〕《魏書》卷19下〈景穆十二王下・南安王禎附子英傳〉，頁500。
〔註192〕《魏書》卷19下〈景穆十二王下・南安王禎附子英傳〉，頁501。

於主戰說，魏宣武帝雖對南梁企圖心強烈，欲元英繼續作戰，但不能對多數朝臣的撤軍主張置若罔聞，故下達詔書希望撤軍。但是魏宣武帝實欲繼續進軍，故詔書中未見強制語氣，亦因此緣故，元英在這二封詔書之後，皆上表自陳定可攻克鍾離，形成詔書、表奏一來一往情形。若詔書有班師或撤軍之語，元英即需奉詔撤軍，或許不會有後來的邵陽之敗。北魏邵陽之敗雖源自元英對鍾離堅持到底的決心，但不可否認，魏宣武帝意志亦需承擔部分責任，若其應北魏朝廷公論堅持撤軍，以命令式語氣行於詔書中，相信在專制時代，元英當不致違逆君主，班師回朝當可預見，果如此，魏軍也不會蒙受後續邵陽之敗的重大傷亡。

魏軍在邵陽之戰犧牲慘重，欲知其傷亡情形，需先瞭解北魏在邵陽之戰投入的軍隊數量。《梁書・韋叡傳》載：「魏中山王元英寇北徐州，圍刺史昌義之於鍾離，眾號百萬，連城四十餘。」〔註193〕這段記載顯然誇大，依北魏國力絕不可能動員百萬大軍。《梁書・昌義之傳》載元英率「眾數十萬，來寇鍾離。」〔註194〕則較接近事實，而數十萬過於含糊，從二十萬、三十萬，甚至六十萬都有可能，從《魏書》相關記載來看，合理的推測應是三十萬左右。首先：魏宣武帝於 506 年（魏正始三年、梁天監五年）四月，「詔（元）英使持節，加散騎常侍、征南將軍、都督揚徐二道諸軍事，率眾十萬討之。」〔註195〕可知元英領軍十萬。其次：根據《魏書・世宗紀》載：〔註196〕

> 秋七月……己丑，詔發定、冀、瀛、相、并、肆六州十萬人以濟南
> 軍。八月……己酉，詔平南將軍、安樂王詮督後發諸軍以赴淮南。

安樂王元詮督發後軍指的是前一個月七月徵發的六州十萬大軍。最後：淮南地區魏軍加元遙所率魏軍保守估計近十萬。前文已述，壽春乃淮南重鎮，又是北魏揚州治所，戰略地位重要，常駐兵力維持二至三萬人。另，北魏揚州刺史元嵩成功擊退南梁湘州刺史楊公則對淮南的進攻，動用兵力約二至三萬人，壽春守軍任務在護衛壽春城，元嵩不太可能調動太多守軍抵禦楊公則，即便有亦僅少數，尤其有元澄爲攻鍾離而使壽春防務空虛，令梁軍攻入壽春城外郭的前車之鑑，故元嵩擊退楊公則的二至三萬人，應是來自淮南各鎮戍兵力，而這並非淮南各鎮戍兵力總和，因爲各鎮戍尚需留部分兵力防守，故

〔註193〕《梁書》卷 12〈韋叡傳〉，頁 223。
〔註194〕《梁書》卷 18〈昌義之傳〉，頁 294。
〔註195〕《魏書》卷 19 下〈景穆十二王下・南安王禎附子英傳〉，頁 499。
〔註196〕《魏書》卷 8〈世宗紀〉，頁 202～203。

元嵩動用的是各鎮戍的部分兵力，由此推估，揚州刺史元嵩所領壽春及淮南各鎮戍駐軍最多應在六萬左右。魏宣武帝五月「壬午，詔尚書元遙率眾南討。」〔註197〕但未載其所率軍隊數目，元遙是在元英、元詮間率師南下，元英四月領十萬兵馬、元詮八月率十萬步騎，北魏不太可能於四月交付元英十萬大軍後，次月再由元遙率領數量龐大之軍隊，故估計約一至三萬，甚至更少。綜合言之，元嵩所領最多六萬的淮南駐軍，加上元遙魏軍，二人合計最多約九至十萬，合併元英所領十萬、元詮所領十萬，統歸元英指揮，總計他在淮南地區有近三十萬魏軍可指揮作戰。

　　《梁書・韋叡傳》載魏軍傷亡：「魏軍趨水死者十餘萬，斬首亦如之。其餘釋甲稽顙，乞為囚奴，猶數十萬。」〔註198〕據上所述，魏軍死亡、遭俘者起碼五、六十萬，則魏軍總數應近百萬大軍，實屬誇大不可信。而《梁書・曹景宗傳》所載傷亡則較接近事實，其載魏軍在邵陽之戰慘敗情形為：〔註199〕

> 諸壘相次土崩悉棄其器甲，爭投水死，淮水為之不流。（曹）景宗
> 令軍主馬廣躡大眼至滅水上，四十餘里，伏屍相枕。（昌）義之出
> 逐（元）英至洛口，英以匹馬入梁城。緣淮百餘里，屍骸枕藉，生
> 擒五萬餘人，收其軍糧器械，積如山岳，牛馬驢騾，不可勝計。景
> 宗乃搜軍所得生口萬餘人，馬千匹。

從「爭投水死，淮水為之不流。……緣淮百餘里，屍骸枕藉。」觀之，魏軍士兵陣亡者眾，但未紀錄人數，而「生擒五萬餘人。」明白表示俘虜魏軍數目。另從《魏書》觀察，〈中山王英傳〉：「水盛破橋，英及諸將狼狽奔走，士眾沒者十有五六。」〔註200〕〈蕭寶夤傳〉：「淮水汎溢，寶夤與英狼狽引退，士卒死沒者十四五。」〔註201〕可知魏軍陣亡約在五成左右。不過元英不太可能將三十萬魏軍全數投入決戰中，如元嵩的淮南駐軍尚需護衛壽春及淮南地域的安全。故若以元英所領的十萬魏軍計，陣亡約五萬人，加上梁軍生擒五萬人，則魏軍在邵陽之戰的損失，至少十萬人以上。上述所言乃魏軍最後決戰之損失，若加計元英圍困鍾離六個月屢攻不下的折損，及與曹景宗、韋叡所率二十萬梁軍在決戰前多次爭戰的傷亡，魏軍傷亡恐逼近十五萬。這應是

〔註197〕《魏書》卷8〈世宗紀〉，頁202。
〔註198〕《梁書》卷12〈韋叡傳〉，頁223～224。
〔註199〕《梁書》卷9〈曹景宗傳〉，頁180～181。
〔註200〕《魏書》卷19下〈景穆十二王下・南安王禎附子英傳〉，頁501。
〔註201〕《魏書》卷59〈蕭寶夤傳〉，頁1315。

北魏建立以來與南朝多次的戰爭中，最大的一次敗績。

4、自然環境因素

元澄於 504 年（魏正始元年、梁天監三年）三月因淮河暴漲、雨季來臨自鍾離撤軍的經驗教訓，似乎未對元英起多大作用，雖然他對淮南雨季及淮河暴漲等自然因素擬妥應對之策，但部份因素非他所能掌握且未考慮週延。當元英圍攻鍾離至 507 年（魏正始四年、梁天監六年）二月時，已歷五個月仍未能攻下，魏宣武帝下詔，魏軍征戰日久，兵疲馬困，希望他能停止進攻鍾離早日北返，但他仍堅持繼續進攻，上表云：〔註202〕

> 期至二月將末三月之初，理在必克。但自此月一日以來，霖雨連併，可謂天違人願。……臣亦諦思。若入三月已後，天晴地燥，憑陵是常。如其連雨仍接，不得進攻者，臣已更高邵陽之橋，防其汛突。意外洪長，慮其破橋，臣亦部分造船，復於鍾離城隨水狹處，營造浮橋，至三月中旬，橋必克成。晴則攻騰，雨則圍守，水陸二圖，以得為限。

元英從 506 年（魏正始三年、梁天監五年）十月開始圍攻鍾離，對鍾離最佳的戰略規畫是速戰速決，在十二月底前攻陷鍾離，如此可避免因補給線過長引起的軍糧等後勤問題，也可避開雨季來臨及淮河水位高漲等自然環境問題，但事與願違，戰場上的變化令他始料未及。由於南梁鍾離守將韋叡的堅守，使他無法在當年年底前攻佔鍾離，一旦戰事延至春天，天雨及淮河水位等自然因素，將對魏軍的攻勢產生阻礙，而元英在前述的表奏中，提出他的應對之策。

從其表奏中可知淮南地區自元月已開始下雨，但是他仍希望三月後能「天晴地燥」以利攻城，若仍是春雨不斷，他將架高連接淮河南北之連橋，且為了防止淮河暴漲衝垮連橋，欲以浮橋因應，總結元英對鍾離的戰略規畫，即是「晴則攻騰，雨則圍守。」八字，天晴時積極進攻、天雨時則重兵圍困，充分展現其必欲攻陷鍾離之決心。上述戰略規畫將天雨及淮河等自然因素納入，看似頗為完美，卻忽略梁軍此「動態」因素，換言之，他只考慮自然條件的「靜態」因素：雨天以重兵圍困鍾離守軍；淮河水位高漲則提高連橋高度，另以浮橋作為預備。所謂梁軍「動態」因素，如鍾離遭圍困，南梁朝廷見鍾離危急，自會遣將率軍赴援，元英不可能僅面對鍾離城內的梁軍，尚須

〔註202〕《魏書》卷 19 下〈景穆十二王下‧南安王禎附子英傳〉，頁 500。

應付各路南梁援軍。另，魏軍所短在水軍，此爲梁軍所長，魏軍所建連橋，不止可能因淮河暴漲而毀，亦有可能遭南梁水軍攻擊而毀，且鍾離在淮河旁，南梁豈會捨己之短而不出動水軍作戰，一旦南梁水軍加入戰局，要如何對抗南梁水軍及保護連橋和兩岸營柵，元英並未做詳細規畫。戰爭之遂行，靜態、動態因素交互進行，主帥擬定戰略規劃及作戰計劃時，二者俱爲要件，缺一不可，元英因應天雨及淮河等自然因素之對策，主觀上排除了梁軍因素，他假設梁軍完全靜止不動，不會攻擊魏軍，兵力也不會增加，事實上並不可能，可見元英並未深思熟慮，以致遭到南梁水軍火攻反擊而大敗。

　　元澄進攻鍾離因自然環境因素而功敗垂成，元英確有以此爲借鏡，思考如何排除自然條件的干擾，但深度、廣度則嫌不足，過份著重「靜態」之自然條件，亦即思考自然環境因素，不能純粹從「自然」的角度思考，必須多面向思考，慮及與自然環境連動之「動態」因素，如梁軍的反擊，此即爲其所欠缺，故有邵陽之敗。但值得懷疑的是，鎮東將軍蕭寶夤隨元英出征，他自幼成長於南方，對氣候、水文等自然環境應相當熟悉；另平東將軍楊大眼，乃北魏猛將，率魏軍南征北討數十役，他從戰略角度應可看出元英忽略南梁潛在的水軍，即便元英思慮不週，但其他將領、僚佐是否都未曾提出建議，或是曾提出建議卻遭其否決，因史未明載，《魏書》元英、蕭寶夤、楊大眼等人本傳及《資治通鑑》皆未有相關記述，故不得而知，但無疑地，從戰後的戰敗懲處中，這三人承擔大部分的敗戰責任，元英身爲主帥，本應處死，魏宣武帝施恩貶爲平民：〔註203〕

　　水盛破橋，（元）英及諸將狼狽奔走，士眾沒者十有五六。英至揚
　　州，遣使送節及衣冠、貂蟬、章綬。詔以付典。有司奏英經算失圖，
　　案劾處死，詔恕死爲民。

蕭寶夤在邢巒請辭後接任其職，輔佐元英遂行對鍾離的作戰，其職相當於副帥，故遭有司論罪議死，魏宣武帝同樣寬恕，免其死罪除名爲民：〔註204〕

　　有司奏寶夤守東橋不固，軍敗由之，處以極法。（魏宣武帝）詔曰：
　　「寶夤因難投誠，宜加矜貸，可恕死，免官削爵還第。」

至於楊大眼，雖作戰英勇，卻受其部屬連坐，《魏書·楊大眼傳》載：〔註205〕

　　大眼軍城東，守淮橋東西二道。屬水汎長，大眼所綰統軍劉神符、

〔註203〕《魏書》卷19下〈景穆十二王下·南安王禎附子英傳〉，頁501。
〔註204〕《魏書》卷59〈蕭寶夤傳〉，頁1315。
〔註205〕《魏書》卷73〈楊大眼傳〉，頁1634～1635。

公孫祉兩軍夜中爭橋奔退，大眼不能禁，相尋而走，坐徙爲營州兵。

以軍事指揮而論，元英乃北魏大軍最高指揮官、蕭寶夤爲副指揮官，二人理所當然應受到最嚴厲的懲處，但是都在魏宣武帝的寬容下，免其死罪削爵爲民。至於楊大眼，與元英分別負責淮河兩岸對鍾離之攻勢，元英據南岸、楊大眼據北岸，由此可見楊大眼在進攻鍾離的重要性，他雖未直接遭有司以敗戰論罪，卻也因轄下統軍的敗逃而「坐徙爲營州兵。」至於南梁將帥則因功獲梁武帝加官進爵，曹「景宗振旅凱入，增封四百，並前爲二千戶，進爵爲公。詔拜侍中、領軍將軍，給鼓吹一部。」〔註206〕韋叡「以功增封七百戶，進爵爲侯，徵通直散騎常侍、右衛將軍。」〔註207〕凱旋之將與敗軍之將二者形成強烈對比。

邵陽之戰北魏三位主要將帥雖然遭到懲處，但三人受懲處時間俱不長，不久後在永平年間分別重新受到重用。首先是元英：508 年（魏永平元年、梁天監七年）「八月癸亥，冀州刺史、京兆王愉據州反。」〔註208〕魏宣武帝起用元英，於「九月……丙戌，復前中山王英本封。」〔註209〕並「除使持節，假征東將軍、都督冀州諸軍事。」〔註210〕率軍平元愉之亂。其次是楊大眼：「永平中，世宗追其勳，起爲試守中山內史。」〔註211〕永平爲魏宣武帝年號，共有四年（508～511、梁天監七年至十年），永平中應爲二年至三年間，之後魏宣武帝以高肇伐蜀，顧慮到東部國防安全，南梁可能趁機進攻淮南地區，「乃徵大眼爲太尉長史、持節、假平南將軍、東征別將，隸都督元遙，遏禦淮肥。」〔註212〕最後是蕭寶夤：511 年（魏永平四年、梁天監十年）三月，北魏和南梁爆發第三次戰爭，魏宣武帝於四月「詔寶夤爲使持節、假安南將軍、別將。」〔註213〕受北魏徐州刺史盧昶節度。需眞正爲敗戰負起責任者，日後紛紛回到朝廷任職，官爵日隆，沒有任何犧牲，在戰爭中眞

〔註206〕《梁書》卷 9〈曹景宗傳〉，頁 181。
〔註207〕《梁書》卷 12〈韋叡傳〉，頁 224。
〔註208〕《魏書》卷 8〈世宗紀〉，頁 206。
〔註209〕《魏書》卷 8〈世宗紀〉，頁 206。
〔註210〕《魏書》卷 19 下〈景穆十二王下·南安王楨附子英傳〉，頁 501。
〔註211〕《魏書》卷 73〈楊大眼傳〉，頁 1635。
〔註212〕《魏書》卷 73〈楊大眼傳〉，頁 1635。
〔註213〕《魏書》卷 59〈蕭寶夤傳〉，頁 1315。另參見《資治通鑑》卷 147〈梁紀三〉，武帝天監十年，頁 4598。

正犧牲的應是那些陣亡的魏軍士兵。

5、心理因素

邵陽之戰魏軍、梁軍的心理素質有很大不同，先就梁軍言之，首先：二十萬梁軍統帥曹景宗，時爲散騎常侍、右衛將軍，奉梁武帝令馳援鍾離，故二十萬梁軍有相當大比例爲中央禁衛軍，另一部份則爲各州地方軍，如韋叡的豫州軍，當各路部隊集結至曹景宗麾下時，士氣旺盛，因爲戰場幾乎在本國境內，不需長途跋涉，軍隊不會因行軍而降低戰鬥力。其次：魏人入侵鍾離，已踏入南梁國土，梁人成爲被侵略者，故禦敵之心必然強烈，謂之國仇並不爲過。此外，南梁北伐軍在梁城、洛口大敗，士兵遭魏軍斬殺、俘虜者不少，這些人的父兄子弟極欲復仇，或有部分在二十萬援軍中，即便之前陣亡之士兵親友未在援軍中，但同爲梁人同胞，憤慨之心必然有之，與魏軍對戰時必全力衝殺爲同胞復仇，此謂家恨。南梁二十萬援軍在國仇家恨驅使下，士氣和戰鬥力必然旺盛，當有驅除魏軍於境外之體認。最後：鍾離屬南梁北方戰略重鎮，故戰場幾乎在南梁境內，因此梁軍的後勤補給較魏軍充足。又梁軍在本國境內打仗，氣候的適應及山川地形地物的熟悉，都不是問題，不致構成戰力的阻礙；尤其是氣候，若蕭宏率南梁北伐軍進至北魏中心地帶，則嚴寒氣候將是一大挑戰，而現在於本國境內迎擊魏軍，氣候之適應反成爲梁軍優勢。

魏軍的心理素質，相較於梁軍明顯低落許多，分析如後。首先：魏軍久戰之後身心俱疲，元英率領約三十萬大軍，其中十萬自 506 年（魏正始三年、梁天監五年）四月，魏宣武帝「以中山王英爲征南將軍、都督揚徐二道諸軍事。」[註214]領軍南伐開始，至次年三月與南梁二十萬援軍作戰將近一年；元遙於五月率軍支援，所部軍隊數目不詳，前文述及估計約一至三萬，爭戰亦有十一個月；元詮率領七月徵發的十萬大軍，亦經歷八個月的戰事；剩餘之十萬兵馬，是元遙部的一至三萬合併揚州刺史元嵩約六萬的淮南駐軍，共約有十萬之眾。北魏淮南駐軍早在 505 年（魏正始二年、梁天監四年）八月，南梁湘州刺史楊公則進攻淮南各鎮戍開始，即已與梁軍交戰，此後戰爭持續蔓延，淮南駐軍未有喘息空間，故至 507 年（魏正始四年、梁天監六年）三月邵陽之戰決戰時，已歷二十個月。由此可見，元英所率北魏大軍，征戰時間少則八月、長則達二十個月，體力的耗損會產生厭戰心理，伴隨長期征戰

〔註214〕《魏書》卷 8〈世宗紀〉，頁 202。

出現的士氣不振、戰鬥力減弱都是不爭的事實。而魏軍面對的對手，正是南梁二十萬新銳之師，其組成包括中央禁衛軍及各地徵集而來的地方軍，大部分皆初上戰場，銳氣正盛，故戰鬥力、意志力都勝過暮氣漸深的魏軍。

其次：元英自 506 年（魏正始三年、梁天監五年）十月圍攻鍾離，至次年三月大敗止，三十萬大軍歷經半年竟未能攻陷僅有三千梁軍的鍾離城，除再一次凸顯南人守城之特長外，所造成魏軍心理負面之震撼乃無可想像。在北強南弱態勢下，三十萬魏軍聲勢與軍威的確蓋過梁軍，但其間屢攻鍾離均失敗，造成士氣低落，使心理防線出現裂痕，雖三十萬魏軍不可能全數投入第一線攻城作戰，但攻城魏軍數量必數十倍於鍾離三千守軍，竟遲遲無法攻陷，魏軍心理的挫折可想而知。

最後：魏軍南下遠赴南梁境內作戰，氣候適應乃一大問題，北人不適南方濕熱氣候，如同南人不喜北方乾冷氣候一般，故南方炎熱氣候增加魏軍身體不適，身體不適會導致心理負擔及戰鬥意願低落。另多河流、湖泊的地理樣貌，或許會令習於北方山巒、草原地形的魏軍有心理恐懼之感，尤其淮河緊鄰鍾離，水戰乃魏軍劣勢，不似野戰能以騎兵先聲奪人予敵震撼。南方馬匹不足，長期以來南人無法抗衡北人野戰騎兵的攻擊，甚至有懼怕心理，但北人至南方作戰則無法抗衡南人水軍優勢。既然梁軍水上作戰佔優勢，淮河又在鍾離之側，梁軍不可能捨己之短，故進行水戰實屬必然。魏軍對於需面對其居劣勢之水戰，雖不一定會懼怕，但勢必會有不願面對之心態，如此便會造成心理負擔進而影響心理狀況。至於軍糧問題，淮南距河洛地帶遙遠，後勤補給困難，故魏軍利於速戰速決，一旦戰事陷入膠著，對遠道進攻的魏軍至為不利，這方面北魏遠不如南梁，若戰事演變成持久戰，梁軍掌握後勤優勢，無需擔憂軍糧、兵械等補給問題，反之，魏軍必須擔憂後勤問題，從而增加魏軍心理之負擔。

綜上所述，魏軍征戰連年並遠赴南方作戰，處於氣候、地理皆陌生之環境，又未能迅速攻佔鍾離，更陷入曠日廢時的持久戰，同時軍需問題也逐漸浮現，這些因素都造成魏軍士兵心理素質大受影響。而梁軍在國境內作戰，地形地物熟悉，不需為後勤問題煩惱，加上國仇家恨的憤慨，士氣旺盛，在這些因素的綜合影響下，梁軍心理素質優於魏軍，史載：「（曹）景宗等器甲精新，軍儀甚盛，魏人望之奪氣。」〔註215〕以往均是南朝軍隊懼怕魏軍軍威，

〔註215〕《梁書》卷 9〈曹景宗傳〉，頁 180。

常未戰先怯，此時卻翻轉過來，關鍵在於這支初上戰場的梁軍充滿朝氣，可見心理素質優劣會影響戰鬥意志，這部分梁軍佔了優勢。

三、中部戰場

　　魏梁第二次大戰共有東部、中部、西部三個主戰場，中部戰場規模最小，時間也最短，南梁在中部戰場發動的兩次攻勢，506年（魏正始三年、梁天監五年）四月及十月，均遭魏軍擊退，戰事在當月即告結束，而南梁也未進一步擴大衝突，在首波進攻失敗後即結束衝突，不再增援。由此可見，梁武帝對中部戰場的戰略思維，並非將其置於雙方決戰的主戰場，中部戰場的各項軍事行動，都是為了策應東部戰場而進行的。

　　從南梁的兩次進攻時間分析，四月及十月，前後相距半年，中間六個月中部戰場幾乎無戰事，這在兩國的戰爭中相當少見。而這二個月，正逢東部戰場戰局發生變化之際。梁軍在一至四月於淮南戰場數敗魏軍，正準備於五月部署進攻壽春三鎮戍之作戰，梁武帝率先於四月開闢中部戰場，遣江州刺史王茂先入寇荊州，即是策應東部戰場作戰。襄沔地區魏軍因王茂先的進攻，勢必接戰防守，無法他調，可令東部戰場魏軍減少援軍。就結果而論，南梁在中部戰場發揮的策應效果並不明顯，東部戰場的梁軍依然勢如破竹，攻佔梁城、洛口等鎮戍，魏軍持續敗退，但北魏並未抽調襄沔地區魏軍馳援東部戰場，而王茂先也為北魏平南將軍楊大眼所敗，折損七千餘梁軍。

　　九月南梁北伐軍在東部戰場漸趨不利，元英不斷獲得北魏增援，率三十萬大軍發起反攻，開始反敗為勝，十月時已盡逐梁軍規復淮南各鎮戍，並乘勝進圍鍾離。元英挾大勝氣勢猛攻鍾離，梁武帝憂鍾離陷落，遣征虜將軍馬仙琕率三萬兵馬進攻義陽，馬仙琕原在東部戰場，當蕭宏見元英勢強欲退兵時，多位梁將反對，馬仙琕亦是其中之一，他應是九月從淮南敗退後，接受梁武帝新的命令進攻義陽。梁武帝重新點燃中部戰場戰火，同樣是協助東部戰場，具「圍魏救趙」意圖，其戰略目的有二，其一：對義陽施加軍事壓力，若義陽情況危急，可逼使北魏調東部戰場魏軍赴援，減輕鍾離遭魏軍圍困之壓力。其二：如馬仙琕進展順利，甚至攻下義陽，梁軍可繼續北伐。其時南梁在東部戰場的北伐成果已盡失，若由中部戰場另行北伐，亦不失為一條進軍之道。

　　就戰爭結果而言，梁武帝的兩個目的顯然沒有達成，北魏郢州刺史婁悅

僅用州軍即將梁軍擊退，南梁這波對義陽製造的威脅不大，北魏不需從東部戰場調兵支援，且隨著馬仙琕的敗退，梁武帝欲以中部戰場開拓北伐路線亦不可行。綜觀梁武帝對中部戰場的定位，始終在策應東部戰場，雖然四月、六月兩次出擊皆遭魏軍擊退，未能發揮牽制功能，但是不能以敗戰否定南梁這項戰略行動。梁武帝戰略思維實屬正確，四月、六月出擊更是切中戰機，只不過規模太小，無法對北魏造成威脅，則其策應東部戰場的功能便無從發揮。以四月而言，北魏平南將軍楊大眼擊退王茂先的入侵後，即被調至東部戰場「與中山王英同圍鍾離。」〔註216〕楊大眼乃北魏名將，戰功彪炳，「從高祖（魏孝文帝）征宛、葉、穰、鄧、九江、鍾離之間，所經戰陣，莫不勇冠六軍。」〔註217〕如此一員驍將投入東部戰場，魏軍戰力增加不少，若梁武帝遣王茂先進攻荊州，能給予強大兵力，產生足夠壓迫性，便能牽制住楊大眼，使北魏在東部戰場少一員猛將。

馬仙琕六月率三萬梁軍入侵義陽亦是相同情形，無法對義陽造成威脅，甚至迅速被擊退，梁武帝何以未能投入大量兵力進攻義陽，一個相當重要原因，乃梁武帝正調集二十萬大軍準備救援鍾離，欲在中部戰場投入更多兵力有其困難，可見梁武帝戰略思考仍是以東部戰場為優先，中部戰場僅為一輔助性，能順利攻佔義陽實屬最佳，若能造成義陽魏軍防守壓力，吸引包圍鍾離魏軍前來救援亦可，可惜兩項目的均未達成。

第四節　小　結

魏宣武帝中期與南梁的戰略關係呈現烽火遍地、全面衝突的緊繃狀態，會形成這種型態的戰略關係，有其內外因素。內部因素主要是君主的意志，在魏宣武帝方面，他仍然秉持其前期對南梁積極的戰略態度，隨時尋覓有利戰機入侵南梁。至於梁武帝方面，也是積極主戰的戰略思維，準備籌組大軍大舉北伐。一般而言，兩國的和平關係，取決於統治者的思維，若二人皆有不願興兵的想法，和平當可期待。若是二人中只要有一人具侵略之念，兩國間必然是戰火蔓延沒有和平空間。在魏宣武帝和梁武帝都是主戰的態勢下，北魏和南梁的戰略關係必定是緊繃的戰爭狀態。若是南北二位君主，其中一

〔註216〕《魏書》卷73〈楊大眼傳〉，頁1634。
〔註217〕《魏書》卷73〈楊大眼傳〉，頁1634。

位積極主戰，另外一位戰略態度不明顯未有興兵之念，戰爭規模或許不會太大，如同魏梁首次戰爭中的魏宣武帝和梁武帝，北魏雖然強勢入寇淮南，進攻義陽、鍾離，但是梁武帝戰略態度未明，至少沒有主動發兵北侵，所以面對魏軍的入侵，只能被迫應戰，不過也因二位君主只有魏宣武帝具積極的戰略思維，梁武帝只是被迫應戰，若魏宣武帝有收兵之念，則戰事大概就此結束，因此，戰爭規模、範圍並不會持續擴大。現今則不然，魏宣武帝和梁武帝都是積極的戰略態度，二人都組大軍南伐、北伐，戰爭不會因一人罷兵而停止，即便其中一人有停戰之念，但是面對對方的繼續進攻，必然被迫應戰，以致戰爭規模、戰場範圍持續擴大，成為全面性的戰爭。

外部因素與 503 年（魏景明四年、梁天監二年）十月爆發魏梁第一次大戰的淮南爭奪戰有關，受到戰爭結果影響，梁武帝對北魏的戰略態度為之一變。一般而言，在北強南弱態勢下，北魏君主多採攻勢入侵南方，所以不論義陽是否入魏，魏宣武帝的戰略態度不會有太大影響。梁武帝則不然，南梁失去義陽對淮南國防安危影響太大，北魏在佔有壽春、義陽的基礎上，必然繼續染指淮南其他城戍，這對南梁而言乃一大警訊。梁武帝欲遏止北魏在淮南地域的擴張，加上南梁開國未久，國力較中、後期仍屬強大，而梁武帝也不似其後期步入老年已無爭強鬥勝的企圖心，這時尚屬年富力強時期，故他基於義陽入魏後的淮南緊張局勢，決定反守為攻，一改以往被動應戰的戰略態度，準備發動北伐主動求戰，以致戰火蔓延南北交界中的東西全線。

505 年（魏正始二年、梁天監四年）二月北魏與南梁爆發的全面性戰爭，成為魏宣武帝中期與南梁戰略關係的主軸，這一時期雙方的戰略關係，都是環繞這一主軸進行。而在這次大規模的舉國戰爭中，魏宣武帝、梁武帝都至為重視，除動員大軍並持續增援外，尚有兩大特徵值得一觀。首先是二位君主都以宗室親王為統帥，南梁臨川王蕭宏、北魏中山王元英，反映南北君主對戰爭的重視，也凸顯對宗室的信任，在這種幾近全國總動員式的對抗，二位君主都認為與自己有血緣關係的宗室值得託付。不過，二位親王並未表現出與其所獲權力、地位相當的表現。蕭宏軍事素養不佳、領導統御能力不足，未戰先卻，從淮南敗退後也未獲應得的懲處。而元英的鍾離大敗，當是北魏與南朝南北對峙以來，截至魏宣武帝中期止，所遭遇最大的敗戰與最嚴重的損失。

另一個特徵是雙方皆聚焦在東部戰場的淮南地區，對中部、西部戰場未

予太多關注。的確，淮南地區對兩國國防安全影響最大，故東部戰場成為北魏與南梁全面戰爭的主戰場，雙方皆置重兵的結果，中部、西部遭到忽略。若魏宣武帝能有不一樣的戰略思維，東、西並重，在攻佔梁州後，同意由王足續攻益州，或許能獲取更大的勝果，彌補之後的鍾離之敗。至於梁武帝亦是如此，在王足遭魏宣武帝止住攻勢後，未能乘機反攻，並順勢收復梁州，導致南梁在這次的全面性戰爭中，並無明顯勝果。雖然在鍾離攻防戰中的邵陽大捷重挫魏軍，但是鍾離本來即屬南梁，南梁並未有領土及城戍的擴充，反而失去了梁州，使得戰爭過後，北魏尚有土地的增加，南梁卻失城陷地，梁武帝專力投注於東部戰場，當是一大關鍵。

　　魏宣武帝中期與南梁的戰略關係，在其與梁武帝皆具積極的戰略思維下，幾乎沒有和平空間，呈現衝突激烈的戰略關係。而這一時期的南北戰爭，也形成全面性的戰爭，戰爭規模之大、戰場範圍之廣，實為北魏與南朝對峙以來所罕見。雖然雙方都投入龐大兵力與軍事資源，但是大戰結果，兩國的得失並不明顯，北魏雖然在西部戰場略有斬獲，但是東部戰場的邵陽之敗，尤其是有生力量的損失，不是佔領幾座城戍即可彌補的。而南梁雖然成功抵擋住北魏大軍的全面進攻，但是其北伐也是以失敗收場，可見南梁在這一時期與北魏的對抗，也無所得，反而因夏侯道遷的降魏而失去了梁州。綜上，兩國在緊繃的戰略關係下爆發全面戰爭，戰後疆域卻無多大改變，而犧牲最多的的卻是兩國士兵，他們成為北魏與南梁在南北對峙中最大的輸家。

第七章　慎戰與城戍爭奪
——魏宣武帝後期與南梁之戰略關係（507～511）（上）

　　魏宣武帝後期與南梁的戰略關係，約自 507～515 年（魏正始四年至延昌四年、梁天監六年至十四年）八年多時間，可分成兩階段，第一階段即本章所述的 507～511 年（魏正始四年至永平四年、梁天監六年至十年）；第二階段為 511～515 年（魏永平四年至延昌四年、梁天監十年至十四年），將於下章中詳述。

　　魏梁第二次大戰結束後，兩國國力都有損傷，再發動大規模的全面性戰爭有其困難，故雙方在這一階段的對抗以區域衝突為主，戰爭行為多侷限在某個地域，而衝突過後，兩國君主亦頗克制，達到先前設定的戰略目標後即撤軍，不會應前線將領要求持續增援，而前線將領也不會在擊退對方後乘勝追擊直搗對方腹地，故本階段對抗在雙方節制下，戰爭損害控制在一定範圍內，呈現短暫衝突、區域戰爭特點。

　　魏宣武帝後期第一階段與南梁的衝突地域主要集中在二處，可謂魏梁第二次大戰餘緒，一在中部戰場的義陽、懸瓠（河南汝南）；另一是東部戰場的朐山（今江蘇連雲港西南）。雙方會因這三座軍事重鎮爆發衝突，皆是當地守將叛降引起，納降者欲遣軍接收，遭背叛者不甘失陷，亦遣軍奪回，遂演變成戰爭行為。

第一節　戰略環境分析

一、北魏京兆王元愉的謀反

　　魏宣武帝自即位以來，即不斷面臨來自宗室內部之挑戰，先是咸陽王元禧於 501 年（魏景明二年、齊中興元年）五月謀反失敗遭賜死；京兆王元愉則於 508 年（魏永平元年、梁天監七年）起兵謀反：「八月癸亥，冀州刺史、京兆王愉據州反。」〔註1〕元愉乃魏孝文帝第四子、魏宣武帝之弟，其所任職的冀州，屬北魏精華地區，乃朝廷稅賦重要來源地之一，因此元愉的叛亂，引起北魏朝廷高度重視，魏宣武帝遣度支尚書、御史中尉李平率軍出討，史載：「冀州刺史、京兆王愉反於信都，以（李）平爲使持節、都督北討諸軍事、鎮北將軍，行冀州事以討之。」〔註2〕

　　元愉謀反乃長期以來對高肇專權且排擠元宗室甚爲不滿，故起兵時「以誅尚書令高肇爲名。」〔註3〕魏宣武帝自元禧謀反後，對宗室諸王的信任不若以往，高肇遂乘機進讒言迫害北海王元詳，504 年（魏正始元年、梁天監三年）四月誣其謀反，魏宣武帝命中尉崔亮收縛審問，詎料，元詳暴卒，高肇等人又查無謀反實證，「（元）詳貪淫之失，雖聞遠近，而死之日，罪無定名，遠近歎怪之。停殯五載。」〔註4〕元詳諸子爲表抗議，五年不下葬其父遺體，終於迫使魏宣武帝在 508 年（魏永平元年、梁天監七年）十月下詔恢復元詳名譽，追封爲平王。

　　元愉長期累積對高肇之不滿，復因崇尚奢華及立妃問題怨恨魏宣武帝、于皇后，終於導致他發動叛亂。在魏宣武帝親政過程中，得力於領軍將軍于烈支持，故以于烈弟于勁之女爲皇后。時元愉聖眷正隆，魏宣武帝爲其娶于皇后妹爲京兆王妃。不久後元愉另納李氏爲妾，于皇后爲維護其妹，竟介入京兆王府家務事，史載：〔註5〕

> 　　（元）愉在徐州，納妾李氏，本姓楊，東郡人。……罷州還京，欲進貴之，託右中郎將趙郡李恃顯爲之養父，就之禮逆，產子寶月。
>
> 　　順皇后（于皇后）召李入宮，毀擊之，強令爲尼於內，以子付妃養

〔註1〕《魏書》卷 8〈世宗紀〉，頁 206。
〔註2〕《魏書》卷 65〈李平傳〉，頁 1452。
〔註3〕《魏書》卷 105 之 4〈天象志四〉，頁 2433。
〔註4〕《魏書》卷 21 上〈獻文六王上・北海王詳傳〉，頁 563。
〔註5〕《魏書》卷 22〈孝文五王・京兆王愉傳〉，頁 589～590。

　　之。

　　于皇后如此作爲激起元愉不滿。此外，魏宣武帝對元愉「又崇信佛道，用度常至不接。……競慕奢麗，貪縱不法。」〔註6〕甚爲不滿，遂「杖愉五十，出爲冀州刺史。」〔註7〕如此一來，又招致元愉對魏宣武帝之怨恨，於是在對帝、后不滿因素的累積下，決定起兵謀反。

　　元愉雖爲冀州刺史，但其州府僚佐皆反對舉兵叛亂，長史羊靈引、司馬李遵都不表贊同，元愉遂殺二人舉兵反並即皇帝位，「於是遂爲壇於信都之南，柴燎告天，即皇帝位。赦天下，號建平元年。」〔註8〕元愉稱帝建號的舉動，等於自建政權欲取北魏而代之，如此一來，魏宣武帝和元愉間再無任何迴旋空間，故李平出征前，魏宣武帝特別交代要儘速平亂，勿因元愉乃君主之弟而有顧忌，易言之，魏宣武帝已有大義滅親之意。〔註9〕

　　魏宣武帝雖遣李平領軍平叛，但定州刺史安樂王元詮的態度至爲關鍵，因元愉以誅高肇爲名，相約元詮共同舉兵。定州、冀州俱是北魏河北精華地區，若二州聯合謀反，對北魏影響極大，幸元詮並未加入元愉陣營，反而配合朝廷軍進攻叛軍，「（元）愉奔信都（元）詮與李平、高殖等四面攻燒，愉突門而出。」〔註10〕其餘附近州刺史亦紛紛派兵支援李平行動，如相州刺史王顯、濟州刺史高植、瀛州刺史李堅。反觀元愉，僅有冀州本部兵馬，且從北魏中央到地方，均得不到響應與支持，雙方實力差距懸殊，勝負立判。元愉八月舉事，九月即被平定，《魏書・世宗紀》：〔註11〕

　　　　九月辛巳朔，李平大破元愉於草橋。……定州刺史、安樂王詮大破
　　　　元愉於信都北。……癸卯，李平克信都，元愉北走，……統軍叔孫
　　　　頭執愉送信都。羣臣請誅愉，帝弗許，詔送京師。冀州平。

元愉在押送洛陽途中追思前事頗感慚愧與後悔，「於是歔欷流涕，絕氣而死，

〔註6〕《魏書》卷22〈孝文五王・京兆王愉傳〉，頁590。
〔註7〕《魏書》卷22〈孝文五王・京兆王愉傳〉，頁590。
〔註8〕《魏書》卷22〈孝文五王・京兆王愉傳〉，頁590。
〔註9〕參見《魏書》卷65〈李平傳〉，頁1452載：世宗臨式乾殿，勞遣（李）平曰：「愉，朕之元弟，居不疑之地，豺狼之心，不意而發，欲上傾社稷，下殘萬姓。大義滅親，夫豈獲止。周公行之於古，朕亦當行之於今。委卿以專征之任，必令應期摧殄，務盡經略之規，勿虧推轂之寄也。何圖今日言及斯事。」
〔註10〕《魏書》卷20〈文成五王・安樂王長樂附子詮傳〉，頁526。
〔註11〕《魏書》卷8〈世宗紀〉，頁206。

年二十一。或云高肇令人殺之。」〔註12〕不論元愉是絕氣而死或為高肇所殺，即使元愉回到洛陽，亦無活命之可能，魏宣武帝尚在對元愉用兵的過程中，已於九月「戊戌，殺侍中、太師、彭城王勰。」〔註13〕對已無實權的元勰都能殺之，何況元愉起兵稱帝，已威脅到魏宣武帝的統治，故元愉能存活的機率不大。

自魏宣武帝即位以來，咸陽王元禧、北海王元詳、彭城王元勰、京兆王元愉先後身亡，元禧謀反遭賜死，元詳、元勰、元愉之死已如前述，這些元宗室應是北魏政權最堅強的捍衛者，何以死於非命，一部份原因是魏宣武帝對皇位的不安全感，他的不安全感主要來自於即位之初，政治權力遭六位輔政大臣剝奪，故親政後仍懼怕皇位受威脅，因此對宗室防範甚嚴，再加上高肇的推波助瀾，魏宣武帝與宗室間的猜忌遂愈來愈深，終於禍起蕭牆。統治集團內部的衝突，不論最後勝利者是哪一方，都會因衝突而削弱統治集團力量，進而影響整體國力。

魏宣武帝為避免元愉反叛事件擴大引起更大亂事，積極進行損害控制，採取二項措施，其一：重新啟用因邵陽大敗而削爵為民的中山王元英，復其本封，準備令其率軍增援冀州，務求在最短時間內平定元愉之亂，但「英未至而冀州已平。」〔註14〕其二：九月「辛丑，詔赦冀州民雜工役為元愉所詿誤者，其能斬獲逆黨，別加優賞。」〔註15〕魏宣武帝尚在平亂期間即下此詔，當時朝廷軍節節勝利，若無意外亂事應能被平定，但是魏宣武帝仍希望拉攏附於叛軍者，減低叛軍實力。魏宣武帝這二項舉措在於儘速結束亂事，不希望擴大引起不必要動亂，以免因內部動亂耗損實力，引起南梁趁亂進攻，這是魏宣武帝最不願面對的情況，故上述二項措施實屬必須，續增援軍盪平冀州，並實施安撫政策，利誘反叛者回歸北魏陣營，而非對附於叛軍者大加殺戮，如此將有助於社會穩定及安定冀州人心。

二、北魏在邵陽戰後的國力復原

北魏在邵陽之戰遭遇大敗，對於損傷之國力，則積極進行復原工作，507

〔註12〕《魏書》卷 22〈孝文五王·京兆王愉傳〉，頁 590。
〔註13〕《魏書》卷 8〈世宗紀〉，頁 206。
〔註14〕《魏書》卷 19 下〈景穆十二王下·南安王楨附子英傳〉，頁 501。
〔註15〕《魏書》卷 8〈世宗紀〉，頁 206。

年（魏正始四年、梁天監六年）「十有二月戊午，詔兵士鍾離沒落者，復一房田租三年。」〔註16〕三十萬魏軍傷亡近半，對北魏社會造成嚴重影響，戰爭中死亡的士兵，其家屬會遷怒政府，且因人數眾多，他們宣洩不滿情緒會引起何種變化不得而知，故欲安定陣亡士兵家屬情緒，必須推行上述措施。

509 年（魏永平二年、梁天監八年）二月乙卯，魏宣武帝詔曰：「比軍役頻興，仗多毀敗，在庫戎器，見有無幾。安不忘危，古人所戒，五兵之器，事須充積，經造既殷，非眾莫舉。今可量造四萬人雜仗。」〔註17〕這條詔令的特殊意義在於此乃《魏書》中僅見的一條製造兵器詔令，除魏宣武帝外，北魏歷代君主均未對兵器製造下達詔令，一般而言，兵器的製造不需君主特別關注，而魏宣武帝重視的原因，如引文所言「比軍役頻興，仗多毀敗，在庫戎器，見有無幾。」可見北魏歷經多次戰爭後，兵器毀壞過多，後勤製造補充不上。

魏梁第三次大戰爆發於 508 年（魏永平元年、梁天監七年）九月，故魏宣武帝下詔製造兵器時，義陽、懸瓠已經捲入戰火中，正因魏軍和梁軍在義陽、懸瓠的作戰，才得以檢驗北魏兵器庫藏。當魏軍準備南下義陽、懸瓠時，才發現兵器有不足情形，而魏宣武帝得知後，立即命令製造，由此可驗證北魏在魏梁第二次大戰時，不管是軍隊的有生力量及兵器的損耗都非常大。魏梁第二次大戰結束於 507 年（魏景明四年、梁天監六年）三月，距魏宣武帝此詔不過兩年，大凡國家對軍隊的訓練及兵器的製造，都有一定的時程及部門，而北魏在這兩年間，依照軍政部門既定的計畫與時間，竟未能將魏梁二次大戰消耗的兵器補充製造完成，可見北魏在這次全面戰爭中損失之嚴重。另外，北魏與南梁為爭義陽、懸瓠再度爆發戰爭，距離魏梁第二次大戰不過短短一年半時間，也驗證了魏梁戰爭頻繁之程度。

就魏宣武帝「詔兵士鍾離沒落者，復一房田租三年。」及「五兵之器，事須充積。」這兩條詔令而言，前者在緩和矛盾籠絡人心，避免他們對政府不滿引起亂事造成社會不安，而這一定是犧牲數量龐大之士兵，才能在社會上集結成一股力量引起朝廷重視，由此亦可證實前文所云，北魏三十萬大軍在邵陽洲遭受巨大傷亡之事實。另，由君主以詔書方式下令督造兵器，更是北魏前所未有之創舉，至少就《魏書》記載而言。兵器之製造上綱至君主，

〔註16〕《魏書》卷 8〈世宗紀〉，頁 205。
〔註17〕《魏書》卷 8〈世宗紀〉，頁 207～208。

可見北魏在魏梁第二次戰爭中遭受之重創。同時，由這兩條詔令亦可得知，
與戰爭直接相關的軍隊、兵器即已遭受如此大之損失，其他社會、經濟、心
理方面之損失與創傷就不難想見。

三、南梁的穩定

　　相對於北魏政治動亂引起的社會不安，南梁政治、社會則較爲穩定，雖
然南梁在邵陽之戰獲得大勝，但之前臨川王蕭宏所率北伐軍在梁城的慘敗，
對其國力亦有不小的損傷。而南梁在邵陽戰後立國也已七年，梁武帝的統治
已相當穩固，之前汲汲於北伐欲復北方河山，與北魏爆發兩次大戰，尤其 505
年（魏景明二年、梁天監四年）的第二次魏梁戰爭，戰爭規模龐大，戰場遍
及兩國邊區的東部、中部、西部，但其結果仍未能復漢人河山，且損失慘重，
故往後梁武帝未再對北魏發動全面性作戰，多是局部的區域戰爭。

　　梁武帝在位初期、中期是南梁治世，在第二次魏梁戰後，他暫時停止對
北魏的侵略行動，一方面也是受限於梁城敗績，南梁國力有所損傷，故將眼
光由外部轉至內部，508 年（魏永平元年、梁天監七年）正月詔曰：〔註18〕

> 建國君民，立教爲首。不學將落，嘉植靡由。……今聲訓所漸，戎
> 夏同風，宜大啓庠斆，博延胄子，務彼十倫，弘此三德，使陶鈞遠
> 被，微言載表。

梁武帝在創建南梁後六年內，和北魏爆發兩次大戰，讓整個國家幾乎都處在
戰爭狀態，伴隨戰爭而來的是士兵傷亡、經濟負擔沈重等社會不安定因素，
而由於南梁社會承載太多戰爭帶來的破壞與動盪，極需穩定休息，於是梁武
帝在魏梁第二次大戰後改弦易轍，積極提倡文教，故云「建國君民，立教爲
首。」開始推行多項文治措施，如「興文學，脩郊祀，治五禮，定六律。」
〔註19〕希望將南梁建設成「文軌傍通之地，」〔註20〕梁武帝仕南齊時多次領
軍與魏軍對抗，之後起兵討伐東昏侯暴政，即皇帝位後又與北魏爆發兩次大
戰，不過梁武帝並非重武輕文之輩，實乃文武雙全，史書稱其「博學多通，
好籌略，有文武才幹。」〔註21〕他的文采風流並不遜於軍功，《梁書·武帝

〔註18〕《梁書》卷2〈武帝紀中〉，頁46。
〔註19〕《梁書》卷2〈武帝紀中〉，頁97。
〔註20〕《梁書》卷2〈武帝紀中〉，頁97。
〔註21〕《梁書》卷1〈武帝紀上〉，頁2。

紀》載：〔註22〕

> 竟陵王子良開西邸，招文學，高祖（梁武帝）與沈約、謝朓、王融、
> 蕭琛、范雲、任昉、陸倕等並遊焉，號曰八友。

梁武帝與上述文士合稱八友，足證他並非只知率軍衝殺而不識文化的武將，他實爲具文雅性格之儒將，故他深知文治、武功並治之道理。由於南梁建立後，梁武帝過於著重武力征伐，與北魏頻繁交戰，造成社會不安，因此在大戰後推行文治，也是治理國家所必須，可使浮動的社會逐漸穩定下來。南梁即在梁武帝的文治政策下，政治、社會逐漸從戰爭的躁動中邁向穩定。

四、北魏邊關守將的投降事件

北魏與南朝對峙期間，南人降北或北人降南，屢見不鮮，亦有人忽而投北、忽而歸南，如陳伯之。投奔對方原因，或遭本國迫害；或敵國利誘。而北魏和南朝對於來歸者，一般會依其身份地位，以及其所能帶來之利益與附加價值，而分別有不同的待遇，但通常會予以厚待。其中邊關將領的降附常會引發衝突，因爲這些鎮戍守將通常會以其所屬鎮戍降附，降附之國會派兵前往接收，而遭背叛之國，不願失去鎮戍，亦會遣軍奪回，兩國衝突因而產生，甚至演變成戰爭。

魏梁二次大戰後，北魏有多名邊關守將降梁：如 507 年（魏正始四年、梁天監六年）十二月，「乙丑，魏淮陽鎮都軍主常邕和以城內屬。」〔註23〕次年元月「潁川太守王神念奔於蕭衍。」〔註24〕這兩起事件並未造成魏梁衝突，但同樣事件仍不斷發生。九月，北魏郢州司馬彭珍引梁軍攻義陽。十月，「魏陽關主許敬珍以城內附。」〔註25〕及北魏懸瓠軍主白早生據城降梁。其中彭珍、白早生這兩起北魏邊關守將降梁事件，事關義陽、懸瓠兩軍事重鎮的爭奪，引起雙方高度重視，南梁遣軍前往接收，北魏則派兵前往消滅叛將，如此一來雙方軍隊在該地域必會爆發衝突，戰爭遂不可免。

白早生的反叛，跟北魏豫州刺史司馬悅的統治不當有很大關係。司馬悅曾兩度出任豫州刺史，《魏書·司馬悅傳》載其在豫州的事蹟不多，且都偏向

〔註22〕《梁書》卷 1〈武帝紀上〉，頁 2。
〔註23〕《梁書》卷 2〈武帝紀中〉，頁 46。
〔註24〕《魏書》卷 8〈世宗紀〉，頁 205。
〔註25〕《梁書》卷 2〈武帝紀中〉，頁 48。

正面評價，如稱其明察秋毫、察獄有方，並獲得當地百姓的讚揚。〔註26〕另《司馬悅墓誌》亦對其任郢州、豫州刺史多褒揚之詞，「出撫兩邦，惠化流詠；再牧郢豫，江黔被澤。」〔註27〕然司馬悅治理豫州的佳績是否如上述兩條史料所云，不無疑問。墓誌本多溢美之詞，無法窺其全貌。至於《魏書》除其本傳外，尚可從其他紀傳得其梗概。當白早生殺司馬悅舉起反幟、豫州地域陷入混亂之際，魏宣武帝決定遣中山王元英和尚書邢巒領軍南下平叛，邢巒在剖析豫州戰略形勢時，曾向魏宣武帝分析白早生謀反的原因，其云：「早生非有深謀大智能構成此也，但因司馬悅虐於百姓，乘眾怒而爲之，民爲凶威所懾，不得已而苟附。」〔註28〕《魏書‧邢巒傳》一語道出司馬悅在豫州施政的情形，「司馬悅虐於百姓」，遂激起百姓的反感，乃有白早生殺司馬悅圖謀附梁之舉。

豫州之亂的兩個關鍵人物，白早生和司馬悅，其背景並非史料所載如此單純，先言白早生，《魏書‧司馬悅傳》：「永平元年（508、梁天監七年），城人白早生謀爲叛逆，遂斬悅首，送蕭衍。」〔註29〕《魏書‧司馬悅傳》載白早生的身分爲城人，城人即爲城民，城民是不同於一般州郡民的具有特殊身分的士兵。〔註30〕另據《魏書‧盧同傳》則更爲清楚：「會豫州城民白早生反，

〔註26〕 司馬悅明察秋毫釐清案件眞兇之例，請參見《魏書》卷37〈司馬楚之附悅傳〉，頁858：「世宗初，除鎮遠將軍、豫州刺史。時有汝南上蔡董毛奴者，齎錢五千，死在道路。郡縣疑民張堤爲劫，又於堤家得錢五千。堤懼拷掠，自誣言殺。獄既至州，悅觀色察言，疑其不實。引見毛奴兄靈之，謂曰：『殺人取錢，當時狼狽，應有所遺，此賊竟遺何物？』靈之云：『唯得一刀鞘而已。』悅取鞘視之，曰：『此非里巷所爲也。』乃召州城刀匠示之，有郭門者前曰：『此刀鞘門手所作，去歲賣與郭民董及祖。』悅收及祖，詰之曰：『汝何故殺人取錢而遺刀鞘？』及祖款引，靈之又於及祖身上得毛奴所著包襦，及祖伏法。悅之察獄，多此類也。豫州于今稱之。」

〔註27〕 趙超編，《漢魏南北朝墓誌彙編》，頁58。

〔註28〕 《魏書》卷65〈邢巒傳〉，頁1446。

〔註29〕 《魏書》卷37〈司馬楚之附悅傳〉，頁859。

〔註30〕 關於城民的定義，可參見唐長孺，〈北魏南境諸州的城民〉，收於氏著，《山居存稿》（北京：中華書局，2011年4月），頁100～113。谷川道雄，〈北魏末的內亂與城民〉，收於劉俊文主編，《日本學者研究中國史論著選譯》（北京：中華書局，1993年8月），頁134～171。兩人對北魏城民的由來、組成，有詳細的說明與論述。唐長孺認爲，城民是一個廣泛的名稱，一般地說，包括北鎮鎮民在內，所有城民都是隸屬軍府的鎮戍兵及其家屬。……南境諸州城民本是鎮戍軍，其任務除了防禦南朝北伐之外，便是鎮壓散處鄉村的所謂「土民」的反抗。參見氏著，前揭書，頁112～113。谷川道雄認爲北魏的城民（即鎮民）具

都督中山王英、尙書邢巒等討之。」〔註31〕司馬悅爲豫州最高的軍政首長，一般城民無法隨意接近司馬悅，遑論謀殺，因此白早生應爲城民中的領袖人物或是軍官幹部，能求見司馬悅並能進出府衙與其討論豫州防務，因此才有機會殺害司馬悅，不過因史料記載疏漏，白早生殺司馬悅的詳細情形不得而知。

至於司馬悅，其身份並非僅是豫州刺史那麼簡單，豫州治所懸瓠戰略地位重要，需由魏宣武帝信任之大臣擔任，否則豫州刺史動輒以懸瓠降梁，北魏豈非自毀長城，而司馬悅能獲魏宣武帝信任出任豫州刺史，乃因其爲皇親國戚。司馬悅爲司馬金龍第三子；司馬金龍則爲司馬楚之之子，司馬氏祖孫三代都與北魏宗室聯姻，藉由婚姻關係建構起與北魏統治階層的政治網絡。司馬楚之何許人也？他乃東晉宗室，在劉裕簒東晉建立劉宋後，爲躲避追殺開始逃亡，「值劉裕誅夷司馬戚屬，……楚之乃亡匿諸沙門中濟江。自歷陽西入義陽、竟陵蠻中，……乃亡於汝潁之間。」〔註32〕於魏明元帝時歸順北魏，「太宗（魏明元帝）末，山陽公奚斤略地河南，楚之遣使請降。」〔註33〕由於司馬楚之具東晉宗室身份，故所獲待遇並非一般南朝的降將，由司馬楚之「尙諸王女河內公主，生子金龍。」〔註34〕即可知其受北魏重視的程度。而司馬金龍的婚姻關係亦不簡單，「金龍初納太尉、隴西王源賀女，生子延宗，次纂，次悅。後娶沮渠氏，生徽亮，即河西王沮渠牧犍女，世祖（魏太武帝）妹武威公主所生也。」〔註35〕至於司馬悅之子司馬朏，則是「尙世宗（魏宣武帝）妹華陽公主。」〔註36〕因爲魏宣武帝之妹乃司馬悅之兒媳，加上司馬氏三代與北魏皇室、宗室綿密的姻親關係，魏宣武帝始放心將南疆戰略要區豫州交付司馬悅。不過，若用其他角度觀察，是否司馬悅自恃皇親國戚才會有「司馬悅虐於百姓」的情況發生，進而導致白早生叛亂呢？日本學者谷川道雄曾云：「當城民起兵逮捕或殺害刺史時，正是州兵起來否定他們

有兩個必要條件：一是國家軍事力的擔當者；二是身分與州郡民相區別。是故城民應是不同於一般州郡民的具有特殊身分的士兵，則城民一般是指州鎭軍的士兵，亦即城民和州兵實際上是一致的。參見氏著，前揭書，頁146。

〔註31〕《魏書》卷76〈盧同傳〉，頁1681。
〔註32〕《魏書》卷37〈司馬楚之傳〉，頁854～855。
〔註33〕《魏書》卷37〈司馬楚之傳〉，頁855。
〔註34〕《魏書》卷37〈司馬楚之傳〉，頁857。
〔註35〕《魏書》卷37〈司馬楚之傳〉，頁857。
〔註36〕《魏書》卷37〈司馬楚之傳〉，頁859。

的統率者刺史的統率權的行動。」〔註37〕谷川氏所言，可作為白早生因司馬悅施政不當虐於百姓而將其殺害的最佳註腳。

豫州治所懸瓠戰略地位重要，北魏與南梁皆欲佔之，現北魏佔有此處，成為北魏一枚突出在淮河流域的棋子，軍事上可作為進攻南梁的前進基地；防守時可成為抵禦南梁大軍的第一道防線，故北魏握有懸瓠等於掐住南梁咽喉，南梁國防門戶洞開，是故南梁極思扭轉對北魏在此區域的戰略劣勢，因此攻佔懸瓠成為梁武帝的當前急務。然在魏強梁弱的戰略態勢及北魏在懸瓠駐紮重兵的情況下，南梁若要對懸瓠發動攻擊，可能會造成重大傷亡且無法攻陷。最堅強的堡壘須從其內部發動攻勢，因此若能從懸瓠城內部策反部分人士，製造動亂，屆時再裡應外合，即可以最少的代價佔有懸瓠，《孫子兵法》有云：「無所不用間也。」〔註38〕因此，白早生是否可能受南梁鼓動策反，殺害司馬悅呢？

南梁派遣間諜潛伏在懸瓠城內偵伺敵情是有可能存在，在南北對峙情形下，互遣諜報人員潛伏對方城戍蒐集情報相當正常，有可能南梁情報員觀察到司馬悅施政不當引成民怨，遂暗中策反白早生，鼓動他暗殺司馬悅並以城降梁，所以才有白早生欲以懸瓠降梁的消息傳出後，梁武帝立遣大軍赴援的動作。這種推論並非不可能，不過現有史料包括《魏書》、《梁書》等相關人員紀傳，及《資治通鑑》、《司馬悅墓誌》等均未提及白早生受南梁鼓動一事。事實上，白早生是否受南梁煽動造反並不重要，因為這部分是「果」；「因」則是司馬悅的治理不當，所以才會爆發動亂導致自己被殺，這或許可以分成兩點解釋，第一：即使白早生受南梁蠱惑為真，那也必須建立在司馬悅治理不當引發民怨的基礎上，如果司馬悅治理豫州政通人和，受到百姓愛戴，那白早生的謀反，只會有少數人響應，不會有其揭竿而起，卻有大量百姓附從的情形發生。第二：即便白早生未受南梁鼓動，但在「司馬悅虐於百姓」的前提下，當人民無法承受時，必會有其他人舉起反旗，同樣做出殺害司馬悅的行為，而殺害北魏在豫州的最高軍政首長，其下場自然難逃一死，故投降南梁實為唯一出路，因此不論是誰發動叛亂，循此邏輯思考的可能性極大。綜上可知，地方首長施政的良窳，對該區域的安定與否具有關鍵的影響。

〔註37〕 谷川道雄，〈北魏末的內亂與城民〉，收於劉俊文主編，《日本學者研究中國史論著選譯》，頁154。

〔註38〕 孫武著、吳仁傑注譯，《孫子讀本》〈用間篇第十三〉，頁100。

　　魏宣武帝對司馬悅的重視，可從戰後交換戰俘一事看出，在邢巒克復懸瓠後，曾詔令邢巒：「尚書可量賊將齊苟兒等四人之中分遣二人，敕揚州爲移，以易（司馬）悅首及（董）紹，迎接還本。」〔註39〕中書舍人董紹是白早生反叛時，魏宣武帝令其至懸瓠宣慰，看是否能不動干戈即收回懸瓠城，不料中途爲叛軍所捉執送南梁，「豫州城人白早生以城南叛，詔（董）紹慰勞。至上蔡，爲賊所襲，囚送江東。」〔註40〕由於司馬悅家族與北魏皇室、宗室有著綿密的婚姻關係，因此即便司馬悅已死，魏宣武帝仍希望能將其首級帶回北魏安葬，故命邢巒處理交換戰俘事宜，而南梁方面也同意，換俘事件遂在雙方皆有意願下順利完成。〔註41〕另由此事也可表明，在南北對峙時期，除軍事衝突外，仍有其他外交溝通管道或平台，處理兩方交換戰俘事宜。

　　南梁所處的戰略環境無疑較北魏爲佳且單純，梁武帝專注於內政，積極進行魏梁二次大戰後的復原，未有其他動亂的掣肘。反觀北魏，內外皆不平靜，內部有京兆王元愉的謀反，挑戰魏宣武帝的統治權威；外部有郢州、豫州的亂事，影響北魏對邊區及義陽、懸瓠等重鎮的控制。這些動亂會影響社會的穩定，而要平定這些亂事，朝廷必須發兵征討，時常動用武力的結果，也會影響北魏軍隊在後續戰爭對梁軍戰力的發揮。由此可見，北魏的穩定度不如南梁，所處戰略環境較爲動盪，相形之下，南梁戰略環境佔有優勢。

第二節　戰略規畫與作戰經過

　　北魏和南梁在本階段的衝突主要環繞在義陽、懸瓠、朐山三個重鎮的爭奪，當然，郢州、豫州地域也陷入烽火中，現將北魏與南梁的戰略規畫與戰爭經過，以地域分成襄沔與朐山兩個部份分述之。

〔註39〕《魏書》卷37〈司馬楚之附悅傳〉，頁859。

〔註40〕《魏書》卷79〈董紹傳〉，頁1758。

〔註41〕董紹回到北魏後，仍受到魏宣武帝的信任，「及紹還，世宗恕之，永平中，除給事中，仍兼舍人。」《魏書》卷79〈董紹傳〉，頁1758。至於司馬悅，由於其家族與北魏宗室綿密的姻親關係，魏宣武帝給予隆重的追贈，「贈平東將軍、青州刺史，賜帛三百匹，諡曰莊。子朏襲爵。」《魏書》卷37〈司馬楚之附悅傳〉，頁859。

一、襄沔地區之衝突

508 年（魏永平元年、梁天監七年）秋冬之際，北魏在襄沔地區的統治陷入危機，其因並非南梁主動入侵，而是北魏邊關守將叛魏降梁，南梁遣軍接應，而北魏亦派兵前往阻止。先是九月「庚子，郢州司馬彭珍、治中督榮祖等謀叛，潛引蕭衍眾入義陽。」〔註42〕義陽原屬豫州，北魏於 504 年（魏正始元年、梁天監三年）置郢州，移義陽入郢州並為其治所。北魏郢州刺史婁悅並未參與其下屬之謀反，率軍堅守義陽，等待援軍。魏宣武帝「詔將軍胡季智、屈祖等南赴義陽。」〔註43〕原以為如此便可順利解決彭珍等叛軍，不料拱衛義陽之三關，其守將亦據城南叛，使義陽陷入叛軍包圍，處境堪慮。魏宣武帝不願亂事擴大，給予南梁可乘之機，遂「遣中山王英督步騎三萬以赴之。」〔註44〕期望元英能迅速平定義陽亂事。

正當義陽情勢緊繃，元英率軍馳援之際，北魏襄沔地區另一戰略重鎮懸瓠亦發生守將叛變事件。十月「丁丑，魏懸瓠鎮軍主白早（阜）生〔註45〕、豫州刺史胡遜以城內屬。」〔註46〕胡遜並非北魏任命之豫州刺史，乃白早生殺原刺史司馬悅後，推胡遜為刺史據城降梁。白早生向南梁司州刺史馬仙琕求援，馬仙琕立即將此訊息上報南梁朝廷，梁武帝見機不可失，決定與白早生裡應外合佔領懸瓠，遂先行封賜籠絡其心，「以阜生為鎮北將軍、司州刺史，遜為平北將軍、豫州刺史。」〔註47〕接著命將率軍前往懸瓠接應：〔註48〕

> 高祖（梁武帝）使（馬）仙琕赴之，又遣直閤將軍武會超、馬廣率
> 眾為援。仙琕進頓楚王城，遣副將齊苟兒以兵二千助守懸瓠。

北魏南疆將領反叛，引梁軍入寇，在裡應外合下，許多城戍紛紛陷梁，已嚴重威脅北魏南方國防，《魏書·田益宗傳》載：「時自樂口（今河南漯河）已南，郢豫二州諸城皆沒於賊，唯有義陽而已。」〔註49〕〈薛懷吉傳〉則載：「於

〔註42〕《魏書》卷 8〈世宗紀〉，頁 206。
〔註43〕《魏書》卷 8〈世宗紀〉，頁 206。
〔註44〕《魏書》卷 8〈世宗紀〉，頁 206。
〔註45〕《梁書》作白阜生，《魏書》、《資治通鑑》作白早生，今從《魏書》、《資治通鑑》。參見《梁書》卷 2〈武帝紀中〉，頁 48。《魏書》卷 8〈世宗紀〉，頁 206。《資治通鑑》卷 147〈梁紀三〉，武帝天監七年，頁 4586。
〔註46〕《梁書》卷 2〈武帝紀中〉，頁 48。
〔註47〕《梁書》卷 2〈武帝紀中〉，頁 48。
〔註48〕《梁書》卷 17〈馬仙琕傳〉，頁 280。
〔註49〕《魏書》卷 61〈田益宗傳〉，頁 1372。

是自懸瓠以南至于安陸，惟義陽一城而已。」〔註50〕〈辛祥傳〉亦載：「白早生之反也，蕭衍遣眾來援，因此緣淮鎮戍，相繼降沒，唯（辛）祥堅城獨守。」〔註51〕辛祥時為義陽太守，乃郢州刺史婁悅下屬，二人合力堅守義陽，與梁軍展開義陽攻防戰，史載：〔註52〕

> 蕭衍遣將胡武城、陶平虜於州南金山之上連營侵逼，眾情大懼。（辛）
> 祥從容曉喻，人心遂安。時出挑戰，偽退以驕賊。賊果日來攻逼，
> 不復自備，乃夜出襲其營。

北魏豫州、郢州僅剩義陽一孤城，雙方攻防激烈，義陽隨時有陷落之虞。

（一）北魏的懸瓠危機

豫州為北魏南方重要門戶，懸瓠更是其中的戰略重鎮，不僅是北魏進攻南方的軍事前哨，更是經營淮沔流域的重要據點，魏宣武帝曾言其重要性：「懸瓠要藩，密邇崧潁，南疆之重，所寄不輕。」〔註53〕對於邊將反叛造成懸瓠危機，魏宣武帝欲迅速收復懸瓠，避免造成南梁統治之事實，且梁軍陸續增援，一旦梁軍在懸瓠及其周圍愈聚愈多，屆時收復懸瓠將更加困難，北魏勢必動用更多武力，因此趁懸瓠陷落之初，梁軍立足未穩之際，實為奪回懸瓠之最佳時機，故魏宣武帝「詔尚書邢巒行豫州事，督將軍崔暹率騎討之。」〔註54〕魏宣武帝對懸瓠陷梁耿耿於懷，希望邢巒能在最短時間內收復懸瓠，故出討前夕，特別向邢巒強調懸瓠戰略地位的重要，並詢問邢巒何時可平定，《魏書·邢巒傳》載：〔註55〕

> 世宗臨東堂，勞遣巒曰：「……懸瓠密邇近畿，東南藩捍。……（白）
> 早生理不獨立，必遠引吳楚，士民同惡，勢或交兵。……故令卿星
> 言電邁，出其不意。卿言早生走也守也？何時可以平之？」

魏宣武帝要邢巒對收復懸瓠提出時間表，足證他對懸瓠企圖心之強烈。另外，邢巒出討之軍隊乃中央精銳禁軍，「蕭衍遣其冠軍將軍齊苟兒（仁）〔註56〕率

〔註50〕《魏書》卷61〈薛懷吉傳〉，頁1358。
〔註51〕《魏書》卷45〈辛祥傳〉，頁1026。
〔註52〕《魏書》卷45〈辛祥傳〉，頁1026。
〔註53〕《魏書》卷61〈田益宗傳〉，頁1372。
〔註54〕《魏書》卷8〈世宗紀〉，頁207。
〔註55〕《魏書》卷65〈邢巒傳〉，頁1446。
〔註56〕《魏書》作齊苟仁，《梁書》、《資治通鑑》作齊苟兒，今從《梁書》、《資治通鑑》。參見《梁書》卷17〈馬仙琕傳〉，頁280。《魏書》卷65〈邢巒傳〉，頁1446。《資治通鑑》卷147〈梁紀三〉，武帝天監七年，頁4586。

眾入據懸瓠。（魏宣武帝）詔巒持節率羽林精騎以討之。」〔註57〕魏宣武帝讓邢巒率禁軍平亂，也顯現他收復懸瓠勢在必得之決心。邢巒面對魏宣武帝之厚望，自然不敢輕忽，遂向魏宣武帝提出他進軍的戰略與戰術：〔註58〕

> 早生非有深謀大智能構成此也，但因司馬悅虐於百姓，乘眾怒而為
> 之，民為凶威所懾，不得已而苟附。假蕭衍軍入應，水路不通，糧
> 運不繼，亦成擒耳，不能為害也。早生得衍軍之接，溺於利欲之情，
> 必守而不走。今王師若臨，士民必翻然歸順。圍之窮城，奔走路絕，
> 不度此年，必傳首京師。

邢巒認為，白早生獲梁軍應援，必會留守懸瓠待梁軍，不會棄城走，但是秋冬時節水路不通，一旦軍糧接應不上，梁軍戰力必然大減，將非魏軍之敵。至於豫州百姓歸順南梁乃對司馬悅暴政之反動，非出自真心，只要魏軍一至，當地軍民必然願意回歸北魏統治，故邢巒向魏宣武帝保證年底前即可平定豫州收復懸瓠，易言之，白早生十月反叛，魏宣武帝立即命邢巒出師征討，邢巒審慎觀察整體戰略形勢後，提出二個月內即可平定豫州之結論。

邢巒為爭取先機攻敵於不備，自率精騎先行，並很快進入豫州地域，擊破梁軍進抵懸瓠，《魏書·邢巒傳》：〔註59〕

> 於是巒率騎八百倍道兼行，五日次於鮑口。賊遣大將軍胡孝智率眾
> 七千，去城二百，逆來拒戰。巒擊破孝智，乘勝長驅，至於懸瓠。
> 賊出城逆戰，又大破之。

然而以邢巒之八百精騎實不足以攻城，邢巒亦心知肚明，唯有等大軍到來，「既而大兵繼至，遂長圍之。」〔註60〕邢巒開始攻城後，魏宣武帝憂邢巒軍力不足，攻城行動拖延過久，故命征討義陽之元英，會邢巒魏軍合攻懸瓠，「征南將軍、中山王英南討三關，亦次於懸瓠，……乃與巒分兵掎角攻之。」〔註61〕梁軍和白早生叛軍抵擋不住邢巒、元英二路魏軍的進攻，只得開門出降，「十有二月己未，邢巒克懸瓠，斬白早生，擒齊苟兒（仁）等，俘蕭衍卒三千餘人。」〔註62〕征戰結果誠如邢巒所言，年底前順利攻克懸瓠，豫州再回北魏

〔註57〕《魏書》卷65〈邢巒傳〉，頁1446。
〔註58〕《魏書》卷65〈邢巒傳〉，頁1446。
〔註59〕《魏書》卷65〈邢巒傳〉，頁1447。
〔註60〕《魏書》卷65〈邢巒傳〉，頁1447。
〔註61〕《魏書》卷65〈邢巒傳〉，頁1447。
〔註62〕《魏書》卷8〈世宗紀〉，頁207。

版圖。

　　正當邢巒於十月丙子在鮑口大破白早生叛軍與梁軍，向懸瓠挺進時，北魏又發生邊將降梁事件，十月「丁丑前宿豫戍主成安樂子景儁殺宿豫戍主嚴仲賢，以城南叛。」〔註63〕成景儁時爲北魏鎮東參軍，他殺宿豫戍主嚴仲賢並以宿豫（今江蘇宿遷東南）降梁，引起北魏朝廷高度關切。由於義陽三關與懸瓠先後發生邊將叛魏降梁事件，現邢巒與元英會師正圍攻懸瓠，若再因宿豫降梁使北魏邊將反叛事件一再擴大，對懸瓠乃至之後的義陽三關戰事有不利之影響，故需遏止邊將叛降之風，魏宣武帝遂於十一月「庚寅，詔安東將軍楊椿率眾四萬攻宿豫。」〔註64〕希望能奪回宿豫並穩住當地情勢，不致影響懸瓠及義陽方面之作戰。

（二）義陽三關之爭奪

　　元英助邢巒收復懸瓠後，隨即移師逕趨義陽，進入郢州地域後，時「（蕭）衍寧朔將軍張道凝等率眾據楚城，聞（元）英將至，棄城南走。」〔註65〕或許梁將張道凝畏懼魏軍軍威而棄城走，但元英並未因梁軍撤退而不作爲，仍下令追擊，「斬（張）道凝及（蕭）衍虎賁中郎曹苦生，盡俘其眾。」〔註66〕元英初戰即傳捷報，隨後進至義陽，開始佈署攻取三關之策，三關即武陽關、黃峴關、平靖關，〔註67〕三關依其地形及城防，進攻的難易程度有別，故欲先進攻哪一關隘，需審慎爲之，元英之戰略思維爲：〔註68〕

　　　　三關相須如左右手，若克一關，兩關不待攻而定。攻難不如攻易，
　　　　東關易攻，宜須先取，即黃石公所謂戰如風發，攻如河決。〔註69〕

〔註63〕《魏書》卷8〈世宗紀〉，頁207。

〔註64〕《魏書》卷8〈世宗紀〉，頁207。

〔註65〕《魏書》卷19下〈景穆十二王下·南安王禎附子英傳〉，頁502。

〔註66〕《魏書》卷19下〈景穆十二王下·南安王禎附子英傳〉，頁502。

〔註67〕三關前文已有述及，三關乃武陽關（東關或稱武勝關、今河南信陽西南）、黃峴關（中關或稱九里關、今河南羅山西南）、平靖關（西關或稱平靜觀、今河南信陽南）。參見本書，頁304～305。

〔註68〕《魏書》卷19下〈景穆十二王下·南安王禎附子英傳〉，頁502。

〔註69〕「戰如風發，攻如河決。」出自中國古代著名兵書《三略》，作者不明，相傳爲黃石公所作。參見傅傑注譯，《三略讀本》（臺北：三民書局，1997年1月）〈上略〉：「《軍讖》曰：『良將之統軍也，恕己而治人。推惠施恩，士力日新，戰如風發，攻如河決。』故其眾可望而不可當，可下而不可勝。以身先人，故其兵爲天下雄。」頁22～23。上述大意爲：良將統帥軍隊時，會用恕道來約束自己以治理他人。推行仁惠、廣施恩德，就能使部隊戰力日漸增強，擁

東關即武陽關，元英決定先圖易攻之武陽關，一關既破，必引起另二關梁軍士兵之恐慌，間接削弱其防禦力量，難攻之關會因守軍戰力減弱利於魏軍進攻。同時，元英也顧慮到進攻武陽關時，另二關是否會出兵援助，「（元）英恐其并力於東，乃使長史李華率五統向西關（平靖關），分其兵勢。身督諸軍向東關。」〔註70〕馬仙琕見元英爲收復三關來勢洶洶，遂命雲騎將軍馬廣率軍屯據長薄，作爲武陽關之外圍據點。

　　元英至長薄後，與馬廣發生激烈戰鬥，梁軍潰敗，馬廣領殘軍遁入武陽關，魏軍遂全力進攻武陽關。此時，南梁不願放棄得之不易、戰略地位重要之三關，一旦三關仍由南梁控制，義陽如芒刺在背，梁軍可隨時入侵義陽，故梁武帝不願棄守三關，遂遣冠軍將軍彭甕生領軍增援武陽關。元英獲此情報後，決定暫緩進攻武陽關，任由南梁援軍入關：〔註71〕

　　　　（元）英乃緩軍，曰：「縱之使入此城，吾先曾觀其形勢，易攻耳，
　　吾取之如拾遺也。」諸將未之信。（彭）甕生等既入武陽，（元）英
　　促圍攻之，六日而廣等降。

一如元英所料，彭甕生率援軍入關後，遭魏軍圍攻，元英於 509 年（魏永平二年、梁天監八年）正月「丁酉，拔武陽關，擒（蕭）衍雲騎將軍、松滋縣開國侯馬廣，冠軍將軍、遷陵縣開國子彭甕生，……等二十六將，俘獲七千餘人。」〔註72〕元英乘勝追擊，進擊黃峴關，「（蕭）衍太子左衛率李元履棄城奔竄。又討西關，衍司州刺史馬仙琕亦即退走，果如英策。」〔註73〕元英順利收復三關，戰果輝煌，「凡擒其大將六人，支將二十人，卒七千，米四十萬石，軍資稱是。」〔註74〕

　　元英雖敗梁軍，但爲雪邵陽之恥，見馬仙琕敗走，仍揮軍急追。梁武帝在魏軍攻義陽三關時，已遣左衛將軍、南郡太守韋叡率軍增援，史載：〔註75〕

　　　　會司州刺史馬仙琕北伐還軍，爲魏人所蹙，三關擾動，詔（韋）叡

有這樣的部隊，其戰鬥時就好像風一樣的迅速，攻擊時就好像黃河決堤一般猛烈。所以敵人對於良將的軍隊，只可以遠望而不能抵擋，只可以投降而無法取勝。良將身先士卒，因此他的軍隊就能無敵於天下。

〔註70〕《魏書》卷 19 下〈景穆十二王下・南安王禎附子英傳〉，頁 502。
〔註71〕《魏書》卷 19 下〈景穆十二王下・南安王禎附子英傳〉，頁 502。
〔註72〕《魏書》卷 8〈世宗紀〉，頁 207。
〔註73〕《魏書》卷 19 下〈景穆十二王下・南安王禎附子英傳〉，頁 502。
〔註74〕《魏書》卷 19 下〈景穆十二王下・南安王禎附子英傳〉，頁 502。
〔註75〕《梁書》卷 12〈韋叡傳〉，頁 224。

　　督眾軍援焉。叡至安陸，增築城二丈餘，更開大塹，起高樓，眾頗

　　識其示弱。叡曰：「不然；爲將當有怯時，不可專勇。」

韋叡構築防禦工事堅固城防，準備阻擋元英南下，避免魏軍突穿進入南梁境內，因爲這次戰場義陽三關及其周圍皆屬魏土，若戰場擴及梁境，南梁將再次遭受戰爭的破壞，故韋叡的戰略規畫乃阻魏軍於境外。而元英自後追擊馬仙琕，「將復邵陽之恥，聞（韋）叡至，乃退，（梁武）帝亦詔罷軍。」〔註76〕元英獲悉韋叡有備，未再續追並班師返北，同時梁武帝亦命韋叡撤軍，於是在雙方克制得宜下，未引爆後續衝突，魏梁懸瓠、義陽三關之戰就此結束。

二、朐山之戰

（一）和平初試

　　509年（魏永平二年、梁天監八年）正月，元英盡逐郢州梁軍克復三關後，結束魏梁在襄沔地區的對峙狀態，且在二月間雙方關係曾露出一絲和平曙光。首先是北魏倡議交換俘虜，魏宣武帝詔曰：〔註77〕

　　……主書董紹，銜命公行，囚漂殊域，事可矜愍。尚書可量賊將齊

　　苟兒等四人之中分遣二人，敕揚州爲移，以易（司馬）悅首及（董）

　　紹，迎接還本。用慰亡存。

魏宣武帝希望用俘虜之梁將，交換奉命前往懸瓠宣慰卻遭白早生送至建康囚禁之董紹及豫州刺史司馬紹之首級。白早生殺司馬紹後，將其首級送至建康請功，表明降附之誠。此議獲得梁武帝贊同：〔註78〕

　　（蕭）衍又遣主書霍靈超謂（董）紹曰：「今放卿還，令卿通兩家

　　之好，彼此息民，豈不善也。」對曰：「通好息民，乃兩國之事，

　　既蒙命及，輒當聞奏本朝。」衍賜紹衣物，引入見之，令其舍人周

　　捨慰勞，并稱：「戰爭多年，民物塗炭，是以不耻先言，與魏朝通

　　好。……」

兩國換俘行動順利完成，董紹回到北魏後，「除給事中，仍兼舍人。……久之，加輕車將軍，正舍人，又除步兵校尉。」〔註79〕仕途可謂順暢。

〔註76〕《梁書》卷12〈韋叡傳〉，頁224。
〔註77〕《魏書》卷37〈司馬悅傳〉，頁859。
〔註78〕《魏書》卷79〈董紹傳〉，頁1758。
〔註79〕《魏書》卷79〈董紹傳〉，頁1759。

其次，南梁依循北魏換俘之議繼續延伸，提出換城之說，梁武帝希望董紹回返洛陽後，傳達南梁換城之議，「若欲通好，今以宿豫還彼，彼當以漢中見歸。」〔註80〕據上可知，魏宣武帝令楊椿率四萬魏軍收復宿豫的任務並未達成，宿豫仍由南梁控制。而董紹也確實轉達梁武帝換城通好之議，「（董）紹雖陳說和計，（北魏）朝廷不許。」〔註81〕南梁欲以宿豫交換漢中（今陝西漢中）之議，在魏宣武帝反對下沒有達成，也說明在南北對峙下，因魏強梁弱之背景，南梁受到戰爭的損害較北魏嚴重，故渴望和平，但是魏宣武帝仍秉持魏孝文帝以來對南方的軍事擴張政策，不輕言放棄，故這次雙方和平通好之嘗試，任魏宣武帝反對下破局，也代表雙方軍事衝突不會停止。

宿豫北望齊魯、南接江淮，居兩水（黃河、長江）中道，加上泗水「自山東泗水縣，流經徐州，又東入宿遷縣界，下流至清口合淮。」〔註82〕可見宿豫不但有泗水流經，又距淮河、沂水近，居水陸要衝之地，自古即為軍事重鎮，乃南北兵家必爭之地。佔有宿豫等於在淮河東部佔有重要軍事據點，同時也是在濱海地域有一立足點，在淮河東部及濱海地區得以有施力之處。其東北方的朐山、東南的角城，皆屬重要城戍，控有宿豫，能與朐山、角城形成三角軍事體系，而宿豫在這三個城戍的軍事體系中居中間主導地位，北魏控有這三城戍，將在濱海地區對南梁形成莫大軍事壓力；反之，南梁掌握這三城戍，則可對北魏構築一套堅強的防禦體系。是故宿豫歸屬北魏、南梁任一方，皆對此區域戰略形勢產生影響，北魏佔有宿豫，可破壞南梁在朐山、角城間的防禦體系，而宿豫目前歸屬南梁，故北魏自然希望能佔領宿豫。

由於宿豫具有高度戰略性，北魏一直想控制該處，但南北對立以來，宿豫皆掌控在南方手中，直至467年（魏天安二年、宋泰始三年）北魏終於有了突破。是年，北魏遣軍攻宿豫，劉宋宿豫守軍不敵，魏軍遂佔領之。北魏控有宿豫後，南朝政權遞嬗雖由劉宋至南齊再至南梁，但無論是何朝，都欲從北魏手中奪回宿豫，不過南朝始終未能如願，及至505年（魏正始二年、梁天監四年）情勢有了轉變。是年，梁武帝「大舉北伐，（張）惠紹與冠軍長史胡辛生、寧朔將軍張豹子攻宿預（豫），執城主馬成龍，送于京師（建

〔註80〕《魏書》卷79〈董紹傳〉，頁1759。
〔註81〕《魏書》卷79〈董紹傳〉，頁1759。
〔註82〕顧祖禹，《讀史方輿紀要》卷22〈江南四〉，頁1052。宿豫名稱南北略有不同，北魏稱宿豫、南朝稱宿預，而至唐時為避唐代宗李豫諱，遂改稱宿遷迄今。

康）。」〔註83〕梁軍雖攻陷宿豫，但不久後魏軍發動反攻，包圍宿豫城，北魏猛將邢巒大敗梁軍，張惠紹不得已棄城南走，宿豫又歸北魏。508 年（魏永平元年、梁天監七年）十月，宿豫城內發生內亂，前文已述，北魏鎮東參軍成景雋殺戍主嚴仲賢並以城降梁，由於宿豫戰略地位重要，北魏迅速遣楊椿領兵攻宿豫，但未能攻陷。綜上所述，由於宿豫對淮河東部的戰略局勢影響重大，故一旦爆發南北戰爭時，雙方皆欲控制宿豫，也因此造成宿豫忽而魏有、忽而歸梁的詭譎情勢，但也凸顯出宿豫在南北衝突中的關鍵性。

　　北魏希望能佔有宿豫、南梁亦願讓出宿豫換取漢中，雙方皆對宿豫的歸屬有一致認同，似乎可達成共識，然何以北魏不願以漢中易宿豫，原因在於漢中乃南北對峙時之西線戰略要地，又是入蜀門戶，其重要性不言可喻。北魏與南朝歷代對峙時，雙方往往在長江和黃河間的一條中間線上形成南北對抗，南北軍隊在這條線上形成的中間地帶競逐，這條中間線，東部是淮河；西部則是漢水上游，而漢中作為漢水的上游，軍事地位重要，哪一方掌握漢中地區即享有西線的戰略優勢。尤其是漢中特殊的地理形勢，漢中居秦嶺、大巴山兩座大山間，北為秦嶺、南為大巴山，而這兩座山的險峻與否，關係著漢中與南北雙方的戰略形勢。如果南方佔有漢中，即可憑藉秦嶺的險峻山勢據險為守，南方較佔優勢；反之若北方控有漢中，南方僅能以大巴山為防線，而北方軍隊越過大巴山南下較秦嶺容易，故北方擁有戰略優勢，誠如饒勝文認為秦嶺較大巴山險峻，越大巴山南進較容易，若南方以大巴山為前沿，則地理上的優勢在北方。〔註84〕

　　然何以漢中的戰略性高於宿豫，可從三個層面觀察。首先是宿豫與漢中所處的地域，宿豫位居淮河流域，淮河南北有廣闊的空間可供迴旋，且黃淮平原地勢並不複雜，對軍隊的運動與行進並不會構成太大的阻礙，因此掌控宿豫雖能在淮河東部地區佔有戰略優勢，但是並非絕對。北魏若失宿豫而由南梁佔領之，雖然南梁可依此重鎮建構防禦體系阻遏魏軍，但是魏軍若要大舉南侵，可繞過宿豫南下，且北魏朝廷發動大規模南侵戰爭，都是數道兵馬往南進軍，宿豫一般而言在東路軍的進攻通道上，即便梁軍在宿豫能成功抵禦魏軍，使其無法越過淮河東部防線，但是北魏其他各路兵馬，南梁各地部隊不見得能全部抵抗，若他路魏軍突破梁軍防線南下，屆時各路魏軍相互呼

〔註83〕《梁書》卷 18〈張惠紹傳〉，頁 285～286。
〔註84〕饒勝文，《布局天下：中國古代軍事地理大勢》，頁 239。

應，宿豫反而落在魏軍後方，極有可能在魏軍的進攻包圍下陷落，是故宿豫雖在淮河東部具有重要戰略地位，北魏得之固然有利於該地區的進攻與防禦，但是若未能掌握，仍有其他的進攻路線可取代。

至於漢中所在的四川地區，地形錯綜複雜，不僅崇山峻嶺行軍困難，河流亦水流湍急者多，能行舟船者少。唐代詩人李白有詩云：「蜀道之難難於上青天。」〔註85〕漢中是入蜀的重要門戶，不論是進攻或防守，漢中因其地理位置的特殊性，不像宿豫可繞道而行，有其他路線可替代。三國蜀漢大將黃權曾對劉備言及漢中的重要性，其云：「若失漢中，則三巴不振，此為割蜀之股臂也。」〔註86〕足證掌握漢中等於控制進入蜀地的咽喉。先看漢中周圍形勢，漢中位居漢水上游，東邊秦嶺邊緣有武關、西北有散關、西南有陽平關，北方雖看似有秦嶺與關中地區隔絕，其實不然，漢中北邊自東而西有子武道、儻駱道、褒斜道三條谷道穿越秦嶺直抵關中，這三條谷道戰略意義重大，一旦掌握漢中，等於控制這三條漢中與關中地區的重要通道。南梁據漢中，不但可掌控蜀地，尚可藉上述三條軍事通道進軍關中，一旦梁軍進入關中地區，將對北魏都城洛陽造成巨大威脅，可見北魏若未能佔有漢中，等於將都城暴露在敵人威脅之下，故北魏必須佔有漢中，將這三條通道納入控制，才能免除這三條通道在敵人控制下帶來的威脅。

南朝各代皆定都建康，政治重心置於東南，故其上游荊襄地區顯得格外重要，從荊襄順流而下可直達建康，故為護衛建康安全，南朝歷代皆將掌控荊襄地區列為國防要務。而荊襄的上游則是四川，四川肩負能否掌控荊襄的關鍵，其中四川的漢中則是扮演同為四川與荊襄上游的角色，亦即漢中對四川和荊襄同時擁有上游之勢。饒勝文認為：「漢中對四川的上游之勢緣於地勢，漢中對荊襄的上游之勢則緣於漢水。漢水連貫漢中與湖北，漢中居其上游。」〔註87〕據上可知，佔漢中之所以保荊襄、保荊襄之所以衛建康，建康政權以荊襄為其上游屏障，荊襄又以四川為其上游屏障，在漢中同時為四川與荊襄上游的情況下，建都建康的南朝各代，為鞏固政權須將建康遭受威脅的因子降到最低，故必須將漢中牢牢控制在手中，這也是南梁急欲以宿豫交

〔註85〕 邱燮友注譯，《唐詩三百首》（臺北：三民書局，2003年2月）卷2〈七古樂府〉，頁194。
〔註86〕 〔西晉〕陳壽，《三國志》（中華書局點校本）卷43〈蜀書·黃李呂馬王張傳〉，頁1043。
〔註87〕 參見饒勝文，《布局天下：中國古代軍事地理大勢》，頁243。

換漢中的重要原因之一。

　　綜上所述，北魏與南梁在黃河、長江間的中間線競奪的過程中，宿豫居東、漢中居西。宿豫雖然在淮河東部居重要戰略地位，但是北魏與南梁在宿豫的一時得失，不足以對淮河東部及濱海地區的戰略形勢產生決定性影響，北魏即便無法控有宿豫，在對南梁發動戰爭時，仍可用武力強行攻佔之，或改以其他路線向南進軍。至於漢中，其一時的得失對北魏與南梁皆會產生決定性影響。現時北魏已佔漢中，故進攻南梁時可穿越地勢較低的大巴山攻入南梁境內，且可利用漢中的上流之勢威脅荊襄進窺建康，另外尚能以漢中為攻蜀的前進基地，如514年（魏延昌三年、梁天監十三年）十月，魏宣武帝以司徒高肇為大將軍率步騎十萬伐蜀。〔註88〕魏軍分成四路大軍：「益州刺史傅豎眼出巴北，平南將軍羊祉出涪城，安西將軍奚康生出綿竹，撫軍將軍甄琛出劍閣。」〔註89〕如果北魏沒有以漢中為攻蜀的前進據點，則軍士的行軍、武器糧食的後勤補給，都必須耗費不少精力，過程中還會造成士兵傷亡或物資損失，如若佔有漢中，即能降低這些損耗。因此北魏佔有漢中，對南梁的荊襄地區、都城建康、蜀地都造成極大威脅，是故南梁為了國防安全，欲以宿豫與北魏交換漢中，然漢中的戰略利益非宿豫所能比擬，北魏方面自然不願交換，也因南梁無法掌握漢中，助長了北魏經營蜀地的企圖心，因而有上述魏宣武帝伐蜀之舉，可見漢中一地之得失，對魏梁兩國的戰略形勢影響甚鉅。

（二）北魏佔領朐山

　　魏宣武帝後期第一階段與南梁之衝突與戰爭，率皆肇因於邊關守將叛降，不同之處在於508年（魏永平元年、梁天監七年）義陽三關、懸瓠之衝突，乃北魏郢州司馬彭珍、懸瓠軍主白早生叛魏降梁引起；511年（魏永平四年、梁天監十年）的朐山（今江蘇連雲港西南）爭奪戰，導火線卻是梁人王萬壽殺朐山守將叛梁降魏引發的。

　　《魏書・世宗紀》：「夏四月，琅邪民王萬壽斬蕭衍輔國將軍、琅邪東莞二郡太守劉晰首，以朐山來降。徐州刺史盧昶遣琅邪戍主傅文驥率眾據之。」〔註90〕《梁書・武帝紀》：「三月辛丑，盜殺東莞、琅邪二郡太守鄧（劉）晰，

〔註88〕　參見《魏書》卷8〈世宗紀〉，頁214。
〔註89〕　《魏書》卷8〈世宗紀〉，頁214～215。
〔註90〕　《魏書》卷8〈世宗紀〉，頁210。

〔註91〕以朐山引魏軍。」〔註92〕《資治通鑑》:「三月,琅邪民王萬壽殺東莞、琅邪二郡太守劉晰,據朐山,召魏軍。」〔註93〕南梁治下的朐山城於 511 年(魏永平四年、梁天監十年)爆發琅邪民王萬壽殺東莞琅邪二郡太守、帶朐山戍主劉晰,以朐山降魏,朐山時為東莞琅邪二郡治所。然而依據上述三條史料,月份有異,《資治通鑑》、《梁書・武帝紀》均載三月,《魏書・世宗紀》卻載四月,其實並不衝突。王萬壽殺劉晰叛梁確在三月無疑,但魏軍真正進入朐山城接管是在四月,故《資治通鑑》、《梁書・武帝紀》載其叛亂初始時間,而《魏書・世宗紀》則將琅邪戍主傅文驥進據朐山之時間述入,才有四月之載。

　　朐山乃青齊濱海地域的軍事重鎮,南北朝時期,忽而屬南朝、忽而遭北魏佔領。魏孝文帝於 480 年(魏太和四年、齊建元元年)趁宋亡齊興,齊高帝初即位之際發兵南侵,爆發魏齊第一次戰爭。當年九月魏軍攻下朐山,「假梁郡王嘉破蕭道成(齊高帝)將盧紹之、玄元度於朐山,其下蔡戍主棄城遁走。」〔註94〕北魏統治朐山二十六年後,在 506 年(魏正始三年、梁天監五年)魏梁第二次大戰中的東部戰場,梁軍於六月奪回朐山,「(南梁)青冀二州刺史桓和前軍克朐山城。」〔註95〕不料在五年後,朐山因內部叛亂之故,北魏再度佔領朐山。

　　北魏徐州刺史盧昶在三月接獲王萬壽以朐山降魏訊息,藉地利之便,立即遣琅邪戍主傅文驥及郯城戍副張天惠領軍接收。而南梁青、冀二州刺史張稷,鑑於朐山戰略地位重要,不能失陷於魏,亦遣軍速馳朐山,雙方遂爆發衝突:「(張)天惠與(王)萬壽等內外齊擊,俘斬數百。(盧)昶仍遣琅邪戍主傅文驥入城據守。」〔註96〕北魏再度佔有朐山後,深知依朐山在青齊濱海地域戰略地位之重要,南梁定會遣軍來攻,戰爭當可預期,故魏宣武帝令盧

〔註91〕《梁書》〈馬仙琕傳〉;《魏書》〈世宗紀〉、〈盧昶傳〉皆作劉晰。《資治通鑑》說明《梁書》〈武帝紀〉鄧晰之誤,應依《梁書》〈馬仙琕傳〉;《魏書》〈世宗紀〉、〈盧昶傳〉作劉晰。參見《梁書》卷 17〈馬仙琕傳〉,頁 280。《魏書》卷 8〈世宗紀〉,頁 210。《魏書》卷 47〈盧昶傳〉,頁 1057。《資治通鑑》卷 147〈梁紀三〉,武帝天監十年,頁 4598。
〔註92〕《梁書》卷 2〈武帝紀中〉,頁 51。
〔註93〕《資治通鑑》卷 147〈梁紀三〉,武帝天監十年,頁 4598。
〔註94〕《魏書》卷 7 上〈高祖紀上〉,頁 149。
〔註95〕《梁書》卷 2〈武帝紀中〉,頁 44。
〔註96〕《魏書》卷 98〈島夷蕭衍傳〉,頁 2175。

昶盡速籌畫戰守之策，詔曰：〔註97〕

> 彭宋地接邊疆，勢連淮海，威禦之術，功在不易。朐山險塞，寇之
> 要防，水陸交湊，揚、郁路衝，……今水雨盛行，宜須防守。卿可
> 深思擬捍之規，攘敵之略。

梁武帝見朐山已失，「遣振遠將軍馬仙琕討之。」〔註98〕當然，南梁不可能僅
遣馬仙琕一將前往朐山，梁武帝乃是以馬仙琕爲此次進攻朐山行動之主帥，
而南梁的軍事部署及兵力多寡，在盧昶上表魏宣武帝分析朐山敵我實力時，
有詳細之記載：〔註99〕

> （盧）昶又表：「蕭衍將張稷、馬仙琕、陰虔和等各領精兵，分屯諸
> 堰；昌義之、張惠紹、王神念、王茂光承彼傳信，續發建鄴。自存
> 之計，并歸於此。量力準寇，事恐不輕。何者？此兵九千，賊眾四
> 萬，名將健士，遠近畢集。

依上所述，梁軍四萬由馬仙琕、張稷、陰虔和等將率領，以馬仙琕爲最高指
揮官，至於昌義之、張惠紹、王神念、王茂光等梁將，史籍未見其投入朐山
之戰的記載，不排除盧昶爲爭取魏宣武帝增派大軍而誇大其事。

　　魏宣武帝爲保有朐山也展現了相當大的決心，充分滿足盧昶的要求，他
先遣安南將軍蕭寶夤、平東將軍趙遐各領一路兵馬赴援朐山，俱受盧昶節度，
不過這二路兵力不明。接著又詔盧昶曰：〔註100〕

> 克獲朐山，計本於昶，乘勝之規，終宜有寄。是以起兵之始，即委
> 處分，前機經略，一以任之。今既請兵，理宜速遣。可遣冀、定、
> 瀛、相四州中品羽林、虎賁四千人赴之。

盧昶雖又獲四千兵馬，仍覺兵力不足以與馬仙琕抗衡，一再表請增援，魏宣
武帝接連下了二封詔書：〔註101〕

> 又詔昶曰：「……已發虎旅五萬，應機電赴，指辰而至，遂卿本請。
> 截彼東南，亮委高算。」又詔昶曰：「取朐置戍，並是卿計，始終成
> 敗，悉歸於卿。卿以兵少請益，今已遂卿本意。……」

魏宣武帝再增兵五萬，且依此前後三封詔書所示，魏宣武帝將朐山全權交付

〔註97〕《魏書》卷47〈盧昶傳〉，頁1057～1058。
〔註98〕《梁書》卷2〈武帝紀中〉，頁51。
〔註99〕《魏書》卷47〈盧昶傳〉，頁1058。
〔註100〕《魏書》卷47〈盧昶傳〉，頁1058。
〔註101〕《魏書》卷47〈盧昶傳〉，頁1059。

盧昶，亦即以其為主帥，各路魏軍受其節度，希望他能擊退梁軍，鞏固北魏在朐山之統治。

（三）朐山攻防

馬仙琕率領梁軍於 511 年（魏永平四年・梁天監十年）五月開始圍攻朐山，但是盧昶並未對梁軍發動大規模攻勢，從五月至十一月，他對解朐山之圍提不出具體戰略作為，僅靠傅文驥嬰城固守，及趙遐所領魏軍對梁軍之戰鬥取得勝利，《魏書・趙遐傳》：〔註102〕

> 遐孤軍奮擊，獨破（馬）仙琕，斬其直閤將軍、軍主李魯生，直後軍主萬景羽等。仙琕先分軍於朐城之西，阻水列柵，以圍固城。遐身自潛行，觀水深淺，結草為筏，銜枚夜進，破其六柵，遂解固城之圍。

但是趙遐之勝利無關大局，且朐山遭圍已歷半年，盧昶始終未能擊退梁軍，魏宣武帝懼朐山有失，持續進行援助朐山行動，十一月「己亥，詔李崇、奚康生等治兵壽春，以分朐山之寇。」〔註103〕李崇時為揚州刺史，魏宣武帝見盧昶半年無功，擔心朐山陷落，準備遣李崇、奚康生率軍投入朐山戰場。

正當李崇、奚康生積極進行進軍準備時，朐山戰場傳來魏軍大敗消息。傅文驥在梁軍圍困下，堅守朐山待援，但始終得不到援助，盧昶率北魏大軍停滯不進，且未輸糧進朐山城，任令其情勢惡化，傅文驥不得已於十一月戊申以城南降，《魏書・傅文驥傳》：〔註104〕

> （傅文驥）勇果有將領之才。隨（傅）豎眼征伐，累有軍功，自強弩將軍出為琅邪戍主。朐山內附，徐州刺史盧昶遣文驥守朐山，樵米既竭，而昶軍不進。文驥遂棄母妻，以城降蕭衍。

盧昶見傅文驥降梁朐山已失，竟未揮軍進攻奪回朐山，反於十二月庚辰率軍撤退，撤退又毫無章法，馬仙琕率梁軍自後追擊，魏軍大敗，《魏書・世宗紀》載：「朐山陷，盧昶大敗而還。」〔註105〕前條史料僅以大敗言之，未言及魏軍慘敗之狀，但從《魏書》〈盧昶傳〉、〈趙遐傳〉即可看出魏軍遭受重創，《魏書・盧昶傳》：〔註106〕

〔註102〕《魏書》卷 52〈趙遐傳〉，頁 1147。
〔註103〕《魏書》卷 8〈世宗紀〉，頁 211。
〔註104〕《魏書》卷 70〈傅文驥傳〉，頁 1561。
〔註105〕《魏書》卷 8〈世宗紀〉，頁 211。
〔註106〕《魏書》卷 47〈盧昶傳〉，頁 1059。

胸山戍主傅文驥糧樵俱罄，以城降衍。昶見城降，於是先走退。諸
軍相尋奔遁，遇大寒雪，軍人凍死及落手足者三分而二。

《魏書・趙遐傳》：〔註107〕

未幾而文驥力竭，以城降賊，眾軍大崩。（盧）昶棄其節傳，輕騎而
走，惟（趙）遐獨握節而還。時仲冬寒盛，兵士凍死者，胸山至於
郯城二百里間僵尸相屬。昶儀衛失盡，於郯城借假節以爲軍威。

從「胸山至於郯城二百里間僵尸相屬」、「軍人凍死及落手足者三分而二」這
二句觀之，魏軍死傷非常慘重，幾近全軍覆沒。

北魏胸山大敗，兵員傷亡至少十萬人以上，《梁書・武帝紀》：「馬仙琕
大破魏軍，斬馘十餘萬，剋復胸山城。」〔註108〕《梁書・馬仙琕傳》：「魏
徐州刺史盧昶以眾十餘萬赴焉。……（盧）昶遁走。仙琕縱兵乘之，魏眾免
者十一二。」盧昶率魏軍十餘萬，免者僅十一二，損失之士兵當在十萬人以
上。由《梁書》所載，明顯可知魏軍陣亡數目，若云南北史書大抵皆誇勝諱
敗，常誇大對方傷亡以凸顯己方戰功，則《梁書》是否有誇大之嫌？另取《魏
書・天象志》所載：「梁胸山鎮殺其將來降，詔徐州刺史盧昶援之。十二月，
昶軍大敗於淮南，淪覆十有餘萬。」〔註109〕可見南北史書記載大體一致，故
可得出兩點結論，其一：胸山一役北魏兵員傷亡，南北史書皆作相同記載，
十餘萬之數當無疑義，《梁書》並未誇大其數，《魏書》亦作翔實之載。另《魏
書・盧昶傳》：「自國家經略江左，唯有中山王英敗於鍾離，（盧）昶於胸山
失利，最爲甚焉。」〔註110〕十餘萬魏軍傷亡對北魏而言乃極其巨大之損失，
北魏視之與元英邵陽之敗的三十餘萬魏軍近半傷亡，同爲北魏對南方用兵損
失慘重的二大敗仗，若胸山之敗魏軍未傷亡十萬以上，《魏書》當不會和邵
陽之敗並列。其二：綜上史料所載，胸山之役北魏動員十餘萬大軍，「淪覆
十有餘萬」之語出自《魏書》，既然損失十餘萬，整體軍隊數額必然大於淪
覆者。此外，《梁書・馬仙琕傳》明確指出盧昶率十餘萬魏軍，而最後「魏
眾免者十一二」，以魏軍傷亡八至九成計算，至少需十二萬魏軍始符合「淪
覆十有餘萬」之記載，故可進一步推斷出北魏至少動員十二萬大軍。盧昶所
率北魏大軍，根據《魏書・盧昶傳》，先有盧昶徐州軍九千，之後盧昶再三

〔註107〕《魏書》卷52〈趙遐傳〉，頁1147～1148。
〔註108〕《梁書》卷2〈武帝紀中〉，頁51。
〔註109〕《魏書》卷105之4〈天象志四〉，頁2434。
〔註110〕《魏書》卷47〈盧昶傳〉，頁1059。

表請增軍，魏宣武帝連續三次增援，發四千、五萬等兩批援軍予盧昶，另遣蕭寶夤、趙遐領軍赴援，雖蕭、趙二人所率魏軍數目不明，但可推估二人所率魏軍總額當在六萬以上，可能各率三萬，如此再加上盧昶的六萬三千，魏軍總額達到十二萬三千，已符合北魏至少十二萬人軍總數。

　　胊山之役北魏遭受重創，上距 507 年（魏正始四年、梁天監六年）中山王元英的邵陽之敗後，再一次遭受對南梁軍事上的挫敗，這兩次大挫敗使北魏國力大損。戰後，北魏朝廷進行敗戰究責，對相關將領進行懲處。盧昶為胊山之役魏軍總指揮，理應負最大之責：〔註111〕

> 世宗遣黃門甄琛馳驛鎖（盧）昶，窮其敗狀。詔曰：「胊山之敗，傷損實深，推始究末，罪鍾元帥。雖經大宥，輕重宜別，昶一人可以免官論坐，自餘將統以下悉聽依赦復任。」

魏宣武帝將敗戰責任歸咎於盧昶的領導無方，事實上亦是如此。至於其餘諸將，並未深究其敗戰之責，故「自餘將統以下悉聽依赦復任。」不過另二位主要將領蕭寶夤、趙遐的處置略有不同，蕭寶夤未被免官，「盧昶軍敗，唯寶夤全師而歸。」〔註112〕蕭寶夤雖能保全所部兵力，然因全軍損失過巨，並未得到任何封賞；而趙遐則被免官，「（趙）遐坐失利，免官。延昌中，起為光祿大夫、使持節、假前將軍為別將，防捍西荊。」〔註113〕趙遐免官的時間不長，二、三年後的延昌年間（512～515、梁天監十一年至十四年）即重新起用，防衛西疆。即便盧昶亦復如此，雖被免官，「未幾，拜太常卿，仍除安西將軍、雍州刺史，又進號鎮西將軍，加散騎常侍。」〔註114〕由此觀之，北魏無人為胊山之敗負起責任，總指揮盧昶和邵陽之役的北魏主帥元英一樣，元英雖然被削爵為民，但不久後又重返北魏朝廷，仕途更加順利，魏宣武帝這種賞罰不分的情形，對北魏軍界不免有負面的影響。

〔註111〕《魏書》卷47〈盧昶傳〉，頁 1059～1060。
〔註112〕《魏書》卷59〈蕭寶夤傳〉，頁 1315。
〔註113〕《魏書》卷52〈趙遐傳〉，頁 1148。
〔註114〕《魏書》卷47〈盧昶傳〉，頁 1060。

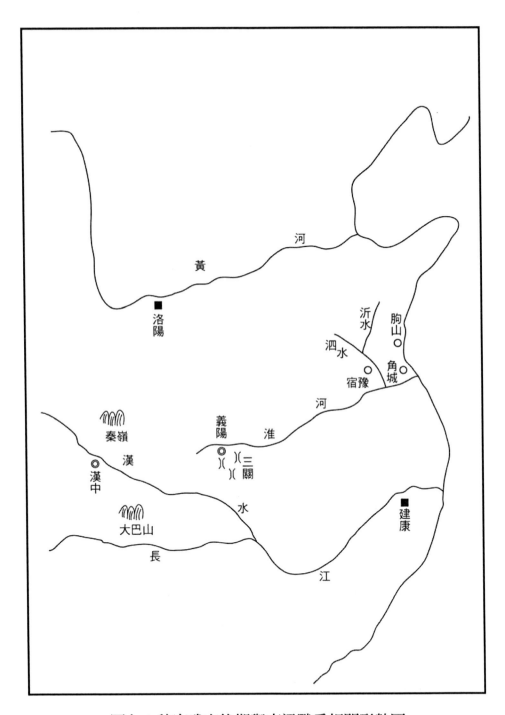

圖七：魏宣武帝後期與南梁戰爭相關形勢圖

第三節　戰爭檢討

一、中山王元英的魏軍兵力遭限制

　　元英在赴援義陽時，曾以兵少爲由表請增軍，「世宗以邢巒頻破（白）早生，詔（元）英赴義陽。英以眾少，累表請軍，世宗弗許。」〔註115〕何以魏宣武帝拒絕元英的增兵要求，一個重要原因可能是邵陽之敗的陰影仍在。魏梁第二次大戰時，元英於東部戰場大敗梁軍，並乘勝進圍鍾離，但是由於雨季即將來臨及淮河水位高漲等因素，戰場環境恐不利於魏軍，故魏宣武帝曾兩次下詔望元英暫且罷兵，然而在元英的堅持下仍繼續進攻鍾離，結果招致邵陽大敗。前事不忘後事之師，魏宣武帝擔憂一旦增兵元英，他「君命有所不受」的精神過度發揮，不願依魏宣武帝意願退兵，若自率大軍攻入南梁境內，恐會引爆兩國大戰。在北魏因邵陽之敗損失慘重，國力正待休養生息之際，不宜節外生枝引起全面戰爭，應將衝突侷限在區域戰爭範疇，因此魏宣武帝否決元英增兵之議。

　　元英未獲增兵，其所率魏軍是否足以收復義陽三關，據《魏書·田益宗傳》載：〔註116〕

> 白早生反於豫州，（魏宣武帝）詔益宗曰：「⋯⋯而羣小猖狂，忽構釁逆，殺害鎮主，規成反叛。⋯⋯即遣尚書邢巒總精騎五萬，星馳電驅；征南將軍、中山王英統馬步七萬，絡繹繼發。

據上可知元英率軍七萬、邢巒五萬，合計十二萬大軍投入義陽、懸瓠戰場，不過這個數字過於誇大。其一：邵陽之戰北魏三十萬大軍傷亡過半，不到二年時間再度動員十二萬大軍，雖非謂不可能，但有一定難度，同時必須顧慮社會反應，尤其是邵陽之戰陣亡的魏軍家屬。另外，邵陽戰後，魏宣武帝的政策在休養生息恢復國力，其戰略目標僅欲收復懸瓠及義陽三關，故將其定位爲區域戰爭，既是如此，便不願過度衝突引起大戰，因此北魏出動十二萬大軍的可能性不大。

　　其二，據《魏書》〈中山王英傳〉〔註117〕、〈邢巒傳〉〔註118〕，均未載其

〔註115〕《魏書》卷19下〈景穆十二王下·南安王楨附子英傳〉，頁502。

〔註116〕《魏書》卷61〈田益宗傳〉，頁1372。

〔註117〕《魏書》卷19下〈景穆十二王下·南安王楨附子英傳〉，頁502載：「時郢州治中督榮祖潛引蕭衍軍，以義陽應之，三關之戍，並據城降衍。郢州刺史婁悅嬰城自守。懸瓠城民白早生等殺豫州刺史司馬悅，據城南叛。衍將齊苟仁

所率魏軍兵力，《魏書》中有載二人統領之兵力，在〈田益宗傳〉及〈世宗紀〉，〈田益宗傳〉所載兵力已如前述為十二萬。而〈世宗紀〉則載：〔註119〕

> 郢州司馬彭珍、治中督榮祖等謀叛，……三關戍主侯登、陽鳳省等以城南叛。……遣中山王英督步騎三萬以赴之。

〈世宗紀〉載元英率三萬步騎，較〈田益宗傳〉七萬翔實可信，《資治通鑑》亦採〈世宗紀〉，其載：〔註120〕

> 魏郢州司馬彭珍等叛魏，潛引梁兵趨義陽，三關戍主侯登等以城來降。郢州刺史婁悅嬰城自守。魏以中山王英都督南征諸軍事，將步騎三萬出汝南以救之。

元英率三萬兵馬依《魏書‧世宗紀》、《資治通鑑》所言實屬可信，然何以同屬《魏書》，其紀傳所載軍隊數量各異，有兩個可能原因，分析如下，首先：〈田益宗傳〉所云，乃魏宣武帝詔令田益宗協同元英作戰。田益宗時為東豫州刺史，梁軍若遭魏軍擊敗退走經東豫州地域時，魏宣武帝令田益宗率州軍「便可善盡算略，隨宜追掩，勿令此豎得有竄逸。遲近清盪，更有別旨。」〔註121〕魏宣武帝告知元英率軍七萬、邢巒五萬，實有恫嚇田益宗意味，阻止其降附南梁。田益宗「世為四山蠻帥。」〔註122〕本受南齊統治，493 年（魏太和十七年、齊永明十一年）轉而歸附北魏，田益宗意向牽動襄沔地區蠻族動向，田益宗歸屬哪方政權，其下之蠻族自然追隨，尤其蠻族治理不易，若田益宗叛魏降梁，將危及北魏在襄沔地區之統治。而梁武帝亦知田益宗身繫蠻族之動向，故特別加以籠絡：〔註123〕

> 蕭衍招益宗以車騎大將軍、開府、儀同三司、五千戶郡公。當時安危，在益宗去就，而益宗守節不移。郢豫克平，益宗之力也。

由「當時安危，在益宗去就。」來看，田益宗的確具影響義陽三關、懸瓠歸

率眾守懸瓠。悅子尚華陽公主，并為所劫。詔英使持節、都督南征諸軍事、假征南將軍，出自汝南。」未見元英所率魏軍數目。

〔註118〕《魏書》卷 65〈邢巒傳〉，頁 1446 載：「豫州城民白早生殺刺史司馬悅，以城南入，蕭衍遣其冠軍將軍齊苟仁率眾入據懸瓠。詔巒持節率羽林精騎以討之。封平舒縣開國伯，食邑五百戶，賞宿豫之功也。」同樣未見邢巒所率兵力為何。

〔註119〕《魏書》卷 8〈世宗紀〉，頁 206。

〔註120〕《資治通鑑》卷 147〈梁紀三〉，武帝天監七年，頁 4586。

〔註121〕《魏書》卷 61〈田益宗傳〉，頁 1372。

〔註122〕《魏書》卷 61〈田益宗傳〉，頁 1370。

〔註123〕《魏書》卷 61〈田益宗傳〉，頁 1372。

屬之份量與地位，故北魏與南梁皆不敢輕忽，不過田益宗守節不移，對北魏政權忠誠以待。另一方面，南梁的策反舉動北魏不可能不知，尤其田益宗為東豫州刺史，其州府僚佐必將南梁相關籠絡作為，回報北魏朝廷，故魏宣武帝明確告知將有十二萬大軍到來，主要是警告田益宗勿輕舉妄動，不可有投梁之心，否則將面對十二萬大軍的征討，此為〈田益宗傳〉為何云十二萬大軍原因之一。其次：不排除魏宣武帝原欲動員十二萬大軍，故在詔示田益宗令其協同元英作戰時，明確說明魏軍數目，必須讓田益宗知道總兵力為何，地方州軍才能做戰略、戰術上之配合。但是當魏宣武帝動員軍隊時，可能遭遇困難或有其他考量，或是再經過評估，認為收復義陽三關及懸瓠並不需要如此龐大兵力，所以最後僅讓元英率三萬兵馬，此為《魏書》〈世宗紀〉、〈田益宗傳〉載魏軍兵力相異原因之二。

　　元英所領三萬兵馬據上所述當無疑義，但邢巒的五萬魏軍，《魏書》〈世宗紀〉、〈邢巒傳〉未載其率領之兵力，《資治通鑑》亦是，故除《魏書·田益宗傳》外，其他史料並未能窺知軍隊數目，但仍可從相關記述推估其兵力。梁武帝遣馬仙琕率軍前往懸瓠接應，「仙琕進頓楚王城，遣副將齊苟兒以兵二千助守懸瓠。」〔註124〕馬仙琕得知邢巒正率魏軍進向懸瓠而來，遣「胡孝智率眾七千，去城二百，逆來拒戰。」〔註125〕邢巒為爭取時間赴援懸瓠，率精騎八百先行，遇胡孝智七千梁軍，破之，並追擊至懸瓠，故此時懸瓠城內梁軍，齊苟兒二千、胡孝智七千，加上白早生所率叛軍，及原北魏懸瓠守軍，估計在一萬餘人，至多不逾一萬五千人，合理的範圍在一萬二至一萬五之間。

　　邢巒率先遣部隊八百騎兵至懸瓠城外，以如此少之兵力無法攻城，故他待大軍到後始開始圍城，既能圍城，邢巒魏軍至少在城內梁軍最保守估計的一萬五以上，再由《魏書·田益宗傳》載元英七萬、邢巒五萬，而元英實際上只有三萬魏軍，依此類推，邢巒魏軍應在二萬至二萬五千人間，以二萬最有可能，且此數目符合攻城所需兵力，雖懸瓠城內至多有一萬五千名守軍，但原屬北魏的守軍，對南梁忠誠度本就不足，此時見懸瓠城已被魏軍包圍，其內心之動搖可想而知，即便無法與邢巒魏軍裡應外合，起碼不會全力守城，故扣掉這部分兵力，真正防衛懸瓠抵禦邢巒攻擊的，僅有九千梁軍。之後元英移師先助邢巒攻懸瓠，在二人聯軍五萬的進攻下，梁軍敗退，北魏收復懸

〔註124〕《梁書》卷17〈馬仙琕傳〉，頁280。
〔註125〕《魏書》卷65〈邢巒傳〉，頁1447。

瓠，「俘蕭衍卒三千餘人。」〔註126〕

　　若真如〈田益宗傳〉所述，元英領軍七萬、邢巒五萬，合計元英有十二萬大軍，以如此龐大兵力進攻義陽何需請軍增援。邢巒在克懸瓠、平豫州後，隨即返回洛陽，「豫州平，巒振旅還京師。世宗臨東堂勞之。」〔註127〕邢巒所率五萬魏軍之動向有二種可能，一是交由元英統領續攻義陽三關；一為隨邢巒班師回洛陽，所以元英是有可能以十二萬大軍投入義陽戰場的。即便未有邢巒的五萬魏軍，元英仍至少有七萬大軍，七萬大軍攻三關，以魏軍之戰力應可勝任，何需表請增軍，故據上反證〈世宗紀〉載元英領三萬魏軍當屬可信，元英擔憂三萬魏軍不足，才會請求援軍，若邢巒的二萬魏軍亦交由元英統率，五萬魏軍應已足夠，或許元英考慮到分兵三路進攻三關，會使魏軍分散減低作戰力量，且南梁見三關被圍，恐會派兵增援，為阻南梁援軍及進行三關作戰，元英才會向魏宣武帝要求增軍，詎料卻遭駁回。魏宣武帝認為不論五萬或三萬，兵力已足夠進攻三關，而元英或許也知道在無後續兵力增援的情況下，同時進攻三關將導致兵力分散，故擬定計畫全力進攻防禦最弱之武陽關，其他二關見武陽關已陷，恐會軍心渙散不攻自破，而結果誠如元英預期，北魏順利收復義陽三關。

二、北魏先撫後攻的戰略正確

　　北魏朝廷對懸瓠軍主白早生叛魏降梁之態度，並非一開始即主張以武力征討，而是採安撫之策，北魏多位重臣皆認為豫州之反乃司馬悅暴政虐民之故，如邢巒認為白早生並非具深謀大智之輩，有能力煽動百姓叛亂。北魏第一時間判斷正確，在情勢未明朗前，不宜出兵，以免激怒豫州軍民，故先採安撫之策，遣使撫慰順道偵伺當地民情，「世宗遣主書董紹銜詔宣慰，紹為（白）早生所執，送之於（蕭）衍。」〔註128〕董紹，字興遠，頗有文義，因「辯於對問，為世宗所賞。」〔註129〕或許魏宣武帝認為董紹辯於對問，能勸服白早生等叛將回歸北魏，故命其前往懸瓠宣慰。詎料，白早生降梁決心堅定，反將董紹「囚送江東。」〔註130〕魏宣武帝見撫慰政策無效，迫不得已，始命邢

〔註126〕《魏書》卷8〈世宗紀〉，頁207。
〔註127〕《魏書》卷65〈邢巒傳〉，頁1447。
〔註128〕《魏書》卷98〈島夷蕭衍傳〉，頁2175。
〔註129〕《魏書》卷79〈董紹傳〉，頁1758。
〔註130〕《魏書》卷79〈董紹傳〉，頁1758。

蠻率軍出討,雖最終仍決定採武力征討,但與初始即用武力鎮壓不同,若未遣董紹嘗試以安撫方式解決豫州之亂,而是直接出動軍隊平亂,恐激起豫州軍民恐慌,容易導致亂事擴大,甚至危及鄰近各州,也容易增加南梁操作空間。及至撫慰失敗後,魏宣武帝知其叛魏之心無法動搖,此時再出兵征討,師出有名,也讓豫州及懸瓠軍民,知悉白早生等叛軍拒絕北魏給予的自新機會,如此將有利於民心爭取,由此可見,北魏先撫後攻之戰略實屬正確。

三、南梁重防禦優於進攻的戰略概念

長期以來,南朝一直是遭受攻擊的對象,故南朝軍隊必須固守城戍拒敵,且在北強南弱態勢下,採積極攻勢進攻北魏的時間與次數,實不及北魏對南朝的進攻,故防守優於進攻的概念影響南朝各代,南梁亦然。在這次的魏梁衝突中,韋叡固守安陸阻遏元英魏軍的南下,的確發揮南人守城的特長,然而這種守勢概念,無形中影響梁軍在佔優勢時積極進攻的企圖,如梁軍在攻克義陽三關後,未能乘勝攻下義陽,顯然戰略企圖略為不足。

(一)南梁取三關後應集中全力攻下義陽

南梁在佔領義陽三關及懸瓠後,加上北魏豫州、郢州全數入梁的情況下,義陽已成一孤城且岌岌可危。然而南梁並未把握此良機,趁勢全力進攻義陽,僅遣司州刺史馬仙琕領軍前往,而馬仙琕所領當為司州地方軍,可見南梁一開始兵力動員不足,故馬仙琕僅能以齊苟兒率兵二千助白早生守懸瓠。三關情況亦復如此,及至戰況危急,梁武帝才遣冠軍將軍彭瓮生等率軍增援,彭瓮生為冠軍將軍,所率援軍當為中央禁軍。此外,馬仙琕進軍至楚王戍(今河南新蔡東北)即駐屯於此,居中策應義陽三關及懸瓠之作戰,故楚王戍成為梁軍對三關及懸瓠作戰之大本營,而馬仙琕為總指揮。梁軍的戰略失誤在於馬仙琕自始至終並未進入懸瓠及三關,而南梁朝廷也未命馬仙琕進入,若馬仙琕能進入三關並獲南梁朝廷續遣大軍增援,將對義陽形成壓力,則梁軍攻陷義陽機會大增。馬仙琕身為這次軍事行動的梁軍主帥,未率軍進入佔領之城戍,尤其懸瓠乃軍事重鎮戰略地位重要,實為南梁一大失策,同時也顯示從南梁朝廷到前方統帥企圖心不足,若南梁一開始即全力投入,中央禁軍、地方州兵盡皆出動,更命馬仙琕進入懸瓠或義陽三關之一,並以其為大本營,採全面性攻勢作戰,或許能攻下義陽,呈現另一種戰爭結果。

　　南梁未能憑藉佔領懸瓠及義陽三關之利，趁勢全面進攻奪取義陽，而僅以區域戰爭規模對魏軍作戰，這可從其內部與外部因素分析之。就內部因素而言，南梁與北魏一樣，魏梁二次大戰的全面性戰爭國力損耗太大，短時間內無法發動大規模戰爭，雖然邵陽一役梁軍大勝，但此前南梁北伐軍主帥臨川王蕭宏在梁城、洛口的大敗，南梁兵員、軍糧、兵仗損失慘重，正需時間休養生息，因而連帶影響發動戰爭之規模，故現時南梁國力恐無法支撐大規模戰事。至於外部因素，北魏爲掩護元英、邢巒對義陽三關及懸瓠之作戰，避免南梁對這兩處不斷增援，乃藉宿豫陷梁之機，乘勢實施牽制作戰。508年（魏永平元年、梁天監七年）十一月，當邢巒與元英圍攻懸瓠時，魏宣帝「詔安東將軍楊椿率眾四萬攻宿豫。」〔註131〕四萬魏軍多於元英部三萬、邢巒部二萬，顯見北魏對宿豫之重視，希望藉由大軍阻止其他城戍守將不再發生降梁情事，同時實施牽制作戰，製造南梁軍事壓力，使梁武帝爲關注宿豫戰況，無法抽調太多兵馬支援懸瓠，將部分梁軍吸引在宿豫戰場，從而使懸瓠戰場梁軍的援助大爲減少。南梁受限於內部與外部因素，暫時無法發動大規模戰爭，也無法投入更多兵力，加上梁武帝籠絡蠻帥田益宗失敗，無法動搖其對北魏之忠誠，只能坐看邢巒、元英先後收復懸瓠及義陽三關。

（二）韋叡發揮南人守城特長

　　梁武帝命韋叡領軍增援自義陽三關敗退的馬仙琕，當時魏軍緊追在後，韋叡所率南梁援軍，若持續前進義陽三關，將直接和魏軍正面對決，但韋叡卻做一大膽且正確之決定，即避開和魏軍正面對決，至安陸後不再前進，反而鞏固城防，「增築城二丈餘，更開大塹，起高樓。」〔註132〕預備和魏軍進行城池攻防戰。

　　南人長於守城，北人具騎兵優勢擅於野戰，南北雙方各有其長。韋叡若直接和魏軍正面衝突，以步兵爲主之梁軍勝算不高，魏軍若再擊敗韋叡之梁軍，恐將繼續往南進擊，南梁腹地勢將捲入戰火中。而韋叡之戰略目的在阻魏軍於境外，故他決定捨己之短用己之長，加強城防吸引魏軍來攻，轉野戰爲城池攻防戰。至於元英，其戰略思維必然與韋叡相反，他希望和韋叡進行野戰，以便一舉殲滅梁軍。

〔註131〕《魏書》卷8〈世宗紀〉，頁207。
〔註132〕《梁書》卷12〈韋叡傳〉，頁224。

　　元英見韋叡堅守安陸不願決戰，若直接與韋叡進行城池攻防，魏軍恐將蒙受巨大犧牲，而攻城並非元英唯一選項，他可繞過安陸南下，不過需承擔韋叡自後襲擊之風險。事實上元英南下的機率並不高，因為元英這次出討並非南伐，其戰略目標在收復義陽三關，在兵力不足、後勤準備不及的情況下，元英不太可能繼續南下，最重要者，繼續南下需魏宣武帝同意。元英進攻義陽三關時請求增兵，遭到魏宣武帝否決，此時請求其同意繼續用兵南梁的可能性極低，故元英在得知韋叡率軍馳援後，立即班師北返。

　　韋叡鞏固城防雖得不到支持，其僚佐和部屬，「眾頗譏其示弱。」〔註 133〕但結果證明其戰略眼光深遠且正確，一旦韋叡和魏軍直接對決，梁軍恐損兵折將，再嘗敗績，會打擊民心士氣，也會激發北魏君臣南侵企圖心，而韋叡選擇堅守城池抗衡魏軍，元英見梁軍已做好備戰準備，攻城獲勝機率不大，加上種種考量，遂決定撤軍，韋叡成功達成其阻敵於境外之戰略目的。

四、北魏在朐山之役的檢討

　　朐山之役關鍵在北魏徐州刺史盧昶一人身上，北魏得、失朐山皆繫其身，現將朐山之役分前中後三期檢討盧昶之作為及其敗戰原因。

（一）前期積極進取

　　盧昶前期實施諜報戰，利誘南梁琅邪民王萬壽殺琅邪、東莞二郡太守帶朐山戌主劉晰，成功後遣軍進佔朐山，戰略作為頗為成功，他在佔領朐山後向魏宣武帝報告整起過程，據《魏書・盧昶傳》載：〔註 134〕

> 昶表曰：「蕭衍琅邪郡民王萬壽等款誠內結，潛來詣臣，云朐山戌今
> 將交換，有可圖之機。臣即許以旌賞，遣其還入。至三月二十四夜，
> 萬壽等獎率同盟，攻掩朐城，斬衍輔國將軍，琅邪、東莞二郡太守，
> 帶朐山戌主劉晰并將士四十餘人，傳首至州。……」

盧昶運籌王萬壽之作為，即是《孫子兵法》所云：「故用間有五：有鄉間，有內間，有反間，有死間，有生間。」〔註 135〕其中之「鄉間」，就是利用敵國鄰

〔註 133〕《梁書》卷 12〈韋叡傳〉，頁 224。
〔註 134〕《魏書》卷 47〈盧昶傳〉，頁 1057。
〔註 135〕孫武著、吳仁傑注譯，《孫子讀本》〈用間篇第十三〉，頁 99：「所謂鄉間，就
　　　　是利用敵國鄰里的人做間諜。所謂內間，就是利用敵國的官吏做間諜。所謂
　　　　反間，就是收買敵人派來的間諜為我方所用。所謂死間，就是製造假情報，

里之人爲我方間諜。梁人王萬壽向盧昶提出可趁朐山戍換防時機，裡應外合一舉攻下朐山。朐山戍換防可能是戍將之調任，或是戍兵之輪調，易言之，即是朐山將有新到任之戍將或戍兵，不論是何者，他們初到朐山，對防務不可能馬上熟悉，需經一段時間瞭解，此時正是進攻朐山的絕佳戰機。王萬壽之議獲得盧昶贊同，故「許以旌賞，遣其還入。」雙方達成協議，同盟合攻朐山。王萬壽回到朐山後，果然發動叛亂，殺朐山戍主劉晰以下官員四十餘人，而盧昶也立即遣軍增援，進入朐山，完成佔領朐山行動。

綜觀盧昶前期之戰略作爲可謂非常成功，設定步驟積極作爲。首先，面對王萬壽的主動投誠，決定施以利誘並與其配合，盧昶之判斷相當正確，符合國家對前線守將之期待，前線守將之責，除力守疆界鞏固國防安全外，若能趁機進取敵國攻城陷地則伺機進取之。雖是如此，但並非所有前線守將都能有此作爲，有些不願隨意開隙敵國，以免遭致不必要之衝突，若王萬壽遭遇消極之北魏將領，或許其議會遭否決，而王萬壽以自身之力雖能發動叛亂佔領朐山，但得不到北魏支援，恐無法固守，很快便會遭南梁遣軍奪回。另，盧昶未派人隨王萬壽潛回朐山，發動謀殺朐山守將的叛亂行動，亦是一正確決定，因不知王萬壽眞正企圖，若其是雙面諜；或是意志不堅，返回朐山後放棄叛亂；還是叛亂過程中失敗遭朐山南梁守軍鎮壓，則這些盧昶所派之人極有可能會犧牲。故盧昶先坐看朐山情勢，以口頭旌賞利誘王萬壽叛亂，若其失敗，盧昶並未有任何損失，反之，一旦成功，盧昶即可藉機派兵佔領朐山，而結果正如盧昶所預期。

其次，當王萬壽發動叛亂殺死朐山南梁文武官員四十餘人後，朐山統治權短暫陷入眞空，此時端視北魏、南梁何方能先進入朐山城控制局面。而兩方也同時派出軍隊馳往朐山，南梁之目的在維護朐山既有之統治，青冀二州刺史張稷見朐山陡生變亂，立即遣軍前往平亂；而北魏則在搶佔朐山，由徐州刺史盧昶遣琅邪戍主傅文驥、郯城戍副張天惠率軍急赴朐山。雙方軍隊在朐山城外正面對決，傅文驥、張天惠擊退南梁張稷方面的部隊，南梁搶先進佔朐山之行動遂告失敗，張稷只得回報南梁朝廷朐山已陷魏，希望派遣大軍增援。至於盧昶，則迅速派傅文驥入據朐山城接管城防，傅文驥「勇果有將領之才。」〔註136〕南梁見朐山失陷，必會派軍奪回，故盧昶以傅文驥暫爲朐

通過潛入敵營的我方間諜，把假情報傳給敵人。所謂生間，就是我方間諜能活著回來報告敵情。」另參見本書，頁58。
〔註136〕《魏書》卷70〈傅豎眼附文驥傳〉，頁1561。

山之主，抵禦南梁進攻，應是最佳之決定。

（二）中期消極懈怠

盧昶在前期正確之作爲掌握戰略優勢，卻在中期轉爲劣勢，關鍵在於盧昶的毫無作爲。首先是盧昶未進入朐山，盧昶身爲徐州刺史，乃北魏在徐州最高軍政長官，現已攻佔朐山，他應代表北魏政府進入朐山，安撫百姓收攬民心，穩定動亂後之秩序，甚至常駐於此亦無不可。但是盧昶自始至終未曾進入朐山，僅委由傅文驥在朐山佈防，然其層級不高，在爭取原南梁官吏及朐山百姓的歸心方面略顯不足。其次，南梁由馬仙琕率四萬梁軍圍攻朐山，在長達半年的圍城行動中，盧昶遲遲未進軍解圍，而是一再向北魏朝廷要求增糧、增軍，以致貽誤戰機。盧昶認爲需糧食、兵員齊備後始能發動攻勢，但戰爭講究靈活機動，且朐山遭梁軍圍困處境危殆，等萬事具備後朐山早已陷落。而盧昶在陸續獲得北魏朝廷的十餘萬大軍後，魏軍總數已超過朐山城外梁軍，按理盧昶發動攻勢應可擊退梁軍，然盧昶仍遷延觀望，未曾輸糧於朐山，亦未遣援軍入城，「樵米既竭，而（盧）昶軍不進。文驥遂棄母妻，以城降蕭衍。」〔註137〕朐山得而復失，盧昶消極毫無作爲應負主要責任。

（三）後期怯懦畏戰

傅文驥開門投降，梁軍進入朐山城後，盧昶正確之作爲應揮軍強攻朐山，其所率十餘萬魏軍，總兵力爲馬仙琕梁軍三倍，且魏軍戰力強於梁軍，若有正確之指揮與戰術，擊敗梁軍奪回朐山的機率頗大，惜盧昶缺乏軍事長才，戰略素養不足，竟不戰而退，盧「昶棄其節傳，輕騎而走。」〔註138〕身爲主帥竟棄部隊於不顧輕騎遁逃，遂使十餘萬魏軍撤退毫無章法，馬仙琕見機不可失，率梁軍自後追擊，魏軍受限於天氣嚴寒及梁軍追擊，大敗，「（盧）昶見城降，於是先走退。諸軍相尋奔遁，遇大寒雪，軍人凍死及落手足者三分而二。」〔註139〕北魏傷亡十餘萬士兵，遭致邵陽之役以來的慘敗。

盧昶並非武職出身，從《魏書·盧昶傳》載其仕途觀之：〔註140〕

> 太和初，爲太子中舍人、兼員外散騎常侍，……復除彭城王友，轉
> 祕書丞。景明初，除中書侍郎，遷給事黃門侍郎、本州大中正。昶

〔註137〕《魏書》卷70〈傅豎眼附文驥傳〉，頁1561。
〔註138〕《魏書》卷52〈趙逸傳〉，頁1147～1148。
〔註139〕《魏書》卷47〈盧昶傳〉，頁1059。
〔註140〕《魏書》卷47〈盧昶傳〉，頁1055～1057。

> 請外祿，世宗不許。遷散騎常侍，兼尚書。轉侍中，又兼吏部尚書，
> 尋即正，仍侍中。……出除鎮東將軍、徐州刺史。

指揮作戰本非盧昶專長，在其出任徐州刺史前，由上述引文可知他從未有實際領兵打仗經驗，魏宣武帝以其爲朐山之役總指揮，似乎是一項冒險且大膽的嘗試。盧昶本身軍事素養不足，若能擇一嫻熟兵馬戎事之良將協助，亦稍可彌補，惜盧昶所託非人，「（盧）昶既儒生，本少將略，又羊祉子變爲昶司馬，專任戎事，掩昶耳目，將士怨之。」〔註141〕盧昶鑑於自己不懂兵陣之事，遂將指揮權交付軍府司馬羊變。盧昶所犯錯誤在於羊變亦非武職出身，任司馬一職對行政文書事務處理不成問題，但其對征戰之兵事也僅是一知半解，由「掩昶耳目，將士怨之。」可知羊變對軍隊的指揮調度，專斷專爲，而盧昶也不過問，事實上盧昶也眞的不懂。羊變在軍事素養不足的情況下指揮魏軍作戰與兵馬調度，必有違反戰略戰術原理或法則之舉措，無怪乎引起將士埋怨。由出身文職不曉軍事之盧昶、羊變分任主帥及實際統兵作戰者，北魏在朐山之戰一開始即陷入不利的局面。

　　盧昶在前期的戰略作爲值得稱賞，至中、後期卻一敗塗地，這與其非出身武職有很大關係。在前期籠絡王萬壽謀奪朐山過程中，盧昶規畫的非常仔細，這與其長期擔任文官擅長幕僚作業有關，但是進入實質領兵的作戰階段後，盧昶的表現卻前後大相逕庭，不僅畏縮不前，且一再要求北魏朝廷援助兵糧，卻始終不進軍朐山，這也是盧昶文人儒生特性使然，不斷與北魏朝廷表章往返，注重文書行政作業，一定要萬事俱全後才開始執行，卻忘記戰爭之危急，缺乏勇往直前之氣魄與膽量。果然等盧昶的要求全部到位後，朐山已淪陷。而盧昶見朐山已陷，竟引兵退卻，導致魏軍一連串的大敗，若魏宣武帝以楊大眼、奚康生等北魏名將負責對朐山之作戰，或許結果將會改觀也未可知，故北魏朐山之敗，關鍵在魏宣武帝所用非人。

　　盧昶個性庸懦且貪生怕死，實在不宜擔任方面大將統兵與敵作戰。魏孝文帝曾以其出使南齊，其時正逢蕭鸞篡位自立，魏孝文帝欲趁南齊宮廷動亂之際揮師南討，遂以盧昶兄盧淵爲將進軍南齊，齊明帝得知魏軍南下消息後，對盧昶頗爲不滿，《魏書·盧昶傳》載：〔註142〕

> 而蕭鸞以朝廷加兵，遂酷遇昶等。昶本非骨鯁，聞南人云兄既作將，

〔註141〕《魏書》卷47〈盧昶傳〉，頁1059。
〔註142〕《魏書》卷47〈盧昶傳〉，頁1055。

弟爲使者。乃大恐怖，淚汗交橫。驚以腐米臭魚羴豆供之。而謁者
張思寧辭氣謇諤，曾不屈撓，遂以壯烈死於館中。

同爲北魏使者，對比盧昶與張思寧二人的氣節，實有天壤之別。盧昶之後返
回北魏，遭到魏孝文帝嚴厲斥責並罷其官職。〔註143〕由上述之例可看出盧
昶的懦弱與顢頇，而統率大軍與敵作戰，講究克敵制勝置個人生死於度外，
盧昶並未有此氣魄與膽識，是故魏宣武帝以其爲胊山之役總指揮，欲求勝仗
無異緣木求魚。胊山大敗雖然主帥盧昶需負最大責任，魏宣武帝亦對此做出
檢討，詔曰：「胊山之敗，傷損實深，推始究末，罪鍾元帥。」〔註144〕但是
魏宣武帝可能忘了，盧昶庸弱的個性並非始自今日，而是在魏孝文帝時早已
顯現。然魏宣武帝繼位後，並未記取盧昶出使南齊丟盡北魏顏面的教訓，反
而加以重用，「景明初，除中書侍郎，遷給事黃門侍郎、本州大中正。昶請
外祿，世宗不許。遷散騎常侍，兼尙書。」〔註145〕且魏宣武帝對盧昶的寵
信有增無減，「轉侍中，又兼吏部尙書，尋即正，仍侍中。昶守職而已，無
所激揚也。與侍中元暉等更相朋附，爲世宗所寵。」〔註146〕由「昶守職而
已，無所激揚也。」可看出盧昶擔任文職也只是表現平平罷了，並無任何特
殊建樹。

盧昶在擔任徐州刺史指揮胊山之戰前，未有任何領兵作戰的經驗，而魏
宣武帝大膽啓用盧昶作爲經略胊山的主帥，不排除是徐州離胊山近，由盧昶
就近領兵前往可爭取時效。然而魏宣武帝錯誤的戰略思考令其付出慘痛代
價，「自國家經略江左，唯有中山王英敗於鍾離，昶於胊山失利，最爲甚焉。」
〔註147〕可見魏宣武帝錯誤的決策對國家的傷害有多大，故雖云盧昶爲胊山大
敗的頭號戰犯，但魏宣武帝識人不明任命將領錯誤，導致北魏大軍慘敗，至
少亦需負一半以上的責任。

〔註143〕《魏書》卷47〈盧昶傳〉，頁1055載：「昶還，高祖（魏孝文帝）責之曰：『銜
命之禮，有死無辱，雖流放海隅，猶宜抱節致殞。卿不能長纓羈首，已是可
恨。何乃俛眉飲啄，自同犬馬。有生必死，修短幾何。卿若殺身成名，貽之
竹素，何如甘彼勾莿，以辱君父乎？縱不遠慚蘇武，寧不近愧思寧！』昶對
曰：『臣器乏陸、隨，忝使閩越。屬蕭鸞昏狂，誅戮無道。恐不得仰奉明時，
歸養老母，苟存尺蠖，屈以求伸。負辱朝命，罪宜萬死，乞歸司寇，伏聽斧
鉞。』遂見罷黜。」

〔註144〕《魏書》卷47〈盧昶傳〉，頁1059～1060。

〔註145〕《魏書》卷47〈盧昶傳〉，頁1055。

〔註146〕《魏書》卷47〈盧昶傳〉，頁1057。

〔註147〕《魏書》卷47〈盧昶傳〉，頁1059。

綜上所述，朐山之役的發生及其經過與結果，全視盧昶一人，魏宣武帝曾詔盧昶曰：「取朐置戍，並是卿計，始終成敗，悉歸於卿。」〔註148〕若盧昶一開始拒絕和王萬壽合作，或許北魏就不會有朐山之敗。故朐山之役實由盧昶開其端，他在前期的戰略作為，從利誘王萬壽回朐山掀起動亂，至其叛亂成功後，迅速遣軍支援，先敗南梁青、冀二州刺史張稷所遣之梁軍，再由傅文驥入據朐山，步驟明確一氣呵成。不過前期戰略作為的成功不能彌補中、後期之失敗，盧昶在中期的戰略作為僅是紙上談兵不斷爭取援助，卻未曾對朐山提供糧食、兵力支援，坐看朐山城糧食耗盡、士兵疲困而投降。後期之戰略作為更是未戰先退，不但未進攻朐山，反而率先退兵，主帥未戰先怯，影響十餘萬軍心，在梁軍自後追擊情況下，導致北魏大軍潰散，故北魏朐山一役，可謂「成也盧昶、敗也盧昶。」

（四）南梁以宿豫交換朐山之議

前文曾述及北魏與南梁曾透出一絲和平曙光，除雙方交換俘虜外，南梁更提出以宿豫交換漢中之議，惜遭魏宣武帝否決，之後，兩國又因爭奪朐山爆發戰爭。然而，在衝突過程中，南梁並未全然以武力解決朐山爭端，反而再度提出城戍交換的和平之議，希望能以宿豫換取北魏剛佔領之朐山，從《魏書・游肇傳》可知其經過，史文如下：〔註149〕

> （游）肇諫曰：「朐山蕞爾，僻在海濱，山湖下墊，民無居者，於我非急，於賊為利。為利，故必致死而爭之；非急，故不得已而戰。以不得已之眾，擊必死之師，恐稽延歲月，所費遂甚。假令必得朐山，徒致交爭，終難全守，所謂無益之田也。知賊將屢以宿豫求易朐山，臣愚謂此言可許。朐山久捍危弊，宜速審之。若必如此，宿豫不征而自伏。持此無用之地，復彼舊有之疆，兵役時解，其利為大。」世宗將從之，尋而（盧）昶敗。

游肇勸魏宣武帝同意南梁以宿豫交換朐山，蓋因朐山對南梁的利益與重要性勝於北魏，故南梁必盡全力與北魏拼博朐山，如此一來，北魏為保有朐山，勢必全力迎戰，損兵折將在所難免，而朐山對北魏之重要性不若宿豫，不如以之與南梁換取宿豫。魏宣武帝對游肇之言甚表同意，因為攻佔朐山並不在魏宣武帝的思考範圍內，引爆朐山戰爭乃是梁人王萬壽殺朐山戍主劉晰，並

〔註148〕《魏書》卷47〈盧昶傳〉，頁1059。
〔註149〕《魏書》卷55〈游肇傳〉，頁1216。

以城降魏引起，且北魏已動員十餘萬大軍，卻未能擊退梁軍解朐山之圍，權衡利弊下，魏宣武帝「將從之。」可惜尚未實施盧昶已大敗，朐山回歸南梁，宿豫亦在南梁手中，北魏可謂一無所得。

南梁「屢以宿豫求易朐山。」〔註150〕可見不止一次提出換城之議，何以如此？應是在馬仙琕圍攻朐山過程中，梁武帝見北魏不斷對朐山戰場增援，他憂心日後恐遭致大敗，南梁軍隊將損失慘重，因此在損害控制的前提下，如能以交換對方所需城戍取代戰爭，將是最好結果，若換城之議未能實現，再以武力解決朐山問題。然而事態的演變卻與二位君主各自預期相反，魏宣武帝認為投入十餘萬大軍，應能擊退馬仙琕四萬梁軍，鞏固北魏在朐山的統治，甚至乘勝追擊攻至南梁境內，詎料，竟遭大敗，以結果論言之，南梁「屢以宿豫求易朐山。」若魏宣武帝能在首次即同意互換城戍，或許不會有朐山之敗，更能擁有宿豫。至於南梁，朐山之勝有點出乎意料，四萬梁軍擊垮十餘萬魏軍，雖是肇因於盧昶不戰而退引起魏軍恐慌，馬仙琕趁魏軍自亂陣腳率軍追擊而大勝，但梁軍能以少勝多恐怕是梁武帝未曾預料到的。

五、北魏對蠻帥田益宗的處置

白早生之亂平定後，北魏朝廷將平亂過程中貢獻甚大的東豫州刺史田益宗調任濟州刺史，目的在使他遠離其勢力範圍。一般而言，刺史、太守等地方官員調動頗為正常，從甲州至乙州，只要朝廷文書一到，便需前往新州赴任，但是田益宗卻抗拒這項調動，也凸顯魏宣武帝調動田益宗有其戰略思考。

白早生之亂時，田益宗的向背頗為重要，因其為光城蠻，世為四山蠻帥，若他附從叛亂，則亂事勢必擴大，叛軍加上蠻族勢力，叛亂恐成星火燎原之勢，北魏勢必投入更多軍隊平亂，如此會影響南面邊區對抗南梁的戰備整備工作。但是田益宗選擇繼續為北魏政權服務，也未接受南梁利誘轉投南梁，更出動蠻族力量協助魏軍平定白早生之亂，「當時安危，在益宗去就，而益宗守節不移。郢豫克平，益宗之力也。」〔註151〕由此可見田益宗的向背對北魏西南邊疆的安寧有重大影響，一旦田益宗選擇歸屬南梁，或不願依附南北政權而獨自以蠻族之力叛亂，都將使北魏在襄沔地區疲於遣軍平亂，不但耗損國力，更削弱北魏在該區域的統治力。

〔註150〕《魏書》卷55〈游肇傳〉，頁1216。
〔註151〕《魏書》卷61〈田益宗傳〉，頁1372。

　　田益宗原依附於南齊，493 年（魏太和十七年、齊永明十一年）轉投北魏，《魏書‧田益宗傳》：「田益宗，……，受制於蕭賾（齊武帝）。太和十七年，遣使張超奉表歸款。」〔註 152〕魏孝文帝對田益宗的歸誠自然大表歡迎，因爲有了這支蠻族力量，北魏與南齊在淮河上游地區的力量對比將會產生翻轉，故魏孝文帝給予田益宗極大的禮遇：〔註 153〕

> 拜員外散騎常侍、都督光城弋陽汝南新蔡宋安五郡諸軍事、冠軍將軍、南司州刺史；光城縣開國伯，食蠻邑一千戶；所統守宰，任其銓置。後以益宗既渡淮北，不可仍爲司州，乃於新蔡立東豫州，以益宗爲刺史。尋改封安昌縣伯，食實邑五百戶。

由於蠻帥田益宗在當地蠻族社會有極大影響力，魏孝文帝希望藉由官爵利祿優渥的待遇籠絡田益宗，使其成爲北魏在襄沔及淮河上游地區穩定的力量，而田益宗也忠實履行其職責，在多次南北衝突中，協助北魏抗擊南方的軍事攻擊，《魏書‧田益宗傳》：〔註 154〕

> 景明初，蕭衍遣軍主吳子陽率眾寇三關。益宗遣光城太守梅興之步騎四千，進至陰山關南八十餘里，據長風城，逆擊子陽，大破之，斬獲千餘級。蕭衍建寧太守黃天賜築城赤亭，復遣其將黃公賞屯於潣城，與長風相持。益宗命安蠻太守梅景秀爲之掎角擊討，破天賜等，斬首數百，獲其二城。

在這場衝突中，田益宗命其所屬光城太守梅興之、安蠻太守梅景秀率軍反擊，這是北魏與南齊在襄沔地區的最後交鋒，因前引文中只書景明初未載確切年月，然從「蕭衍（應爲蕭寶卷之誤）建寧太守黃天賜築城赤亭。」一事與同書〈世宗紀〉所載：「東豫州刺史田益宗破蕭寶卷將黃天賜於赤亭。」〔註 155〕參校可知爲同一事，〈世宗紀〉有載明確年月日，乃 501 年（魏景明二年、齊永元三年）七月乙未，當時仍是南齊東昏侯在位。另外，由前引文中「所統守宰，任其銓置。」北魏朝廷給予田益宗任官權來看，梅興之、梅景秀二位太守都是田益宗任命，而梅氏爲蠻族著姓，故二人身分當是蠻族酋首無疑。田益宗既有任官權，自然會從蠻族中選擇酋首擔任，而梅興之、梅景秀二位

〔註 152〕《魏書》卷 61〈田益宗傳〉，頁 1370。
〔註 153〕《魏書》卷 61〈田益宗傳〉，頁 1370。
〔註 154〕《魏書》卷 61〈田益宗傳〉，頁 1370～1371。
〔註 155〕《魏書》卷 8〈世宗紀〉，頁 194。

太守在這場衝突中分傳捷報，合計斬敵千餘人。田益宗不僅爲北魏捍衛邊疆，更有積極主戰的思維，其戰略思考亦從北魏的角度出發，曾勸魏宣武帝趁南方內亂蕭衍舉兵時，趁勢揮軍南下，其表曰：〔註156〕

> 竊惟蕭衍亂常，君臣交爭，江外州鎮，中分爲兩，東西杭峙，已淹歲時。民庶窮於轉輸，甲兵疲於戰鬪，事救於目前，力盡於麾下。無暇外維州鎮，綱紀庶方，藩城綦立，孤存而已。不乘機電掃，廓彼蠻疆，恐後之經略，未易於此。且壽春雖平，三面仍梗，鎮守之宜，實須豫設。義陽差近淮源，利涉津要，朝廷行師，必由此道。若江南一平，有事淮外，須乘夏水汎長，列舟長淮。師赴壽春，須從義陽之北，便是居我喉要，在慮彌深。義陽之滅，今實時矣。度彼眾不過須精卒一萬二千。然行師之法，貴張形勢。請使兩荊之眾西擬隨雍，揚州之卒頓于建安，得捍三關之援；然後二豫之軍直據南關，對抗延頭。遣一都督總諸軍節度，季冬進師，迄于春末，弗過十旬，克之必矣！

田益宗此表重點可歸納爲三，第一：蕭衍爭奪南齊政權的內亂加劇，雙方都投入不少軍隊作戰，不管是士兵有生力量的損耗，或是戰爭對百姓、經濟、社會的摧殘，不論是南齊政權得以延續或是蕭衍另建新政權，內鬥後的南方政府必定國力衰減，此時正是大舉南侵的契機，之後恐難再逢如此良機，故田益宗謂：「不乘機電掃，廓彼蠻疆，恐後之經略，未易於此。」第二：北魏雖已佔有壽春，但戰略環境並不利北魏，北魏無法控有淮南地域所有城戍，尚有許多城戍由敵軍駐守，其中尤以義陽爲要，若無法控制義陽，等於遭敵掐住咽喉，故爲壽春及淮南安危做長久計，北魏須佔有義陽，如此才能聯合壽春組成防禦陣線，而此時正是攻佔義陽最佳戰機，故田益宗有謂：「義陽之滅，今實時矣。」第三：田益宗對進攻義陽經略淮南的軍事行動，並非空泛之言，更具體列出戰略戰術，如剖析義陽防守兵力不過一萬二千，採各軍合擊之勢必能在三個月左右佔領義陽，其進攻戰術爲「請使兩荊之眾西擬隨雍，揚州之卒頓于建安，得捍三關之援；然後二豫之軍直據南關，對抗延頭。」由此可見，田益宗對北魏頗爲忠心，所做、所爲、所思都是從北魏統治階層利益出發。

　　田益宗的建議多少獲得魏宣武帝的採納，故有「世宗納之，遣鎮南元英

攻義陽。」〔註157〕雖然爆發於 503 年（魏景明四年、梁天監二年）的魏梁第一次大戰，時為鎮南將軍的元英會以義陽為進攻目標，尚有其他戰略因素，〔註158〕但不可否認，田益宗的建言的確對魏宣武帝起了推波助瀾的作用。而在義陽之戰中，田益宗率其所屬配合元英作戰，主要任務為截斷梁軍糧道並毀其積糧，令南梁軍隊無糧可食，《魏書·田益宗傳》：〔註159〕

> 益宗遣其息魯生領步騎八千，斷賊糧運，并焚其鈞城積聚。（蕭）衍戍主趙文舉率眾拒戰，魯生破之，獲文舉及小將胡建興、古皓、莊元仲等，斬五千餘級，溺死千五百人，倉米運舟焚燒蕩盡。後賊寧朔將軍楊僧遠率眾二千，寇逼蒙籠，益宗命魯生與戍主奇道顯逆擊破之，追奔十里，俘斬千餘。

田益宗不但以其所屬兵力盡毀梁軍運糧舟船，更將所有米糧焚毀，使南梁軍隊缺糧無力再戰，更縱兵與梁軍交戰，迭獲勝仗，「斬五千餘級，溺死千五百人。……追奔十里，俘斬千餘。」元英得以在 504 年（魏正始元年、梁天監三年）七月攻陷義陽，田益宗功不可沒，「乙酉，元英攻義陽，拔之。」〔註160〕雖云戰爭勝利乃各路兵馬及各方面戰略戰術相輔相成的結果，但不可否認，田益宗盡毀梁軍食糧使其無力作戰，亦是魏軍獲勝的一大主因。

綜合上述，田益宗自 493 年（魏太和十七年、齊永明十一年）歸順北魏以來，為北魏立下汗馬功勞，不論是 501 年（魏景明二年、齊永元三年）遣梅興之、梅景秀分別擊退齊將吳子陽、黃天賜的入侵；或建議魏宣武帝趁東昏侯與蕭衍內戰時，趁勢揮軍南下攻佔義陽肅清淮南，更指揮所屬配合元英作戰，最終得以攻陷義陽；另外更在白早生之亂時，動員所轄部隊與蠻族力量全力協助北魏朝廷戡亂，觀乎田益宗之種種作為，可知其對北魏頗為忠誠，與其他蠻族見異思遷，搖擺於南北政權間不同。梁武帝亦知田益宗在蠻族中的地位，以及其勢力在襄沔地區的重要性，曾利誘田益宗降附南梁，「蕭衍招益宗以車騎大將軍、開府、儀同三司、五千戶郡公。」〔註161〕田益宗仍不為所動。按理北魏朝廷對田益宗之赤膽忠心應頗為讚賞與信任，不過卻在平定白早生之亂後，將其調離現職，離開他的勢力範圍，由東豫州刺史改任濟州

〔註157〕《魏書》卷 61〈田益宗傳〉，頁 1371。
〔註158〕參見本書，頁 297～298、301～305。
〔註159〕《魏書》卷 61〈田益宗傳〉，頁 1371。
〔註160〕《魏書》卷 8〈世宗紀〉，頁 197。
〔註161〕《魏書》卷 61〈田益宗傳〉，頁 1372。

刺史，魏宣武帝詔曰：「益宗先朝耆艾，服勤邊境，不可以地須其人，遂令久
屈。可使持節、鎮東將軍、濟州刺史，常侍如故。」〔註162〕田益宗對這項任
命頗爲不滿，而魏宣武帝亦擔心田益宗會抗拒調動進而引發動亂，決定採用
武力先發制人，雙方遂爆發衝突，史載：〔註163〕

> 世宗慮其不受代，遣後將軍李世哲與（劉）桃符率眾襲之，出其不
> 意，奄入廣陵。益宗子魯生、魯賢等奔於關南，招引賊兵，襲逐諸
> 戍，光城已南皆爲賊所保。世哲討擊破之，復置郡戍，而以益宗還。
> 授征南將軍、金紫光祿大夫，加散騎常侍，改封曲陽縣開國伯。

魏宣武帝用奇襲戰術進入廣陵城後，事實上勝負已定，田益宗諸子的作爲無
法激起漣漪，畢竟北魏兵力雄厚，田益宗的屈服只是時間問題，但他仍做最
後的反抗，上表表達不滿：「益宗生長邊地，不願內榮，雖位秩崇重，猶以爲
恨。」〔註164〕然形勢比人強，田益宗已無任何抗拒本錢，只能無奈離開其勢
力範圍。

田益宗協助平定白早生之亂立有大功，北魏朝廷依常理應會更加籠絡恩
賜，何以會做出令其不樂之舉動，要求他內遷離開其蠻族勢力範圍？而爲何
田益宗仍想依附北魏，不會率其蠻族子民另投南梁？欲解答此疑問，可從魏
宣武帝與田益宗之角度分析之。

先就魏宣武帝而言，雖然田益宗對北魏忠誠度高且替北魏政府「綏防蠻

〔註162〕《魏書》卷61〈田益宗傳〉，頁1372～1373。
〔註163〕《魏書》卷61〈田益宗傳〉，頁1373。
〔註164〕《魏書》卷61〈田益宗傳〉，頁1373。至於田益宗上表內容，參見《魏書》
卷61〈田益宗傳〉，頁1373所載：「臣昔在南，仰餐皇化，擁率部曲三千餘
家，棄彼邊榮，歸投樂土，兄弟荼炭，釁結賊朝。高祖孝文皇帝錄臣乃誠，
授以藩任。方欲仰憑國威，冀雪冤恥，豈容背寵向讎，就險危命。昔郢豫紛
擾，臣躬率義兵，擁絕賊路，竊謂誠心，仰簡朝野。但任重據邊，易招塵謗，
致使桃符橫加讒毀，說臣恒欲投南，暴亂非一。乞檢事原，以何爲驗？復云
虐害番兵，殺賣過半，如其所言，未審死失之家，所訟有幾？又云耗官粟帛，
倉庫傾盡。御史覆檢，曾無損折。初代之日，二子魯生、魯賢、從子超秀等
並在城中，安然無二，而桃符密遣積射將軍鹿永固私將甲士，打息魯生，僅
得存命。唱云：『我被面敕，若能得魯生、魯賢首者，各賞本郡。』士馬圍遶，
騰城唱殺，二息戰怖，實由於此。殘敗居業，爲生蕩然，乃復毀發墳墓，露
泄枯骸。存者罹生離之苦，亡魂遭粉骨之痛。昔歲朝廷頻遣桃符數加慰勞，
而桃符凶姦，擅生禍福，云『唯我相申，致降恩旨』。及返京師，復欺朝廷，
說臣父子全無忠誠，誣陷貞良，惑亂朝聽。乞攝桃符與臣並對，若臣罪有狀，
分從憲網；如桃符是謬，坐宜有歸。」

楚」〔註165〕做出巨大貢獻，但魏宣武帝仍對田益宗不放心，尤其蠻族反覆無常，這可從其歷史紀錄觀之。田益宗原依附南齊之後轉投北魏，故日後亦有可能再叛北魏回歸南梁，如此則荊楚地區不平靜矣！故唯有將田益宗與其部落民分開，削弱蠻族勢力，使其無法為患。魏宣武帝的擔憂並非空穴來風，田益宗晚年時與其蠻族內部關係緊張：〔註166〕

> 益宗年稍衰老，聚斂無厭，兵民患其侵擾。諸子及孫競規賄貨，部內苦之，咸言欲叛。世宗深亦慮焉，乃遣中書舍人劉桃符宣旨慰喻，庶以安之。桃符還，啟益宗侵掠之狀。

田益宗及其子孫不僅貪財好貨，更暴虐濫殺，魏宣武帝對此曾下詔切責，其詔曰：「風聞卿息魯生淮南貪暴，擾亂細民，又橫殺梅伏生，為爾不已，損卿誠效。」〔註167〕梅氏為蠻族著姓，故梅伏生當是部落酋首或有一定地位的領導階層，也有可能如前述的梅興之、梅景秀分別為光城太守、安蠻太守一樣，乃東豫州治下的太守，若是如此，則田魯生擅殺朝廷命官的罪名非輕，此舉恐已觸及魏宣武帝容忍的底線，若繼續放任恐激起蠻變，故在白早生之亂平定後，鑑於田益宗晚年統治無方，造成蠻族內部情勢不穩，遂將田益宗調離其蠻族本土，刺史一職由征虜將軍、中書舍人劉桃符代之，開始對蠻族進行撫慰工作，《魏書·劉桃符傳》：〔註168〕

> 東豫州刺史田益宗居邊貪穢，世宗頻詔桃符為使慰喻之。桃符還，具稱益宗既老耄，而諸子非理處物。世宗後欲代之，恐其背叛，拜桃符征虜將軍、豫州刺史，……桃符善恤蠻左，為民吏所懷。久之，徵還。

由「桃符善恤蠻左，為民吏所懷。」一語觀之，劉桃符安撫蠻族得宜，避免了可能因田益宗治理無方引發的動亂。

　　次就田益宗而言，即使北魏朝廷將其調離蠻族本土，他仍不願叛魏投梁，何以如此？若南梁不願爭取田益宗，或可謂田益宗只能無奈屈居北魏之下，但是梁武帝爭取田益宗不遺餘力，因田益宗所屬的蠻族勢力，牽動襄沔地區及淮河上游的穩定，特別是北魏與南梁在該區域的勢力對比，一旦南梁爭取到田益宗的歸附，則北魏在該區域恐會動盪不安。然何以田益宗始終只

〔註165〕《魏書》卷61〈田益宗傳〉，頁1372。
〔註166〕《魏書》卷61〈田益宗傳〉，頁1372。
〔註167〕《魏書》卷61〈田益宗傳〉，頁1372。
〔註168〕《魏書》卷79〈劉桃符傳〉，頁1757。

願依附北魏，並非其矢志不移，而是他從整體戰略情勢及蠻族利益爲考量。

南北對峙大抵是北強南弱的戰略格局，北魏面對的對手，從劉宋、南齊再至南梁皆是如此。面對這種戰略態勢，每個蠻族酋首包括田益宗，他們首先要思考的是：如何在南北對立中爲部落民謀求最大利益。田益宗當時爲何背叛南齊轉投北魏，其實也可從此角度思考，若依附南方政權，在南北戰爭中，必須協助南方漢人軍隊對抗北魏軍隊，但是從歷史經驗可知，北魏往往取得大部分的勝利，而既然歸屬南方，蠻族必然是戰敗一方，不但沒有勝利者的喜悅，尚須承擔戰爭過程中，因對抗魏軍所遭受的人員死傷及各項損失。若在非戰爭時期，蠻族往往會受到魏軍的圍剿，而南方政府對北魏和蠻族的衝突，一般而言不會動員太多兵力營救，往往都是虛應故事，故蠻族都需自己承擔損失。反之，若依附北魏，上述情況發生機率較少。首先，蠻族在北魏治下，除非叛亂，一般不會遭到圍剿；其次，蠻族出兵協助魏軍進攻南方，在北強南弱態勢下，獲勝的機率大，如此則蠻族是戰勝者，蠻帥或各部落酋首也能獲得北魏封賞，如田益宗在配合元英攻克義陽的戰役中，即因功「進號平南將軍。」〔註169〕且田益宗之親族在北魏都獲得不錯待遇，「益宗兄興祖，……景明中，假郢州刺史。及義陽置郢州，改授征虜將軍、江州刺史，詔賜朝服、劍爲一具。」〔註170〕「益宗長子隨興，冠軍將軍、平原太守。隨興情貪邊官，不願內地，改授弋陽、汝南二郡太守。」〔註171〕田益宗「少子纂，襲封。位至征虜將軍、中散大夫。」〔註172〕若依附南方政權對北魏作戰，在敗多勝少的情形下，上述封贈賞賜恐怕都不會發生。再者，若採中立態度對南北政權維持等距，其結果將是最難預料，因爲一旦遇北方或南方軍隊圍剿，將不會獲得任何奧援，若同時應付南北夾擊，蠻族力量勢必無法支撐，土地、部落民恐遭南北政權瓜分、兼併，這會是各蠻帥最不願見到的結局。

綜上所述，如果將田益宗即其蠻族所能獲得的利益爲考量，則可歸納爲依附北魏爲上策、依附南梁爲中策、自主獨立爲下策，即便要選擇作戰對手，與北魏聯手對抗較弱的南梁，自然要比聯合南梁對抗北魏要容易的多，因此田益宗在綜合考量下，即便北魏在白早生之亂後，因其聚斂及縱容親屬導致

〔註169〕《魏書》卷61〈田益宗傳〉，頁1371。

〔註170〕《魏書》卷61〈田益宗傳〉，頁1374。

〔註171〕《魏書》卷61〈田益宗傳〉，頁1374。

〔註172〕《魏書》卷61〈田益宗傳〉，頁1374。

蠻族內部情勢不穩而有滋生動亂之虞，將其調離東豫州，但是田益宗仍未輕言叛魏投梁，乃著眼於依附南梁所能獲得的利益未必較北魏來的多，相反地，若協助梁軍征討北魏，招致的災害將是無法想像。另外，田益宗於 493 年（魏太和十七年、齊永明十一年）歸順北魏至延昌中（約 513～514，梁天監十二至十三年）已歷二十年，其身家、宗族之官爵利祿都是北魏朝廷所給，各部落酋首也已融入北魏政府的官僚體系中，如前述光城太守梅興之、安蠻太守梅景秀，這些只是史籍有載，未記載的應該更多，在田益宗治下的東豫州各級官衙，必會大量任用蠻民充任各級官吏，因此欲令蠻族的領導階層切斷與北魏的權力臍帶轉附南梁，並不容易。是故在上述因素的整體考量下，田益宗仍然選擇上策繼續依附北魏，並遵守命令內遷，遠離東豫州蠻族本土。

　　魏孝明帝繼位後，田益宗原寄望北魏朝廷對其政策有所改變，故上表希望能返回東豫州。時魏孝明帝年幼，執掌北魏大權者乃靈太后，她依循魏宣武帝的一貫政策予以否決，靈太后令曰：「先帝以卿勞舊，州小祿薄，故遷牧華壤，爰登顯級。……且卿年老，方就閑養，焉得以本州為念？」〔註173〕魏宣武帝在白早生之亂後，對蠻族聚居區的情況頗為憂心，因此積極進行分離蠻族酋首與部落民的措施，希望藉此消除他們在蠻區的影響力，田益宗即是在這種情況下被調離蠻族聚居的東豫州，另由北魏朝廷派員直接管轄該州，如此北魏的政治力才能實質達於蠻區基層，使東豫州成為實際上的北魏行政區。而靈太后不因魏宣武帝崩逝而改變其政策，仍持續奉行田益宗與其部落民分離的措施，是故田益宗回歸蠻族本土的心願終究無法實現。

六、南北政權對蠻族的爭奪

　　蠻為南方非漢族之通稱，自西晉末年北方陷入動盪，各方勢力競逐天下無暇也無法顧及時，趁勢坐大滋擾地方，其源流及其流布，據《魏書·蠻傳》載：〔註174〕

> 蠻之種類，蓋盤瓠之後，其來自久。習俗叛服，前史具之。在江淮
> 之間，依託險阻，部落滋蔓，布於數州，東連壽春，西通上洛，北
> 接汝潁，往往有焉。其於魏氏之時，不甚為患，至晉之末，稍以繁
> 昌，漸為寇暴矣。自劉石亂後，諸蠻無所忌憚。

〔註173〕《魏書》卷 61〈田益宗傳〉，頁 1374。
〔註174〕《魏書》卷 101〈蠻傳〉，頁 2245～2246。

荆楚地區蠻族遍佈，而蠻族因文化水準低，常聚眾為亂，成為該地域不安定的因子，雖是如此，但南北政權皆積極爭取蠻族的歸附，其理由不外有三：其一，蠻族男丁可徵發傜役、徵召從軍；其二，蠻族人民的生產可充實國家經濟；其三，此為最重要理由，若歸附於敵方政權，需擔憂受敵方蠱惑不時聚眾為亂，如此則需遣軍平亂，增加社會成本與國家負擔；且南北交戰時，蠻族兵力會協同對方部隊作戰，使對方軍力增強，加上蠻軍作戰驍勇，也增加我方作戰的困難。反面言之，若蠻族勢力歸屬於我方，則不會有上述之困擾。而歷來南北政權對爭取蠻族不出施恩籠絡、軍事威逼兩種方式，南梁如此，北魏亦然。

北魏初創時，勢力範圍侷限在華北地區，與蠻族關係不深亦無交流，之後隨著疆域的拓展，「太祖（魏道武帝）既定中山，聲教被于河表。」〔註175〕北魏勢力逐漸往南推進，至魏明元帝時開始與蠻族往來，最早的紀錄是 423年（魏泰常八年、宋景平元年）四月「蠻王梅安，率渠帥數千人來貢方物。」〔註176〕之後北魏與蠻族的關係漸趨密切，歷代君主都有封賜的舉動，如魏太武帝「始光中，拜（梅）安侍子豹為安遠將軍、江州刺史、順陽公。」〔註177〕魏文成帝「興光中，蠻王文武龍請降，詔褒慰之，拜南雍州刺史、魯陽侯。」〔註178〕魏獻文帝「延興中，大陽蠻酋桓誕擁沔水以北，滍葉以南八萬餘落，遣使內屬。高祖（魏孝文帝）嘉之，拜誕征南將軍、東荆州刺史、襄陽王，聽自選郡縣。」〔註179〕當時雖是魏孝文帝在位，但延興中約七歲左右，北魏大權由其父魏獻文帝以太上皇帝名義執掌，故對桓誕的封賜當出於魏獻文帝之意。而魏孝文帝親掌政權後，在平城時期對蠻族最大的收穫，是蠻帥田益宗的叛齊投魏，「蕭賾征虜將軍，直閤將軍蠻酋田益宗率部曲四千餘戶內屬。」〔註180〕以及「襄陽酋雷婆思等十一人率戶千餘內徙，求居大和川，詔給廩食。後開南陽，令有沔北之地。」〔註181〕

北魏至魏孝文帝遷都洛陽後，對荆楚地區蠻族的政策與態度略有不同。

〔註175〕《魏書》卷101〈蠻傳〉，頁2246。
〔註176〕《魏書》卷3〈太宗紀〉，頁63。
〔註177〕《魏書》卷101〈蠻傳〉，頁2246。
〔註178〕《魏書》卷101〈蠻傳〉，頁2246。
〔註179〕《魏書》卷101〈蠻傳〉，頁2246。
〔註180〕《魏書》卷101〈蠻傳〉，頁2246。
〔註181〕《魏書》卷101〈蠻傳〉，頁2246。

平城遠在北方，而洛陽距荊楚地區近，因此蠻族社會的穩定與否，位居中原的洛陽自然比遠在華北的平城感受更直接。若蠻族常有動亂發生，輕者影響北魏社會；重者威脅洛陽國防安全，是故魏孝文帝對蠻族的動向更為關切，更積極爭取蠻族酋首的歸附。由於田益宗在蠻族間頗具影響力，故透過對其施恩籠絡，並藉由他的名望與地位，俾便爭取其他蠻族歸附，如「景明初，大陽蠻酋田育丘等二萬八千戶內附，詔置四郡十八縣。」〔註182〕這當然不是繼位不久的魏宣武帝就能有的成就，而是其父魏孝文帝努力的成果。

　　北魏收服蠻族維持穩定的時間並未太久，荊楚地區於景明三年（502、梁天監元年）爆發動亂，魯陽蠻首先於三月舉起反幟，「三月，魯陽蠻反。」〔註183〕由於荊楚地區蠻族的穩定與否會影響京畿洛陽的安定，故北魏朝廷欲在叛亂初起時即予撲滅，迅速於次月令左衛將軍李崇領軍平亂，平亂過程據《魏書‧李崇傳》載：〔註184〕

> 魯陽蠻柳北喜、魯北燕等聚眾反叛，諸蠻悉應之，圍逼湖陽。游擊將軍李暉先鎮此城，盡力捍禦，賊勢甚盛。詔以（李）崇為使持節、都督征蠻諸軍事以討之。蠻眾數萬，屯據形要，以拒官軍。崇累戰破之，斬北燕等，徙萬餘戶於幽并諸州。世宗追賞平氏之功，封魏昌縣開國伯，邑五百戶。

據上載可知魯陽蠻的叛亂聲勢浩大，由「諸蠻悉應之。」可知許多蠻部響應柳北喜、魯北燕的號召反抗北魏。當時情勢頗為危急，蠻軍圍攻湖陽城，游擊將軍李暉先堅守城池抗拒蠻軍，由此可知地方武力已不足以平亂，否則李暉先早已率當地魏軍與蠻軍作戰，不會被困湖陽城內。北魏朝廷見亂事逐漸擴大，遂命李崇率軍增援。左衛將軍乃中央禁軍武官，李崇必定率領精銳禁軍或至少會有一部份禁軍，聯合其他各部魏軍與蠻軍作戰，由魏宣武帝詔令李崇為使持節、都督征蠻諸軍事，可知李崇為魏軍平叛的總指揮官。雖然「蠻眾數萬。」又圍逼湖陽聲勢浩大，但與李崇大軍交戰後，連戰連敗，魯北燕等叛軍首腦被殺，魯陽蠻之亂終得平定。而為了削弱魯陽蠻勢力，北魏朝廷在亂平後將其萬餘戶遷至幽并諸州，希望解決蠻族動輒聚眾為亂的情事發生。

　　李崇雖於景明三年（502、梁天監元年）將魯陽蠻亂事平定，但隔年又被

〔註182〕《魏書》卷101〈蠻傳〉，頁2246。
〔註183〕《魏書》卷8〈世宗紀〉，頁194。
〔註184〕《魏書》卷66〈李崇傳〉，頁1467。

魏宣武帝賦予東荊州蠻的平亂任務，《魏書‧世宗紀》：「（景明）四年（503、梁天監二年），……十有二月庚寅，詔鎮南將軍李崇討東荊反蠻。」〔註185〕另《魏書‧蠻傳》亦載：「（景明）四年，東荊州蠻樊素安反，僭帝號。」〔註186〕上述兩條記載皆未書東荊州蠻爆發動亂的具體時間，而《魏書‧李崇傳》小復如此：〔註187〕

> 東荊州蠻樊（素）安，聚眾於龍山，僭稱大號，蕭衍共為脣齒，遣兵應之。諸將擊討不利，乃以崇為使持節、散騎常侍、都督征蠻諸軍事，進號鎮南將軍，率步騎以討之。崇分遣諸將，攻擊賊壘，連戰克捷，生擒樊（素）安，進討西荊，諸蠻悉降。

至於《梁書》則對東荊州蠻的亂事未有相關記載。〔註188〕不過《資治通鑑》將東荊州蠻的亂事繫於503年（魏景明四年、梁天監二年）十一月，「魏東荊州蠻樊素安作亂。」〔註189〕而從上引《魏書‧世宗紀》李崇於十二月再度被任命為討平蠻族亂事的主帥，可知北魏朝廷對蠻族積極的態度。由於魯陽蠻之亂甫平定不久，北魏定然不希望蠻族動亂繼續滋生，故東荊州蠻在十一月爆發亂事後，北魏朝廷隨即於次月遣李崇鎮壓。魯陽蠻之亂的相關史料記載，並未發現有南梁勢力介入，但在東荊州蠻的亂事中，則發現南梁積極介入，梁武帝甚至派兵援助，上引文中「蕭衍共為脣齒，遣兵應之。」可為明證。

　　自南梁戰略觀點視之，對蠻族勢力必然積極爭取，因為煽動蠻族叛亂或是出兵援助其亂事，對南梁實屬有利，其因在於蠻族的反叛，客觀上削弱了北魏在當地的統治，此消彼長下，南梁藉著出兵干預得以伸展勢力於蠻族間，壯大了南梁在蠻區的力量。因此當東荊州蠻酋首樊素安反叛北魏後，梁武帝見機不可失，立即出兵相助，除希望將亂事擴大，迫使北魏動員軍隊前往平亂，達到耗損北魏軍隊的目的外；更重要的是爭取東荊州蠻的歸附，因為樊素安反叛的結果勢必與北魏兵戎相見，而位於南北中間地帶的蠻族，受到南北勢力夾擊，很難建立獨立的民族政權，因此樊素安與北魏決裂後，必然欲另尋政治力量依附，一旦樊素安願意與南梁同盟抗擊魏軍，待擊退李崇

〔註185〕《魏書》卷8〈世宗紀〉，頁196。
〔註186〕《魏書》卷101〈蠻傳〉，頁2247。
〔註187〕《魏書》卷66〈李崇傳〉，頁1467。《魏書‧李崇傳》稱樊安，《魏書‧蠻傳》、《資治通鑑》稱樊素安。參見《魏書》卷101〈蠻傳〉，頁2247。《資治通鑑》卷145〈梁紀一〉，武帝天監二年，頁4534。
〔註188〕參見《梁書》卷2〈武帝紀中〉，頁39～40。
〔註189〕《資治通鑑》卷145〈梁紀一〉，武帝天監二年，頁4534。

所率的魏軍後，東荊州蠻極有可能歸附南梁，而南梁獲得東荊州蠻這股力量後，不但在荊楚地區的力量得以強化，亦可藉東荊州蠻再爭取其他蠻族的歸附，繼續壯大南梁在蠻區的實力。不過梁武帝的戰略目的顯然並未達成，北魏朝廷所遣鎮壓東荊州蠻的軍隊，除了由李崇任主帥外，另擇名將楊大眼協助，「出爲征虜將軍、東荊州刺史。時蠻酋樊秀安等反，詔大眼爲別將，隸都督李崇，討平之。」〔註190〕前文已述，李崇有豐富的軍事歷練與平定蠻族亂事的經驗，加上楊大眼乃北魏驍將，魏軍遂大敗東荊州蠻俘樊素安，「東荊州蠻樊素安反，僭帝號。……李崇、楊大眼悉討平之。」〔註191〕雖然《魏書·李崇傳》載「生擒樊（素）安，進討西荊，諸蠻悉降。」〔註192〕但殘餘勢力由樊素安弟樊秀安統領，次年再度爲亂，不過仍遭李崇、楊大眼鎮壓，「正始元年（504、梁天監三年），素安弟秀安復反，李崇、楊大眼悉討平之。」〔註193〕東荊州蠻的亂事至此暫告結束，南梁未爭取到東荊州蠻，北魏在蠻區的勢力得以延續。

　　北魏與南梁在蠻族地域的勢力消長，似乎在北魏連續平定魯陽蠻、東荊州蠻以及梁武帝派兵援助樊素安抗擊魏軍失敗後有了變化，北魏的軍事勝利，標誌北魏的統治力穩固，連帶影響南梁在該區域地方官員的歸向。在樊素安亂平後的兩年間，連續有南梁太守率所屬郡縣叛梁投魏，《魏書·蠻傳》：「（正始）二年（505、梁天監四年），蕭衍沔東太守田清喜擁七郡三十一縣，戶萬九千遣使內附，乞師討衍。……四年，蕭衍永寧太守文雲生六部自漢東遣使歸附。」〔註194〕南北朝時期本國官員投降敵國的案例屢見不鮮，這些官員泰半皆爲利益導向，何以南梁二位太守會降附北魏，可能與北魏在該地域的統治穩固及南梁勢力消退有關。魯陽蠻、東荊州蠻的叛亂失敗，表明北魏對蠻族有一定的壓制力，而南梁能從中運作或煽動的空間大爲減少，不過這或許無法構成田清喜、文雲生這二位太守背叛南梁的理由。若從其背景分析，田清喜之田氏可能爲光城蠻帥田益宗親族，南北政權爲籠絡蠻帥，以其各部落酋首充任各級地方官員所見多矣，南梁亦然，故田清喜有可能爲蠻族而非漢人。至於文雲生，從其率六部而非率所屬郡縣歸附北魏可知，應是率其部

〔註190〕《魏書》卷73〈楊大眼傳〉，頁1634。
〔註191〕《魏書》卷101〈蠻傳〉，頁2247。
〔註192〕《魏書》卷66〈李崇傳〉，頁1467。
〔註193〕《魏書》卷101〈蠻傳〉，頁2247。
〔註194〕《魏書》卷101〈蠻傳〉，頁2247。

落民降魏，可見文雲生亦有可能爲蠻族。是故以田清喜、文雲生乃蠻族觀點視之，當北魏在蠻區勢力獨大時，這些蠻族酋首見異思遷降附北魏也就不足爲奇了。

綜合言之，雖然蠻族依違於南北政權間謀求最大利益，南北政權亦積極拉攏蠻族力量壯大自己，但一般而言，位於南北交界地區的蠻族主要還是選擇依附北魏，其著眼點不外以自身利益出發。不論是劉宋、南齊亦或南梁，其國力皆遜於北魏，而北魏和南朝經年交戰不斷，故不論蠻族依附哪一方，都容易成爲被攻擊的目標，而且蠻族力量不足以和南北各政權對抗，這或許是蠻族及其他少數民族需面對的宿命，但是情況往往可以選擇。在北強南弱的態勢下，若蠻族選擇依附南梁，當北魏與南梁處於戰爭狀態時，蠻族若遭魏軍攻擊，其能自南梁獲得的援助不多，原因在於南梁軍隊與北魏軍隊作戰敗多勝少，保衛自己尚且自顧不暇，遑論有餘力援助蠻族，如此蠻族只能任憑魏軍宰制，其部落民必然遭致嚴重的傷害。反之若依附北魏，一旦蠻族遭梁軍攻擊，在北魏軍隊面對南梁軍隊大部分都能取勝的情況下，較有餘力支援蠻族，且蠻軍協助北魏軍隊進攻南梁，在魏軍較容易獲勝的機率下，可以參與勝利者的功勞分配，是故在本身安危考量及利益導向下，南北交界地帶的蠻族大多以依附北魏爲主。

北魏對蠻族的管理並非採高壓的武力征討或軍事鎮壓，如此作爲容易激起蠻族反抗，一旦爆發動亂，朝廷又須派兵征討，不但折損國力更造成社會不安，若處理不當，造成蠻族叛魏投梁，反使北魏面臨蠻區控制力衰退的問題，會影響南疆國防安全。如是之故，北魏對蠻族採軟硬兼施、恩威並重措施，除前述所言遣李崇、楊大眼領兵對蠻族叛亂予以強力鎮壓外；另一方面也派大臣前往蠻區進行撫慰工作，「以荊蠻擾動，敕（李）煥兼散騎常侍慰勞之，降者萬餘家。」〔註195〕李煥時爲司徒右長史，奉北魏朝廷之命在蠻族騷動前予以安撫，也確實收到效果，故有「降者萬餘家。」將一場可能爆發的動亂消弭於無形。另據《魏書‧蠻傳》：〔註196〕

> 永平初，東荊州表口口太守桓叔興前後招慰大陽蠻歸附者一萬七百戶，請置郡十六、縣五十，詔前鎮東府長史酈道元檢行置之。……
> 延昌元年，拜南荊州刺史，居安昌，隸於東荊。

〔註195〕《魏書》卷 36〈李順附煥傳〉，頁 844。
〔註196〕《魏書》卷 101〈蠻傳〉，頁 2247。

由桓叔興上奏北魏朝廷希望將歸附的蠻民編爲郡、縣來看，這些蠻民已成爲北魏政府治下的編戶齊民，非以往蠻族的部落治理方式，其意義在於，以往北魏透過官爵利祿、軍事恫嚇等手段支配各蠻族酋首，對蠻族人民進行間接控制，現以郡縣制直接管理，代表北魏統治力已達蠻族基層，以往北魏政府可能要透過各部落酋首徵兵、徵徭役等，現在既已進入郡縣體制，自然有北魏官僚系統爲之，如此便逐漸切斷蠻族人民與其酋首的連結，將蠻民與酋首的權力臍帶轉換成蠻民與北魏官員。此外，這些蠻民的生產勞動和兵源提供，對北魏的經濟力、軍事力皆有莫大助益。

北魏以武力、撫慰雙管齊下的方式，對蠻族管理產生了一定效果，加上北魏國力強於南梁，蠻族依附者眾，故北魏與南梁在爭奪蠻族方面，北魏佔據主動地位，對蠻族的控制力較強。而梁武帝在甫即位時，對爭取蠻族希冀透過優渥的封賜，如前文曾述及招撫田益宗「以車騎大將軍、開府儀同三司、五千戶郡公。」〔註197〕然而南梁可給予的官位獎賞，蠻帥及蠻族酋首亦同樣可從北魏處獲得，故梁武帝招撫蠻族的效果不顯。另外，梁武帝亦利用蠻族動亂時出兵援助，企圖製造並擴大騷動，如東荊州蠻亂時，不僅與「蕭衍共爲脣齒。」〔註198〕梁武帝更「遣兵應之。」〔註199〕但是因北魏軍力強大，蠻軍和梁軍俱遭擊敗，可見梁武帝對蠻族招撫或乘隙製造紛爭的作法皆無具體成效，而北魏卻對蠻族地區的控制力愈來愈強，是故梁武帝決定對蠻族政策改弦易張，從514年（魏延昌三年、梁天監十三年）開始以武力征討：〔註200〕

> （延昌）三年，蕭衍遣兵討江沔，破掠諸蠻，百姓擾動。蠻自相督率二萬餘人，頻請統帥爲聲勢。叔興給一統并威儀，〔註201〕爲之節度，蠻人遂安。其年，蕭衍雍州刺史蕭淵藻遣其將蔡令孫等三將寇南荊之西南，沿襄沔上下，破掠諸蠻。

前文述及桓叔興因招撫大陽蠻有功，北魏朝廷將其太守之職遷升爲南荊州刺史。〔註202〕未久，遭逢梁武帝遣軍寇擾蠻族聚集區，由「破掠諸蠻，百姓擾動。」一語觀之，梁軍對蠻區和蠻民破壞極大，遂引起蠻民不滿，聚眾欲與

〔註197〕《北史》卷37〈田益宗傳〉，頁1357。
〔註198〕《魏書》卷66〈李崇傳〉，頁1467。
〔註199〕《魏書》卷66〈李崇傳〉，頁1467。
〔註200〕《魏書》卷101〈蠻傳〉，頁2247。
〔註201〕《魏書》卷101〈校勘記〉35，頁2256載：「叔興給一統并威儀。」按語晦澀費解，其意當是給桓叔興一統帥名義并威儀，疑有訛脫。
〔註202〕參見《魏書》卷101〈蠻傳〉，頁2247。

梁軍決戰，而在桓叔興整合蠻軍兵力下，梁軍未能有進一步作為，蠻區遂轉危為安。武力征討既為南梁對蠻區的政策，故不僅位居中央的梁武帝派兵攻打蠻族，地方官員亦對蠻族揮軍進擊，如上引文所述，南梁雍州刺史蕭淵藻進攻南荊州西南之蠻族。雖然蠻族大部分依附北魏，但仍有部分依附南梁，不過由於梁武帝對蠻族改採軍事進攻政策，導致梁軍在攻打蠻區的過程中，亦對依附南梁的蠻族造成破壞。如蕭淵藻遣蔡令孫等梁將攻打蠻族時，可能因征召蠻兵問題；或梁軍與其他蠻族戰鬥過程中，不慎波及依附南梁之蠻族；或其他不明原因，因史未明載故不得而知，激起原附於南梁之蠻族叛梁附魏，《魏書‧蠻傳》：〔註203〕

> 蠻酋（蕭）衍龍驤將軍楚石廉叛衍來請援，（桓）叔興與石廉督集蠻夏二萬餘人擊走之，斬令孫等三將。（蕭）淵藻又遣其新陽太守邵道林於沔水之南，石城東北立清水戍，為抄掠之基，叔興遣諸蠻擊破之。（延昌）四年（515、梁天監十四年），叔興上表請不隸東荊，許之。蕭衍每有寇抄，叔興必摧破之。

梁武帝封蠻酋楚石廉為龍驤將軍，可見對其頗為重視，而在楚石廉反叛後，南梁對蠻族的控制力必然再降低。楚石廉在與桓叔興的北魏部隊聯軍後，順利擊退梁軍並斬殺蔡令孫等三將，雖然梁軍屢遭挫敗，但蕭淵藻仍不放棄對蠻區的寇擾行動，甚至命新陽太守邵道林建清水戍，以作為進攻蠻族的前進基地，但這些軍事作為，俱遭桓叔興摧毀。

不論北魏或南梁，對蠻族都極欲爭取，其方法大抵不外招撫與武力征討二途，若蠻族接受招撫，所謂「不戰而屈人之兵」〔註204〕，當能使雙方不用交戰而減少傷亡。梁武帝創建南梁王朝後，對蠻族亦是招撫與武力征討二途，而為了避免傷亡，自是朝招撫方向努力，而梁武帝的招撫作為，如以車騎大將軍、開府、儀同三司、五千戶郡公等官爵利誘田益宗；封楚石廉龍驤將軍；並在樊素安聚眾為亂時，發兵呼應。〔註205〕但是這些作為皆未成功，田益宗對北魏守節不移；楚石廉雖受南梁官職，之後仍叛梁附魏；而樊素安之亂最終仍由北魏平定。可見梁武帝對蠻族採取的招撫策略並未達到效果，但是又無法忽視北魏對蠻區的控制逐漸增強，於是只能以武力征討方式，寄望以軍

〔註203〕《魏書》卷101〈蠻傳〉，頁2247。
〔註204〕孫武著、吳仁傑注譯，《孫子讀本》〈謀攻篇第三〉，頁17。
〔註205〕參見《魏書》卷66〈李崇傳〉，頁1467。

事力量強迫蠻族屈服，於是才有 514 年（魏延昌三年、梁天監十三年）前引文所載兵進江沔及南荊州西南兩次對蠻區的軍事行動。但這兩次對蠻族的進軍都鍛羽而歸，主要是北魏南荊州刺史桓叔興應變得宜，皆能有效的組織所屬魏軍和蠻軍的聯合部隊，抗擊梁軍並將其擊退，維護了蠻族地區的安寧。

　　桓叔興作為北魏在蠻族地區的軍政長官，屢次將侵擾的梁軍擊退，成功維護北魏在蠻區的統治，而由此處也不難看出為何大部分蠻族在北魏與南梁間會選擇依附北魏的根本原因。北魏與南梁的力量對比，北魏顯然勝於南梁，因此在北魏的維護下，一旦蠻族遭遇南梁攻擊，蠻軍可和戰力堅強的魏軍聯軍逐退梁軍，使蠻族地區免遭破壞；反之，若蠻族依附南梁，在魏軍進攻蠻區時，雖然南梁朝廷亦有可能遣軍支援，但即使梁軍和蠻軍聯合作戰，戰力仍恐遜於魏軍，一旦敗戰，蠻區的土地、房舍必然遭魏軍破壞，且北魏為了削弱蠻族力量，會將蠻族遷移他處，如平定魯陽蠻後，「徙萬餘戶於幽并諸州。」〔註 206〕蠻民離開蠻族本土後，等於將生命財產交於北魏政府任其宰割，故蠻族在權衡利害得失後，通常會選擇依附實力強大的北魏，使得北魏在蠻族地區往往佔有優勢。

　　上載 514 年（魏延昌三年、梁天監十三年）南梁對蠻族地區的兩次攻擊行動，「蕭衍遣兵討江沔。」〔註207〕以及「蕭衍雍州刺史蕭淵藻遣其將蔡令孫等三將寇南荊之西南」〔註 208〕北魏朝廷都是動員二萬餘魏蠻聯軍將梁軍擊退，桓叔興能掌握的北魏地方部隊應當不多，當僅有數千之譜，且未見北魏其他地方部隊往援，故雖為魏蠻聯軍，其實大部分應為蠻軍組成，然就當時條件，蠻族能否動員近二萬部隊不無疑問。事實上關於南梁這兩次對蠻族地區的軍事行動，除《魏書·蠻傳》〔註 209〕、《北史·蠻傳》〔註 210〕記載外，相關史料載述並不多，且上述兩書記載大同小異。另外從這兩次事件發生的 514 年來看，《魏書·世宗紀》〔註 211〕、《梁書·武帝紀》〔註 212〕在這一年並無相關紀載，《資治通鑑》亦未有相關紀錄。〔註 213〕蠻族對北魏、南

〔註 206〕《魏書》卷 66〈李崇傳〉，頁 1467。
〔註 207〕《魏書》卷 101〈蠻傳〉，頁 2247。
〔註 208〕《魏書》卷 101〈蠻傳〉，頁 2247。
〔註 209〕參見《魏書》卷 101〈蠻傳〉，頁 2247。
〔註 210〕參見《北史》卷 95〈蠻傳〉，頁 3151。
〔註 211〕參見《魏書》卷 8〈世宗紀〉，頁 214～215。
〔註 212〕參見《梁書》卷 2〈武帝紀〉，頁 54。
〔註 213〕參見《資治通鑑》卷 147〈梁紀三〉，武帝天監十三年，頁 4607～4610。

梁而言至爲重要，《魏書》將蠻族單獨立傳；《梁書》雖對其他少數民族及外族列有〈諸夷傳〉，〔註214〕卻未對蠻族單獨立傳，雖然相關史籍對蠻族的載述不足，但仍可從現有記載中推測蠻族的動員能力。前文述及《魏書・蠻傳》曾載桓叔興招慰大陽蠻歸附者一萬七百戶，〔註215〕如此則約有五至六萬人，甚至更多，扣掉一半女性，約三萬左右的男性成員中有作戰能力者，以最保守估計一半計算，約有一萬五千人左右，但這只是大陽蠻部份，在遭遇梁軍入侵時，蠻族各部落理應動員對抗梁軍，因此加上其他蠻族各部落，動員二萬蠻軍應不是問題，當然，這是建立在《魏書・蠻傳》記載可信的基礎上。

第四節　小　結

　　魏宣武帝後期第一階段與南梁戰略關係的背景是在 507 年（魏正始四年、梁天監六年）三月結束的魏梁第二次大戰之後，由於戰爭狀態長達二年，戰場分成東、中、西三條戰線同時進行，全面性的戰爭規模和戰場範圍均甚爲廣大，可以想見對兩國都造成不小的傷害，因此魏梁在戰後除積極進行復原工作外，對對方的戰略關係也都具有慎戰的戰略思維。但是慎戰並不表示懼戰、畏戰，應該是說不主動求戰，但是也不避戰，若有敵方叛將以所屬城戍、土地投降，絕不可能置之不理，城戍爭奪戰遂因此產生。不過在雙方衝突的過程中，兩國君主對戰爭的規模、兵力的控制，似乎都有一定的默契。如北魏在克復懸瓠和義陽三關後，魏宣武帝並未命元英乘勝南伐；同樣的，南梁在收復朐山後，梁武帝亦未乘機北討，二人都不願擴大衝突，均有將衝突限制在區域戰爭的思維。因此，不採積極的攻勢，也未主動挑釁，一旦爆發衝突，也會控制在區域戰爭範疇，避免演變成大型戰爭，遂成爲第一階段戰略關係的特色。

　　北魏和南梁雖然對控制戰爭規模都有一定的體認，如魏宣武帝不同意元英的增兵請求，避免演變成大戰，但是在北強南弱態勢下，梁軍與魏軍交戰仍面臨不小的軍事壓力。在魏軍朐山大敗前，魏軍攻勢確實較爲凌厲，因此，南梁爲避免遭致更大的損失，希望能停止戰爭，先後向北魏提出以宿豫交換漢中及朐山的要求。南梁祈求和平提出城戍互換方式解決紛爭是相當合理的，一般而言，實力較弱或屈居劣勢的一方，對停止戰爭的渴求較爲強烈。

〔註214〕參見《梁書》卷 54〈諸夷傳〉，頁 784～818。
〔註215〕參見《魏書》卷 101〈蠻傳〉，頁 2247。

不過，實力較強或居於優勢的一方，為了繼續追求勝利或獲取更多的勝果，通常不願意接受。北魏當時收復懸瓠、義陽三關並佔領朐山，在形勢有利情況下，對南梁交換城戍的提議不感興趣也是情理之中。但是若用事後檢討及假設的觀點，如果北魏當時和南梁達成宿豫和朐山互換的共識，北魏或許就能擁有宿豫，同時也不會遭致朐山之敗的龐大損失，但是歷史不容假設，上述情況終究不會出現。

　　北魏與南梁此次在襄沔及濱海地區的軍事衝突，若要論勝負，不妨從士兵的犧牲及佔有城戍土地等兩個面向觀察之。若以雙方士兵之犧牲來看，在懸瓠及義陽三關的戰場方面，梁軍因遭擊退，士兵陣亡較多，「邢巒克懸瓠，……俘蕭衍卒三千餘人。」〔註216〕元英收復義陽三關，擒梁將二十六名，「俘獲七千餘人。」〔註217〕二者合計南梁至少損失一萬餘人，這項數據尚未包括其他戰鬥過程死亡之梁軍士兵，不過因戰爭規模不大，萬餘名士兵陣亡或遭魏軍俘虜，很快即可補充完畢，並非數萬甚至數十萬兵員之耗損，需經年累月始能恢復元氣，故以兵員損耗而論，南梁當屬小敗。至於朐山戰場，魏軍先勝後敗，最終遭梁軍擊退，至少傷亡十萬兵員，可謂大敗。從有生力量損失的對比來看，南梁不過一萬餘；北魏卻有十萬，何者損失慘重，一目瞭然。

　　再以城池、土地而論，義陽三關、懸瓠、宿豫本即魏有，豫州、郢州亦同屬魏地，雖南梁一度攻佔上述城戍與土地，然北魏最終盡復豫州、郢州諸地與諸城戍，不過宿豫卻未收復。至於原屬南梁的朐山，北魏雖曾一度佔領，但最後還是遭梁軍收復。因此就雙方在城戍土地的佔有而言，南梁在城戍上之收穫乃佔有宿豫；至於土地，戰爭結束時雙方恢復至戰前狀態，北魏擁有郢州、豫州未有任何改變，南梁並未失卻土地或從北魏處擴充領土。綜合上述，北魏失宿豫同時至少傷亡十萬士兵，南梁並未喪失城戍且士兵傷亡未若北魏嚴重，由此觀之，謂南梁在這一階段獲得勝利並不為過。

　　北強南弱一直是北魏與南朝對抗的基本態勢，但是從魏宣武帝與梁武帝二位君主分別執政後，南北戰略形勢似乎有了變化。在北魏與南梁的戰爭中，北魏軍隊竟遭遇以往甚為罕見的重大傷亡與損失，如魏宣武帝中期有元英的鍾離之敗；後期第一階段則有盧昶的朐山之敗，這兩次敗仗都有六位數以上

〔註216〕《魏書》卷8〈世宗紀〉，頁207。
〔註217〕《魏書》卷8〈世宗紀〉，頁207。

的士兵傷亡，這些傷亡對象和數字，如果按照以往既定的魏強梁弱印象，應該是梁軍士兵而非魏軍，然何以會發生在魏軍身上，是否南北力量產生翻轉？其實不然，就總體國力而言，北魏仍然勝於南梁，但不可否認的正逐漸衰退中。北魏自魏道武帝於登國元年（386）建立政權自魏宣武帝時已歷百餘年，暮氣漸深，加上推動漢化遷都洛陽，浸染漢風結果使其游牧民族的尚武勁野之風漸失，而這些都會對軍隊的戰力造成影響。反觀南梁，正處於開國未久的初期，梁武帝滅東昏侯亡南齊，為南朝帶來煥然一新的景象，故新朝的氣象自然勝過北魏中期的暮氣。而表現在戰爭行為上，這時的魏軍甚少見到能與北魏前期般，以龐大兵力及氣勢攻入南方，一舉攻佔多座城戍並帶給南朝極大心理壓力，反而是與梁軍陷入攻防的僵持，這在魏宣武帝中期與後期第一階段與南梁的戰爭都有類似情況發生，而這種魏軍在各戰場與梁軍作戰，遲遲無法突破或取得決定性勝利，使兩軍互相對峙成為持久戰的情況，愈往後期會更明顯。

第八章 有限戰爭與局部擴張
——魏宣武帝後期與南梁之戰略關係（511～515）（下）

　　魏宣武帝後期第二階段與南梁的對抗，仍延續前一階段對抗特性，雙方衝突表現在局部地區的爭奪，主要在東部的壽春與西部的益州，並未掀起全面性戰爭。壽春之戰南梁採主動攻勢，北魏被動防守，梁武帝執行水淹壽春戰略，欲在淮河築堰以水灌壽春，花費鉅資、動員龐大人力築堰。西部的益州之戰，則是北魏採攻勢，南梁採守勢，魏宣武帝發動大規模伐蜀行動，欲一舉攻下益州。

　　魏宣武帝調派大軍伐蜀、梁武帝築堰水攻壽春，可見南北二位君主仍持領土擴張態度。不同的是，壽春原屬南朝，自 500 年（魏景明元年、齊永元二年）南齊豫州刺史裴叔業以壽春降魏後，壽春及其附近淮南地區遂成魏土，而壽春戰略地位重要，突出於淮南地區，對南梁而言乃莫大威脅，故梁武帝即位後始終以收復壽春為念，但幾次的軍事行動都未成功，故這次改變戰略，以築堰水淹壽春為主、軍事行動為輔，改變以往全部用武力征討的模式，梁武帝冀望改變進攻戰略後，能一舉收復壽春。

　　至於魏宣武帝，鑑於北魏以往在西部疆域的擴展，不若東部、中部來的順利，而歷來北魏君主對西部的關愛與力量之投注，始終遜於東部與中部，除路途遙遠、地形險惡之外，複雜的民族問題更是一大主因，這些因素都促使北魏諸帝未認真思考西疆之經營。而魏宣武帝見北魏東部、中部疆界，在歷代君主努力下皆能持續擴張，遂將眼光投射於西部，決心開拓西疆，調動

大軍伐蜀，爲北魏在西部開疆拓土。在魏宣武帝與梁武帝各有戰略目標下，兩國在東線的壽春與西線的益州爆發戰爭，故魏宣武帝後期第二階段與南梁對抗的戰場，分成東部戰場與西部戰場，皆屬區域性質的局部戰爭。

第一節　戰略環境分析

一、李崇平定壽春內亂

　　513 年（魏延昌二年、梁天監十二年）五月，壽春大雨連下十三日，災情嚴重，北魏揚州刺史李崇忙於救災，面對壽春城幾乎遭大水淹沒，其部屬提出棄城之議，但是遭到李崇否決，史載：〔註1〕

> 五月，大霖雨十有三日，大水入城，屋宇皆沒，（李）崇與兵泊於城上。水增未已，乃乘船附於女牆，城不沒者二板而已。州府勸崇棄壽春，保北山。崇曰：「……淮南萬里，繫于吾身。一旦動腳，百姓瓦解，揚州之地，恐非國物。……」

「李崇，字繼長，小名繼伯，頓丘人也，文成元皇后第二兄誕之子。」〔註2〕他對北魏朝廷賦予其戍守邊境之重責大任深有使命感，因此未言棄城或撤離，因爲一旦棄壽春，輕者，「百姓瓦解」；重者，南梁乘機入侵，北魏恐失淮南之地，故李崇態度堅定「吾必守死此城。」〔註3〕也因李崇之堅持，並未撤離壽春，故在裴絢叛亂時，「時州人裴絢等受蕭衍假豫州刺史，因乘大水，謀欲爲亂。」〔註4〕能第一時間予以平定。若李崇棄守壽春，城內將形成政治真空，裴絢的叛亂有可能繼續擴大，壽春恐非魏有。

　　裴絢並非一般州人，而是李崇揚州府之治中，他利用壽春大水之機會，與別駕鄭祖起暗通南梁，欲謀爲亂：〔註5〕

> （裴）彥先弟絢，揚州治中。時揚州霖雨，水入州城，刺史李崇居於城上，繫船憑焉。絢率城南民數千家汎舟南走，避水高原。謂崇還北，遂與別駕鄭祖起等送子十四人於蕭衍，自號豫州刺史。衍將

〔註1〕《魏書》卷 66〈李崇傳〉，頁 1468～1469。
〔註2〕《魏書》卷 66〈李崇傳〉，頁 1465。
〔註3〕《魏書》卷 66〈李崇傳〉，頁 1469。
〔註4〕《魏書》卷 66〈李崇傳〉，頁 1469。
〔註5〕《魏書》卷 71〈裴絢傳〉，頁 1569。

馬仙琕遣軍赴之。

裴彥先、裴絢兄弟乃 500 年（魏景明元年、齊永元二年）以壽春降魏的南齊豫州刺史裴叔業之侄，他與別駕鄭祖起合謀爲亂，治中與別駕均爲州府重要僚佐，發動叛亂已不可小覷，何況又勾結南梁，且梁軍正往壽春進發，一旦裡應外合，加上大水爲患，壽春處境堪慮。李崇見壽春逢天災人禍夾擊，緊急將此情形回報北魏朝廷，而魏宣武帝鑑於壽春戰略地位重要，一旦陷梁，淮南恐將不保，遂立即遣將赴援，《魏書‧世宗紀》：「五月，壽春大水，遣平東將軍奚康生等步騎數千赴之。」〔註6〕這條記載不夠明確，似乎奚康生率軍是因壽春大水而率軍前往救災，其實不然，同書〈奚康生傳〉即可看出其目的，「時揚州別駕裴絢〔註7〕謀反，除康生平東將軍，爲別將，領羽林四千討之，會事平不行。」〔註8〕奚康生尚未行動時，李崇已迅速平定裴絢之亂，史載：〔註9〕

> （李）崇遣從弟寧朔將軍神、丹陽太守謝靈寶勒水軍討（裴）絢。絢率眾逆戰，神等大破之，斬其將帥十餘人。絢眾奔營，神乘勝克柵，眾皆潰散。絢匹馬單逃，爲村民所獲。至尉升湖，絢曰：「吾爲人吏，反而見擒，有何面目得視公也。」投水而死。并鄭祖起等皆斬之。

李崇遣李神、謝靈寶率水軍討裴絢，在裴絢尚未與南梁勢力結合前，即迅速撲滅亂事，避免裴絢叛軍和梁軍內外夾攻壽春，造成壽春危機。

裴絢之亂得已平定，實賴李崇對自我的要求，他認爲身爲揚州刺史守土有責，不可輕言撤離壽春，否則在壽春政治權力眞空之際，以裴絢、鄭祖起分任揚州府治中、別駕之要職，叛變極可能成功，並迎梁軍入城，屆時壽春主權恐將易主。幸李崇不因大水而棄城，決心與壽春共存亡，才能在裴絢叛亂之初，迅速調派水軍平亂。

由《魏書‧世宗紀》載六月「甲午，曲赦揚州。」〔註10〕可知五月這場豪大雨造成的水患讓壽春蒙受巨大損失，北魏朝廷才會如此快速採取救濟措

〔註6〕《魏書》卷8〈世宗紀〉，頁213。
〔註7〕《魏書》裴絢本傳載其職務爲治中，與〈奚康生傳〉所載別駕不同，另《資治通鑑》載裴絢爲治中，若以《資治通鑑》爲佐證，裴絢任治中一職較爲正確。參見《資治通鑑》卷147〈梁紀三〉，武帝天監十二年，頁4606。
〔註8〕《魏書》卷73〈奚康生傳〉，頁1631。
〔註9〕《魏書》卷71〈裴絢傳〉，頁1569。
〔註10〕《魏書》卷8〈世宗紀〉，頁213。

施，因爲壽春爲北魏在淮南地區的指揮中樞，不能滋生動亂，否則容易爲南梁所乘。

二、魏宣武帝崩逝

魏宣武帝於 515 年（魏延昌四年、梁天監十四年）正月丁巳夜駕崩，時年三十三。《魏書・世宗紀》載甲寅日魏宣武帝不豫，不料三日後的丁巳日即猝崩，〔註11〕由於魏宣武帝崩逝過於突然，太子元詡年僅六歲，能否繼位充滿變數。時北魏擁有最大政治勢力者，首推魏宣武帝寵信的權臣高肇，但他率大軍伐蜀不在洛陽，於是在洛陽黨於高肇的政治勢力和反對高肇的政治勢力，姑且稱爲「高肇集團」和「反高肇集團」，因皇位繼承問題展開激烈的權力爭奪。

高肇因係魏宣武帝母舅的關係而得寵信，《魏書・高肇傳》載：〔註12〕

> 高肇，字首文，文昭皇太后之兄也。……父颺，字法脩。……（魏孝文帝）遂納颺女，是爲文昭皇后，生世宗。颺卒。景明初，世宗追思舅氏，徵肇兄弟等。

魏宣武帝因生母早卒，遂將對生母的眷戀轉移至其舅高肇身上。高肇受詔入朝後，數日之間，富貴顯赫，官職方面更是三級跳，擔任尚書令之職。

高肇能力僅屬中庸，但對奪權鬥爭之事，卻具旺盛的企圖心。由於他深受魏宣武帝信賴，遂開始結黨培養個人勢力，「頗結朋黨，附之者旬月超昇，背之者陷以大罪。」〔註13〕阿附高肇的朝臣有魏偃、高祖珍、高綽、高聰、李憲、崔楷、王世義、蘭氛之、程靈虬、高雙、宋維、邢巒、李世哲、王顯、孫伏連、甄琛等人，甚至元宗室中亦有附於高肇者，如元珍因曲事高肇而得魏宣武帝寵信，由此可見高肇在北魏朝廷之權勢。

魏宣武帝崩逝，太子元詡理當繼位，侍中、中書監、太子少傅崔光；侍中、領軍將軍于忠；詹事王顯；中庶子侯剛等朝臣欲連夜迎立元詡繼位。王顯雖擁戴元詡，卻對是否應連夜即位有不同看法：〔註14〕

> 王顯欲須明乃行即位之禮。崔光謂顯曰：「天位不可暫曠，何待至明？」顯曰：「須奏中宮。」光曰：「帝崩而太子立，國之常典，何

〔註11〕 參見《魏書》卷 8〈世宗紀〉，頁 215。
〔註12〕 《魏書》卷 83 下〈外戚下・高肇傳〉，頁 1829。
〔註13〕 《魏書》卷 83 下〈外戚下・高肇傳〉，頁 1830。
〔註14〕 《魏書》卷 108 之 4〈禮志四〉，頁 2806。

須中宮令也。」

王顯不願元詡在魏宣武帝崩後立即登基，欲上奏高皇后拖延，待隔天清晨再行即位之禮。高皇后乃高肇姪女、魏宣武帝表妹：〔註15〕

> 宣武皇后高氏，文昭皇后弟（高）偃之女也。世宗納爲貴人，……
> 後拜爲皇后，甚見禮重。性妒忌，宮人希得進御。

高皇后與高肇關係如此親密，若元詡延遲登基，其處境堪慮。崔光當然知道王顯的意圖，時間拖得愈久，高肇集團愈容易發動政變另立新君。於是崔光和握有禁軍的領軍將軍于忠挺身而出，立即擁戴元詡即皇帝位，阻止王顯的陰謀：〔註16〕

> 太尉（崔）光奉策進璽綬，肅宗（魏孝明帝）跽受，服皇帝袞冕
> 服，御太極前殿。太尉光等降自西階，夜直群官於庭中北面稽首
> 稱萬歲。

元詡雖然繼位成功，不過北魏朝廷政爭並未結束，因爲魏孝明帝生母靈太后胡氏，當時尚爲貴嬪，但是有可能被魏孝明帝尊爲皇太后，與剛由皇后升格爲太后的高太后爭權，如此一來高肇集團權力會遭剝奪，於是高太后欲殺胡貴嬪，據《魏書·于栗磾附忠傳》載：〔註17〕

> （于）忠請計於崔光，光曰：「宜置胡嬪於別所，嚴加守衛，理必萬
> 全，計之上者。」忠等從之，具以此意啓靈太后，太后意乃安。故
> （靈）太后深德（劉）騰等四人，並有寵授。

靈太后賴劉騰、侯剛、于忠、崔光等四人保全，免於被高太后殺害。侯剛爲太子中庶子，和太子少傅崔光，均侍奉過元詡；于忠是支持元詡繼位功臣之一，故不可能倒向高太后；劉騰則爲宦官，出入宮禁方便，雖然缺乏記載無法得知其倒向靈太后的原因，可能是劉騰比較雙方實力後，覺得于忠等人勝算較大，因此選擇靈太后一方。

　　高肇集團欲延遲元詡登基、殺害靈太后等計謀均遭失敗，反高肇集團逐漸掌握政治權力，而爲徹底消滅高肇集團，高肇與高太后必須除去。於是在靈太后主導下，魏孝明帝召回伐蜀大軍並誅殺高肇，《魏書·高肇傳》載：〔註18〕

> 太尉高陽王先居西柏堂，專決庶事，與領軍于忠密欲除之。潛備壯

〔註15〕《魏書》卷13〈皇后·宣武皇后高氏傳〉，頁336。
〔註16〕《魏書》卷108之4〈禮志四〉，頁2806。
〔註17〕《魏書》卷31〈于栗磾附忠傳〉，頁745。
〔註18〕《魏書》卷83下〈外戚下·高肇傳〉，頁1831。

士……十餘人於舍人省下。（高）肇哭梓宮訖，於百官前引入西廊，
清河王懌、任城王澄及諸王等皆竊言目之。肇入省，壯士搤而拉殺
之。

高肇死後，高太后不久亦爲靈太后所殺，雖然其墓誌云：「（魏宣武）
帝崩，志願道門，出俗爲尼。」〔註19〕然事實並非如此，高太后的確在魏宣武帝崩
後被迫出家爲尼，但靈太后並未滿足，終究殺之，「神龜元年（518、梁天監
十七年），（高）太后出覲母武邑君。時天文有變，靈太后欲以后當禍，是夜
暴崩，天下冤之。」〔註20〕由「是夜暴崩，天下冤之。」已明顯揭露高太后
死因。另據《資治通鑑》：「魏胡太后以天文有變，欲以崇憲高太后當之。戊
申夜，高太后暴卒。」〔註21〕綜合《魏書》、《資治通鑑》所載，高太后之暴
卒，應是靈太后所爲無疑。

三、南梁鬱洲戍將降北魏

　　南梁雖然在朐山之役大勝北魏，使朐山免於入魏，避免了北魏在青齊濱
海地域以朐山爲據點的軍事存在，使南梁不致遭遇北魏來自濱海側面的威
脅。然而朐山地域並不平靜，南梁雖繼續佔有朐山，但是一年後又發生緊鄰
朐山的鬱洲（今江蘇連雲港市東雲台山）戍將叛梁降魏情事。

　　鬱洲（郁洲）〔註22〕乃位於海中之島嶼，《水經注疏・淮水》載：〔註23〕
（淮水支流游水）歷朐縣與沭合。又經朐山西。山側有朐縣故
城。……東北海中有大洲，謂之郁洲。《山海經》所謂郁山在海中
者也。

朐山與鬱洲俱爲青齊濱海地域之水陸軍事重鎮，該二城戍位於南北地域重要
分界線上，北魏、南梁何方能全部控制，就能擁有濱海地域的戰略優勢。北
魏佔有朐山，即能控制濱海地域之陸路軍事通道，並由此揮軍南下侵略梁

〔註19〕趙超編，《漢魏南北朝墓誌彙編》〈魏瑤光寺尼（高皇后）慈義墓誌銘〉，頁102。
〔註20〕《魏書》卷13〈皇后・宣武皇后高氏傳〉，頁337。
〔註21〕《資治通鑑》卷148〈梁紀四〉，武帝天監十七年，頁4640。
〔註22〕郁洲即鬱洲，《魏書》作郁洲，《梁書》、《資治通鑑》作鬱洲，參見《魏書》
　　　　卷8〈世宗紀〉，頁213；同書卷73〈奚康生傳〉，頁1631；同書卷55〈游肇
　　　　傳〉，頁1216。《梁書》卷16〈張稷傳〉，頁272。《資治通鑑》卷147〈梁紀
　　　　三〉，武帝天監十二年，頁4604。
〔註23〕〔北魏〕酈道元注，〔清〕楊守敬、熊會貞疏，《水經注疏》（南京：江蘇古籍
　　　　出版社，1989年6月）卷30〈淮水〉，頁2563～2564。

境；佔有鬱洲，即能以水軍入侵南梁，並阻斷南梁以水軍進攻北魏之路線。反之，南梁控有該二城戍，不但能阻遏北魏從濱海地域對南梁水陸兩方面的攻擊，尚能在北魏與南梁於淮南地區或中部襄沔地域發生戰爭時，從濱海地域發動側翼作戰進攻北魏，達到牽制魏軍之目的。鑑於該二城戍戰略地位之重要，雖朐山、鬱洲暫爲南梁所轄，然一旦有機可乘，北魏必全力爭奪之，這也就不難理解何以北魏會動員十餘萬大軍與南梁爭奪朐山此一濱海小城了。

南梁繼朐山戍將發動叛亂欲以城降魏遭平定，同時造成北魏盧昶的朐山大敗後，513 年（魏延昌二年、梁天監十二年）二月，鬱洲又生變亂，二年內濱海地域的朐山、鬱洲接連發生戍將殺其上級刺史、太守並以城降魏的叛亂事件，顯現南梁在該地區的統治已出現警訊。《魏書·世宗紀》載二月「庚辰，蕭衍郁州民徐玄明等斬送衍鎮北將軍、青冀二州刺史張稷首，以州內附，詔前南兗州刺史樊魯率眾赴之。」〔註24〕鬱洲本爲南梁領域，何以突然叛變，恐與南梁青冀二州刺史張稷治理不當有關：「初，鬱洲接邊陲，民俗多與魏人交市。及朐山叛，或與魏通，既不自安矣；且（張）稷寬弛無防，僚吏頗侵漁之。州人徐道角（徐玄明）〔註25〕等夜襲州城。」〔註26〕張稷爲政寬鬆，造成州府官員吏治敗壞進而欺凌百姓，這也是徐玄明殺張稷謀反的重要原因。

對北魏而言，徐玄明欲以鬱洲降魏，正可趁此機會，以最少代價獲得鬱洲這海上戰略要地，故魏宣武帝立即遣將前往接收，但仍有大臣持反對意見：〔註27〕

> 蕭衍軍主徐玄明斬其青冀二州刺史張稷首，以郁州內附，朝議遣兵赴援。（游）肇表曰：「玄明之款，雖奔救是當，然事有損益，或憚舉而功多，或因小而生患，不可必也。……郁洲又在海中，所謂雖獲石田，終無所用。……災儉之年，百姓飢弊，餓死者亦復不少。……軍糧資運，取濟無所。唯見其損，未覩其益。且新附之民，服化猶

〔註24〕《魏書》卷 8〈世宗紀〉，頁 213。
〔註25〕徐玄明、徐道角乃同一人。《魏書》作徐玄明，《梁書》、《資治通鑑》作徐道角，參見《魏書》卷 8〈世宗紀〉，頁 213；同書卷 73〈奚康生傳〉，頁 1631。《梁書》卷 16〈張稷傳〉，頁 272；同書卷 18〈康絢傳〉，頁 291。《資治通鑑》卷 147〈梁紀三〉，武帝天監十二年，頁 4604。
〔註26〕《梁書》卷 16〈張稷傳〉，頁 272。
〔註27〕《魏書》卷 55〈游肇傳〉，頁 1216～1217。

　　近，特須安帖，不宜勞之。勞則怨生，怨生則思叛，思叛則不自安，

　　不安則擾動。脫爾，則連兵難解。……」世宗並不納。

顯然魏宣武帝並未採納侍中游肇意見，仍堅持出兵佔領鬱洲，遣前南兗州刺
史樊魯率眾赴鬱洲。或許從朐山之役得到教訓，不希望重蹈覆轍，也有可能
對樊魯信心不夠，魏宣武帝復遣作戰經驗豐富之名將平西將軍奚康生率軍增
援，《魏書‧奚康生傳》載：〔註28〕

　　蕭衍直閤將軍徐玄明戍於郁洲，殺其刺史張稷，以城內附。詔遣康

　　生迎接，賜細御銀纏槊一張并棗柰果。面敕曰：「果者，果如朕心；

　　棗者，早遂朕意。」未發之間，郁洲復叛。

奚康生還未出發，徐玄明之亂迅速被南梁督北兗州緣淮諸軍事、振遠將軍、
北兗州刺史康絢遣將討平，「青州刺史張稷為土人徐道角所殺。（康）絢又遣
司馬茅榮伯討平之。」〔註29〕綜上史籍所載，鬱洲之亂的首腦人物徐玄明，
其身份有州人、土人、郁州民、軍主、直閤將軍等不同稱謂，若是真如《魏
書》所言徐玄明具軍主、直閤將軍等身份，而《梁書》卻以州人、土人稱之，
似乎想淡化邊關戍將舉兵謀反的效應，將其界定在平民百姓的亂事，即使《魏
書》記載有誤，徐玄明真為當地居民，但是從他能輕易殺張稷並具發動叛亂
之能力來看，徐玄明非僅一般百姓而已，而是意見領袖或鬱洲當地具號召力
人物。

　　康絢在魏軍未到前，即平定徐玄明之亂，使鬱洲亂事並未擴大，也粉碎
北魏欲趁機攻佔鬱洲之企圖，阻止朐山危機再現。一旦北魏佔領鬱洲，極有
可能再度進攻朐山，以往魏軍僅能從陸路進攻朐山，現增加鬱洲水路，北魏
水陸大軍可聯合進攻朐山，大大增加南梁防守朐山的困難，由此亦發彰顯康
絢迅速平定徐玄明之亂的軍事價值。

四、北魏、南梁國力之恢復

　　北魏、南梁長期對峙，東部、中部、西部戰場都有衝突發生，雙方不時
武力相向，由於戰爭牽涉政治力、經濟力、社會力、軍事力的整體發揮，亦
即國力之展現，長期戰爭的結果，兩國國力皆有損傷。就北魏而言，雖是在
北強南弱背景下長期與南朝對抗，且國力盛於南朝，但在邵陽、朐山二大戰

〔註28〕《魏書》卷73〈奚康生傳〉，頁1631。
〔註29〕《梁書》卷18〈康絢傳〉，頁291。

役大敗於南梁後，有生力量耗損甚巨，故應休養生息恢復國力。然而魏宣武帝後期，北魏一連串天災地變，水旱災頻繁，北魏政府疲於救災、賑濟，無法專力休養生息，對國力之恢復不免有所影響。

　　魏宣武帝後期，北魏遭受天然災害有多嚴重？茲將延昌年間遭遇之災害做一整理。魏宣武帝延昌年號使用四年，因其崩於四年正月丁巳，故本表列《魏書》中延昌元年至三年（512～514，梁天監十一至十三年）北魏遭受之水旱災、地震等災害及其救濟措施，表列如下：

表二：魏宣武帝延昌年間災害一覽表〔註30〕

時　間	災　害　及　救　濟　情　形
延昌元年正月	乙巳，以頻水旱，百姓饑弊，分遣使者開倉賑恤。
延昌元年正月	甲午，州郡十一大水，詔開倉賑恤。以京師穀貴，出倉粟八十萬石以賑貧者。
延昌元年四月	詔以旱故，食粟之畜皆斷之。
延昌元年四月	戊辰，以旱，詔尚書與臺司鞫理獄訟，詔河北民就穀燕恒二州。
延昌元年四月	辛未，詔饑民就穀六鎮。
延昌元年四月	丁丑，帝以旱故，減膳撤懸。
延昌元年四月	癸未，詔曰：「肆州地震陷裂，死傷甚多，言念毀沒，有酸懷抱。亡者不可復追，生病之徒宜加療救。可遣太醫、折傷醫，并給所須之藥，就治之。」
延昌元年五月	丙午，詔天下有粟之家，供年之外，悉貸饑民。自二月不雨至於是晦。
延昌元年六月	己卯，詔曰：「去歲水災，今春炎旱，百姓饑餒，救命靡寄，雖經齧月，不能養績。今秋輸將及，郡縣期於責辦，尚書可嚴勒諸州，量民資產，明加檢校，以救艱弊。」
延昌元年六月	庚辰，詔出太倉粟五十萬石，以賑京師及州郡饑民。
延昌二年二月	甲戌，以六鎮大饑，開倉賑贍。
延昌二年三月	是春，民饑，餓死者數萬口。
延昌二年四月	庚子，以絹十五萬匹賑恤河南郡饑民。
延昌二年六月	乙酉，青州民饑，詔使者開倉賑恤。
延昌二年六月	是夏，州郡十三大水。
延昌二年十月	詔以恒、肆地震，民多死傷，蠲兩河一年租賦。
延昌二年十二月	乙巳，詔以恒、肆地震，民多離災，其有課丁沒盡、老幼單辛、家無受復者，各賜廩以接來稔。

〔註30〕表中引文出處，詳見《魏書》卷8〈世宗紀〉，頁211～215。

延昌三年二月	乙未，詔曰：「肆州秀容郡敷城縣、雁門郡原平縣，並自去年四月以來，山鳴地震，于今不已，告譴彰咎，朕甚懼焉，祗畏兢兢，若臨淵谷，可恤瘝寬刑，以答災譴。」
延昌三年四月	夏四月，青州民饑，辛巳，開倉賑恤。

　　511 年（魏景明四年、梁天監十年）十二月朐山之役結束後，北魏與南梁在東部邊界之關係逐漸緩和，北魏正可趁此時機休養生息，恢復邵陽之役、朐山之役耗損之國力。直至 514 年（魏延昌三年、梁天監十三年）十月，梁武帝在淮河築堰準備水淹壽春，淮南形勢開始緊張，魏梁衝突一觸即發。然而這三年卻也是北魏災難最多時期，如上表所示。面對如此頻繁的水旱災與地震，北魏政府勢必投入眾多資源救災，如開倉賑恤、蠲災區租賦等，甚至動用軍隊協助救災，凡此種種，皆會影響國力。若這三年北魏天災地變極少，不但可省去開倉賑恤、蠲災區租賦等倉米、財賦的損失，甚至在各項農、牧、工等生產活動都順利的情況下，國家可增加稅收，進而提升國力，由此可見，一來一往間，災害對國力的增衰影響極大。另外，災害少，能讓軍隊充分休息恢復戰力，並從事正常戰鬥訓練，使其常保嫻熟戰技與旺盛鬥志，不致因災害過多，在動員軍隊救災情況下，造成軍隊疲乏減低戰力。

　　至於南梁，依《梁書》所載，511 年十二月至 514 年十月（魏景明四年至延昌三年、梁天監十年至十三年）這段期間並無重大災害，且三年間僅有 513 年（魏延昌二年、梁天監十二年）「夏四月，京邑大水。」〔註31〕可見南梁受天災影響不大，社會較北魏安定，相對農工生產不會因災害而停滯，國力恢復理應較北魏正常。此外，梁武帝還對朐山之役波及之地區，推行救濟措施，同年三月丁巳「曲赦揚、徐二州。」〔註32〕希望能幫助受戰爭損害之地區迅速復原。

　　朐山之役北魏傷亡十餘萬大軍，這些陣亡魏軍遺骨，一年後竟還曝屍荒野，梁武帝不忍，遂於 512 年（魏延昌元年、梁天監十一年）四月戊子，詔曰：「去歲朐山大殲醜類，宜為京觀，用旌武功；但伐罪弔民，皇王盛軌，掩骼埋胔，仁者用心。其下青州悉使收藏。」〔註33〕收埋魏軍骨骸雖是出自梁武帝仁慈之心，卻也凸顯出魏軍犧牲慘重，陣亡兵員過多，以致一年後屍骨尚無法處理完畢。而梁武帝此舉，也強化梁軍仁義之師形象，南朝漢人政權

〔註31〕《梁書》卷 2〈武帝紀中〉，頁 53。
〔註32〕《梁書》卷 2〈武帝紀中〉，頁 52。
〔註33〕《梁書》卷 2〈武帝紀中〉，頁 52。

自詡正統王朝，長期以來受儒家道統薰陶，對文化層次不高的北魏常以睥睨心態視之，以仁者之心收埋魏軍骨骸，不但可滿足南梁漢人正統王朝的優越感，還能促進南梁社會團結，同時對強化梁軍精神戰力也有幫助。

第二節　戰略規畫與作戰經過

　　514 年（魏延昌三年、梁天監十三年）十月，梁武帝和魏宣武帝分別在東部、西部有軍事企圖，梁武帝預備在東部對壽春展開攻勢；魏宣武帝則集結大軍準備一舉佔領蜀地，拓展北魏西部疆域。二位君主進行軍事行動有一項共同特徵，都是來自對方降將建議，梁武帝水淹壽春是採北魏降將王足之計；而魏宣武帝進攻蜀地則採南梁降將李苗之議。

一、魏宣武帝遣高肇伐蜀

　　魏宣武帝於 514 年（魏延昌三年、梁天監十三年）十月有伐蜀之意，隨即於次月「辛亥，詔司徒高肇爲大將軍、平蜀大都督，步騎十萬西伐。」〔註34〕而促成魏宣武帝決定伐蜀的關鍵人物，乃南梁降將李苗：〔註35〕

　　　　李苗，字子宣，梓潼涪人。父膺，蕭衍尚書郎、太僕卿。苗出後叔
　　　　父略。略爲蕭衍寧州刺史，大著威名。王足伐蜀也，衍命略拒足於
　　　　涪，許其益州。及足還退，衍遂改授。略怒，將有異圖，衍使人害
　　　　之。苗年十五，有報雪之心，延昌中遂歸闕。仍陳圖蜀之計。

事實上，李苗並非首位向魏宣武帝陳伐蜀之議者，早在魏宣武帝即位初年，南梁步兵校尉淳于誕自漢中降魏，即向其提出伐蜀之議，《魏書‧淳于誕傳》：〔註36〕

　　　　淳于誕，字靈遠。其先太山博人，後世居於蜀漢，……（蕭）頤益
　　　　州刺史劉悛召爲主簿。蕭衍除步兵校尉。景明中，自漢中歸國。既
　　　　達京師，陳伐蜀之計。

淳于誕意見並未獲魏宣武帝採納，可能與其即位未久，權力尚未鞏固有關。另外在 505 年（魏正始二年、梁天監四年）二月爆發的魏梁第二次大戰，西部戰場方面，南梁梁、秦二州長史夏侯道遷欲以漢中內附，北魏以尚書邢巒

〔註34〕《魏書》卷 8〈世宗紀〉，頁 214。
〔註35〕《魏書》卷 71〈李苗傳〉，頁 1594。
〔註36〕《魏書》卷 71〈淳于誕傳〉，頁 1592。

為鎮西將軍率軍接應，魏軍勢如破竹，不僅佔領漢中，更攻佔梁州十四郡，魏宣武帝遂以邢巒為梁、秦二州刺史，命其經略西南地區。而邢巒也於此時，向魏宣武帝提出乘勝追擊，全面進攻蜀地的建議，希望能一舉奪下益州，但遭魏宣武帝否決，主要是東部淮南戰場魏軍進展不利，魏宣武帝不希望在西部繼續開闢戰場，如此東、西戰場將無法兼顧，他認為應結束西邊戰事，傾全力支援東部戰場，這可由魏宣武帝命邢巒停止進攻蜀地，並調其至東部戰場協助元英進攻鍾離得到驗證。

上述邢巒在西南地區的軍事行動，造成魏將王足降梁及梁將李苗的降魏。邢巒統軍王足在進攻梁州的過程中，過關斬將數敗梁軍，北魏朝廷因其軍功拜為益州刺史，而王足亦繼續率軍進攻蜀地，然本書前章已有詳述，魏宣武帝此時並無伐蜀企圖，遂命王足還師，並以羊祉代王足為益州刺史，此舉引起王足極度不滿，不久即投奔南梁。〔註37〕至於李苗，則是梁武帝命其叔寧州刺史李略抵禦王足的入侵，並許以事平後以其為益州刺史，但王足撤軍後，梁武帝並未實現諾言，李略不滿遂有異圖，梁武帝竟派人殺之，李苗因而投降北魏。

魏宣武帝對淳于誕、邢巒、李苗三人先後的伐蜀之議，否決淳于誕、邢巒卻接受李苗，其主因乃戰略環境不同且伐蜀時機成熟。李苗於延昌中投奔北魏陳伐蜀大計，延昌中應指延昌二至三年（513～514、梁天監十二至十三年），此時魏宣武帝已在位十餘年，沒有淳于誕建議伐蜀時，皇權不穩的問題。而511年（魏永平四年、梁天監十年）十二月朐山之役結束後，北魏與南梁雖有衝突，但都是邊界的小型糾紛，並無大型的全面戰爭及中型的區域戰爭，因此不會有邢巒建議伐蜀時需面臨東西戰場同時作戰的情形，可以說自朐山之役後的三年間，北魏與南梁的戰略關係出現和緩跡象，故李苗建議伐蜀之時機，沒有淳于誕、邢巒時之問題，加上自魏宣武帝即位以來的魏梁對抗，在東部、中部、西部的衝突中，西部的戰事一直較為順利，不像東部壽春、鍾離、朐山等地戰事，北魏都有挫敗經驗，因此在李苗提出進攻蜀地的建議後，魏宣武帝迅速接受，並動員大軍多路出擊，欲一舉盪平蜀地。

北魏朝廷並非所有朝臣皆贊同魏宣武帝的伐蜀，一向反戰的侍中游肇，再度反對出兵征討蜀地，《魏書・游肇傳》：〔註38〕

〔註37〕參見本書，頁340～342。
〔註38〕《魏書》卷55〈游肇傳〉，頁1217。

（游）肇諫曰：「……兵者凶器，不得已而後用。當今治雖太平，論
征未可。何者？山東、關右，殘傷未復，頻年水旱，百姓空虛，宜
在安靜，不宜勞役。然往昔開拓，皆因城主歸款，故有征無戰。……
且蜀地險隘，稱之自古，鎮戍晏然，更無異趣，豈得虛承浮說，而
動大軍。舉不慎始，悔將何及！討蜀之略，願俟後圖。」世宗又不
納。

游肇認爲山東、關右等地區遭受的戰爭創傷尙未復原，加上水旱災頻繁造成
社會紛擾，凡此種種皆對國力有所損傷，而且蜀地地形險峻，易守難攻，現
階段實不適合出兵蜀地，故希望魏宣武帝暫停攻蜀行動，待日後另尋伐蜀良
機再行征討，然而游肇並未能說服魏宣武帝，北魏伐蜀已成定局。

　　魏宣武帝對此次大舉伐蜀相當重視，大軍出征前夕，特別召見伐蜀將領，
《魏書‧高肇傳》載：〔註39〕

大舉征蜀，以（高）肇爲大將軍，都督諸軍爲之節度。與都督甄琛
等二十餘人俱面辭世宗於東堂，親奉規略。

由「親奉規略」觀之，伐蜀的戰略規劃應是由魏宣武帝指導。魏軍共分五路，
以高肇爲伐蜀大軍統帥，節制諸軍，除高肇這一路外，另四路魏軍分別爲：
〔註40〕

益州刺史傅豎眼出巴北，南將軍羊祉出涪城（今四川綿陽），安西將
軍奚康生出綿竹（今四川德陽北），撫軍將軍甄琛出劍閣（今四川劍
閣東北）。

各路魏軍兵力少則三萬、多則四萬，其將領及兵力配置，分述如下：

　　（一）傅豎眼時爲益州刺史，「轉昭武將軍、益州刺史。……及高肇伐
蜀，假豎眼征虜將軍、持節，領步兵三萬先討北巴。」〔註41〕故
傅豎眼的三萬魏軍，應是益州、梁州、秦州、南秦州等蜀地附近
之州軍。

　　（二）羊祉在秦、梁二州刺史任內，因「天性酷忍，又不清潔。坐掠人
爲奴婢，爲御史中尉王顯所彈免。」〔註42〕被免官的羊祉，因曾
任秦、梁二州刺史，熟悉西南地域，在伐蜀行動中重新被起用，

〔註39〕《魏書》卷83下〈外戚下‧高肇傳〉，頁1830。
〔註40〕《魏書》卷8〈世宗紀〉，頁214～215。
〔註41〕《魏書》卷70〈傅豎眼傳〉，頁1557～1558。
〔註42〕《魏書》卷89〈羊祉傳〉，頁1923。

　　　　「高肇南征，（羊）祉復被起爲光祿大夫、假平南將軍，持節領
　　　　步騎三萬先驅趣涪。」〔註43〕

　（三）奚康生兵力三萬，「大舉征蜀，假康生安西將軍，領步騎三萬邪趣
　　　　縣竹。」〔註44〕

　（四）甄琛時爲太子少保、黃門，「大將軍高肇伐蜀，以琛爲使持節、假
　　　　撫軍將軍，領步騎四萬爲前驅都督。」〔註45〕

十三萬魏軍與高肇率「步騎十萬西伐。」〔註46〕明顯不符，形成這種差異可能情況有二，其一：高肇自率十萬，與其他四路魏軍的十三萬，合計北魏動員二十三萬大軍伐蜀，此數目過於龐大，尤其北魏在七年內歷邵陽之役、胊山之役慘敗，有生力量損耗甚鉅，勢必無法在短短七年內補充完畢，且爲掩護伐蜀大軍行動，防止南梁從東部、中部發動牽制作戰，必須留駐足以遏止南梁蠢動的兵力，故北魏不可能抽調太多淮南、襄沔等地區軍隊支援蜀地作戰，基於上述兩個理由，北魏動員二十三萬大軍伐蜀，並非北魏無此實力，只不過可能性不大。其二：高肇十萬大軍的構成，係包括羊祉部三萬、奚康生部三萬、甄琛部四萬，此十萬魏軍乃北魏中央派與高肇的伐蜀兵力。另傅豎眼部三萬則是地方州軍，不屬中央十萬大軍，因羊祉、奚康生、甄琛在加入伐蜀大軍前，皆非地方大員，沒有地方軍隊可供調派，不似傅豎眼爲益州刺史，有州軍可供調動，且征討蜀地如此大的軍事行動，北魏朝廷應會令各地州軍支援，故傅豎眼所領部隊當包括益州、梁州、秦州等州之州軍，故高肇所率十萬大軍加上傅豎眼的三萬地方部隊，北魏伐蜀大軍總兵力爲十三萬，此爲合理且符合實際之數字。

　　《資治通鑑》對北魏伐蜀兵力則有不同記載，「以司徒高肇爲大將軍、平蜀大都督，將步騎十五萬寇益州。」〔註47〕雖然之後亦有羊祉、奚康生、甄琛等各路魏軍從何處出師記載，但並未載明各路魏軍兵力爲何？《資治通鑑》的十五萬魏軍較上述十三萬多二萬，這二萬應是高肇本身所率，高肇身爲伐蜀大軍主帥，其十萬兵馬若分配羊祉領三萬、奚康生領三萬、甄琛領四萬，且三人各自從涪城、綿竹、劍閣等不同地區出師進攻益州，則並無一人在高

〔註43〕《魏書》卷89〈羊祉傳〉，頁1923。
〔註44〕《魏書》卷73〈奚康生傳〉，頁1631。
〔註45〕《魏書》卷68〈甄琛傳〉，頁1515。
〔註46〕《魏書》卷8〈世宗紀〉，頁214。
〔註47〕《資治通鑑》卷147〈梁紀三〉，武帝天監十三年，頁4608。

肇身邊，如此一來，高肇身邊豈非無任何兵馬，這種調度不但使高肇無主帥威儀更不符作戰常態，因此高肇應自率二萬魏軍，加上羊祉三萬、奚康生三萬、甄琛四萬，以及傅豎眼三萬地方軍，合計十五萬，符合《資治通鑑》所載。綜上所述，北魏伐蜀大軍至少十三萬、至多不超過十五萬。

　　魏宣武帝為能讓伐蜀作戰順利進行，預防南梁在東部、中部發動攻擊進行牽制，「以中護軍元遙為征南將軍、東道都督，鎮遏梁楚。」〔註48〕可見北魏伐蜀戰略規畫完備，組織五路大軍分進合擊，並嚴密監控南梁，防止其另闢戰場牽制蜀地作戰。惜謀事在人、成事在天，當各路魏軍於514年（魏延昌三年、梁天監十三年）十一月陸續向蜀地進發月餘後，次年正月即傳來魏宣武帝崩逝消息，「帝不豫，丁巳，崩于式乾殿，時年三十三。」〔註49〕太子元詡在丁巳夜即皇帝位，是為魏孝明帝。二天後，伐蜀大軍接獲北魏朝廷班師命令，《魏書‧肅宗紀》：「己未，徵下西討東防諸軍。」〔註50〕西討指伐蜀大軍，東防則指元遙「鎮遏梁楚」之兵，另《魏書‧高肇傳》載：「世宗崩，赦罷征軍。肅宗（魏孝明帝）與（高）肇及征南將軍元遙等書，稱諱言，以告凶問。」〔註51〕由前引文可證《魏書‧肅宗紀》的西討、東防諸軍，即指高肇、元遙之軍。當時伐蜀各路軍之情形為，羊祉部「未至，世宗崩，班師。」〔註52〕奚康生部「至隴右，世宗崩，班師。」〔註53〕甄琛部「會世宗崩，班師。」〔註54〕三路魏軍都尚未與梁軍交戰即奉詔班師，其中甄琛部已到達梁州獠亭，最接近邊境。至於大都督高肇，行軍速度最慢，距離蜀地也最遠，估計應在關中一帶。

　　北魏伐蜀大軍真正與梁軍接觸發生戰鬥者，唯有傅豎眼部，因其為益州刺史鎮守邊關，加上率領之部隊皆為地方軍，不需從北魏中心區長途行軍至蜀地，故傅豎眼部距戰場最近，也最早與梁軍發生衝突，史載：〔註55〕

　　　蕭衍聞大軍西伐，遣其寧州刺史任太洪從陰平偷路入益州北境，欲擾動氐蜀，以絕運路。乘國諱班師，遂扇誘土民，奄破東洛、除口

〔註48〕《魏書》卷8〈世宗紀〉，頁215。
〔註49〕《魏書》卷8〈世宗紀〉，頁215。
〔註50〕《魏書》卷9〈肅宗紀〉，頁221。
〔註51〕《魏書》卷83下〈外戚下‧高肇傳〉，頁1830。
〔註52〕《魏書》卷89〈羊祉傳〉，頁1923。
〔註53〕《魏書》卷73〈奚康生傳〉，頁1631。
〔註54〕《魏書》卷68〈甄琛傳〉，頁1515。
〔註55〕《魏書》卷70〈傅豎眼傳〉，頁1558。

二戍，因此詐言南軍繼至，氐蜀信之，翕然從逆。

梁武帝對北魏的伐蜀行動亦予以反擊，由於十餘萬魏軍聲勢浩大，可能南梁在蜀地駐軍不多，無法抵禦北魏大軍攻擊，於是南梁寧州刺史任太洪利用氐蜀等少數民族，煽動其叛亂，而氐人與蜀人誤信南梁後援大軍即將到來，遂助梁軍與魏軍作戰，雙方戰鬥經過據《魏書‧傅豎眼傳》載：〔註56〕

> （任）太洪率氐蜀數千圍逼關城，（傅）豎眼遣寧朔將軍成興孫討之。軍次白護，太洪遣其輔國將軍任碩北等率眾一千，邀險拒戰，在虎徑南山連置三營。興孫分遣諸統，隨便掩擊，皆破之。太洪又遣軍主邊昭等率氐蜀三千，攻逼興孫柵，興孫力戰，為流矢所中，死。豎眼又遣統軍姜喜、季元度從東嵲潛入，回出西崗，邀賊之後，表裏合擊，大破之，斬邊昭及太洪前部王隆護首。於是太洪及關城五柵一時逃散。

任太洪雖有氐蜀之助，仍遭傅豎眼遣將擊退，此為北魏伐蜀行動僅有的一次戰鬥，魏軍雖獲勝利，但伐蜀大軍已班師，等於宣告結束伐蜀戰事，故傅豎眼的勝利對北魏經略蜀地助益不大。

二、南梁水淹壽春

北魏在壽春的行政軍事存在，對梁武帝而言有如芒刺在背，常思去之，不過在魏強梁弱態勢下，南梁以武力奪回壽春，不僅遭致失敗，更折損不少士兵，顯見南梁軍事力量確實遜於北魏，但是梁武帝對壽春的戰略態度一直頗為積極，在武力進攻無法克竟全功的情形下，若有其他能進佔壽春的戰略手段，必定能獲得梁武帝重視。北魏降將王足在此背景下，514年（魏延昌三年、梁天監十三年）十月向梁武帝提出水淹壽春的戰略思考，史載：〔註57〕

> 時魏降人王足陳計，求堰淮水以灌壽陽。……高祖（梁武帝）以為然，使水工陳承伯、材官將軍祖暅視地形，咸謂淮內沙土漂輕，不堅實，其功不可就。

王足向梁武帝提出「堰淮水以灌壽陽」的戰略構想，立即獲得梁武帝贊同，並派水工陳承伯、材官將軍祖暅勘查地形，評估築堰工程的可行性。陳承伯、祖暅二人詳細勘查後，一致認為「淮內沙土漂輕，不堅實，其功不可就。」

〔註56〕《魏書》卷70〈傅豎眼傳〉，頁1558。
〔註57〕《梁書》卷18〈康絢傳〉，頁291。

然而梁武帝不認同陳承伯、祖暅的評估報告，仍執意爲之，《梁書・武帝紀》載：「是歲作浮山堰。」〔註58〕

　　浮山堰工程浩大，需動用大量民力，梁武帝「發徐、揚人，率二十戶取五丁以築之。」〔註59〕並遣太子右衛率康絢爲浮山堰工程總指揮，史載：〔註60〕

　　　　假（康）絢節、都督淮上諸軍事，並護堰作，役人及戰士，有眾二

　　　　十萬。於鍾離南起浮山（今江蘇盱眙），北抵巉石（今安徽泗縣），

　　　　依岸以築土，合脊於中流。

康絢率二十萬民夫、士兵投入浮山堰工程，顯現梁武帝進取壽春之企圖強烈。至於北魏，初期並未對南梁築堰有任何積極反應，可能當時目光專注在伐蜀的軍事行動上，或是北魏的水利專家也認爲「淮內沙土漂輕，不堅實。」南梁無法成功築堰，加上魏宣武帝於次年正月崩逝，北魏陷入政治鬥爭，高肇集團與反高肇集團不斷角力衝突，待高肇被殺，北魏動盪不安的政治亂象逐漸平靜後，始有大臣發覺浮山堰即將完工，乃表奏臨朝執政的靈太后，需正視壽春的國防安全。

　　對南梁傾全力構建浮山堰威脅壽春具危機意識者，乃左僕射郭祚，《魏書・郭祚傳》：〔註61〕

　　　　（郭）祚表曰：「蕭衍狂悖，擅斷川瀆，役苦民勞，危亡已兆。然古

　　　　諺有之，『敵不可縱』。夫以一酌之水，或爲不測之淵，如不時滅，

　　　　恐同原草。宜命一重將，率統軍三十人，領羽林一萬五千人，并科

　　　　京東七州虎旅九萬，長驅電邁，遄令撲討。……并宜敕揚州選一猛

　　　　將，遣當州之兵令赴浮山，表裏夾攻。」朝議從之。

雖然「朝議從之」，但是北魏朝廷並未立遣大軍征討，不過仍做出警戒動作，命平南將軍楊大眼率軍至荊山〔註62〕戒備，「時蕭衍遣將康絢於浮山遏淮，規浸壽春，詔加大眼光祿大夫，率諸軍鎮荊山。」〔註63〕魏孝明帝年僅五歲，無自主能力，命楊大眼出鎮荊山之詔令，乃靈太后之意志。雖然靈太后並未

〔註58〕《梁書》卷2〈武帝紀中〉，頁54。
〔註59〕《梁書》卷18〈康絢傳〉，頁291。
〔註60〕《梁書》卷18〈康絢傳〉，頁291。
〔註61〕《梁書》卷64〈郭祚傳〉，頁1425～1426。
〔註62〕《資治通鑑》卷148〈梁紀四〉，武帝天監十四年，頁4614：「淮水過塗山北而後至荊山。今塗山在鍾離縣西九十五里，荊山在鍾離縣西八十三里。」
〔註63〕《魏書》卷73〈楊大眼傳〉，頁1635。

遣大軍進攻浮山堰，但是已開始關注東方的緊張情勢，且此時已召回伐蜀大軍，西線無戰事，北魏正可全心注意南梁動態，一時間淮南地區戰雲密佈。

誠如陳承伯、祖晅向梁武帝建言「淮內沙土漂輕。」並不適合築堰，浮山堰建造半年後的 515 年（魏延昌四年、梁天監十四年）四月，「堰將合，淮水漂疾，輒復決潰，眾患之。」〔註64〕在浮山堰即將完工之際，竟發生潰決。關於潰決的解釋，這時出現一說：「或謂江、淮多有蛟，能乘風雨決壞崖岸，其性惡鐵。」〔註65〕南梁君臣接受此說，開始一連串的補救措施，《梁書・康絢傳》：〔註66〕

> 因是引東西二冶鐵器，大則釜鬵，小則鋘鋤，數千萬斤，沉于堰所。猶不能合，乃伐樹爲井幹，填以巨石，加土其上。緣淮百里內，岡陵木石，無巨細必盡，負擔者肩上皆穿。夏日疾疫，死者相枕，蠅蟲晝夜聲相合。

據上可知，梁武帝爲完成浮山堰這一戰略工程，已至不論遭逢多大的困難與犧牲，皆須完成之境界，故「緣淮百里內，岡陵木石，無巨細必盡。」也在所不惜了，而因疾疫導致民夫「死者相枕」，仍未動搖梁武帝之信念，浮山堰即在其堅持下，繼續修建。

南梁修復遭淮河潰決的浮山堰，至九月時趨近完工，梁武帝遂決定展開攻擊行動，其戰略規畫爲兵分三路、水陸齊發。第一路主攻壽春，由左游擊將軍趙祖悅率軍襲據西硤石，〔註67〕進逼壽春。第二路乃水軍，「昌義之、王神念率水軍泝淮而上，規取壽春。」〔註68〕第三路散攻淮南各鎮戍，掩護一、二路南梁水陸軍對壽春之進攻。一旦壽春遭攻擊，其鄰近的北魏鎮戍必會遣軍救援，故梁武帝欲攻壽春需先斷其後援，遂遣諸將分攻各鎮戍，「霍州司馬田休等率眾寇建安」〔註69〕、「田道龍寇邊城，路長平寇五門，胡興茂寇開霍。揚州諸戍，皆被寇逼。」〔註70〕淮南地區面對梁軍的全面攻勢，北魏揚州刺

〔註64〕《梁書》卷18〈康絢傳〉，頁291。
〔註65〕《梁書》卷18〈康絢傳〉，頁291。
〔註66〕《梁書》卷18〈康絢傳〉，頁291。
〔註67〕《資治通鑑》卷148〈梁紀四〉，武帝天監十四年，頁4618：「淮水東過壽春縣北，又北逕山峽中，謂之峽石。對岸山上結二城以防津要，在淮水西岸者謂之西硤石。」
〔註68〕《魏書》卷66〈李崇傳〉，頁1469。
〔註69〕《魏書》卷66〈李崇傳〉，頁1470。
〔註70〕《魏書》卷66〈李崇傳〉，頁1469。

史李崇守土有責，遣將分拒各路梁軍。南梁這次進攻壽春，並非騷擾性的小型衝突，而是對壽春抱持勢在必得決心，故李崇的抗敵戰略需先以揚州地方軍抵擋梁軍的第一波進攻，同時請北魏中央速遣大軍增援，若無法抵禦梁軍首波攻勢，壽春恐有陷落之虞。李崇親自率軍保衛壽春，並分兵抵禦南梁水陸軍對淮南各鎮戍之進攻，史載：〔註71〕

> （李）崇分遣諸將，與之相持。密裝船艦二百餘艘，教之水戰，以待臺軍。蕭衍霍州司馬田休等率眾寇建安，崇遣統軍李神擊走之。又命邊城戍主邵申賢要其走路，破之於濡水，俘斬三千餘人。

幸李崇麾下諸將與梁軍對陣皆有不錯表現，暫時穩住淮南局勢，同時不斷向北魏中央求援，「（李）崇自秋請援，表至十餘。」〔註72〕李崇深知，若援軍未至，以揚州州軍兵力，勢必無法抵禦梁軍的持續進攻。

北魏朝廷瞭解李崇困境後，迅速遣將赴援，九月「癸亥，詔定州刺史崔亮假鎮南將軍，率諸將討之；冀州刺史蕭寶寅爲鎮東將軍，次淮堰。」〔註73〕崔亮率領援軍主力會同李崇揚州軍，救壽春及淮南各鎮戍；而蕭寶寅的主要任務是破壞浮山堰，避免水淹壽春夢魘成眞。次年（516、魏熙平元年、梁天監十五年）正月，崔亮約李崇水陸俱進合攻硤石，但李崇屢屢失期未至。北魏將領內部不協，影響魏軍協同作戰，若任令彼此心結持續惡化，恐遭梁軍各個擊破，北魏「朝廷以諸將乖角，不相順赴，乃以尚書李平兼右僕射，持節節度之。」〔註74〕北魏中央採取果斷措施，以李平節制諸軍，亦即命李平爲淮南戰場與南梁作戰的總指揮，各軍須奉李平號令。

（一）硤石爭奪戰

李平率步騎二千趕抵壽春後，先觀察敵我對峙戰況，並勘查本身防禦力量，「（李）平巡視硤石內外，知其盈虛之所。嚴勒（李）崇、（崔）亮，令水陸兼備，剋期齊舉。崇、亮憚之，無敢乖互。」〔註75〕魏軍設最高指揮官後，將帥不合的情況大爲改善，各部魏軍經整合後不再各自爲戰，戰力大爲增強，各軍之間也開始聯合作戰，「頻日交戰，屢破賊軍。」〔註76〕魏軍逐漸掌握優

〔註71〕《魏書》卷66〈李崇傳〉，頁1469～1470。
〔註72〕《魏書》卷66〈李崇傳〉，頁1470。
〔註73〕《魏書》卷9〈肅宗紀〉，頁223。
〔註74〕《魏書》卷66〈李崇傳〉，頁1470。
〔註75〕《魏書》卷65〈李平傳〉，頁1453～1454。
〔註76〕《魏書》卷65〈李平傳〉，頁1454。

勢，相對的梁軍則轉爲劣勢。二月乙巳，蕭寶寅北渡淮河敗梁將垣孟孫於淮北，《魏書・肅宗紀》載：「鎮東蕭寶寅大破（蕭）衍將於淮北。」〔註77〕雖引文未書蕭寶寅所破梁將爲何人，但從《資治通鑑》可知是垣孟孫。〔註78〕

趙祖悅梁軍佔據西硤石，「更築外城，逼徙緣淮之人於城內。」〔註79〕這對壽春安全乃一大威脅，李平決定掃除此一威脅。由於西硤石在淮河西岸，即便有優勢兵力，但沒有水軍支援，恐無法擊退佔領該處的趙祖悅梁軍，於是李平協調李崇、崔亮各軍，決定採水陸聯合作戰，他自己與崔亮負責陸路進攻，水軍則交由李崇的揚州水軍負責，「（李）崇遣李神乘鬭艦百餘艘，沿淮與李平、崔亮合攻硤石。」〔註80〕梁武帝見崔亮、李平等北魏援軍不斷開赴壽春，佔領西硤石的趙祖悅接著被圍，一旦西硤石不在梁軍手中，對壽春將無法形成威脅，遂決定由左衛將軍昌義之領直閣將軍王神念等將率兵救援，雙方爆發硤石之戰，其戰鬥經過，《魏書・李平傳》載：〔註81〕

> 安南將軍崔延伯立橋於下蔡，以拒賊之援軍。賊將王神念、昌義之等不得進救，（趙）祖悅守死窮城。（李）平乃部分攻之。令崔亮督陸卒攻其城西，李崇勒水軍擊其東面，然後鼓噪，南北俱上。賊眾周章，東西赴戰。屠賊外城，賊之將士相率歸附。祖悅率其餘眾固保南城，通夜攻守，至明乃降。斬祖悅，送首於洛，俘獲甚眾。

魏軍得勝之因在於李平指揮得當，先遣崔延伯「立橋於下蔡。」阻絕昌義之、王神念等南梁援軍於外，不使其與趙祖悅合軍，使梁軍兵力一分爲二，利於魏軍各個擊破。李平阻斷南梁援軍戰術獲得成功後，令李崇、崔亮分率水陸二軍夾攻，「李神水軍克其東北外城。」〔註82〕趙祖悅雖率殘眾退保南城，仍不敵魏軍優勢兵力，西硤石終遭魏軍攻陷。

（二）浮山堰之役

至於負責破壞浮山堰的魏軍蕭寶寅部，則先勝後敗。蕭寶寅除派人破壞浮山堰外，更遣軍攻擊保護浮山堰之梁軍，雙方爆發浮山堰之役，從 516 年

〔註77〕《魏書》卷9〈肅宗紀〉，頁223。
〔註78〕參見《資治通鑑》卷148〈梁紀四〉，武帝天監十四年，頁4621。
〔註79〕《魏書》卷66〈李崇傳〉，頁1469。
〔註80〕《魏書》卷66〈李崇傳〉，頁1470。
〔註81〕《魏書》卷65〈李平傳〉，頁1454。
〔註82〕《魏書》卷66〈李崇傳〉，頁1470。

（魏熙平元年、梁天監十五年）二月至四月，魏軍與梁軍戰鬥不斷，史載：
〔註83〕

> 蕭衍遣其將康絢於浮山堰淮以灌揚徐。除寶夤使持節、都督東討諸
> 軍事、鎮東將軍以討之。……熙平初，賊堰既成，淮水濫溢，將為
> 揚徐之患，寶夤於堰上流，更鑿新渠，引注淮澤，水乃小減。

蕭寶夤「更鑿新渠，引注淮澤。」使水量略有小減，但無法對浮山堰施以致
命性破壞，乃因駐有梁軍保護，欲對浮山堰實施全面性破壞，首先需擊退駐
守之梁軍，《魏書·蕭寶夤傳》：〔註84〕

> （蕭寶夤）乃遣輕車將軍劉智文、虎威將軍劉延宗率壯士千餘，夜
> 渡淮，燒其竹木營聚，破賊三壘，殺獲數千人，斬其直閤將軍王升
> 明而還，火數日不滅。（蕭）衍將垣孟孫、張僧副等水軍三千，渡淮，
> 北攻統軍呂巨。寶夤遣府司馬元達、統軍魏續年等赴擊，破之，孟
> 孫等奔退。……寶夤又遣軍主周恭叔率壯士數百，夜渡淮南，焚賊
> 徐州刺史張豹子等十一營，賊眾驚擾，自殺害者甚眾。

蕭寶夤魏軍雖略佔上風，卻始終無法擊退浮山堰梁軍，而南梁不斷修復遭魏
軍破壞的浮山堰，終於在四月大功告成：〔註85〕

> （天監）十五年（516、魏熙平元年）四月，堰乃成。其長九里，下
> 闊一百四十丈，上廣四十五丈，高二十丈，深十九丈五尺，夾之以
> 堤，……軍人安堵，列居其上。

浮山堰規模龐大，有人向康絢建議，淮河暴漲季節，浮山堰蓄積太多水量，
堰堤有崩潰之虞，「或人謂絢曰：『四瀆，天所以節宣其氣，不可久塞。若鑿
湫東注，則游波寬緩，堰得不壞。』絢然之，開湫東注。」〔註86〕康絢接著
進行浮山堰改善工程，將其「開湫東注。」冀望將潰決機率降到最低。

　　浮山堰雖已竣工，但蕭寶夤率魏軍在旁窺伺，時欲加以破壞，故如何去
除蕭寶夤此一破壞因子，使浮山堰穩固無虞，成為南梁一大課題，而南梁也
先後採取兩項措施。首先是三月時，梁武帝手書招降蕭寶夤，〔註87〕不過遭

〔註83〕《魏書》卷59〈蕭寶夤傳〉，頁1316。
〔註84〕《魏書》卷59〈蕭寶夤傳〉，頁1316。
〔註85〕《梁書》卷18〈康絢傳〉，頁292。
〔註86〕《梁書》卷18〈康絢傳〉，頁292。
〔註87〕寶夤之在淮堰，蕭衍手書與寶夤曰：「謝齊建安王寶夤。亡兄長沙宣武王，昔
　　　　投漢中，值北寇華陽，地絕一隅，內無素畜，外絕繼援，守危疏勒，計踰田

蕭寶夤拒絕，並將此事回報北魏朝廷，「寶夤表送其書，陳其忿毒之意。朝廷爲之報答。」〔註88〕其次是浮山堰四月完工後，康絢施以反間，終逼使蕭寶夤撤軍北返：〔註89〕

> 又縱反間於魏曰：「梁人所懼開湫，不畏野戰。」魏人信之，果鑿山
> 深五丈，開湫北注，水日夜分流，湫猶不減。其月，魏軍竟潰而歸。

蕭寶夤誤信謠言「鑿山深五丈，開湫北注。」使魏軍反爲大水所逼，蕭寶夤不得已而退兵，甚至連帶壽春亦遭水患，《梁書・康絢傳》：「水之所及，夾淮方數百里地。魏壽陽城戍稍徙頓於八公山，此南居人散就岡壟。」〔註90〕《資治通鑑》記載較爲清楚，其載：〔註91〕

> 水之所及，夾淮方數百里。李崇作浮橋於硤石戍間，又築魏昌城於
> 八公山東南以備。壽陽城壞，居民散就岡隴。

水量不大即已造成壽春一定程度傷害，若南梁利用浮山堰以淮河灌壽春，壽春恐成汪洋，再配合軍隊進攻，這對北魏揚州州府而言，需同時抵擋梁軍攻

單，卒能全土破敵，以弱爲強。使至之日，君臣動色，左右相賀，齊明帝每念此功，未嘗不報箸咨嗟。及至張永、崔慧景事，大將覆軍於外，小將懷貳於內，事危累卵，勢過綴旒。亡兄忠勇奮發，旋師大峴，重圍累日，一鼓魚潰，克定慧景，功踰桓文。亡弟衛尉，兄弟勠力，盡心內外。大勳不報，翻罹荼酷，百口幽執，禍害相尋。朕於齊明帝，外有寵敵之力，內盡帷幄之誠，日自三省，曾無寸咎，遠身邊外，亦復不免。遂遣劉山陽輕舟西上，來見掩襲。時危事迫，勢不得已。所以誓眾樊鄧，會踰孟津，本欲翦除梅虫兒、茹法珍等，以雪冤酷，拔濟親屬，反身素里。屬張稷、王珍國已建大事，寶旺、子晉屢動危機，迫樂推之心，應上天之命，事不獲已，豈其始願。所以自有天下，絕棄房室，斷除滋味，正欲使四海見其本心耳。勿謂今日之位，是爲可重，朕之視此，曾不如一芥。雖復崆峒之蹤難追，汾陽之志何遠。而今立此堰，卿當未達本意。朕於昆蟲，猶不欲殺，亦何急爭無用之地，戰蒼生之命也！正爲李繼伯在壽陽，侵犯邊境，歲月滋甚。或攻小城小戍，或掠一村一里。若小相酬答，終無寧日，邊邑爭桑，吳楚連禍。所以每抑鎮戍，不與校計。繼伯既得如此，濫竊彌多。今修此堰，止欲以報繼伯侵盜之役，既非大舉，所以不復文移北土。卿幼有倜儻之心，早懷縱橫之氣。往日卿於石頭舉事，雖不克捷，亦丈夫也。今止河洛，眞其時矣。雖然，爲卿計者，莫若行率此眾，襲據彭城，別當遣軍以相影援。得捷之後，便遣卿兄子屏侍送卿國廟、并卿室家及諸姪從。若方欲還北，更設奇計，恐機事一差，難重復集，勿爲韓信，受困野鷄。」《魏書》卷59〈蕭寶夤傳〉，頁1316～1317。
〔註88〕《魏書》卷59〈蕭寶夤傳〉，頁1317。
〔註89〕《梁書》卷18〈康絢傳〉，頁292。
〔註90〕《梁書》卷18〈康絢傳〉，頁292。
〔註91〕《資治通鑑》卷148〈梁紀四〉，武帝天監十五年，頁4624。

擊及救助水患災民，實力有未逮，壽春城處境堪慮。

北魏名將楊大眼亦參與蕭寶夤破壞浮山堰的軍事行動，「詔加大眼光祿大夫，……後與蕭寶夤俱征淮堰，不能克。遂於堰上流鑿渠決水而還。」〔註92〕蕭寶夤和楊大眼因大水所逼不得已而撤軍，但是北魏仍擔憂浮山堰的存在，持續威脅壽春安全，故積極調兵遣將，準備動員大軍摧毀浮山堰。

康絢實施反間計成功使蕭寶夤撤軍，也令壽春遭到大水浸害，按理康絢乃大功一件，尤其首次水淹壽春，已見初步成效，若日後以更大水量水攻壽春，可以預見，壽春城將遭受重大傷害，然而南梁朝廷卻將康絢調離現職，其主因乃肇端於內部鬥爭，徐州刺史張豹子欲爭奪浮山堰主導權所引起，《梁書·康絢傳》載：〔註93〕

> 初，堰起於徐州界，刺史張豹子宣言於境，謂己必尸其事。既而絢
> 以他官來監作，豹子甚慚。俄而敕豹子受絢節度，每事輒先諮焉，
> 由是遂譖絢與魏交通，高祖（梁武帝）雖不納，猶以事畢徵絢。

梁武帝將康絢調離浮山堰，「尋以絢爲持節、都督司州諸軍事、信武將軍、司州刺史，領安陸太守。」〔註94〕並以張豹子代之。

張豹子接管浮山堰後，並未積極規畫後續對壽春的攻擊行動，反而態度消極，對浮山堰之維修亦付之闕如，「絢還後，豹子不脩堰。」〔註95〕堰堤整日遭淮河衝擊，本就有例行性損壞，需時時加以維修補強，一旦毀壞程度逐漸擴大，他日堰堤潰決，後果將不堪設想，不過張豹子似乎未做如此思考。至於北魏，則醞釀發動大規模攻勢，一舉破壞浮山堰，徹底解決壽春之威脅，最後決定在蕭寶夤撤軍北返五個月後的 516 年（魏熙平元年、天監十五年）九月，再度進攻浮山堰，由任城王元澄率十萬步騎南討，「蕭衍於浮山斷淮爲堰，以灌壽春，乃除使持節、大將軍、大都督、南討諸軍事，勒眾十萬，將出彭宋，尋淮堰自壞，不行。」〔註96〕元澄尚未出兵，就傳來淮河暴漲，浮山堰潰決消息，《魏書·肅宗紀》：「九月丁丑，淮堰破，蕭衍緣淮城戍村落十餘萬口，皆漂入于海。」〔註97〕浮山堰的崩潰，造成南梁重大災情，十餘萬

〔註92〕《魏書》卷73〈楊大眼傳〉，頁1635。
〔註93〕《梁書》卷18〈康絢傳〉，頁292。
〔註94〕《梁書》卷18〈康絢傳〉，頁292。
〔註95〕《梁書》卷18〈康絢傳〉，頁292。
〔註96〕《魏書》卷19中〈景穆十二王中·任城王雲附子澄傳〉，頁476。
〔註97〕《魏書》卷9〈肅宗紀〉，頁224。

口生命財產的損失，加上投入救災的人力、物力，對南梁國力造成一定程度的損耗。相反地，北魏欲以十萬大軍摧毀浮山堰，如今不攻自破，使原本因動員十萬大軍需損耗的人員、物資獲得保留，不致損傷國力，一來一往間，南梁執行水淹壽春蒙受之損失，數倍於北魏，可嘆梁武帝建浮山堰未蒙其利卻受其害。

第三節　戰爭檢討

一、李崇穩定淮南地區統治

李崇任北魏揚州刺史十年，從 507 年（魏正始四年、梁天監六年）魏宣武帝命李崇鎮壽春，[註98]至 516 年（魏熙平元年、梁天監十五年）三月魏孝明帝以「揚州刺史李崇爲驃騎將軍、儀同三司。」[註99]期間對抵禦南梁入侵，守護東部南疆防線貢獻極大，梁人屢屢無法攻破淮南防線，皆因李崇之故，《魏書‧李崇傳》載：[註100]

> 崇沉深有將略，寬厚善御眾，在州凡經十年，常養壯士數千人，寇
> 賊（指南梁）侵邊，所向摧破，號曰「臥虎」，賊甚憚之。

李崇在 513 年（魏延昌二年、梁天監十二年）五月因大雨造成壽春城水患，其州府僚佐治中裴絢、別駕鄭祖起趁亂勾結南梁發動叛亂，幸李崇堅守崗位

〔註98〕胡三省注曰：「天監六年（507、魏正始四年）魏主命李崇鎮壽春。」參見《資治通鑑》卷147〈梁紀三〉，武帝天監十二年，頁4606。不過據張金龍的考證，李崇出任揚州刺史當在永平年間，其云：「李崇爲使持節、兼侍中、東道大使考察東部地區地方長官的執政情況是在正始二（505）六月。永平四年（511）十一月『己亥，詔李崇、奚康生等治兵壽春，以分朐山之寇。』魏宣武帝向李崇下達兼任淮南都督詔命的時間當在此之前。」參見張金龍，《北魏政治史（八）》卷10〈宣武帝時代（499～515）〉，頁281。若是依張金龍所言的永平年間，最有可能的應是 508 年（魏永平元年、梁天監七年），因爲《魏書‧李崇傳》載有其「在州凡經十年。」參見《魏書》卷66〈李崇傳〉，頁1469。雖然至其516年（魏熙平元年、梁天監十五年）卸任僅有九年，然取其整數尚可以十年稱之，若是永平二年之後接任，則最多僅有八年，不足《魏書‧李崇傳》所稱十年。故綜合胡三省、張金龍所云，李崇出任揚州刺史有 507 年（魏正始四年、梁天監六年）、508 年（魏永平元年、梁天監七年）兩個時間點，不過以胡三省的507 年較有可能，因其能符合《魏書‧李崇傳》「在州凡經十年」的記載。

〔註99〕《魏書》卷9〈肅宗紀〉，頁224。

〔註100〕《魏書》卷66〈李崇傳〉，頁1469。

未棄守壽春，才能迅速平定亂事。之後李崇以「吾受國重恩，忝守藩岳，德薄招災，致此大水。」〔註101〕向北魏朝廷「請罪解任。」〔註102〕魏宣武帝肯定李崇治理與守護淮南地區之功績，特予以慰勉留任，並命其致力災後重建工作，其詔曰：〔註103〕

> 卿（李崇）居藩累年，威懷兼暢，資儲豐溢，足制勁寇。然夏雨汛濫，斯非人力，何得以此辭解？今水涸路通，公私復業，便可繕甲積糧，修復城雉，勞恤士庶，務盡綏懷之略也。

可見李崇實為北魏在淮南地區的擎天一柱，深得魏宣武帝寵信，而事實亦是如此，若非李崇責任心驅使，秉持不論水患多嚴重，絕不棄離壽春城的信念，才能及時消滅裴絢叛軍，一旦裴絢叛亂成功援引梁軍入壽春，北魏在淮南地區將頓失指揮中樞，勢必引起淮南各鎮戍恐慌與不安的連鎖反應，再加上梁軍的進攻，淮南地恐將不保。據此可知，李崇捍衛南疆抵禦梁軍入侵，乃是北魏能保有淮南最重要的原因，史書稱「是時非（李）崇，則淮南不守矣。」〔註104〕誠為至評。

　　梁武帝對北魏佔領淮南地區，感覺有如芒刺在背，極欲奪回壽春收復淮南。南梁雖有邵陽大捷、胊山大捷重挫北魏，但在戰後並未趁梁軍士氣旺盛之際出兵進攻壽春，而是採「內間計」，〔註105〕收買北魏官吏為間諜。梁武帝體認到雖獲邵陽、胊山兩次大勝，但魏強梁弱的基本態勢並未改變，興師北討壽春的成功機率不高，且北魏佔有壽春十餘年，統治權穩固，貿然進攻恐損兵折將，故梁武帝收買、籠絡北魏揚州官員，製造動亂削弱北魏的防禦力量，若有機可趁，再輔以武力進攻，此為梁武帝對壽春作戰的新思維，前提在避免和北魏武力對決造成南梁損失，《魏書·李崇傳》：〔註106〕

> 蕭衍惡其（李崇）久在淮南，屢設反間，無所不至，世宗雅相委重，衍無以措其姦謀。衍乃授崇車騎大將軍、開府儀同三司、萬戶郡公，諸子皆為縣侯，欲以構崇。崇表言其狀，世宗屢賜璽書慰勉之。……

〔註101〕《魏書》卷66〈李崇傳〉，頁1469。
〔註102〕《魏書》卷66〈李崇傳〉，頁1469。
〔註103〕《魏書》卷66〈李崇傳〉，頁1469。
〔註104〕《魏書》卷66〈李崇傳〉，頁1469。
〔註105〕所謂內間，就是利用敵國的官吏做間諜。參見孫武著、吳仁傑注譯，《孫子讀本》〈用間篇第十三〉，頁99。
〔註106〕《魏書》卷66〈李崇傳〉，頁1469。

衍每歎息，服世宗之能任崇也。

梁武帝能以高官厚祿利誘李崇，自然也會收買其下屬，故裴絢、鄭祖起趁壽春大水叛亂降梁，雖史籍未載其叛亂原因，但不排除是受南梁所籠絡。至於李崇，始終拒絕梁武帝之利誘，他對北魏政權至為忠誠，對梁武帝種種利誘行為，俱上報北魏朝廷，同時，魏宣武帝對李崇也是絕對信任，不會因梁武帝封李崇及其諸子官爵而產生懷疑，是故梁武帝離間壽春內部的圖謀始終無法達成。

李崇乃接替章武王元融成為北魏在淮南地區的最高軍政長官，而北魏朝廷以元融主持揚州軍政事務，乃臨時調派，《魏書·章武王融傳》載：〔註107〕

> 蕭衍遣將，寇逼淮陽，梁城陷沒，詔融假節、征虜將軍、別將南討，
> 大摧賊眾，還復梁城。于時，揚州刺史元嵩為奴所害，敕融行揚州
> 事。

元融執掌淮南軍政大權的背景，乃時任揚州刺史的元嵩遭其家僕所殺，據《魏書·元嵩傳》載：「後為蒼頭李太伯等同謀害（元）嵩，并妻穆氏及子世賢。世宗為嵩舉哀於東堂，賻絹一千匹，贈車騎將軍、領軍，諡曰剛侯。」〔註108〕身為宗室的元嵩為何遭其家僕所殺，因史未明載故不得而知，不過當時正當淮南戰事吃緊之際，不但陳伯之南降，梁城、合肥等重鎮亦遭梁軍攻陷。魏宣武帝為挽救淮南戰局，於506年（魏正始三年、梁天監五年）四月命元英率大軍南下增援，「以中山王英為征南將軍、都督揚徐二道諸軍事，指授邊將。」〔註109〕元融即是在此時隨元英大軍南下。而在元英所率北魏援軍大敗梁軍，接連克復梁城、馬頭等淮南重要鎮戍後，壽春的軍事壓力暫時得到舒緩，詎料，元嵩竟遭其家僕所殺。

元嵩之死對淮南戰局影響甚大，北魏當時正逢淮南戰場大勝之際，最高指揮官元英正欲乘勝進攻鍾離，而揚州刺史乃淮南地區最高軍政長官，必須配合北魏大軍進攻鍾離，如動員州軍協同作戰；提供糧秣武器等後勤支援，因此揚州刺史責任重大，而元嵩的猝死，為北魏在淮南戰局投下變數。魏宣武帝首先要思考的是，繼任揚州刺史需對北魏忠貞不二，萬一舉州降梁，豈非將好不容易佔有的淮南地域奉送南梁；其次是能配合元英的指揮作戰，不會有將帥間不和現象發生，而元融即是在上述情況下出線，獲得魏宣武帝青

〔註107〕《魏書》卷19下〈景穆十二王下·章武王融傳〉，頁514。
〔註108〕《魏書》卷19中〈景穆十二王中·任城王雲附子嵩傳〉，頁488。
〔註109〕《魏書》卷8〈世宗紀〉，頁202。

睞主持揚州軍政事務。元融「字永興。儀貌壯麗，衣冠甚偉，性通率，有豪氣。高祖時，拜祕書郎。世宗初，復先爵，除驍騎將軍。」〔註110〕元融乃宗室，魏宣武帝時承襲章武王爵位，因此對北魏的忠誠度較高，雖然無法完全去除其叛魏降梁的機率，但至少魏宣武帝認爲同姓宗室血緣對北魏王朝的忠誠度較外姓者來的高。另外，元融此刻正隨元英南下支援，且甫收復梁城，二人協同作戰配合度佳，未見不合情形發生，同時元融正在淮南地域，可就近至壽春上任，省略交通時間。若北魏朝廷另遣他人就任，不論是從洛陽或從其原任州郡出發都要一段時間，在戰事急迫之際，新任揚州刺史能壓縮時間盡早上任，指揮揚州各級官署全力配合北魏大軍的各項軍事行動，自然較他處調來拖延上任時間是一項利多。

　　前文述及元嵩是在魏軍克復梁城後遭殺害，魏宣武帝在很短時間內即做出決定，「敕（元）融行揚州事。」〔註111〕而北魏收回梁城是在506年（魏正始三年、梁天監五年）九月「己丑，中山王英大破衍軍於淮南，衍中軍大將軍、臨川王蕭宏，尚書右僕射柳惔，徐州刺史昌義之等棄梁城沿淮東走。」〔註112〕另據《元融墓誌》載：〔註113〕

　　　　（元融）隨伯父都督中山王爲別將。復梁城已陷之郭，……公實豫
　　　　有力焉。既而揚州刺史元嵩被害，壽春兇兇，人懷危迫。都督表公
　　　　行揚州事，公私怗然，民無異望。

據上可知，收復梁城、元嵩被殺、元融行揚州事等三件事都是在很短的時間內接連發生，因此元融行揚州事時間雖史未明載，但應在506年（魏正始三年、梁天監五年）九月、十月間。另一項值得注意的是，據《元融墓誌》可知其接替元嵩任揚州最高軍政長官，乃出自元英的舉薦，而從元融接任後的表現「公私怗然，民無異望。」來看，他穩定了淮南的情勢，未因元嵩突然的離世造成淮南騷動，可見元英舉薦得人，讓臨危受命的元融爲淮南地區的穩定做出積極貢獻。

　　魏宣武帝於507年（魏正始四年、梁天監六年）以漢人重臣李崇出任揚州刺史，《魏書·李崇傳》：「詔以崇爲使持節、兼侍中、東道大使，黜陟能否，

〔註110〕《魏書》卷19下〈景穆十二王下·章武王融傳〉，頁514。
〔註111〕《魏書》卷19下〈景穆十二王下·章武王融傳〉，頁514。
〔註112〕《魏書》卷8〈世宗紀〉，頁203。
〔註113〕趙超編，《漢魏南北朝墓誌彙編》，頁204。另參見趙萬里編，《元融墓誌》，《漢魏南北朝墓志集釋》（下），新文豐出版公司編輯部編，《石刻史料新編》第三輯（四），圖版五七五，頁332。

著賞罰之稱。轉中護軍，出除散騎常侍、征南將軍、揚州刺史。」〔註114〕上距景明元年（500、齊永元二年）佔有淮南約十年左右，經過十年的治理，北魏在淮南地區的統治已逐漸穩固，而此時以李崇出鎮揚州，魏宣武帝的思考方向約可歸納爲三：

第一：淮南地區乃以漢民族爲主的區域，故揚州刺史所轄百姓，漢人居絕大多數，但是北魏在統治前期任命的揚州刺史或行揚州事者，如元澄、薛眞度、元英、元嵩、元融等，除薛眞度爲漢人，短暫任揚州刺史屬過渡時期外，元澄、元英、元嵩、元融俱爲元宗室。對於淮南這塊新佔領區，主持該地軍政事務者，在前期爲穩定統治，以與北魏君主有血緣關係的宗室出任，主要考量乃是對北魏王朝的向心與忠誠，畢竟宗室以州降梁的機率較低，但是這些宗室的思考仍然有其侷限性，其對淮南地區治理的思考，不出維護統治階級的利益，即大多以皇族元氏的觀點出發。而在北魏治理淮南邁入第二個十年後，北魏君臣所要思考的，是穩定而有效的統治，而治理漢人居大多數的地區，以漢人治理並以漢人觀點思考較容易讓北魏統治力滲透基層，至少漢民百姓在面對揚州刺史是元宗室或漢人時，在血緣認同上會減少一些阻力，故以漢臣李崇接任揚州刺史，不失爲一項可嘗試的方案。

第二：揚州刺史一職轄淮南地域及諸鎮戍，乃北魏在淮南的最高軍政長官，在面對南梁攻擊時需予以回擊或防守，若北魏發動侵略南梁戰爭，更需籌措糧草、兵仗，並率領揚州地方部隊配合北魏大軍作戰，因此揚州刺史不能以未知兵事的文人擔任。相信北魏君臣對503年（魏景明四年、梁天監二年）十月魏梁首次大戰時，揚州刺史元澄未坐鎮壽春卻領兵攻打鍾離，代之以文職長史韋纘接手壽春防務，卻遭梁軍突破壽春外郭，最後賴元澄之母率守軍退敵之事仍記憶猶新。此從歷任揚州刺史元澄、薛眞度、元英、元嵩、元融等人皆有一定的戰爭資歷即可知曉。李崇雖是漢人，但歷任多項武職，「世宗初，徵爲右衛將軍，兼七兵尚書。……轉左衛將軍、相州大中正。」〔註115〕由這些過往軍職歷練可知，李崇並非不知兵事之人。左、右衛將軍乃朝廷禁衛武官，統領禁軍保衛君主，需於禁中當值，是僅次於領軍、護軍將軍的禁衛長官，可見李崇深獲魏宣武帝信任，否則不會將職司護衛君主安全的左、右衛將軍之職交付李崇。〔註116〕至於七兵尚書則是最高軍事行政

〔註114〕《魏書》卷66〈李崇傳〉，頁1467。
〔註115〕《魏書》卷66〈李崇傳〉，頁1467。
〔註116〕關於左、右衛將軍在北魏一朝的職能，可參閱張金龍，《魏晉南北朝禁衛武官

長官，必然對軍中行政事務頗爲熟悉。然而通曉兵事與能否靈活運用兵法指揮軍隊克敵致勝尚有一段距離，否則僅爲紙上談兵，或者只能任軍事參謀而非親自領軍作戰的方面大將，是故須再從李崇的作戰經歷觀察。事實上，李崇的戰爭經歷亦不遑多讓。〔註117〕李崇討平氐族、蠻族的亂事，本書前章已有詳細論述，於此不再贅述，不過爲了說明李崇的戰爭經歷與實戰經驗，仍需約略述之。他於魏孝文帝時曾領兵征討氐族楊靈珍之亂，《魏書・李崇傳》載：〔註118〕

> 氐楊靈珍遣弟婆羅與子雙領步騎萬餘，襲破武興，與蕭鸞（齊明帝）
> 相結。詔（李）崇爲使持節、都督隴右諸軍事，率眾數萬討之。……
> 崇乃自攻靈珍，靈珍連戰敗走，俘其妻子。崇多設疑兵，襲克武興。

雖然大敗楊靈珍收復武興，但鎮壓氐族嚴格來說尚屬對內作戰，而李崇不僅對內作戰能獲勝利，對外作戰亦戰勝齊軍。南齊邊將見楊靈珍聚眾爲亂，遂遣軍援助藉以擴大亂事，製造北魏境內不安，而李崇率軍大破齊軍，「蕭鸞梁州刺史陰廣宗遣參軍鄭猷、王思考率眾援靈珍。崇大破之，并斬婆羅首，殺千餘人，俘獲猷等，靈珍走奔漢中。」〔註119〕楊靈珍少了南齊奧援，本部兵力又幾乎遭李崇殲滅，「及靈珍偷據白水，崇擊破之，靈珍遠遁。」〔註120〕只能收拾殘軍遁逃，氐族楊靈珍之亂於焉平定。

蠻族聚集區連續在502、503年（魏景明三、四年；梁天監一、二年）爆發魯陽蠻、東荊州蠻等蠻族動亂，又受到南梁以武力相助，一時聲勢頗爲浩大，最後亦賴李崇率軍平定：〔註121〕

> 魯陽蠻魯北鷰等聚眾攻逼潁川，詔左衛將軍李崇討平之，徙萬餘家
> 於河北諸州及六鎮。尋叛南走，所在追討，比及河，殺之皆盡。

李崇初步平定魯陽蠻亂後，北魏朝廷爲了分散其勢力，強迫遷徙至河北諸州及六鎮等地，魯陽蠻被迫離開蠻族本土，加上對新地區的不適應，旋即再叛，而二度叛亂的魯陽蠻，亦是由李崇揮軍討平。而魯陽蠻徹底平定後不久，次年又爆發東荊州蠻之亂，北魏朝廷鑑於李崇平定魯陽蠻之亂的經驗，再度命

制度研究》下冊（北京：中華書局，2004年11月）第十八章〈北魏後期禁衛武官制度〉，頁777～783。

〔註117〕參見本書，頁431～433。
〔註118〕《魏書》卷66〈李崇傳〉，頁1466。
〔註119〕《魏書》卷66〈李崇傳〉，頁1466。
〔註120〕《魏書》卷66〈李崇傳〉，頁1467。
〔註121〕《魏書》卷101〈蠻傳〉，頁2246～2247。

其領軍前往鎮壓，《魏書・蠻傳》載：「（景明）四年（503、梁天監二年），東荊州蠻樊素安反，僭帝號。正始元年（504、梁天監三年），素安弟秀安復反，李崇、楊大眼悉討平之。」〔註122〕梁武帝見北魏爆發東荊州蠻亂，欲乘隙擴大亂事從中取利，遂遣軍支援，〔註123〕但是東荊州蠻亂事並未如梁武帝預期擴大並在蠻區激起連鎖反應，最終仍被李崇、楊大眼等人平定。

從李崇參與的氐族楊靈珍之亂、魯陽蠻之亂、東荊州蠻之亂等實際作戰經歷可知，他並非僅是高居朝廷主管軍政事務的武將，而是有實戰經驗的將領，且上述三大亂事皆由其討平，可見頗具將才。另外，氐族楊靈珍之亂、東荊州蠻之亂都有南齊、南梁的介入，李崇率領的魏軍，不但要對付內部亂事，尚須分兵抵禦齊軍、梁軍，切斷他們與氐族、東荊州蠻的聯合，而李崇在這兩方面皆應付得宜獲得成功，可見他與南朝軍隊亦有交戰經驗，故由李崇出任揚州刺史，在其歷任多項武職且有實兵戰鬥經歷，又對南梁軍隊有一定程度的認識下，應可勝任揚州刺史之職。

第三：李崇有豐富的地方治理經驗，魏孝文帝時即擔任封疆大吏州刺史一職，如梁州、荊州、兗州等，〔註124〕對州府僚佐以及州郡的官僚體系相當熟悉，以之出任揚州刺史少了與州府官衙的磨合期，必能迅速進入狀況。另外，北魏朝廷經常賦予李崇平定蠻族及少數民族動亂的任務，如氐族楊靈珍之亂時，魏孝文帝「詔崇為使持節、都督隴右諸軍事，率眾數萬討之。」〔註125〕魯陽蠻之亂時，魏宣武帝「詔以崇為使持節、都督征蠻諸軍事以討之。」〔註126〕東荊州蠻之亂時，魏宣武帝「乃以崇為使持節、散騎常侍、都督征蠻諸軍事，進號鎮南將軍，率步騎以討之。」〔註127〕這些戰役李崇都獲得勝利。而在過程中，李崇深入地方邊區，如西南地區乃少數民族聚集的民族複雜區，李崇都能軟硬兼施的調和各少數民族與北魏的衝突，使該區域獲得一定程度的安寧，其調處各民族相處的能力亦獲得魏孝文帝讚揚：「使

〔註122〕《魏書》卷101〈蠻傳〉，頁2247。
〔註123〕參見《魏書》卷66〈李崇傳〉，頁1467：「東荊州蠻樊（素）安，聚眾於龍山，僭稱大號，蕭衍共為脣齒，遣兵應之。」由「蕭衍共為脣齒，遣兵應之。」一語觀之，東荊州蠻獲得南梁軍事上的援助。
〔註124〕參見《魏書》卷66〈李崇傳〉，頁1465。
〔註125〕《魏書》卷66〈李崇傳〉，頁1466。
〔註126〕《魏書》卷66〈李崇傳〉，頁1467。
〔註127〕《魏書》卷66〈李崇傳〉，頁1467。

朕無西顧之憂者，李崇之功也。」〔註128〕因此以李崇任揚州刺史調和漢人和北魏之間的民族問題，應會有一定的經驗和能力。事實上李崇也常代表北魏中央巡察地方，如魏孝文帝時「爲大使巡察冀州。」〔註129〕魏宣武帝時爲「東道大使，黜陟能否，著賞罰之稱。」〔註130〕巡察地方可讓李崇增加對地方官員施政的認識，更能瞭解官員施政方向與百姓需求是否契合。由李崇過往的爲官經歷可知，他並非長期在朝廷任職的中央官，反而長期在地方活動，除擔任過數州的刺史外，也常巡察地方並在少數民族聚集區活動，故能透徹瞭解地方行政且知民瘼，以其爲揚州刺史肩負淮南的重責大任，應是一項合情合理的人事布局。

李崇治理揚州十年間，淮南局勢相對比較安定，他不僅抵擋住南梁的軍事攻擊，更在魏軍與梁軍多次的戰爭過程中，發揮協同作戰及後勤供應的角色。南梁雖對淮南有企圖卻始終無法越雷池一步，李崇居功厥偉。以此對比十年後壽春陷梁，《魏書・蕭宗紀》載 526 年（魏孝昌二年、梁普通七年）七月「蕭衍將元樹、湛僧珍等寇壽春。」〔註131〕十一月「衍將元樹逼壽春，揚州刺史李憲力屈，以城降之。」〔註132〕另《梁書・武帝紀》亦載：「十一月……辛巳，夏侯亶、胡龍牙、元樹、曹世宗等眾軍剋壽陽城。丁亥，放魏揚州刺史李憲還北。以壽陽置豫州。」〔註133〕時北魏揚州刺史李憲面對梁軍進攻僅支撐約四個月即開城投降，以之與李崇相較，更可彰顯李崇阻遏南梁野心，捍衛淮南地區長達十年的貢獻。

二、北魏伐蜀作戰檢討

（一）魏孝明帝調回伐蜀大軍

魏孝明帝在 515 年（魏延昌四年、梁天監十四年）正月丁巳魏宣武帝崩逝當夜，雖遭遇高肇集團刻意阻撓，但在一班大臣擁戴下，有驚無險地即皇帝位。兩天後，魏孝明帝隨即召回伐蜀大軍。魏孝明帝生於 510 年（魏永平三年、梁天監九年）三月，即位時不過六歲，沒有自主能力，故令伐蜀大軍

〔註128〕《魏書》卷 66〈李崇傳〉，頁 1466。
〔註129〕《魏書》卷 66〈李崇傳〉，頁 1465。
〔註130〕《魏書》卷 66〈李崇傳〉，頁 1467。
〔註131〕《魏書》卷 9〈蕭宗紀〉，頁 244。
〔註132〕《魏書》卷 9〈蕭宗紀〉，頁 245。
〔註133〕《梁書》卷 3〈武帝紀下〉，頁 70～71。

班師應是靈太后及擁護魏孝明帝大臣之議。按理伐蜀乃北魏朝廷既定決策，實不應隨皇帝更迭而有所改變，因政策有其延續性，且改變對外征討的重大決策，應經過審慎評估，不過北魏朝廷卻未有如此作為，既然同為一批朝臣，為何新君即位兩天即推翻前朝決策，乃係牽涉政治鬥爭。

　　高肇因魏宣武帝寵信，形成勢力龐大之「高肇集團」，其在北魏朝廷權勢極大，陷害宗室親王，殺皇后、皇子等，妄做非為，《魏書·高肇傳》載：〔註134〕

> 世宗初，六輔專政，後以咸陽王禧無事構逆，由是遂委信肇。肇既
> 無親族，頗結朋黨。……以北海王詳位居其上，構殺之。又說世宗
> 防衛諸王，殆同囚禁。時順皇后暴崩，世議言肇為之。皇子昌薨，
> 僉謂王顯失於醫療，承肇意旨。及京兆王愉出為冀州刺史，畏肇恣
> 擅，遂至不軌。肇又譖殺彭城王勰。由是朝野側目，咸畏惡之。因
> 此專權，與奪任己。……高后既立，愈見寵信。肇既當衡軸，每事
> 任己，……出情妄作，減削封秩，抑黜勳人。由是怨聲盈路矣。

由於高肇的違法亂紀，引起朝臣驚恐與憤慨，遂有反對高肇力量的集結，形成「反高肇集團」，魏宣武帝對這些情形不可能不知。其實在魏宣武帝執政末期，高肇權勢愈來愈大，魏宣武帝已感到芒刺在背，遂有剪除之心。而在李苗陳伐蜀大計後，魏宣武帝考量東部、中部和南梁沒有較大衝突與戰事，全面經略蜀地時機成熟，便以伐蜀為由，任命高肇為平蜀大都督，調離洛陽。否則以高肇毫無征戰經歷，如何能率大軍伐蜀，以其領軍伐蜀，豈非減低作戰勝算，不過魏宣武帝未必做如此思考。筆者認為，他有可能在權衡得失之下，認為唯有將高肇調離朝廷，才能對根深蒂固的高肇集團下手。至於高肇缺乏的統兵作戰經驗，可選派奚康生、羊祉、傅豎眼等將才，藉由他們具西南統治及豐富的作戰經驗，以補高肇之不足。

　　魏宣武帝準備剪除高肇勢力，可從其任命于忠為領軍將軍一職看出。于忠，字思賢，本字千年，因處理咸陽王元禧謀亂之事得宜，魏宣武帝賜名忠。〔註135〕領軍將軍典掌禁軍，宿衛宮廷安全，而于忠之父于烈，魏孝文帝時同樣任領軍將軍，在魏宣武帝初繼位時穩定洛陽政局，對皇室忠謹，想必于忠對其父的這些作為應有深刻體認。另，于忠為代人貴族，于氏乃勿忸于氏所改，〔註136〕故政治立場不太可能倒向其祖上落難高麗，再由高麗逃奔而

〔註134〕《魏書》卷83下〈高肇傳〉，頁1830。
〔註135〕參見《魏書》卷31〈于栗磾附忠傳〉，頁741。
〔註136〕參見《魏書》卷113〈官氏志〉，頁3007。

來的高肇身上，如是之故，魏宣武帝才會將領軍將軍一職授與于忠，除了欲分高肇之權外，更凸顯對于忠的信任。高肇伐蜀遠離洛陽後，其政治勢力大打折扣，黨於高肇之朝臣，無法和握有禁軍之于忠抗衡，所以在太子元詡因高肇集團王顯等人欲延遲其登基時，忠於北魏皇室的于忠適時挺身而出，奉戴元詡繼位。

由於魏宣武帝崩逝此一戰略環境因素變化太大，加上魏孝明帝繼位過程遭刻意阻撓，以靈太后為首的反高肇集團，懼高肇領十餘萬大軍在外恐會有變，萬一舉起反幟回師攻洛陽，掀起的巨變無法想像，且高肇姪女高皇后已扶升為高太后，高肇集團以高太后為首和靈太后等反高肇集團產生激烈的政治鬥爭，高太后若引高肇十餘萬大軍為外援，靈太后亦引其他武力進行軍事對抗，北魏必將陷入內戰，屆時社會動盪不安，更容易遭南梁趁機入侵，因此唯有以天子詔命召伐蜀大軍班師，才能避免滋生動亂，並藉機剝奪高肇軍權。

魏孝明帝於 515 年（魏延昌四年、梁天監十四年）正月己未召回伐蜀大軍，高肇奉詔返回洛陽後隨即被賜死，二月「辛巳，司徒高肇至京師，以罪賜死。」〔註137〕高肇一死，高肇集團全部瓦解，而伐蜀大軍已全數召回，欲再伐蜀實無可能。若北魏朝廷當時無高肇集團之擅權非為，魏孝明帝即位時亦非六歲幼童，而是一成年之君，大權不會旁落，如魏太武帝即位時，完全接收其父魏明元帝皇權，且在皇位更迭之際並未發生政治紛爭。而率領大軍伐蜀者，乃富戰略素養與軍事才幹之優秀將領，或許會令伐蜀大軍繼續前進，甚至擊敗梁軍順利攻佔蜀地，也並非全無可能。

（二）戰略規畫合宜

北魏在 514 年（魏延昌三年、梁天監十三年）十一月發動進攻蜀地的大規模作戰，戰略規畫周密嚴謹，整體而言，應是一次相當成功的軍事行動。首先，戰略目標明確，鎖定西南蜀地，乃基於在魏梁軍事對抗下，魏軍經常能獲勝的區域，如此北魏能掌握更大勝算。其次，魏宣武帝決心堅定，經過淳于誕、邢巒、李苗等人數次經略蜀地的建言，終於下定決心進行伐蜀大計，可見魏宣武帝並非一時聽信臣下建言隨即決定伐蜀，而是否決二次後，始接受第三次伐蜀建議，足證魏宣武帝對伐蜀之慎重。

另外，伐蜀將領調配尚屬合理，高肇、甄琛雖沒有實際征戰經驗，但是其他將領皆有豐富的軍事經驗或熟悉當地情勢，各有所長。羊祉曾任梁、秦

〔註137〕《魏書》卷 9〈肅宗紀〉，頁 221。

二州刺史，傅豎眼乃現任益州刺史，二人熟悉西南局勢，對當地風土民情、地理形勢有一定瞭解。而自南梁歸降的淳于誕、李苗，久居蜀地熟悉益州情勢，二人亦在伐蜀之列，「淳于誕，字靈遠。其先太山博人，後世居於蜀漢，延昌末，王師（魏軍）大舉，除驍騎將軍，假冠軍將軍，都督別部司馬，領鄉導統軍。」〔註138〕「李苗，字子宣，梓潼涪人。於時大將軍高肇西伐，詔假苗龍驤將軍、鄉導統軍。」〔註139〕至於奚康生，則是北魏名將，在魏孝文帝時已有威名，更在魏宣武帝時於東部、中部戰場與南梁的對抗中，頻破梁軍屢獲勝仗，梁人懼其威名，即便梁武帝亦頗讚賞奚康生之驍勇，曾贈強弓：「時蕭衍聞康生能引強弓，力至十餘石，故特作大弓兩張，送與康生。」〔註140〕能獲敵對國家君主讚賞，可見奚康生之勇猛及在梁人心中之地位。

　　魏宣武帝大舉伐蜀，除了經營西南多年已有一定成效外，加上：1、戰略目標明確。2、出兵的戰略時機掌握得宜。3、軍隊部署及將領配置合理。4、以熟悉西南及蜀地情勢的將領隨軍征討。由此可見，北魏除掌握軍事優勢外，亦有不錯的地理優勢，故這次伐蜀行動應能獲致不錯成果，即便不能佔領益州全境，至少能佔領部分蜀地，對南梁造成心理威脅，對日後繼續在西南擴展領土或再次進攻蜀地，有很大幫助，只可惜魏宣武帝的驟逝，使上述一切可能性消失。北魏這次伐蜀實為經略蜀地最佳戰略時機，此後，因靈太后的政治鬥爭及北境的六鎮之亂，北魏朝廷目光不再投注西南，西南的經營遂停滯不前，直至北魏分裂。

三、南梁「築堰以灌壽春」戰略之檢討

（一）梁武帝未尊重專業意見

　　梁武帝水淹壽春的戰略規畫無可厚非，壽春對北魏、南梁而言均是極為重要需佔有之軍事重鎮，雙方多次為爭奪壽春兵戎相見，在南梁始終無法以武力攻佔壽春城的情況下，轉換戰略思維，設定水淹壽春乃屬正確之戰略決策。以淮河河水沖進壽春使之成為汪洋，改變戰略環境，使壽春城成為水軍之戰場，再以梁軍佔優勢之水軍進攻，以己之長攻敵之短。魏軍原即不擅水戰，加上大水沖進壽春城，諸多防禦工事必遭沖毀，而北魏朝廷若遣軍赴援

〔註138〕《魏書》卷71〈淳于誕傳〉，頁1592～1593。
〔註139〕《魏書》卷71〈李苗傳〉，頁1594。
〔註140〕《魏書》卷73〈奚康生傳〉，頁1634。

壽春，也會被大水阻隔於外，壽春城在內部受困於大水及遭受南梁水軍之攻擊，外部又無援軍情況下，南梁攻陷壽春機會其實不低。

以大水為進攻方式，歷史上不乏先例。東漢獻帝建安二十四年（219）七月，關羽進攻樊城，守將曹仁據城固守，曹操派左將軍于禁率兵來援，因大雨連下十餘日導致漢水暴漲溢出堤外，于禁被大水阻隔，只得在城外紮營，不料卻遭大水所沒，「（關）羽率眾攻曹仁於樊。曹公遣于禁助仁。秋，大霖雨，漢水汎溢，禁所督七軍皆沒。」〔註141〕曹軍不習水戰，關羽水軍較強，遂以水軍優勢進攻，擊破曹軍諸營，逼使于禁投降，更生擒曹操驍將龐德。關羽斷樊城外援後，接著圍攻樊城，當時戰況緊急，「（曹）仁人馬數千人守城，城不沒者數板。（關）羽乘船臨城，圍數重，外內斷絕。」〔註142〕就在樊城即將陷落之際，「徐晃救至，水亦稍減，晃從外擊羽，仁得潰圍出，羽退走。」〔註143〕曹操大將徐晃率援軍趕至，加上大水稍退，使得關羽功虧一簣。

梁武帝「文思欽明，能事畢究，少而篤學，洞達儒玄。……又造通史，躬製贊序，凡六百卷。」〔註144〕故他對歷史史實應相當熟悉，關羽之例不可能不知。雖然王足在建議水淹壽春時，未見以關羽水淹曹軍向梁武帝建言之記載，但是以梁武帝對史實之熟稔，或許會讓其聯想到關羽以大水進攻且成功之例，並從中得到啟發。

梁武帝接受王足意見後，先派水工陳承伯、材官將軍祖暅勘查地理環境及水文條件，二人以專業觀點予以否定，一致認為淮內沙土漂輕，不堅實。〔註145〕以此基礎建造浮山堰無法成其功，且日後恐有潰堤危機。按理梁武帝應尊重二人以專業眼光提出之意見，但他並不尊重水利專家意見，仍執意興建。而梁武帝相信浮山堰能成功之理由，竟是建立在民間童謠上，王「足引北方童謠曰：『荊山為上格，浮山為下格，潼沱為激溝，併灌鉅野澤。』」〔註146〕童謠之來源乃民間人士胡亂編造，無任何理論基礎，而梁武帝竟相信之，卻否定水利專家陳承伯等人意見，而浮山堰潰堤後，祖暅竟成代罪羔羊，「淮水暴長，堰悉壞決，奔流于海，祖暅坐下獄。」〔註147〕王足卻未見任何懲

〔註141〕《三國志》卷36〈蜀書・關羽傳〉，頁941。
〔註142〕《三國志》卷9〈魏書・曹仁傳〉，頁276。
〔註143〕《三國志》卷9〈魏書・曹仁傳〉，頁276。
〔註144〕《梁書》卷3〈武帝紀下〉，頁96。
〔註145〕參見《梁書》卷18〈康絢傳〉，頁291。
〔註146〕《梁書》卷18〈康絢傳〉，頁291。
〔註147〕《梁書》卷18〈康絢傳〉，頁292。

處。

　　梁武帝輕信童謠未重視專業之結果，導致浮山堰因淮河暴漲而崩潰，水淹壽春目的未達成，反而使南梁遭受緣淮諸城戍、村落十餘萬口漂流入海之損失，歸根究柢，乃梁武帝未充分信賴水利專業之評估。若梁武帝初始以陳承伯、祖暅二人意見為依歸，相信不會有緣淮城戍、村落遭大水盡沖入海之損失，百姓生命財產將得以保全，南梁政府也不需耗費國家資源救災及進行災害重建，因而使國力受損。

（二）張豹子與康絢爭權的負面影響

　　梁武帝「假（康）絢節、都督淮上諸軍事，並護堰作。」〔註148〕等於將興建、護衛浮山堰之全權交付太子右衛率康絢，以康絢日後表現而言，如完成浮山堰、逼退北魏蕭寶夤，堪稱為正確之人事任命。梁武帝雖否決專業意見逕自建造浮山堰，但前期任用得人，尚能補浮山堰天然因素之缺失，如淮河沙土漂輕不堅實，康絢勤於修補，有裂縫或漏水之處即時予以修護，使浮山堰一直處於堪用狀態。

　　南梁徐州刺史張豹子，因浮山堰起於徐州，其欲總管浮山堰且不願屈居康絢之下受其節度，「遂譖（康）絢與魏交通。」〔註149〕梁武帝雖不相信張豹子之言，卻解除康絢都督淮上諸軍事之職，調往司州。有謂康絢並非漢人，故梁武帝有以防萬一之想法，史載：〔註150〕

> 康絢字長明，華山藍田人也。其先出自康居。初，漢置都護，盡臣西域，康居亦遣侍子待詔於河西，因留為黔首，其後即以康為姓。
> 晉時隴右亂，康氏遷于藍田。

康絢祖父康穆，劉宋時舉鄉族三千餘家，入襄陽之峴南，劉宋為其置華山郡藍田縣，寄居於襄陽。康絢世父康元隆、父康元撫，先後任華山太守。梁武帝因有這層顧慮，雖不信張豹子之言為真，但康絢畢竟非漢人，其祖上出自西域，在南北朝嚴密胡漢之防下，梁武帝不得不做預防。事實上，雖史言梁武帝不納張豹子之言，但是調離康絢之舉動，已彰顯梁武帝之不信任，張豹子譖言已起作用，若梁武帝仍信賴康絢，繼續令其管理浮山堰即可，又何需以張豹子代之。

〔註148〕《梁書》卷18〈康絢傳〉，頁291。
〔註149〕《梁書》卷18〈康絢傳〉，頁292。
〔註150〕《梁書》卷18〈康絢傳〉，頁290。

梁武帝以張豹子代康絢實乃錯誤決策，康絢公忠體國，爲人「寬和少喜懼，在朝廷，見人如不能言，號爲長厚。在省，每寒月見省官鯬縷，輒遺以襦衣，其好施如此。」〔註151〕從浮山堰調至司州後，亦全心投入州務，「絢在州三年，大脩城隍，號爲嚴政。」〔註152〕以此賢能良吏調離戰略地位如此重要之浮山堰，乃南梁一大損失。果不其然，後繼者張豹子，以爭權爲能事，待其眞正總管浮山堰後，並未嚴肅以待，堰堤受損而不修復，終於導致堰堤潰決之後果。

所謂疑人不用、用人不疑，梁武帝對建造浮山堰，執行水淹壽春戰略頗爲重視，既命康絢主其事，理應完全信任，且梁武帝起兵時，康絢更率己身兵馬響應，「義兵起，絢舉郡以應高祖（梁武帝），身率敢勇三千人，私馬二百五十匹以從。」〔註153〕再從《梁書·康絢傳》觀之，南梁與北魏多次戰爭中，康絢均率軍與魏軍奮勇作戰，其對南梁忠心無需懷疑：〔註154〕

> 魏圍梁州，刺史王珍國使請救，（康）絢以郡兵赴之，魏軍退。（天監）七年（508、魏永平元年），司州三關爲魏所逼，詔假絢節、武旅將軍，率眾赴援。九年，遷假節、督北兗州緣淮諸軍事、振遠將軍、北兗州刺史。及朐山亡徒以城降魏，絢馳遣司馬霍奉伯分軍據嶮，魏軍至，不得越朐城。

梁武帝任用康絢或可補浮山堰先天之不足，只要後天勤加維護，水淹壽春尚能執行，今棄康絢而不用，後繼之人又未能守成，僅以爭權爲能事，足見人和已失。而時序又進入淮河暴漲期，天時已不利南梁。至於地利，該處淮河沙土漂輕不適合造堰，陳承伯、祖暅已提出警訊，故南梁早已不具地利。天時、地利、人和三者南梁無一具備，似乎已注定浮山堰之結果，而其中應負最大責任者，乃梁武帝之錯誤決策。

四、北魏在壽春之戰的檢討

（一）北魏選將得宜

北魏朝廷以定州刺史崔亮爲鎮南將軍領軍增援壽春，當時揚州刺史李崇

〔註151〕《梁書》卷18〈康絢傳〉，頁293。
〔註152〕《梁書》卷18〈康絢傳〉，頁292。
〔註153〕《梁書》卷18〈康絢傳〉，頁290。
〔註154〕《梁書》卷18〈康絢傳〉，頁290～291。

面對的局勢是，雖然成功抵擋梁軍的首波攻勢，但是南梁游擊將軍趙祖悅已佔據西硤石，威脅壽春，且浮山堰趨近完成，壽春隨時有遭大水侵襲之危險，此外，南梁不斷動員軍隊，持續向淮南地區增兵，由此可見壽春情勢相當嚴峻。北魏朝廷雖遣崔亮率軍赴援，可減輕李崇防守壓力，但是二人在進攻西硤石時，卻發生不合，二人所率魏軍無法協同作戰，「亮與李崇爲水陸之期，日日進攻，而崇不至。」〔註155〕將帥不合勢將削弱防禦力量，對北魏在壽春的安全乃一大警訊。

　　李崇爲何不願配合崔亮進攻，或許可從二人出身以及在北魏的仕宦歷程觀察。先就崔亮而言，崔亮，字敬儒，清河東武城人也。其父崔元孫，爲宋孝武帝尚書郎，宋明帝即位後，青州刺史沈文秀舉兵反，宋明帝遣崔元孫討之，卻爲沈文秀所害。崔亮母房氏，攜其依冀州刺史崔道固於歷城，「道固即亮之叔祖也。及慕容白曜之平三齊，內徙桑乾，爲平齊民。」〔註156〕由此可知崔亮出身平齊民，而其北魏仕途起點，實得力於李沖，「沖薦之爲中書博士。轉議郎，尋遷尚書二千石郎。」〔註157〕之後崔亮仕途尚稱平順，歷任中央、地方各要職，史載：〔註158〕

> 高祖（魏孝文帝）在洛，欲創革舊制，……馳驛徵（崔）亮兼吏部郎。俄爲太子中舍人，遷中書侍郎，兼尚書左丞。……世宗親政，遷給事黃門侍郎，仍兼吏部郎，領青州大中正。……尋除散騎常侍，仍爲黃門。還度支尚書，領御史中尉。……轉都官尚書，又轉七兵，領廷尉卿，加散騎常侍，中正如故。……除安西將軍、雍州刺史。……肅宗初，出爲撫軍將軍、定州刺史。

據上可知，崔亮文職出身，並無指揮作戰經歷，且長期任職中央，直至魏宣武帝末爲雍州刺史、魏孝明帝初爲定州刺史，始有實際治理地方經驗，加上其專長爲度支並非軍事，「自遷都之後，經略四方，又營洛邑，費用甚廣。亮在度支，別立條格，歲省億計。又議修汴蔡二渠，以通邊運，公私賴焉。」〔註159〕凡此種種，不免引起李崇疑慮，甚至可謂輕視，導致李崇消極不配合，延誤二軍會攻西硤石之戰機。

〔註155〕《魏書》卷66〈崔亮傳〉，頁1478。
〔註156〕《魏書》卷66〈崔亮傳〉，頁1476。
〔註157〕《魏書》卷66〈崔亮傳〉，頁1476。
〔註158〕《魏書》卷66〈崔亮傳〉，頁1476～1478。
〔註159〕《魏書》卷66〈崔亮傳〉，頁1477。

　　至於李崇，前文已述乃魏文成帝元皇后李氏二兄李誕之子，出身明顯較平齊民出身的崔亮高尚。十四歲即襲爵陳留公、鎮西大將軍。魏孝文帝時已出任封疆大吏，曾任梁州、兗州、荊州各州刺史。任荊州刺史時，因巴氏少數民族擾動，北魏朝廷欲發陝秦二州兵助李崇，遭其婉拒。李崇認爲發兵征討只會使情況惡化，需以撫慰化解對立，「乃輕將數十騎馳到上洛，宣詔綏慰，當即帖然。」〔註160〕另外在梁州刺史任內，平定氐族楊靈珍之亂。〔註161〕魏宣武帝即位後，「徵爲右衛將軍，兼七兵尙書。尋加撫軍將軍，正尙書。轉左衛將軍、相州大中正。」〔註162〕繼魏孝文帝時平定巴氏少數民族亂事後，魏宣武帝一朝之魯陽蠻、東荊州蠻亂事，亦賴李崇平定。〔註163〕討平東荊州蠻後，魏宣武帝以李「崇爲使持節、兼侍中、東道大使，黜陟能否，著賞罰之稱。轉中護軍，出除散騎常侍、征南將軍、揚州刺史。」〔註164〕

　　比較崔亮、李崇二人，除出身明顯有分別外，崔亮長期在中央任職，並無地方統治經驗，直至魏宣武帝末才爲州刺史，且依《魏書·崔亮傳》內容，他從未領軍作戰。至於李崇，曾任數州刺史，地方統治經驗豐富，又率軍討平巴族、氐族、魯陽蠻、東荊州蠻亂事，具軍事指揮長才，統兵作戰經驗堪稱豐富，加上又有陳留公爵位，都使他自認高崔亮一等，因此在崔亮召李崇會攻西硤石時，李崇不願配合而失期未至，何以如此？其間緣由，在於北魏朝廷令崔亮率軍援助李崇，並未指定由誰指揮作戰。先以李崇而言，其出身及仕途皆較崔亮顯赫，且戰場在揚州境內，自然由當地最高軍政長官揚州刺史李崇指揮所有軍隊，崔亮率領之援軍亦須奉李崇號令。然崔亮之思考，在

〔註160〕《魏書》卷66〈李崇傳〉，頁1465。
〔註161〕《魏書》卷66〈李崇傳〉，頁1466載：「（李）崇行梁州刺史。氐楊靈珍遣弟婆羅與子雙領步騎萬餘，襲破武興，與蕭鸞（齊明帝）相結。詔崇爲使持節、都督隴右諸軍事，率眾數萬討之。崇槎山分進，出其不意，表裏以襲，羣氐皆棄靈珍散歸。……崇多設疑兵，襲克武興。……并斬婆羅首，……靈珍走奔漢中。高祖（魏孝文帝）在南陽，覽表大悅。」
〔註162〕《魏書》卷66〈李崇傳〉，頁1467。
〔註163〕《魏書》卷66〈李崇傳〉，頁1467載：「魯陽蠻柳北喜、魯北燕等聚眾反叛。……詔以（李）崇爲使持節、都督征蠻諸軍事以討之。……崇累戰破之，斬北燕等，徙萬餘戶於幽并諸州。……東荊州蠻樊（素）安，聚眾於龍山，僭稱大號。……乃以崇爲使持節、散騎常侍、都督征蠻諸軍事，進號鎮南將軍，率步騎以討之。崇分遣諸將，攻擊賊壘，連戰克捷，生擒樊（素）安，進討西荊，諸蠻悉降。」
〔註164〕《魏書》卷66〈李崇傳〉，頁1467。

於他乃奉北魏朝廷之命率軍增援地方，代表中央，地方州軍應歸其節度，所以才有召李崇會攻西硤石之舉。

北魏朝廷見李崇、崔亮不合，勢將貽誤戰機，淮南戰況恐陷劣勢，遂採取果斷措施，以尚書李平為最高指揮官率軍南下，《魏書·李平傳》載：〔註165〕

> 先是，蕭衍遣其左游擊將軍趙祖悅偷據西硤石，眾至數萬，以逼壽春。鎮南崔亮攻之，未克，又與李崇乖貳。詔（李）平以本官使持節、鎮軍大將軍、兼尚書右僕射為行臺，節度諸軍，東西州將一以稟之，如有乖異，以軍法從事。

如此一來，李崇、崔亮需受李平指揮，各部魏軍遂能其一號令統合戰力，不會各自作戰反而削弱戰力。

李平字曇定，頓丘人也。魏孝文帝時襲爵彭城公，「拜太子中舍人，遷散騎侍郎，舍人如故，遷太子中庶子。……拜長樂太守。……遂行河南尹。世宗即位，除黃門郎，遷司徒左長史，行尹如故。」〔註166〕李平最重要的作戰經歷，乃率軍平定冀州刺史、京兆王元愉之亂，史載：〔註167〕

> 冀州刺史、京兆王愉反於信都，以（李）平為使持節、都督北討諸軍事、鎮北將軍，行冀州事以討之。……平親入行間，勸以重賞，士卒乃前，大破逆眾。……斬首數萬級，遂圍城燒門。愉與百餘騎突門出走，遣統軍叔孫頭追之，去信都十里擒愉，冀州平。

冀州亂平後，魏宣武帝遷李平為中書令。「肅宗初，轉吏部尚書，加撫軍將軍。……尚書令、任城王澄奏理平定冀之勳，請酬以山河之賞。靈太后乃封武邑郡開國公，食邑一千五百戶。」〔註168〕由此看來，李平有彭城公爵位，又受封武邑郡開國公，兼之有實際指揮作戰經驗，更曾任中書令、吏部尚書等中央大員，與李崇差可比擬。即便李平仕途或許略為不如李崇，但北魏朝廷已賦予李平極高權威：「東西州將一以稟之，如有乖異，以軍法從事。」指的是各路魏軍須聽李平節制，如有不從者，依軍法處置，北魏朝廷明確表明李平為總指揮，不容許有模糊空間。魏軍戰力經此整合後發揮功效，敗昌義之、王神念率領之南梁援軍，陷西硤石擒斬趙祖悅，解除壽春側翼之威脅。

〔註165〕《魏書》卷65〈李平傳〉，頁1453。
〔註166〕《魏書》卷65〈李平傳〉，頁1451。
〔註167〕《魏書》卷65〈李平傳〉，頁1452～1453。
〔註168〕《魏書》卷65〈李平傳〉，頁1453。

　　李平於西硤石之役後班師回洛陽，另一路魏軍蕭寶夤部負責破壞浮山堰，但是並未有具體進展，大水侵襲壽春之陰影仍在，靈太后及眾朝臣對此頗感憂心：〔註169〕

　　　　（李）平還京師，靈太后見於宣光殿，賜以金裝刀杖一口。時南徐州表云，蕭衍堰淮水爲患，詔公卿議之，平以爲不假兵力，終自毀壞。

李平認爲不需太過憂慮，他在西硤石與梁軍爭戰時，應仔細觀察過當地水文地形，所以提出浮山堰「終自毀壞」觀點，而結果正如李平所料，浮山堰因淮河暴漲而崩塌，驗證李平洞燭機先之深遠眼光。

（二）蕭寶夤誤中反間

　　梁武帝以康絢營建浮山堰，而康絢不僅完成浮山堰興建，更成功逼退蕭寶夤魏軍，力保浮山堰無虞。北魏賦予蕭寶夤破壞浮山堰之任務，只要蕭寶夤率軍在旁虎視眈眈，不時襲擊破壞，南梁即需時時加以修復，故梁武帝、康絢均欲去之而後快，但是護衛浮山堰梁軍與蕭寶夤魏軍交手，皆嘗敗績，因此以武力逐退蕭寶夤魏軍並不容易。另外，前文述及梁武帝以君主之尊親自招降蕭寶夤失敗，可知欲令其叛魏降梁已不可能，南梁在武力不敵且招降失利下，唯有另闢途徑。康絢身居前線管理浮山堰，最清楚敵我態勢，遂決定散播謠言施以反間。反間乃一般通稱，前文已述《孫子兵法》載用間方式有五：鄉間、內間、反間、死間、生間，〔註170〕康絢的反間就孫武觀點應爲死間：「死間者，爲誑事於外，令吾間知之，而傳於敵也。」〔註171〕即製造假情報，透過滲透敵營的我方間諜，在敵營四處散播將假情報傳給敵人。

　　康絢命人散播之假情報爲「梁人所懼開淮，不畏野戰。」〔註172〕蕭寶夤獲知這項訊息後，未辨眞僞，亦未評估可行性，即率爾動工，「開淮北注，水日夜分流，淮猶不減。」〔註173〕按理蕭寶夤生長於江河交錯的南方，對水文應有一定認識，即便其不通水文地理，至少應召水利專家聽取意見，惜蕭寶夤不此之途，誤信謠言結果，魏軍遭大水所逼而退兵，「魏軍竟潰而歸。」

〔註169〕《魏書》卷65〈李平傳〉，頁1454。
〔註170〕參見本書，頁58。另參見孫武著、吳仁傑注譯，《孫子讀本》〈用間篇第十三〉，頁99。
〔註171〕孫武著、吳仁傑注譯，《孫子讀本》〈用間篇第十三〉，頁99。
〔註172〕《梁書》卷18〈康絢傳〉，頁292。
〔註173〕《梁書》卷18〈康絢傳〉，頁292。

〔註174〕而浮山堰也順利解除遭魏軍破壞的威脅。康絢情報戰成功之因，在於利用魏人不熟水文之弱點，加上蕭寶寅過於輕忽未審慎確認情報之可信度。蕭寶寅的撤軍對浮山堰戰略情勢有深遠影響，浮山堰自此不會再遭到魏軍的破壞與攻擊。

　　蕭寶寅的任務在破壞浮山堰，一旦破壞，南梁即需修復，於是魏人破壞、梁人修復，便成為不斷的循環，如此一來，浮山堰將無完工之日，南梁水淹壽春的戰略規劃勢必無法執行。而蕭寶寅於 516 年（魏熙平元年、天監十五年）四月退走後，少了魏軍破壞之威脅，浮山堰隨即在該月竣工，由此可見，北魏以蕭寶寅襲擊浮山堰，牽制其興建的干擾戰術頗為成功，惜蕭寶寅退兵使戰術無法遂行。從四月蕭寶寅退兵至九月北魏欲再興師摧毀浮山堰止，浮山堰獲得五個月左右的安全期。雖然浮山堰最後毀於淮河暴漲，但是北魏已有出兵計畫，即便淮河未暴漲，浮山堰仍須面對元澄率領的十萬魏軍。

　　若蕭寶寅未誤信康絢之假情報，仍持續屯兵浮山堰進行破壞行動，南梁能否完成浮山堰興建，尚在未定之天，由此可凸顯康絢情報戰成功對維護浮山堰安全的重要性。

第四節　小　結

　　魏宣武帝後期第二階段與南梁的衝突，主要是西部蜀地和中部壽春的區域戰爭，和第一階段一樣，不論戰爭規模或地域，都侷限在一定的範圍內，並未擴張成大型戰爭。當然，會不會從區域戰爭演變成大型戰爭或舉國性的大戰，並非挑起戰端者一開始即可決定，有些是發動戰爭者早已設定舉國性大戰或大型戰爭，如宋文帝 450 年（魏太平真君十一年、宋元嘉二十七年）的大舉北伐，魏太武帝率大軍反擊爆發的魏宋大戰；〔註175〕另外像魏孝文帝 494 年（魏太和十八年、齊建武元年）的大舉伐齊；〔註176〕魏宣武帝中期 505 年（魏正始二年、梁天監四年）的南伐，東、中、西三條戰線同時對南梁作戰，〔註177〕上列所述均是數十萬大軍多路齊出的大型戰爭。但是有

〔註174〕《梁書》卷 18〈康絢傳〉，頁 292。
〔註175〕關於宋文帝此次北伐與北魏作戰的詳細經過，可參見筆者著，《北魏與劉宋戰略關係研究——從國家戰略觀點的解析（下）》第四章〈全國總動員的對抗——魏太武帝後期與劉宋之戰略關係（439～452）〉，頁 171～270。
〔註176〕關於這次北魏與南齊作戰經過，可參見本書，頁 112～136。
〔註177〕關於這次北魏與南梁作戰經過，可參見本書，頁 338～360。

些大型戰爭一開始是小型衝突或區域戰爭，隨著一方勝利乘勝追擊，同時加派援軍擴大戰爭規模，遂逐漸演變成大戰。不過魏宣武帝伐蜀和梁武帝以浮山堰水攻壽春，並未形成大型戰爭，是故本階段北魏與南梁的戰略關係，仍然呈現區域衝突的樣貌。

　　在蜀地和壽春的衝突中，是否有可能形成大戰，以蜀地衝突而言，魏宣武帝會選擇蜀地採主動攻勢，以高肇率十餘萬大軍進伐，乃基於 505 年（魏正始二年、梁天監四年）王足在蜀地作戰的勝利，若高肇伐蜀順利，不排除魏宣武帝續增援軍或在其他地方另闢戰場，進而大舉南伐形成大戰的可能，但是由於魏宣武帝的崩逝，高肇率領的本部兵馬都尚未與南梁軍隊正式接觸，旋即遭北魏朝廷命令班師，使伐蜀戰爭嘎然而止。另外，壽春爭奪戰與蜀地的情況略有不同，魏梁軍隊沿著浮山堰爆發一連串的衝突，大小戰爭不斷，但最終由於浮山堰的崩塌，使魏軍與梁軍圍繞在壽春的衝突驟然停止。事實上，北魏朝廷已形成決策，由於浮山堰的存在，嚴重威脅壽春的國防安全，故欲發大軍由元澄統領，對浮山堰實施毀滅性進攻。然而就在北魏進行戰爭準備時，浮山堰已早一步潰決，如若不然，北魏爲了鞏固壽春而與南梁爆發大戰的可能性極大。

　　魏宣武帝後期的戰略關係分成兩階段論述，第一階段歸屬於魏宣武帝不成問題，但是第二階段橫跨魏宣武帝與魏孝明帝二位君主。北魏進攻蜀地以及與南梁在壽春的衝突，戰事開始都在魏宣武帝一朝，但是後續戰事的進行及結束卻在魏孝明帝時，故爲求魏宣武帝後期與南梁戰略關係的一貫與完整性，仍必須將其崩逝後這兩地戰事的過程擇要敘述，至於完整的戰爭經過，則在魏孝明帝前期與南梁之戰略關係篇章中詳細述說。

　　綜合言之，魏宣武帝後期與南梁乃是以區域戰爭爲主的戰略關係，第一、二階段率皆如此，但是在第二階段蜀地與壽春的戰事中，細究其衝突起因，仍有不同。魏宣武帝對蜀地作戰採積極攻勢；相反的，壽春戰事雖然北魏在部分衝突中積極進攻，如硤石爭奪戰，但在戰略層次上，實乃梁武帝利用浮山堰所採取的積極攻勢，魏軍泰半在浮山堰的威脅下，採取進攻性或防禦性的戰術作爲，前者如硤石爭奪戰；後者如破壞浮山堰，因此就戰略層次而言，北魏採守勢作爲時刻居多。由此可見，魏宣武帝在第二階段的戰略作爲，仍與前一階段相同，壽春戰事基本上採守勢，主要爲抵禦南梁以浮山堰對壽春實施的水陸攻擊。至於伐蜀，魏宣武帝雖採攻勢，但他的戰略思維仍

屬保守，這從其根據王足在蜀地作戰順利的經驗，遂選擇具高度勝算地方進攻可知。因此，魏宣武帝第二階段仍和前一階段一樣，對戰爭與衝突抱持謹慎的戰略態度。

將魏宣武帝後期與南梁有戰事發生的義陽、懸瓠、朐山、蜀地、壽春等地，一體分析之，可以發現他的戰略思維已有所轉變，不見中期與南梁在東部、中部、西部等三個戰場同時作戰的戰爭強度，這種全面性的大戰在後期已不復見，取而代之的是區域性的中小型戰爭。他的戰略思維會有趨向保守的改變，實有其遠因與近因。

遠因可溯至北魏長期以來與南朝的對抗，以及魏孝文帝大力推動漢化改革工程與遷都過程中，仍與南齊進行多次大戰。就前者南北長期對抗而言，北魏至魏宣武帝時，已與劉宋、南齊、南梁等朝爭戰近百年，其間大小戰役不計其數，長期的戰爭對北魏社會、百姓都造成極大的負擔，因此對戰爭的疲累和倦怠感與日俱增，雖然在消滅南朝建立大一統北魏王朝的國家目標下，不致對南朝有太明顯的反戰主張，但不可避免的，在民間、官僚階級都有厭戰思想在暗中流動著。至於後者，漢化改革與遷都均是重大國家工程，但是魏孝文帝卻是內政與對外作戰雙管齊下，在推動上述漢化作為時仍與南齊頻繁作戰，戰爭本就是極度耗損國力之事，在如此內外交迫下，並未給北魏社會與百姓喘息空間。

近因則是魏宣武帝繼位後，秉持其父魏孝文帝一統南北的恢弘理想，對南梁發動全面性作戰，尤其是中期時魏梁的第二次大戰，戰場幾乎擴及兩國邊境全線，也是在這次大戰中，元英的鍾離大敗，使北魏遭遇與南方對抗百餘年來最大的挫敗，有形、無形的損失不計其數。基於上述遠因與近因，若再率爾發動對南梁的大戰，北魏社會、百姓一再遭受戰爭帶來的痛苦，不滿的能量是否會因此爆發而產生動亂；且長年戰爭使男丁戰死沙場，不僅造成家庭創傷，更使生產停滯，這些都是魏宣武帝需要審慎思考的。另外，元英的鍾離之敗，使北魏受創嚴重，需一段時間復原，加上投入龐大兵力與資源，僅佔領義陽及其附近關戍而已，這些都使魏宣武帝的戰略思維漸起轉變，逐漸趨向謹慎保守，不再動輒發動大型戰爭，因此表現在魏宣武帝後期與南梁的戰略關係上，主動進攻的不多，多是被迫應戰或採守勢。

義陽、懸瓠、朐山都是叛將降梁引起的戰爭，北魏不可能放棄這些軍事重鎮，勢必要遣軍奪回。而在朐山之役中，因盧昶的消極不作為，導致北魏

再度遭遇元英鍾離之敗後的嚴重大敗，魏軍死傷士兵達十餘萬，這個結果想
必更刺激魏宣武帝，在並未主動求戰的情況下，都遭遇極為嚴重的損失，因
此對南梁的戰略思維必然更加謹慎，不會輕易採攻勢。而表現在蜀地、壽春
的戰事中，會進攻蜀地乃是基於以往對該地作戰勝率較高的戰爭經驗；至於
壽春則是被動防禦南梁利用浮山堰的攻擊。

　　魏宣武帝後期與南梁的戰略關係，一言以蔽之，其戰略思維趨於謹慎，
並未積極主動求戰，而一旦戰爭爆發，也是區域戰爭規模並未擴張成大戰。
然而也就在北魏軍隊往蜀地進發以及在壽春和南梁軍隊正處於戰鬥的過程
中，魏宣武帝於 515 年（魏延昌四年、梁天監十四年）崩逝，為其與南梁的
戰略關係畫下句點，也使北魏與南梁之戰略關係，再度邁入另一個新的時期。

第九章　北魏與南梁戰爭對魏宣武帝一朝的影響

　　魏宣武帝於 515 年（魏延昌四年、梁天監十四年）正月「丁巳，崩于式乾殿，時年三十三。」〔註1〕結束其十六年的帝王生涯。〔註2〕他在位期間，不斷對南梁發動戰爭，使北魏與南梁之戰略關係大多處在戰爭的緊繃狀態。根據張金龍的統計，魏宣武帝只有他即位當年及開始親政的景明二年（501、齊中興元年）沒有發生戰爭，其他年份每年都有戰事發生。〔註3〕可見北魏在這十六年中，有十四年都與南方處於戰爭狀態，是故北魏與南梁的戰爭，遂成為魏宣武帝一朝最主要的政治主題。事實上，戰爭乃北魏歷代君主最主要的政治主題，原因無他，實是北魏前期所處的戰略環境，強敵環伺，欲爭生存即要與其他政權作戰。迨完成北方統一後，又與南朝漢人政權對峙，不論是劉宋、南齊、南梁，北魏歷代君主皆欲滅之建立大一統王朝，這也是他們念茲在茲的使命，也因此南北戰爭從未間斷，這也是戰爭成為北魏歷朝最主要政治主題的原因。

　　魏宣武帝的崩逝，標誌北魏對南朝積極擴張的國家戰略就此消退，因為此後北魏對南朝的戰爭，不論是規模、戰場、強度，都無法和魏宣武帝及其之前的北魏歷代君主相比。原因其實很簡單，因為魏孝明帝繼位後，北魏內部的民族矛盾、社會矛盾、階級矛盾終於爆發，各地亂事不斷，如六鎮之亂，

〔註1〕《魏書》卷8〈世宗紀〉，頁 215。

〔註2〕魏宣武帝在位自太和二十三年至延昌四年（499～514、齊永元元年至梁天監十四年）共十六年。

〔註3〕參見張金龍，《北魏政治史（八）》卷 10〈宣武帝時代（499～515）〉，頁 368。

北魏朝廷需調兵赴各地鎮壓、平亂，在國家武力大部分都投入剿滅地方亂事的情況下，自然無法對南梁展開軍事攻勢，反而是北魏在南方採取守勢，不希望南梁藉北魏內亂之際出兵北伐，可見戰爭雖也是魏孝明帝朝最主要的政治主題，但方向與型態已大為不同，從對南方的戰爭轉為內部平亂。雖然北魏地方亂事逐漸平定，但統治階層又有尒朱氏、高歡等一連串的內部紛亂，故從魏孝明帝開始至北魏分東、西魏止，北魏未向南梁發動大型戰爭，雖然與南梁仍有軍事衝突，但僅只是區域型的衝突，並未擴大，可見魏宣武帝的崩逝，乃北魏對南朝國家戰略的分水嶺，由積極轉為保守、由攻勢改採守勢。

　　魏宣武帝繼位後，繼承魏孝文帝積極進取的南向政策，不斷對南梁發動軍事攻勢，加上南梁的北伐，雙方戰爭不斷，在長期的戰火蹂躪下，對北魏的社會、經濟、民生都產生重大影響。誠如上述，魏宣武帝在位期間有十四年與南梁有戰事發生，而且很多時候不是單一戰線或單一戰場，往往是二條、三條戰線同時進行，在多個戰場同時作戰的情況下，對士兵的徵召，以及軍糧、戰馬、武器等後勤的供應，都是極為沉重的負擔。張金龍曾將魏宣武帝一朝與南梁發生戰爭的年份依其戰線統計出來，如下表所示：

表三：魏宣武帝與南梁戰爭年份與戰線統計表

時　　　間	東部戰線	中部戰線	西部戰線
太和二十三年（499、齊永元元年）	○	○	○
景明元年（500、齊永元二年）	●	●	○
景明二年（501、齊中興元年）	○	○	○
景明三年（502、梁天監元年）	●	●	○
景明四年（503、梁天監二年）	●	●	●
正始元年（504、梁天監三年）	●	●	○
正始二年（505、梁天監四年）	●	●	●
正始三年（506、梁天監五年）	●	●	●
正始四年（507、梁天監六年）	●	○	●
永平元年（508、梁天監七年）	○	●	●
永平二年（509、梁天監八年）	●	●	●
永平三年（510、梁天監九年）	●	○	●
永平四年（511、梁天監十年）	●	○	●

延昌元年（512、梁天監十一年）	●	○	○
延昌二年（513、梁天監十二年）	●	○	○
延昌三年（514、梁天監十三年）	○	●	●
	4 年○；12 年●	7 年○；9 年●	7 年○；9 年●

○無戰事　●有戰事

資料來源：張金龍，《北魏政治史（八）》卷 10〈宣武帝時代（499～515）〉，頁 368。

　　以時間和戰線兩個因子分析上表可得出兩個重點，其一：就時間而言，北魏和南梁戰爭最激烈的時間當在 503 年、505 年、506 年、509 年這四年，因為雙方在三條戰線同時作戰。其二：就戰線而言，在魏宣武帝在位的十六年間，東部戰線發生戰事高達十二年，比例為四分之三，乃三條戰線之冠。而東部戰線的主戰場在淮南地區，北魏南侵、南梁北伐，戰略目標都聚焦於淮南，北魏一般將中部和西部戰線設定為側翼作戰或協同作戰，其戰略目的均為掩護東部戰線的攻擊行動，或是牽制南梁中部、西部的兵力，使其無法東調支援，亦即替東部戰線的魏軍掃除進攻障礙。

　　再從時間的密集度來看，魏宣武帝君臨天下十六年，與南梁的戰事就有十四年，頻率不可謂不高。然而戰爭的遂行，軍隊的動員、後勤的支應，都是龐大且沉重的負擔，且戰後的復原工作尚未完成，下一場戰事又開始，北魏社會想必承受極大的戰爭壓力，因為所有物資皆以戰事為優先，如此會使民生物資短缺，造成社會問題。而百姓被徵召上戰場，會造成生產力下降，戰死的士兵也會使家庭破碎，在十四年皆有戰事的情況下，北魏社會對戰爭的承載相當沉重。另就戰爭波及的地區而言，東部、中部、西部皆捲入戰爭中，東部有戰事的時間高達十二年；雖然中、西部皆為九年，也不過較東部少三年而已，由此可見北魏南疆幾乎全遭戰火摧殘。經歷戰爭的地區必然有土地荒蕪、屋舍遭毀、百姓流離失所、生產停滯等情況發生，對該地區經濟、社會都造成嚴重影響，尤以戰爭熱區的東部為最。

　　綜上所述，在對南梁的戰事成為魏宣武帝施政最重要政治主題的情形下，戰爭對北魏的影響乃屬全面性，有正面亦有負面。正面者，如疆域的拓展、強化對蠻族及氐族的控制等；至於負面者，則是對經濟與生產的破壞及造成百姓沉重負擔與社會疲憊等。

第一節　疆域的拓展

　　北魏自魏道武帝建國後，歷代君主皆以對外征伐、拓展疆域為職志，更有混一南北一統天下的決心，而魏孝文帝遷都洛陽後，更積極南伐展現建立統一王朝的企圖，魏宣武帝便在北魏諸帝開疆闢土的基礎上，更繼承其父魏孝文帝欲實現大一統的決心與企圖，持續發動對南梁的戰爭，也獲得不錯的成果，疆域的拓展達到空前成就，史載：「於是魏地北逾大磧，西至流沙，東接高麗，南臨江漢。」〔註4〕吳廷燮更認為北魏的版圖至魏宣武帝時已至極盛，「元氏之盛，極于此矣。」〔註5〕事實上魏宣武帝拓展疆域的決心和行動終生未曾改變，晚年時仍派司徒高肇率十萬大軍伐蜀，但是因其年僅三十三歲便崩逝，北魏的伐蜀行動遂告終止，如果魏宣武帝年壽能增長五年、十年、甚至二十年，不僅是蜀地，或許能往南佔領更多南梁的土地，然天不假年，這種假設與渴望終究無法實現。

　　魏宣武帝拓展北魏疆域的情形，顧祖禹在《讀史方輿紀要》一書中曾做了相當簡潔的提點，其云：〔註6〕

> 宣武恪時又得壽春，復取淮西，續收漢川，至於劍閣。……齊東昏之亂，壽陽降於魏，魏復取合肥、建安諸郡。梁天監三年（504、魏正始元年），魏將元英復拔義陽三關地。四年，梁人以漢中降魏，既而巴西亦降魏，魏人遂入劍閣，圍涪城，旋引還，劍北遂入於魏。

可見魏宣武帝持續執行北魏向南朝開疆闢土的國家戰略，除使南疆版圖擴大獲得一定的成就外，在西南地區的版圖亦有不小的推展，這方面是北魏諸帝眼光較少投射之處。北魏自魏太武帝統一北方形成南北對峙的格局後，之後的歷代君主，大多聚焦於淮河地區的爭奪，因此西南地區尤其是蜀地的拓展一直有限。不過魏宣武帝的戰略眼光不僅在東部、中部，連西部亦長達九年有戰事發生，僅比戰爭熱區的東部少三年而已。也因魏宣武帝拓展疆域不被以往北魏諸帝的戰略觀念所侷限，對西南區域亦經常用兵，故漢中、劍閣等蜀地戰略重鎮均遭北魏佔有，這也促使魏宣武帝在已擁有蜀地北方部分城戍與土地的基礎上，欲進一步開拓蜀地的決心，因而有高肇伐蜀之舉。

〔註4〕顧祖禹，《讀史方輿紀要》卷4〈歷代州域形勢四・南北朝〉，頁186。

〔註5〕吳廷燮，《元魏方鎮年表》，二十五史刊行委員會編，《二十五史補編》第四冊（北京：中華書局，1991年3月），頁4533。

〔註6〕顧祖禹，《讀史方輿紀要》卷4〈歷代州域形勢四・南北朝〉，頁185～186。

　　魏宣武帝令北魏的疆域達到空前的廣度，但不可否認，這是歷代君主累積而成的結果，不過若無他積極的戰略態度，恐怕也不會有如此成效。周一良即對魏宣武帝拓展疆域、積極南伐的戰略思考持肯定態度，他認爲「魏宣武帝繼承魏孝文帝消滅南朝建立大一統王朝的志業，且南方版圖的擴大，較之魏孝文帝有過之而無不及。」〔註7〕而伴隨領土的拓展，隨之而來的是人口的增加，原屬南梁治下的百姓，如今全成北魏百姓，這些增加的人口，能提供軍事助益：兵源的提供。經濟助益：生產力的提升。財稅助益：賦稅的增加。這些都是因魏宣武帝疆域拓展帶來正面的利益，有助提升北魏的綜合國力。

第二節　強化蠻族及少數民族氐族的控制

　　南北各政權對蠻族及氐族都積極爭取，北魏和南梁亦然，一旦將蠻族、氐族納入管轄，不但可提供兵源壯大軍事力量，且在行政力的制約下可制止他們爲亂，甚至在與敵對政權作戰時，可利用蠻族、氐族騷擾其後方或側翼。然而這些蠻族、氐族酋首亦知曉南北政權對峙的利害關係，忽而降北、忽而附南，利用南北對抗的矛盾爭取最大利益，故蠻族和氐族的叛服不定，也造成南北各政權的困擾。北魏自魏孝文帝遷都洛陽後，原本和蠻族、氐族距離遙遠的北魏君臣，如今因政治中心向西南偏移，與蠻族、氐族的距離不可與平城時代同日而語。加上北魏拓地日廣，南部疆界一直往南延伸，也促使北魏君臣對蠻族和氐族投入更多關注。以往蠻族和氐族常跟隨其酋首的利益游移南北政權間，北魏常因其叛服不定頗感困擾，但在魏宣武帝銳意南圖，不斷南伐且用兵蠻區及氐族聚集區的情況下，伴隨著軍事力量的制約，北魏對蠻族、氐族的控制也獲得進一步的加強。

一、蠻　族

　　南北朝時期，位居南北交界中間地帶的蠻族，一直是南北政權積極拉攏的對象，只要哪一方掌握的蠻族多，相對的具有較佳的戰略優勢，呂思勉曾

─────────────────────

〔註7〕　參見周一良，〈《魏書》札記・魏宣武帝元恪〉，收於氏著，《魏晉南北朝史札記》（北京：中華書局，1985 年 3 月），頁 317～320。筆者根據周一良在上述頁數內所敘述之內容而得出之結論。

云：〔註8〕

> 當兩國相爭之時，彼此咸藉蠻以爲用。平時則資其捍蔽，戰時則用
> 爲前驅。又或使其擾亂敵後，阻塞道路。

然而蠻族爲何甘於爲南北政權所用，實乃爲了自身的生存與發展，不得不在南北政權中擇一棲身。不過，這種因利益而選擇的政治對象，基礎頗爲脆弱，故蠻族游移南北間實爲常態。

（一）北魏前期與蠻族的關係及其強化

南北政權對蠻族的政策不外「撫」、「剿」二策，亦即封爵籠絡和武力征討，但時隨著北魏勢力的逐漸向南推進，南朝對蠻族的影響力不若以往，亦使南北政權對蠻族的撫、剿二策有了改變，改變的原因與蠻族的分佈區域及南北勢力消長有莫大關係。

首先就蠻族分佈區域而言，《南齊書·蠻傳》：「蠻，種類繁多，言語不一，咸依山谷，布荊、湘、雍、郢、司等五州界。」〔註9〕《魏書·蠻傳》：「（蠻）在江淮之間，依託險阻，部落滋蔓，布於數州，東連壽春，西通上洛，北接汝潁，往往有焉。」〔註10〕蠻族的分佈區域雖然廣闊，但大抵在義陽、淮河一線，以及襄陽、南陽一帶。其次就北魏的勢力而言，在劉宋前期，南方勢力強盛，能穩固控制漢水中游、淮河一線，當時淮河南北皆是劉宋的勢力範圍，北魏與劉宋爭奪的地域主要在黃河一線，因爲當時北魏的統治重心在黃河以北，是故上述蠻族的分佈區域，皆不出劉宋的勢力範圍。正因如此，蠻族和北魏間缺乏直接聯繫，劉宋不需利用蠻族爲其禦邊，也不需與北魏爭奪蠻族，故劉宋對蠻族「剿」多於「撫」，《宋書·夷蠻傳》：〔註11〕

> 蠻、僚殊雜，種眾特繁，依深傍岨，充積畿甸。……自元嘉將半，
> 寇惡彌廣，遂盤結數州，搖亂邦邑。於是命將出師，恣行誅討，自
> 江漢以北，廬江以南，搜山盪谷，窮兵罄武。

元嘉乃宋文帝年號，而劉宋在宋武帝、宋文帝時國力強盛，故對蠻族能以軍事武力壓制。至於北魏前期，其國家戰略只在經營北方，勢力尚未到達淮河，對蠻族並無太大的關注與作爲，而蠻族對北魏表忠的最早記載是在魏明元帝

〔註8〕 呂思勉，《兩晉南北朝史（上）》（上海：上海古籍出版社，2009年6月），頁711～712。

〔註9〕 《南齊書》卷58〈蠻傳〉，頁1007。

〔註10〕 《魏書》卷101〈蠻傳〉，頁2245。

〔註11〕 《宋書》卷97〈夷蠻傳〉，頁2399。

時：〔註12〕

> 泰常八年（423、宋景平元年），蠻王梅安率渠帥數千朝京師，求留
> 質子以表忠款。始光中，拜安侍子豹爲安遠將軍、江州刺史、順陽
> 公。興光中，蠻王文武龍請降，詔襃慰之，拜南雍州刺史、魯陽侯。

泰常、始光、興光分別爲魏明元帝、魏太武帝、魏文成帝年號。就當時的戰略態勢而言，魏太武帝和宋文帝雙雄經年的南北爭霸，雖然魏太武帝曾經率軍直抵長江進窺建康，但畢竟是曇花一現，北魏勢力仍無法跨越淮河直接與蠻族接觸，故上述北魏諸帝對蠻族酋首的封賜，不過是尊榮罷了。不過在魏獻文帝取得劉宋淮北及豫州淮西之地後，南北戰略形勢發生變化，北魏勢力到達淮河一線，北魏君臣爲鞏固黃河以南與淮北之地，對蠻族這股力量的思考也有所改變，對蠻區的經營轉趨積極。同樣的，劉宋以往對蠻族剿優於撫的戰略思維，也因北魏勢力的南進，雙方開始爭奪蠻族控制權，若劉宋再循以往武力鎮壓方式，恐將蠻族推向北魏陣營，故必須揚棄以往剿優於撫的方式，代之以撫優於剿或至少做到剿、撫並重，而劉宋對蠻族政策的思維，也爲其後的南齊、南梁對蠻族政策有了不同的思考方向。

北魏與南朝爭奪蠻族的歸附，主要基於三點理由，其一：蠻族尚處部落時期，具好勇鬥狠習性，「蠻俗衣布徒跣，……兵器以金銀爲飾，虎皮衣楯，便弩射，皆暴悍好寇賊焉。」〔註13〕若能擁有這股軍事力量，對北魏軍隊整體戰力的提升是一大助益，何況魏軍戰力早已優於南朝漢人軍隊，若能爭取愈多蠻族歸附，南北軍力差距也會擴大。其二：蠻族所處區域，部份位於南北交界的中間地帶，他們熟悉自己區域內的地形地物，對南北交通孔道也甚爲熟稔，若能掌握蠻族，北魏將能借助他們對地理環境的掌握，更容易打通南下的孔道。其三：襲邊與捍邊，二者實爲一體兩面，北魏若能控制蠻族，則可利用蠻族助其捍衛南疆，一旦南軍來襲，蠻軍可成爲北魏第一道防禦武力；反之，若蠻族依附南朝，則南朝可利用蠻軍竄擾北魏邊區，或在魏軍南伐時襲擊其側翼或後方，如此將使魏軍疲於奔命首尾無法兼顧，故北魏必須掌控蠻族，以免魏軍與南朝作戰時受其掣肘。

蠻族雖然處在南北對立的態勢，憑藉其特殊性游移南北政權間，但是蠻族大部分還是選擇依附北魏，據牟發松依《魏書・蠻傳》統計，「自延興二年

〔註12〕《魏書》卷101〈蠻傳〉，頁2246。
〔註13〕《南齊書》卷58〈蠻傳〉，頁1009。

（472、宋泰豫元年）至正光中（522～523、梁普通三至四年），南朝境內的蠻族就有十三次蠻民附魏，總數約有八十萬餘人。」〔註14〕正光為魏孝明帝年號，延興雖為魏孝文帝年號，但是當時魏獻文帝仍以太上皇帝之名執掌北魏國政。由此可見，從469年（魏皇興三年、宋泰始五年）青齊之役結束，北魏取得淮北之地後，與蠻族的關係逐漸密切，不少蠻族部落相繼歸附北魏。而南朝為了與北魏爭奪蠻族，也漸漸改採安撫手段，如宋明帝曾對西陽蠻酋田益之、田義之、成邪財、田光興等施恩籠絡：〔註15〕

> （宋明帝）以益之為輔國將軍，……以義之為宋安太守，光興為龍驤將軍、光城太守。封益之邊城縣王，食邑四百一十一戶，成邪財陽城縣王，食邑三千戶，益之徵為虎賁中郎將，將軍如故。順帝昇明初，又轉射聲校尉、冠軍將軍。成邪財死，子婆思襲爵，為輔國將軍、武騎常侍。

從成邪財死後由其子襲爵來看，劉宋對蠻酋的優遇不可謂不厚，這應與其失淮北之地，面對北魏的戰略形勢愈來愈險峻有關，故必須積極爭取蠻族的歸款。南齊建立後，曾有官員提出廢除蠻酋的封爵：〔註16〕

> 宋世封西陽蠻梅蟲生為高山侯，田治生為威山侯，梅加羊為扞山侯。
> 太祖（齊高帝）即位，有司奏蠻封應在解例。……詔：「特留。」以
> 治生為輔國將軍、虎賁中郎，轉建寧郡太守，將軍、侯如故。

據上引文可知齊高帝亦認同劉宋的施恩籠絡政策，若率爾取消蠻酋封爵，不啻鼓勵其叛歸北魏。而之後的南齊諸帝，對蠻族亦採行一定程度的籠絡政策，如齊武帝於488年（魏太和十二年、齊永明六年）：「除督護北遂安左郡太守田駟路為試守北遂安左郡太守，前寧朔將軍田驢王為試守新平左郡太守，皆郢州蠻也。」〔註17〕雖然劉宋、南齊在爭取蠻族的過程中，不再動輒興兵征討，開始嘗試用安撫的手段，然何以蠻族仍多數選擇依附北魏，其原因約有下列數端：

第一：南朝是漢人政權，文化水準及封建化程度均較蠻族高，反觀北魏乃鮮卑拓跋氏入主中原建立的少數民族政權，蠻族亦是少數民族，在社會發

〔註14〕牟發松，《湖北通史》（武漢：華中師範大學出版社，1999年）〈魏晉南北朝卷〉，頁398。
〔註15〕《宋書》卷97〈夷蠻傳〉，頁2398。
〔註16〕《南齊書》卷58〈蠻傳〉，頁1007。
〔註17〕《南齊書》卷58〈蠻傳〉，頁1008～1009。

展階段上二者較爲相近，雖然拓跋氏建立北魏王朝後，學習漢人典章制度逐漸封建化，但畢竟脫離部落時期未久，北魏王朝建立不過百年而已，〔註18〕是故在民族情感、社會進程的認同上，蠻族自然容易認同北魏。第二：蠻族的社會組織是以部落爲基礎，各部落皆有其勢力範圍，且均有酋首管理其部落形成地域勢力。而各部落間爲了擴張地域或勢力不免會有衝突，部分酋首爲了壯大自己會藉助外力，於是北魏與南朝兩大強權遂成爲他們戰略夥伴的選擇，然而在北強南弱態勢下，這些酋首大多選擇北魏，北魏勢強才能提高自己的威望與實力同其他部落競爭。如果自己選擇較弱的南朝，而競爭對手選擇北魏，如此一來，在競爭或衝突的過程中恐會落居下風。第三：北魏勢力尚在黃河流域並未佔領淮北推進至淮河時，蠻族地域幾乎屬南朝的勢力範圍，因此在宋明帝之前，南朝對蠻族剿多於撫。而在武力衝突的過程中，蠻族人民必定有不少死於戰火，蠻族成爲被壓迫者，遂造成蠻族對南朝的恐懼與不滿。北魏佔有淮北後，爲了爭取蠻族，初始並未施以軍事壓迫，而是以恩爵籠絡手段，於是蠻族在兩相權衡之下，對南朝有既往武力屠戮的陰影與仇恨，而新接觸的北魏政權並未以武力相待，蠻族因此樂於嘗試與北魏接觸。

　　北魏與蠻族的關係是一個進展的過程，從魏獻文帝開始經魏孝文帝至魏宣武帝，北魏一步步強化對蠻族的控制，當然，其中包括與南朝爭奪蠻族的戰略因素在內。魏獻文帝取得淮北之地後，北魏不得不正視蠻族成爲影響北魏和南朝戰略關係的因素之一，但是魏獻文帝尚未及進一步經營與蠻族的關係即崩逝，北魏與蠻族關係的強化即落在其後繼者魏孝文帝身上。由於北魏前期和蠻族在地域上接觸不多，故雖在魏明元帝時即有蠻族願意歸附，但那也只不過是遙領而已，北魏政府無法擁有其部落民及管理其地。而至魏獻文帝時和蠻族始有較多的接觸，因此爲了取得和南朝對抗時在蠻族方面的優勢，北魏一開始並未用軍事征伐方式，而是採懷柔政策，乃是爲了讓蠻族長久在南朝武力壓迫下找到出口，於是蠻族在魏孝文帝時歸附者眾，其中勢力及影響力最大者乃蠻酋桓誕和田益宗。

〔註18〕北魏自魏獻文帝時取得淮北與青齊之地後，始與蠻族有較多接觸。魏道武帝於 386 年（魏登國元年、晉太元十一年）建立北魏政權，開始朝封建化邁進，此前均是部落聯盟時期，至魏獻文帝於 469 年（魏皇興三年、宋泰始五年）結束青齊之役取得青齊之地，約 85 年左右。

（二）北魏對大陽蠻酋桓誕政策的變化

前文曾述及大陽蠻酋桓誕是在魏孝文帝延興二年（472、宋泰豫元年）附魏，〔註19〕《魏書·高祖紀》:「大陽蠻酋桓誕率戶內屬，拜征南將軍，封襄陽王。」〔註20〕同書〈蠻傳〉則對桓誕的實力及北魏的優遇有更詳盡的敘述：「大陽蠻酋桓誕擁沔水以北，漹葉以南八萬餘落，遣使內屬。高祖（魏孝文帝）嘉之，拜誕征南將軍、東荊州刺史、襄陽王，聽自選郡縣。」〔註21〕延興雖是魏孝文帝年號，但國政仍操之於太上皇帝魏獻文帝，故對桓誕的封爵及讓其自選郡縣，應是魏獻文帝之意，由此亦可知桓誕受到北魏極優厚的禮遇，何以如此，應是魏獻文帝看重其擁有八萬餘落的實力，且是淮北入魏後，蠻族首次大規模歸附北魏，這在與南朝爭奪蠻族的過程中帶有示範作用，故希望能以豐厚爵賞禮遇桓誕，讓其他蠻族能源源不斷的投歸北魏。另對桓誕而言，在北魏與南朝間選擇北魏，也開啟其家族在北魏政壇的道路。

北魏與桓誕之所以一拍即合，在於雙方皆欲借助對方的力量。桓誕希望取得北魏對他政治上的支持，例如封賜官爵，提升他在蠻族中的威望，藉以擴大地盤和影響力。而北魏則希望桓誕能以其蠻區位於南北中間地帶的地理形勢，為北魏守邊，成為抗擊南朝入侵的防禦力量，同時也成為魏軍南侵時的前驅。之後的發展一如雙方所預料，桓誕事魏頗為忠謹，屢屢興兵南侵或成為魏軍南伐時的先頭部隊，前者如《南齊書·蕭景先傳》載：「（永明）五年（487、魏太和十一年），荒人桓天生（桓誕字天生）引蠻虜於雍州界上，司部以北，人情騷動。」〔註22〕後者如《魏書·蠻傳》:「太和四年（480、齊建元二年），王師南伐，（桓）誕請為前驅，乃授使持節、南征西道大都督，討義陽。」〔註23〕桓誕與北魏在政治與軍事上的合作始終相當密切，直至他於494年（魏太和十八年、齊建武元年）去世。

桓誕卒後，北魏雖然以其子桓暉「位龍驤將軍、東荊州刺史，襲爵。」〔註24〕看似延續對桓誕的禮遇與籠絡政策，但魏孝文帝對桓暉及其部落民的態度已有所轉變，開始壓制桓暉勢力的增長。由於桓暉在蠻族中的威望不如

〔註19〕 關於桓誕身世及其附魏經過，詳見本書，頁103～107。
〔註20〕 《魏書》卷7上〈高祖紀上〉，頁136。
〔註21〕 《魏書》卷101〈蠻傳〉，頁2246。
〔註22〕 《南齊書》卷38〈蕭景先傳〉，頁662。
〔註23〕 《魏書》卷101〈蠻傳〉，頁2246。
〔註24〕 《魏書》卷101〈蠻傳〉，頁2246。

其父桓誕，魏孝文帝認為這是裁抑桓氏一族在蠻族中勢力的絕佳時機，遂將東荊州一分為二另設荊州，並以親信重臣韋珍出任荊州刺史。〔註25〕韋珍，「字靈智，高祖賜名焉。」〔註26〕由魏孝文帝親自賜名，即可知韋珍所受之信任，事實上，北魏朝廷一直以韋珍擔任監控蠻族桓氏的工作，如桓誕投歸北魏時，韋珍即奉命與桓誕深入蠻區招撫各部落，獲得不錯成效，《魏書·韋珍傳》載：〔註27〕

> 高祖初，蠻首桓誕歸款，朝廷思安邊之略，以誕為東荊州刺史。令（韋）珍為使，與誕招慰蠻左。珍自懸瓠西入三百餘里，至桐栢山，窮淮源，宣揚恩澤，莫不降附。

由此可見北魏對桓誕並非完全信任，朝廷需遣一能臣在桓誕左右，名為協助實為監控。也由於韋珍在桓誕左右，與桓氏家族相熟，對蠻族事務也熟悉，因此以其為新設的荊州刺史，確為合適人選，只不過桓暉的東荊州刺史，其所轄區域遭削減一半，權力自然也僅剩一半，魏孝文帝基本上達成強化控制蠻族的目的。

　　然而，魏孝文帝並不因此而滿足，由於東荊州所在地域多為蠻族聚集區，而桓暉在東荊州擁有半獨立的政治權力，為進一步削弱他在蠻族的影響力，遂於498年（魏太和二十二年、齊建武五年）令其與荊州刺史薛眞度互調，薛眞度乃繼韋珍後出任荊州刺史。〔註28〕魏孝文帝此番職務調動，其目的不言可喻。首先，東荊州原本即是為籠絡桓氏一族而設立，刺史一職由酋首世襲，由桓誕傳其子桓暉，如今由薛眞度出任，標誌東荊州刺史世襲的規則已被打破，轉變為北魏治下的一般行政州郡。其次，桓暉改任荊州刺史，離其蠻族根據地愈遠，可以想見桓暉的獨立性遭到限制與削弱，但其間桓暉沒有抗拒亦無蠻族不滿導致動亂。由上述兩點可知，北魏對蠻族酋首與部落控制再度得到加強。北魏對蠻族的政策，在酋首方面，從施恩籠絡至逐漸削弱其勢力；在蠻區方面，從半獨立的政治型態朝向一般行政州郡轉變，其緣由在於北魏已將都城從平城遷至洛陽，魏孝文帝必須保證政治中心洛陽南方

〔註25〕參見吳廷燮，《元魏方鎮年表》，二十五史刊行委員會編，《二十五史補編》第四冊，頁4545～4548。

〔註26〕《魏書》卷45〈韋閬附珍傳〉，頁1012。

〔註27〕《魏書》卷45〈韋閬附珍傳〉，頁1013。

〔註28〕參見吳廷燮，《元魏方鎮年表》，二十五史刊行委員會編，《二十五史補編》第四冊，頁4545、4547～4548。

的安全與穩定，若令酋首具太大權力，且北魏行政力量無法穿透至蠻區基層，一旦游移南北間的蠻族舉起反幟或爆發動亂，容易威脅政治中樞洛陽，是故必須逐漸強化對蠻族的控制。

　　魏宣武帝繼位後，對蠻族的政策依然遵循其父魏孝文帝的路線，持續削弱蠻酋權力並強化對蠻區的控制，《魏書・蠻傳》：「景明初，大陽蠻酋田育丘等二萬八千戶內附，詔置四郡十八縣。（桓）暉卒，贈冠軍將軍。」〔註29〕魏宣武帝甫繼位即面臨蠻族兩件大事：大陽蠻酋田育丘的歸附與桓暉的去世。首先在田育丘附魏的部分，魏宣武帝直接指示置四郡十八縣安置，與另一大陽蠻酋桓誕附魏時，魏孝文帝「聽自選郡縣」〔註30〕截然不同。魏宣武帝這項舉動顯示兩種意涵，一為蠻族於魏孝文帝晚期及魏宣武帝初期，在南北政權間選擇歸附北魏者有增多趨勢，《魏書・蠻傳》：〔註31〕

> （太和）十七年（493、齊永明十一年）……是時蕭賾征虜將軍，直閣將軍蠻酋田益宗率部曲四千餘戶內屬。襄陽酋雷婆思等十一人率戶千餘內徙，求居大和川，詔給廩食。後開南陽，令有沔北之地。蠻人安堵，不為寇賊。

上引文說明蠻酋田益宗、雷婆思率所屬歸附北魏情形。至於魏宣武帝初期除了前述的大陽蠻酋田育丘外，據《魏書・蠻傳》載尚有「（正始）二年（505、梁天監四年），蕭衍沔東太守田清喜擁七郡三十一縣，戶萬九千遣使內附。」〔註32〕田氏為蠻族著姓，可見田清喜原附南梁，而梁武帝以沔東太守籠絡之，但是最後卻叛梁附魏，不排除是看到其蠻酋同宗田育丘、田益宗附魏後獲得不錯待遇，且蠻民在北魏治理下「蠻人安堵，不為寇賊。」加上北魏勢力日漸向南挺進，為了自身及部落利益著想，遂有捨弱取強轉投北魏之舉。另一個意涵是北魏政治力對蠻族的控制有增強趨勢，魏宣武帝並未如魏孝文帝對待桓誕般讓田育丘自選郡縣，並賦予他在蠻區擁有半獨立的自治權力，而是將田育丘的部落設郡縣安置。由於郡縣官衙中的各級官員，都要受北魏朝廷的行政制約，這代表魏宣武帝未賦予田育丘太多的政治權力，與魏孝文帝時籠絡蠻酋的政策已有所修正。由此可見北魏與南梁在蠻區的勢力對比，北魏已掌握優勢，而蠻族在魏強梁弱的態勢下，往往選擇北魏，但是這並不

〔註29〕《魏書》卷101〈蠻傳〉，頁2246。
〔註30〕《魏書》卷101〈蠻傳〉，頁2246。
〔註31〕《魏書》卷101〈蠻傳〉，頁2246。
〔註32〕《魏書》卷101〈蠻傳〉，頁2247。

代表北魏不需要蠻族的歸附或即便歸附亦不需施恩籠絡，適當的恩爵與封賞仍是必須，否則蠻族轉而投歸南梁，對北魏而言，是在蠻族爭奪上的損失。

　　魏宣武帝面臨蠻族的第二件大事是桓暉的去世。桓暉卒後，蠻族桓氏在北魏的政治實力日漸下降，雖然桓暉之弟桓叔興在北魏仍有一定政治實力，官拜太守之職：〔註33〕

> 永平初，東荊州表口口太守桓叔興前後招慰大陽蠻歸附者一萬七百
> 戶，請置郡十六、縣五十，詔前鎮東府長史酈道元檢行置之。叔興
> 即暉弟也。

據上引文可知，桓叔興僅爲太守，與其父桓誕、兄桓暉皆任刺史頗有差距，而且從桓誕、桓暉、桓叔興父兄三人官職的變化，便可知桓氏家族在北魏地位的下降。桓誕爲東荊州刺史乃一州最高行政長官，地位最隆；其子桓暉雖繼爲東荊州刺史，表面上仍受北魏尊崇，但是不久後東荊州轄境遭北魏朝廷一分爲二，另設荊州及荊州刺史一職，亦即桓暉之政治權力僅及其父一半，而之後桓暉更遭遷任荊州刺史。至於其弟桓叔興，未能承其父兄刺史職務，北魏朝廷僅讓其任太守，可見桓氏家族至魏宣武帝中期時已不復魏孝文帝初期入魏時的光榮，政治勢力也逐漸衰退，足證從魏孝文帝中期開始削弱蠻族勢力的政策，至魏宣武帝中期時已有顯著成效。上引文中又有一例可供佐證，當桓叔興成功招撫一萬七百戶大陽蠻後，他建請北魏朝廷設十六郡、五十縣安置，並未如其父桓誕在北魏默許下在蠻區擁有半獨立政治權力，因爲一旦設置郡縣，表明這些蠻民需在北魏政府體系內運作，蠻區不再是半獨立狀態，可見桓叔興亦知其政治實力已不如其父兄，足證蠻族勢力與酋首權力在北魏朝廷壓制下逐漸弱化。

　　不過，一味的壓制必會引起反彈，且蠻族本即搖擺於南北政權間，一旦在北魏處無法獲得任何利益，權力也日漸流失，恐會激起蠻酋叛魏附梁之心，故籠絡之策亦不能完全放棄，需視時機而定。由於桓叔興招慰一萬七百戶大陽蠻，對北魏而言立有大功，這些蠻民可爲北魏提供賦稅、生產力、兵源等實質利益，故北魏朝廷不能不正視桓叔興對北魏的貢獻，遂擢升爲刺史：「延昌元年（512、梁天監十一年），拜南荊州刺史，居安昌，隸於東荊。」〔註34〕由隸於東荊州來看，北魏朝廷仍未給桓叔興獨立州刺史的權力，對蠻族仍有

〔註33〕《魏書》卷101〈蠻傳〉，頁2247。
〔註34〕《魏書》卷101〈蠻傳〉，頁2247。

所防範，對桓氏一族也未完全信任。雖是如此，桓叔興依舊履行其為北魏看邊之職責，「蕭衍每有寇抄，叔興必摧破之。」〔註35〕尤其在 514 年（魏延昌三年、梁天監十三年）時，南梁雍州刺史蕭淵藻遣將蔡令孫、邵道林領軍沿襄沔上下破掠諸蠻，邵道林更在沔水之南建立清水戍為梁軍前進基地，〔註36〕一時南荊州地區大為震動。桓叔興身為南荊州刺史守土有責，率魏蠻聯軍擊退梁軍的入侵，穩定襄沔局勢，「蠻人遂安。」〔註 37〕由於桓叔興抗擊梁軍入侵有功，因此在次年向北魏朝廷做出大膽請求，「叔興上表請不隸東荊，許之。」〔註 38〕魏宣武帝鑑於桓叔興之前招撫一萬七百戶大陽蠻有功；之後又替北魏鎮守南疆抵抗南梁入侵，維護了襄沔地區安寧，遂同意讓其不隸東荊州而成為實質的南荊州刺史。桓叔興與其父兄桓誕、桓暉不同的是，桓誕封王、任東荊州刺史是北魏為拉攏其歸附；桓暉任東荊州刺史則是北魏尊重蠻族酋首世襲的慣例；而桓叔興由太守至隸於東荊州的南荊州刺史，最後成為實質的南荊州刺史，乃憑藉其軍功及招撫蠻族對北魏的貢獻，若非有這兩項傑出的成績，北魏擢其為刺史的機會不大。

魏宣武帝時對蠻族的恩寵已非魏獻文帝或魏孝文帝前期、中期時的刻意拉攏，凸顯出北魏對蠻族控制力的增強，當然，適當的封賞仍屬必須，只不過需視其功績及對北魏貢獻而定，桓叔興即是最明顯一例。若對北魏無任何助益，僅為了防止其倒向南梁，北魏朝廷大概以太守或其他中級官職安置蠻酋，不太可能動輒聽其自選郡縣並賜以州刺史一職了。

（三）北魏對光城蠻酋田益宗政策的變化

北魏至魏宣武帝時對蠻族控制的強化，尚可從光城蠻酋田益宗一族在北魏政治地位的升降觀察出。田益宗於 493 年（魏太和十七年、齊永明十一年）四月率所屬四千餘戶投魏，〔註39〕其經過前文已有詳盡說明，此處不再贅述。〔註40〕魏孝文帝對田益宗頗為尊崇，以其為南司州刺史，並都督光城、弋陽、汝南、新蔡、宋安五郡諸軍事，最重要的是在田益宗的轄區，「所統守宰，任

〔註35〕《魏書》卷 101〈蠻傳〉，頁 2247。
〔註36〕 參見《魏書》卷 101〈蠻傳〉，頁 2247。
〔註37〕《魏書》卷 101〈蠻傳〉，頁 2247。
〔註38〕《魏書》卷 101〈蠻傳〉，頁 2247。
〔註39〕「夏四月戊戌，立皇后馮氏。是月，蕭賾征虜將軍、直閤將軍、蠻酋田益宗率部落四千餘戶內屬。」《魏書》卷 7 下〈高祖紀下〉，頁 171。
〔註40〕 參見本書，頁 422～423。

其銓置。」〔註41〕可見魏孝文帝給予田益宗實權，在其統轄地域等於半獨立狀態，所獲優遇與另一蠻酋桓誕如出一轍。事實上田益宗附魏的時間點正是桓誕最受北魏籠絡時期，桓誕卒於494年（魏太和十八年、齊建武元年），而田益宗正是前一年附魏，適逢魏孝文帝拉攏蠻族政策的末期，可見北魏對桓誕封官授爵的籠絡政策，成為吸引蠻族歸附的一大模範，其他蠻酋見歸附北魏後能獲得不錯的官爵與權力，並能完全管理自己所轄地域，自然能吸引一些蠻酋對北魏政權的好感，而吸引到田益宗叛齊投魏，成為北魏與南齊在蠻族爭奪戰中的一大勝利。

《魏書‧田益宗傳》載其「受制於蕭賾。」〔註42〕雖然《魏書‧田益宗傳》、《魏書‧蠻傳》、《南齊書‧武帝紀》、《南齊書‧蠻傳》〔註43〕等相關傳記並未進一步說明田益宗如何受制於齊武帝，但是可以依據北魏給予田益宗的禮遇分析，能獲州刺史一職，並在轄境內有半獨立的政治權力，這些應該是田益宗無法在南齊處獲得，才轉而降附北魏，否則如果田益宗在南齊能自己管理所屬地域，又何必叛齊投魏！據《魏書‧高祖紀》載田益宗在南齊僅為「征虜將軍、直閤將軍。」〔註44〕《南齊書‧蠻傳》則云田益宗「以功勞得將領，遂為臨川王防閤，叛投虜，虜以為東豫州刺史。」〔註45〕雖然南北史書對田益宗在南齊的官銜略有不同，但相同的是均為武職，其權力與北魏所授的州刺史差之遠矣，足證田益宗在南齊所獲待遇的確不如北魏。另外，南齊乃漢人政權，文化水準高、封建體系完備，對蠻夷之族本就存有輕視之心，故可想見，南齊應是以天朝上國心態，視田益宗為屬夷，必有許多不合理要求，可能因此引起田益宗不滿，遂有求去之心。

雖然北魏之「後以益宗既渡淮北，不可仍為司州，乃於新蔡立東豫州，以益宗為刺史。」〔註46〕但不論是南司州或東豫州刺史，北魏賦予田益宗的權力依舊，等於讓其全權管理蠻族自治區。北魏對桓誕和田益宗二大蠻酋最大的不同是，田益宗歸附北魏的時間，正是北魏調整蠻族政策的轉變期，欲

〔註41〕《魏書》卷61〈田益宗傳〉，頁1370。
〔註42〕《魏書》卷61〈田益宗傳〉，頁1370。
〔註43〕參見《魏書》卷61〈田益宗傳〉，頁1370～1374；同書卷101〈蠻傳〉，頁2245～2248。《南齊書》卷3〈武帝紀〉，頁43～63；同書卷58〈蠻傳〉，頁1007～1009。
〔註44〕《魏書》卷7下〈高祖紀下〉，頁171。
〔註45〕《南齊書》卷58〈蠻傳〉，頁1009。
〔註46〕《魏書》卷61〈田益宗傳〉，頁1370。

從賦予蠻酋極大政治權力的施恩籠絡政策，轉向收回部分政治權力並強化對蠻族的控制；對蠻區也從半獨立的自治區轉為北魏治下的地方州郡。田益宗雖然在魏孝文帝時入魏，但已是魏孝文帝後期，北魏朝廷逐漸出現對蠻族加強控制的政治氛圍。

魏宣武帝繼位後，田益宗有感於其入魏以來所受的優渥待遇，遂上表建議利用南朝齊、梁政權遞嬗的混亂時刻趁機南伐，不過他的戰略目標卻是鎖定軍事重鎮義陽，田益宗認為：〔註47〕

> 壽春雖平，三面仍梗，鎮守之宜，實須豫設。義陽差近淮源，利涉津要，朝廷行師，必由此道。若江南一平，有事淮外，須乘夏水汎長，列舟長淮。師赴壽春，須從義陽之北，便是居我喉要，在慮彌深。義陽之滅，今實時矣。

田益宗的戰略眼光確有獨到之處，能洞澈淮河南北的戰略形勢，雖然進攻義陽的確符合北魏的戰略目標，誠如上引文所云，北魏如佔有義陽，不但可確保壽春的安全，尚可控制淮河中上游，取得淮河地區的戰略優勢。但是，田益宗真正的戰略目的有二，第一：一旦北魏佔有義陽，田益宗統領的地區可減輕來自南梁的威脅，就義陽的地理位置言之，「有三關之隘，北接陳、汝，控帶許、洛。」〔註48〕當南朝佔有義陽時，北可威脅北魏東豫州、東可壓迫光城郡，而這些地域都是田益宗所領之地，亦即其勢力範圍籠罩在南朝威脅之下，若北魏能控制義陽，則上述威脅將不復存在。第二：田益宗可配合魏軍的南侵，趁機擴大勢力範圍，增強自己在蠻族間的影響力。

田益宗南伐的建議，「世宗納之，遣鎮南元英攻義陽。」〔註49〕魏宣武帝並非單純僅因田益宗上表即對南梁用兵，而是早有南進之心，田益宗的上表只是順勢而為罷了，關於北魏這次與南梁的戰爭，前文已有詳盡論述，此處不再贅述。〔註50〕而田益宗為了達成上述兩個戰略目的，遣其子田魯生率所屬蠻軍積極配合魏軍對梁軍的作戰。田魯生作戰英勇，立下不少戰功，除斷絕梁軍糧食、俘虜梁軍將領外，更殺梁軍士卒近八千名。〔註51〕魏宣武帝對

〔註47〕《魏書》卷61〈田益宗傳〉，頁1371。
〔註48〕《南齊書》卷15〈州郡志下〉，頁279。
〔註49〕《魏書》卷61〈田益宗傳〉，頁1371。
〔註50〕參見本書，頁301～305、336～338。
〔註51〕「益宗遣其息魯生領步騎八千，斷賊糧運，并焚其鈞城積聚。（蕭）衍戍主趙文舉率眾拒戰，魯生破之，獲文舉及小將胡建興、古皓、莊元仲等，斬五千

蠻軍的表現非常滿意，對田益宗也不吝封賞，「進號平南將軍。又詔益宗率其部曲幷州鎮文武，與假節、征虜將軍、太僕少卿宇文福綏防蠻楚，加安南將軍，增封一百戶，賜帛二千匹。」〔註52〕而戰爭結果一如田益宗所願，北魏在 504 年（魏正始元年、梁天監三年）佔有義陽，田益宗的「勢力範圍擴展到北接淮汝；南連長江；西至義陽、宋安；東至舉水、白露河的上游，今鄂、豫、皖三省交界處一帶。」〔註53〕田益宗藉由與北魏的戰略夥伴關係，動員蠻軍與魏軍聯合作戰共同打擊南梁，使北魏攻佔義陽獲得豐碩戰果；同樣的，田益宗在蠻族間威望與勢力大增，所轄蠻域擴展迅速，這不免使北魏君臣擔憂，若田益宗勢力持續擴張，朝廷在無法控制的情況下，容易滋生動亂，遂有抑制田益宗勢力之作為，此從田益宗建請以其長子田隨興繼為江州刺史及豫州白早生之亂等二事，即可看出北魏對田氏家族勢力的膨脹已有所警覺。

　　田益宗兄田興祖亦為蠻酋，同樣在魏孝文帝時入魏，也備受優遇：〔註54〕

　　　　益宗兄興祖，太和末，亦來歸附。景明中，假郢州刺史。及義陽置

　　　　郢州，改授征虜將軍、江州刺史，詔賜朝服、劍舄一具，治麻城。

　　　　興祖卒，益宗請隨興代之，世宗不許，罷幷東豫。

田興祖、田益宗兄弟分別為江州刺史與東豫州刺史，皆為封疆大吏，雖然史未明載北魏朝廷賦予田興祖在江州的權力有多大，但他既為田益宗之兄，而田益宗在東豫州「所統守宰，任其銓置。」〔註55〕諒田興祖所獲之政治權力應不致與其弟相差太遠。田興祖卒後，田益宗請求北魏朝廷能以其長子田隨興入主江州，不料卻遭否決，魏宣武帝更進一步裁撤江州併入東豫州，大幅限縮田氏家族在北魏的勢力。如果魏宣武帝同意讓田隨興繼任江州刺史，則田家同樣有二位刺史，其家族勢力沒有任何變動，然而在魏宣武帝準備壓制蠻族勢力之際，不太可能繼續讓田家擁有二位刺史，且江州近於南梁國境難以掌控。而將江州併入東豫州，田家僅剩田益宗一位刺史，對北魏而言相對容易控制。田益宗對北魏朝廷的處置，並未因不滿而率蠻族部落滋生動亂，

　　　餘級，溺死千五百人，倉米運舟焚燒蕩盡。後賊寧朔將軍楊僧遠率眾二千，
　　　寇逼蒙籠，益宗命魯生與戍主奇道顯逆擊破之，追奔十里，俘斬千餘。」《魏
　　　書》卷 61〈田益宗傳〉，頁 1371。

〔註52〕《魏書》卷 61〈田益宗傳〉，頁 1371～1372。

〔註53〕陳再勤，《魏晉南北朝時期南北邊境地帶蠻族的地理考察》（武漢：武漢大學
　　　出版社，1999 年），頁 14。

〔註54〕《魏書》卷 61〈田益宗傳〉，頁 1374。

〔註55〕《魏書》卷 61〈田益宗傳〉，頁 1370。

可見北魏對蠻族掌控的力道逐漸增強，而田益宗對北魏朝廷的行政區域調整，只能接受。

508 年（魏永平元年、梁天監七年）九、十月，北魏郢州、豫州先後爆發動亂。先是北魏郢州司馬彭珍叛魏投梁，潛引梁兵攻義陽，而義陽的外圍城戍三關鎮將侯登亦以城降梁；〔註56〕接著豫州城民白早生殺刺史司馬悅舉兵反，〔註57〕豫州陷入動盪。當時北魏在郢、豫二州的城戍僅剩郢州刺史婁悅堅守的義陽一城而已。北魏朝廷雖立派大軍往援，但最關鍵的角色乃位處懸瓠之西的田益宗，由於東豫州地扼白早生與南梁的聯絡通道，加上田益宗在東豫州及蠻區擁有極大的政治權力，同時也掌控蠻軍及東豫州的州軍，是一股不可忽視的政治、軍事力量，故田益宗的表態至為重要。如果田益宗亦叛魏投梁，則北魏在郢豫地區的失敗將一發不可收拾。魏宣武帝自然知道其中利害，遂對田益宗軟硬兼施，下詔安撫：「故遣中書舍人趙文相具宣朕懷，往還之規，口別指授，便可善盡算略，隨宜追掩，勿令此豎得有竄逸。遲近清盪，更有別旨。」〔註58〕白早生之亂能否順利平定及郢州、豫州的穩定與否，田益宗的向背無疑居關鍵地位，加上梁武帝亦以車騎大將軍、開府、儀同三司、五千戶郡公等高官厚祿招誘，〔註59〕故魏宣武帝需先穩定田益宗令其繼續效忠北魏政權，遂特別遣使前往宣慰，希望田益宗能配合魏軍作戰，清剿白早生並掃蕩叛軍，當然，魏宣武帝特別在詔書中也褒揚田益宗長期捍衛北魏南疆，嘉獎其忠義之心，其文云：〔註60〕

> 懸瓠要藩，密邇嵩潁，南疆之重，所寄不輕。而羣小猖狂，忽構釁逆，殺害鎮主，規成反叛。此而可忍，孰不可容。……知將軍志翦豺狼，以清邊境，節義慷慨，良在可嘉，非寒寒之至，何以能爾？深戢誠款，方相委託。

不過魏宣武帝也知道一味的褒獎無法穩定田益宗之心，故雙管齊下輔以武力恫嚇，詔書中亦提及尚書邢巒、中山王元英總領十二萬大軍平叛，〔註61〕其用意即是警告田益宗勿輕舉妄動。田益宗看到魏宣武帝的兩手策略，自然會

〔註56〕 參見《資治通鑑》卷147〈梁紀三〉武帝天監七年，頁4586。
〔註57〕 關於白早生反叛的情形，本書前文已有詳細描述，參見本書，頁389～393。
〔註58〕 《魏書》卷61〈田益宗傳〉，頁1372。
〔註59〕 參見《魏書》卷61〈田益宗傳〉，頁1372。
〔註60〕 《魏書》卷61〈田益宗傳〉，頁1372。
〔註61〕 「即遣尚書邢巒總精騎五萬，星馳電驅；征南將軍、中山王英統馬步七萬，絡繹繼發。」《魏書》卷61〈田益宗傳〉，頁1372。

以蠻族利益出發加以評估，一旦叛魏投梁，蠻軍必然無法抵擋北魏大軍，蠻民恐遭魏軍屠殺，而梁武帝僅以高官厚祿相誘，並未許以更多的實利與政治權力，諸如設有蠻族自治區，區域內各級官員由田益宗任免等，是故田益宗在兩相權衡之下，為了自身及蠻族利益，仍然選擇效忠北魏政權。

白早生之亂得以平定，北魏陸續收回郢豫二州諸城戍，田益宗應居一大功，「郢豫克平，益宗之力也。」〔註62〕田益宗家族在北魏的勢力遂達於頂點。然而所謂物極必反、盛極必衰，田益宗開始有些志得意滿，遂有驕奢貪斂情事發生，其子孫亦是如此。〔註63〕另外，田益宗任東豫州刺史達二十年，其統轄之地等於一個半獨立的蠻族自治區，北魏力量無法通透蠻族的基層部落，對魏宣武帝而言，普天之下莫非王土、率土之濱莫非王臣，他當然無法容忍在其治下有政治力無法到達之處，遂有削弱田氏家族勢力之意，但是魏宣武帝並非直接對田益宗下手，因其在蠻族間威望、實力兼具，若直接削其權勢，恐激起蠻變，遂決定先剪除田益宗旁邊之枝葉，亦即先削減其子權力。

魏宣武帝以田魯生貪暴擅殺為由，〔註64〕召其入朝為官以便就近監視，同時達到削弱田益宗勢力的目的，不料卻遭其抵制，「魯生久未至。」〔註65〕如此一來引起魏宣武帝不滿，決定拔除田益宗在蠻區的權勢與影響力，將他調任濟州刺史，遠離蠻族根據地。魏宣武帝同時也擔憂田益宗不願接受調任，進而舉兵叛亂，雙方恐會爆發軍事衝突，於是決定以武力為後盾，而為了制敵機先遂採偷襲戰術，「世宗慮其不受代，遣後將軍李世哲與（劉）桃符率眾襲之，出其不意，奄入廣陵。」〔註66〕魏軍突入東豫州州治廣陵城並迅速控制秩序。田益宗兩子田魯生、田魯賢及從子田超秀逃出奔赴南梁，而梁武帝對他們的歸附自然大喜，均授以刺史一職，「時司州叛蠻田魯生，弟魯賢、超秀，據蒙籠來降，高祖（梁武帝）以魯生為北司州刺史，魯賢北豫州刺史，超秀定州刺史，為北境捍蔽。」〔註67〕田魯生兄弟三人結合梁軍襲擊東豫州，雖然一開始攻佔多座城戍，但是最後都被李世哲擊退，北魏收復

〔註62〕《魏書》卷61〈田益宗傳〉，頁1372。
〔註63〕參見《魏書》卷61〈田益宗傳〉，頁1372。
〔註64〕田魯生的貪暴擅殺，本書前文已有詳盡論述，參見本書，頁427。另參見《魏書》卷61〈田益宗傳〉，頁1372載：「世宗詔之（田益宗）曰：『風聞卿息魯生淮南貪暴，擾亂細民，又橫殺梅伏生，為爾不已，損卿誠效。』」
〔註65〕《魏書》卷61〈田益宗傳〉，頁1372。
〔註66〕《魏書》卷61〈田益宗傳〉，頁1373。
〔註67〕《梁書》卷22〈太祖五王・安成王秀傳〉，頁344。

所有城戍，「益宗子魯生、魯賢等奔於關南，招引賊兵，襲逐諸戍，光城已南皆爲賊所保。世哲討擊破之，復置郡戍。」〔註68〕至於田益宗，則被李世哲挾至洛陽。田益宗乃一州刺史方面大員，東豫州最高行政、軍事長官，若未奉詔命，李世哲當不敢拿田益宗至洛陽，可見魏宣武帝已有軟禁田益宗之意。田益宗至洛陽後，雖然魏宣武帝對其仍頗爲尊崇，「授征南將軍、金紫光祿大夫，加散騎常侍，改封曲陽縣開國伯。」〔註69〕但是此後田益宗終其一生皆在洛陽，未曾返回蠻族根據地，517年（魏熙平二年、梁天監十六年）卒，「年七十三。贈征東大將軍、郢州刺史，諡曰莊。」〔註70〕

　　綜觀魏宣武帝在剷除田氏家族勢力上，行動頗爲明快，而且軟硬兼施，恩撫、軍事雙管齊下。其實當田益宗發生貪斂情事且實力日益壯大逐漸尾大不掉時，魏宣武帝一開始並非想連根拔除田氏家族，而是先用撫慰方式，希望田益宗能改善貪婪並約束其子侄：〔註71〕

> 東豫州刺史田益宗居邊貪穢，世宗頻詔（劉）桃符爲使慰喻之。桃符還，具稱益宗既老耄，而諸子非理處物。世宗後欲代之，恐其背叛，拜桃符征虜將軍、（東）豫州刺史，與後軍將軍李世哲領眾襲益宗。……桃符善恤蠻左，爲民吏所懷。

由「世宗頻詔桃符爲使慰喻之」中的「頻詔」可知，魏宣武帝不止一次希望田益宗及其子侄能改善劣蹟惡行，期盼能以勸慰方式讓田益宗幡然醒悟。魏宣武帝的考量應當在於若初始即強勢爲之，恐激起田益宗的不滿導致無法預料的後果。然在勸慰方式無效後，魏宣武帝即準備以強硬姿態處理，預備將田益宗調離其蠻族根據地，而爲了防止田益宗舉兵反引發動亂，令李世哲、劉桃符領軍襲入廣陵，迅速控制田益宗。雖然仍有田魯秀等人逃出並投奔南梁，並引梁軍攻入東豫州，不過梁軍援助力道不足，不久即遭李世哲驅退。如果不是魏軍迅速進入廣陵城控制秩序，田益宗以所屬東豫州降南梁，並與梁軍聯合進攻北魏，北魏面臨的恐是一場與南梁的區域戰爭，勢必調派軍隊與梁軍及田益宗的蠻軍作戰，如此北魏將會付出更大的代價。即便最後能逐退梁軍、擊敗田益宗收回東豫州，這與現今僅動用少許兵力以奇襲戰術攻入廣陵城，兩者間北魏付出的代價，其差距不可謂不大，由此亦可凸顯魏宣武

〔註68〕《魏書》卷61〈田益宗傳〉，頁1373。
〔註69〕《魏書》卷61〈田益宗傳〉，頁1373。
〔註70〕《魏書》卷61〈田益宗傳〉，頁1374。
〔註71〕《魏書》卷79〈劉桃符傳〉，頁1757。

帝在田益宗事件的處理上，以軍事爲後盾軟硬兼施決策明快，順利解除田益宗家族在北魏的勢力。

　　至於東豫州在後田益宗時期的形勢，並未因田氏家族退出統治而激起太多的漣漪與變化。北魏朝廷以劉桃符繼爲東豫州刺史，他並非蠻族，乃中山盧奴人，卻能「善恤蠻左，爲民吏所懷。」〔註72〕這應該與其背景及才學有關，史載劉桃符「生不識父，九歲喪母。性恭謹，好學。舉孝廉，射策甲科，歷碎職。」〔註73〕由其「生不識父、九歲喪母。」可知成長過程必然飽受艱辛，故特別能感受民間疾苦，加上性恭謹又好學，治理風格自然不會如田益宗家族的貪婪與好殺，是故在其治下的東豫州百姓與蠻民，相信當能體會田益宗與劉桃符施政能力之優劣。此外，從「歷碎職」一詞可知他歷任多項職務，《魏書・劉桃符傳》載其官途：「景明中，羽林監，領主書。……歷奉車都尉、長水校尉、游擊將軍。正始中，除征虜將軍、中書舍人，以勤明見知。」〔註74〕正因如此，劉桃符不僅熟悉北魏的官僚系統，對各級官署的行政文書亦有一定程度的認識，因此在繼任東豫州刺史後，不但能以百姓觀點出發，亦有熟稔的行政能力，故能穩定東豫州在田益宗離開後的政治局勢。事實上，除了劉桃符的人格特質及行政能力外，田益宗任東豫州刺史長達二十年，〔註75〕雖然在其統轄下幾乎是個蠻族自治區，但不可否認，東豫州各級官署及官吏，均需受北魏政府的行政制約，因此北魏的統治力在二十年不算短的時間裡，逐漸滲透至各個層面。而魏宣武帝利用田益宗家族貪暴統治，百姓離心離德之際，軟硬兼施一舉瓦解田益宗在東豫州的統治，並選賢任能以劉桃符爲東豫州刺史，將蠻族納入北魏的正規統治，使蠻民成爲北魏政府治下的臣民，北魏對蠻族的控制也因此獲得加強。

　　田益宗被遷至洛陽後，魏宣武帝讓其安享晚年並未殺之，最後壽終正寢以七十三歲高齡辭世，何以魏宣武帝未殺田益宗永絕後患？筆者認爲有兩個

〔註72〕《魏書》卷79〈劉桃符傳〉，頁1757。

〔註73〕《魏書》卷79〈劉桃符傳〉，頁1757。

〔註74〕《魏書》卷79〈劉桃符傳〉，頁1757。

〔註75〕北魏於495年（魏太和十九年、齊建武二年）置東豫州並以田益宗爲刺史，參見《魏書》卷61〈田益宗傳〉，頁1370；同書卷106中〈地形志中〉，頁2558。而魏宣武帝遣李世哲、劉桃符率軍遷田益宗至洛陽爲延昌中，參見《魏書》卷61〈田益宗傳〉，頁1372～1373。魏宣武帝的延昌年號共有四年，故延昌中當爲二或三年（513、514；梁天監十二、十三年），由此可知田益宗爲東豫州刺史約二十年左右。

思考點。

其一：田益宗父子雖然因貪財擅殺引起蠻民不滿，但他畢竟爲蠻族酋首，尤其田氏一族世爲四山蠻帥。前文曾述及其兄田興祖亦歸附北魏，曾爲郢州刺史、江州刺史，〔註76〕能讓北魏以刺史一職安置者，必爲蠻酋、蠻帥等領導人物，可見田氏家族應有多人任蠻酋或重要職務，且這只是見諸史端者，其他未列史書者，不知凡幾，足證田氏一族在蠻族間頗具權勢。此外，田益宗在蠻族間畢竟有潛在影響力，因此若殺田益宗，難保不會引起蠻族的憤慨進而引發動亂，故魏宣武帝將田益宗限制在洛陽不讓他返回東豫州實爲高明，美其名爲給予高官厚祿在京城爲官，「授征南將軍、金紫光祿大夫，加散騎常侍，改封曲陽縣開國伯。」〔註77〕實質上與軟禁無異，如此可對蠻民交代以安眾心，穩定蠻區局勢。魏宣武帝崩後，靈太后仍一秉魏宣武帝初衷，始終未將田益宗放還，最終老死洛陽。留田益宗在京城，若蠻族因其他因素欲起兵反，需顧慮田益宗在京城的處境，行動不免有所顧忌，亦即田益宗成爲蠻族在北魏的人質。

其二：田益宗兩子田魯生、田魯賢及從子田超秀，自投奔南梁後分任北司州、北豫州、定州刺史，北魏若將田益宗驟然殺之，恐引起上述三人的不滿連袂入侵，且三人又是南梁名下的封疆大吏，若梁武帝遣大軍聲援北伐，則一場魏梁大戰恐難避免，即便梁武帝未遣軍支援，光是田氏三兄弟以所屬兵力襲邊，便能令北魏沿邊守軍疲於奔命，故留田益宗性命讓其在京城享受富貴，不但可讓田魯生兄弟在侵擾北魏邊區時投鼠忌器，如同前述蠻族若起兵反叛需顧慮田益宗處境一樣，田益宗成爲北魏的人質。同時北魏亦可以田益宗爲號召，呼籲田氏三兄弟叛梁投魏，若殺田益宗，則無從號召三人來歸。南北對立時期，雙方官員、將領降附對方的例子多矣，田氏三兄弟再度回歸北魏也不足爲奇，若能將所屬領域與兵力一併附魏，則北魏獲益匪淺。而一旦田益宗遭北魏所殺，雖然不致完全斷絕三人再度歸附北魏的可能，但至少在動機與吸引力上會減弱許多，於此也凸顯北魏君臣希望以穩定蠻區爲優先考量，不希望因殺田益宗引起蠻區騷動，何以如此，可能與魏宣武帝的戰略思考有關。由於之後魏宣武帝開始部署對蜀地的戰事，北魏對外戰爭的主戰場轉移到蜀地，他不願因蠻族動盪影響伐蜀戰事，同時也希望蠻族能全力支

〔註76〕 參見《魏書》卷61〈田益宗傳〉，頁1374。

〔註77〕 《魏書》卷61〈田益宗傳〉，頁1373。

援進攻蜀地，若殺田益宗，可能影響蠻區的穩定與田氏三兄弟的不滿，故對北魏而言，保留田益宗性命將其行動侷限在京城，應是利大於弊。

（四）北魏、蠻族、南梁的三方戰略關係分析

蠻族夾處在南北政權間，若必須託付在任一政權下，蠻族依附北魏的比例往往多過南朝，曾有論者以爲，北魏乃鮮卑拓跋氏所建之少數民族政權，蠻族亦是少數民族，而南朝則是漢民族政權，因此相對於漢民族而言，北魏和蠻族皆爲少數民族，兩者社會發展階段相近，南朝又爲其共同敵人，故蠻族在南北政權抉擇時常會選擇北魏，這當然是一部份原因，但是並非全部，蠻族在作選擇時必然也會從多方面思考。首先，拓跋氏從部落聯盟進入北魏封建王朝已歷長時期的演進，雖云初期尚有草原部落遺風，但是從實施三長制、均田制、俸祿制到遷都洛陽，漢化改革列車不斷往前疾駛，至魏宣武帝時，雖云其漢化、封建化程度不如衣冠正統所在的南梁，但是北魏的文化與文明對尚屬部落時期的蠻族而言，已有一段不小的距離，故期盼北魏能以少數民族及經歷部落階段的同理心對待蠻族，似乎不太可能，此從北魏與南梁皆以武力征討蠻族即可窺知一二。南梁以正統王朝自居，卻動輒以武力討伐蠻族，如「天監四年（505、魏正始二年），……授（馬仙琕）輔國將軍、宋安安蠻二郡太守，遷南義陽太守，累破山蠻，郡境清謐。」〔註78〕「（延昌）三年（514、梁天監十三年），蕭衍遣兵討江沔，破掠諸蠻。」〔註79〕而北魏對蠻族動用武力也不遑多讓，如 502 年（魏景明三年、梁天監元年）爆發魯陽蠻聚眾攻逼潁川的亂事，北魏朝廷遣左衛將軍李崇率軍討伐，雖然李崇最終平定亂事，但是在與蠻軍戰鬥過程中，憑優勢兵力「所在追討，比及河，殺之皆盡。」〔註80〕由殺之皆盡可知魏軍對蠻族的屠殺。另外如 504 年（魏正始元年、梁天監三年）的東荊州蠻之亂，北魏亦是採武力鎮壓，派李崇、楊大眼率軍討平，並非採撫慰勸諭方式。〔註81〕據上可知，北魏並未因和蠻族同屬少數民族及社會發展階段相近，而採取較爲寬容的對待方式，反而與南梁一樣皆是上國姿態，一旦蠻族暴動或蠻區不穩，仍會對蠻族施以武力。

事實上，北魏與南梁皆是撫慰、軍事並行的兩手策略，雖然對蠻族都施

〔註78〕《南梁書》卷 17〈馬仙琕傳〉，頁 280。
〔註79〕《魏書》卷 101〈蠻傳〉，頁 2247。
〔註80〕《魏書》卷 101〈蠻傳〉，頁 2247。
〔註81〕參見《魏書》卷 101〈蠻傳〉，頁 2247。

以武力，不過在施恩部分北魏則彈性的多，以利誘田益宗為例，白早生之亂時，北魏與南梁都深知田益宗的動向至為關鍵，魏宣武帝希望他繼續為北魏效力，協助平定白早生之亂。而梁武帝則積極爭取田益宗的歸附，但是檢視梁武帝開出的條件，以田益宗為車騎大將軍、開府、儀同三司、五千戶郡公。〔註82〕較之北魏賦予田益宗的政治權力，可讓其決定所轄領域內之官員，〔註83〕等於畫一蠻族自治區予田益宗。在南梁無法提供較北魏更優渥條件的情形下，田益宗自然傾向維持現狀，繼續依附北魏。

其次在共同敵人部分，北魏、南梁、蠻族三方互為敵人，但是北魏「聯合次要敵人打擊主要敵人」。蠻族雖為北魏、南梁之敵，但對兩國而言，不過地方之亂，不會威脅國家生存。而北魏與南梁長期的南北爭戰則不然，南梁的北伐帶有覆滅北魏、光復北方河山的信念，其實不僅南梁，前面的劉宋、南齊亦是如此。雖然南梁國力不如北魏，但南梁君臣有此信念，即為北魏長遠憂患，故南梁對北魏的威脅遠比蠻族來的大。綜上所述，北魏、南梁、蠻族所處的戰略形勢是，北魏、南梁為對立之敵，蠻族處於兩大強權間，其力量甚難撼動北魏與南梁，故北魏、南梁不會將蠻族視為主要之敵，不過蠻族的生存受北魏、南梁的武力威脅，故蠻族必須託付其中任一強權對抗另一強權，若蠻族依附北魏，南梁則為北魏與蠻族的共同敵人，反之亦然。而蠻族在魏強梁弱的態勢下，加上北魏給蠻族較大的政治權力與自主權，故蠻族大多選擇依附北魏對抗共同敵人南梁。

二、北魏對仇池氏族政策的轉變

（一）北魏、南朝對氏族的爭取

仇池政權是指以仇池為中心建立的政權，其勢力範圍大致在「今天陝西省南部的漢中地區，甘肅省東南部的武都地區和四川省西北部的平武、廣元地區。」〔註84〕根據地在仇池的氏族楊氏，一直是南北政權爭取的對象，尤其氏族楊氏在南北朝時曾五次建國，當他們被其他南北政權滅亡後，不久後又建國，由此可見氏民族之韌性。〔註85〕仇池政權長期在北魏與南梁間首鼠

〔註82〕《魏書》卷61〈田益宗傳〉，頁1372。
〔註83〕「所統守宰，任其（田益宗）銓置。」《魏書》卷61〈田益宗傳〉，頁1370。
〔註84〕參見李祖桓編著，《仇池國志》（北京：書目文獻出版社，1986年5月），頁1～2。
〔註85〕魏晉南北朝時期氏族楊氏的仇池政權共五次建國，前後斷斷續續維持了二百八十六年，其國家興滅如下：前仇池國（296～371）、後仇池國（386～443）、

兩端叛服不定，欲從兩國的對峙中謀求最大利益，而仇池險峻易守難攻，《南齊書・氐傳》載：「仇池四方壁立，自然有樓櫓卻敵狀，高竝數丈。有二十二道可攀緣而升，東西二門，盤道可七里。」〔註86〕《魏書・氐傳》：「仇池方百頃，因以爲號，四面斗絕，高七里餘，羊腸蟠道三十六回。」〔註87〕《孫子兵法》云：「地形者，兵之助也。」〔註88〕仇池險要的地理形勢，成爲氐族楊氏天然的立國自保之地。魏宣武帝相當清楚，若不能令氐族完全臣服，一旦北魏與南梁爆發大型戰爭時，氐族趁隙偷襲或從後掣肘，將嚴重影響北魏軍隊的行動。且北魏佔有漢中後，若不能完全控制仇池，將使漢中暴露在氐人威脅之下，尤其仇池戰略位置重要，東接漢中、南接梓潼、北連天水、西接陰平，對漢中、關中和蜀地都構成一定程度的威脅。魏宣武帝鑑於仇池特殊的民族、地理及戰略形勢，對氐族和仇池地區的控制力道逐漸增強，一旦仇池有警，以軍事干預的可能性極大。

《魏書・楊椿傳》：「初，武興王楊集始爲楊靈珍所破，降於蕭鸞。至是，率賊萬餘自漢中而北，規復舊土。」〔註89〕在南北對峙中，由於北魏享有較大的軍事優勢，因此仇池政權一般皆選擇服從北魏，武興王楊集始亦然。他曾兩度至洛陽覲見魏孝文帝，第一次爲492年（魏太和十六年、齊永明十年）九月：「高祖臨宣文堂，見武興王楊集始。既而引集始入宴。」〔註90〕第二次爲497年（魏太和二十一年、齊建武四年）四月：「武興王楊集始來朝。」

武都國（447～477）、武興國（478～553）、陰平國（477～580）。前仇池國乃氐族首領楊茂搜於296年（晉元康六年）建立，371年（晉咸安元年）爲符堅所滅。後仇池國爲楊定於386年（魏登國元年、晉太元十一年）建立，443年（魏太平眞君四年、宋元嘉二十年）遭北魏所滅。武都國是楊文德於447年（魏太平眞君八年、宋元嘉二十四年）建立，477年（魏太和元年、宋昇明元年）又遭北魏所滅。武興國則是楊文弘於478年（魏太和二年、宋昇明二年）所建，506年（魏正始三年、梁天監五年）魏軍擒武興王楊紹先至洛陽，武興國第一次滅亡，之後楊紹先逃回武興復國，553年（西魏廢帝二年、梁承聖二年）西魏滅之，武興國第二次滅亡。陰平國是楊廣香於477年（魏太和元年、宋昇明元年）所建，580年（周大象二年）爲北周所滅。氐族楊氏所建國家並未有前後嚴格之繼承關係，更有同時並立者，如武興國、陰平國。這些氐楊政權面對南北兩大國的攻伐，忽而事北、忽而事南，或兩不依附尋求獨立地位，都是隨著氐族酋首的利益而定。

〔註86〕《南齊書》卷59〈氐傳〉，頁1027。
〔註87〕《魏書》卷101〈氐傳〉，頁2227。
〔註88〕孫武著、吳仁傑注譯，《孫子讀本》〈地形篇第十〉，頁73。
〔註89〕《魏書》卷58〈楊椿傳〉，頁1285。
〔註90〕《魏書》卷59〈劉昶傳〉，頁1309。

〔註91〕不過四個月後，氐族及仇池情勢發生重大變化。該年八月，出身氐族楊氏的北魏南梁州刺史楊靈珍舉州降南齊，齊明帝令其率兵進攻楊集始，欲趁機經略仇池地區，「靈珍攻集始於武興，殺其二弟集同、集眾。集始窮急，請降。」〔註92〕由於楊靈珍、楊集始均為氐楊的領袖人物，在他們先後降南齊後，為了掌握氐族勢力與北魏一爭長短，齊明帝對二人極為優厚，「以靈珍為持節、督隴右軍事、征虜將軍、北梁州刺史、仇池公、武都王。」〔註93〕東昏侯繼位後亦承襲其父對氐族的籠絡政策，「以集始為使持節、督秦雍二州軍事、輔國將軍、平羌校尉、北秦州刺史。」〔註94〕既然楊集始已決定投靠南齊，所以前引文《魏書·楊椿傳》中載楊集始「率賊萬餘自漢中而北，規復舊土。」可能是南齊遣楊集始率軍與北魏爭奪仇池地區領土，一方面是楊集始已歸順南齊，故須奉南齊號令；二方面他也是希望能擁有更多氐族故土，壯大勢力範圍。

　　氐族各部落酋首選擇臣屬南北政權，完全以其個人利益為依歸，何者能給予較大利益？或更能保障安全？亦或擁有安全的生存空間，凡此種種皆是氐族酋首思考的面向，楊集始亦是如此，雖然現階段選擇南齊為其政治依歸，但是一旦有新的變化，可能會促使楊集始在政治上轉向。《魏書·氐傳》載：「景明初，集始來降，還授爵位，歸守武興。」〔註95〕楊集始會再度回歸北魏，應該是和南齊內部動亂有關。由於東昏侯倒行逆施殘殺大臣，引起南齊政治動盪，之後蕭衍起兵征討爆發內戰，值此關鍵時刻東昏侯自然無暇他顧，楊集始眼見南齊政治紛亂，且有可能改朝換代，遂決定叛齊投魏，故上引文中的景明初，當在景明一、二年間（500～501、齊永元二年至梁天監元年），亦即南梁取代南齊時。

　　魏宣武帝甫即位，對楊集始的回歸自然樂見其成，故「還授爵位，歸守武興。」但是氐族內部各部落林立，並未因楊集始的回歸北魏而趨於穩定，反而在503～506年間（魏景明四年至正始三年、梁天監二至三年），梁州氐族爆發四次動亂，北魏朝廷因而派兵鎮壓。第一次在503年（魏景明四年、梁天監二年）：「（正月）梁州氐楊會反。詔行梁州事楊椿、左將軍羊祉討

〔註91〕　《魏書》卷7下〈高祖紀下〉，頁181。
〔註92〕　《南齊書》卷59〈氐傳〉，頁1032。
〔註93〕　《南齊書》卷59〈氐傳〉，頁1032。
〔註94〕　《南齊書》卷59〈氐傳〉，頁1032。
〔註95〕　《魏書》卷101〈氐傳〉，頁2232。

之。……五月甲戌，楊椿、羊祉大破反氐，斬首數千級。」〔註96〕第二次是
505 年（魏正始二年、梁天監四年）：「二月，梁州氐反，絕漢中運路。刺史
邢巒頻大破之。」〔註97〕第三次是四月，「以仇池氐叛，詔光祿大夫楊椿假
平西將軍，率眾以討之。……五月辛巳，氐賊□虎率眾降。」〔註98〕這三次
氐族的動亂都遭魏軍鎮壓迅速平定，但是第四次發生在十一月武興國氐楊統
治集團的謀反，則有南梁勢力介入，亂事長達五個月之久，不過在北魏強大
的軍事優勢下，武興國終遭覆滅，而氐楊統治集團之所以謀反，乃因漢中問
題所起，再加上武興王楊紹先大權旁落，因而招致滅亡命運，據《魏書・氐
傳》載：〔註99〕

> （楊集始）死，子紹先立，拜都督、南秦州刺史、征虜將軍、漢中
> 郡公、武興王；贈集始車騎大將軍、開府儀同三司，諡安王。紹先
> 年幼，委事二叔集起、集義。夏侯道遷以漢中歸順也，蕭衍白馬戍
> 主尹天寶率眾圍之。道遷求援於集起、集義，二人貪保邊藩，不欲
> 救之，唯集始弟集朗心願立功，率眾破天寶，全漢川，集朗之力也。
> 集義見梁益既定，恐武興不得久為外藩，遂扇動諸氐，推紹先僭稱
> 大號，集起、集義並稱王，外引蕭衍為援。安西將軍邢巒遣建武將
> 軍傅豎眼攻武興，克之，執紹先送于京師，遂滅其國，以為武興鎮，
> 復改鎮為東益州。

楊集始卒後，北魏以其子楊紹先繼為武興王，盼能繼續穩定氐族對北魏的向
心。然因楊紹先年幼，政務由楊集起、楊集義兩位叔父執掌，而漢中問題則
成為武興國與北魏決裂的導火線。時南梁梁州長史夏侯道遷欲以漢中降魏，
〔註100〕漢中乃入蜀門戶，戰略地位重要，一旦漢中入魏，北魏即可大舉經
略蜀地，對南梁西疆國防將是一大威脅，故南梁全力阻止北魏掌握漢中。南
梁白馬戍守將尹天寶基於守土之責或奉南梁朝廷命令，率軍包圍漢中阻止夏
侯道遷降魏。

　　北魏見夏侯道遷主動以漢中降魏，使其能以最少的代價佔領漢中，自然
大表歡迎，然因南梁邊區將領的出兵干預，使北魏能否控制漢中橫生變數，

〔註96〕《魏書》卷8〈世宗紀〉，頁195～196。
〔註97〕《魏書》卷8〈世宗紀〉，頁198。
〔註98〕《魏書》卷8〈世宗紀〉，頁199。
〔註99〕《魏書》卷101〈氐傳〉，頁2232。
〔註100〕關於夏侯道遷以漢中降北魏經過，參見本書，頁334～336、338～340。

故必須儘速遣軍入漢中造成佔領的既定事實。但是，若由中央派軍前往恐緩不濟急，最佳的戰略規劃是中央仍遣軍至漢中，但是需另調鄰近州軍迅速先入漢中穩住情勢，等待中央軍隊到來，不過前提是必須在尹天寶梁軍攻入漢中之前。而此時在漢中的夏侯道遷，面對尹天寶率軍包圍，卻遲遲不見魏軍到來，遂向楊紹先求援。按理楊紹先受北魏封賜武興王，理應出兵助夏侯道遷抗擊梁軍，然當時執掌國政的楊集起、楊集義不願出兵，幸楊紹先的另一位叔父楊集朗率軍出擊，並大破尹天寶梁軍，穩住漢中形勢。

（二）魏宣武帝對氐族的強硬政策

北魏因夏侯道遷的請降得以佔有漢中後，對蜀地的經營轉趨積極，而首當其衝的便是武興國，由於其距洛陽遙遠，尚能維持半獨立地位，如今魏軍駐紮漢中，日後若魏宣武帝欲經略蜀地，武興國恐首當其衝無法維持現有地位，楊集起、楊集義爲維持其既有權力，遂煽動氐族各部落起兵謀反，並向南梁求援。北魏見武興國情勢丕變，一旦南梁介入，武興國恐會再度倒向南朝，這對北魏而言乃一大警訊。南北政權爭取氐族勢力不遺餘力，楊紹先之父楊集始任武興王時，在南北間游移，前文已述他曾至洛陽覲見魏孝文帝，之後卻降附南齊，然後又回歸北魏，故魏宣武帝擔憂一旦武興國再入南朝，連帶會影響氐族其他部落對北魏的向心，於是爲了阻止武興國倒向南梁，決定遣將征討，並徹底解決武興國的問題，《魏書・世宗紀》載：〔註101〕

> （505 年、魏正始二年、梁天監四年）冬十有一月戊辰朔，武興國
> 王楊紹先叔父集起謀反，詔光祿大夫楊椿討之。……十有二月庚申，
> 又詔驃騎大將軍源懷愼，〔註102〕令討武興反氐。

魏軍鎮壓武興國的叛亂行動似乎不太順利，十一月爆發時，北魏朝廷即遣光祿大夫楊椿領軍征討，但似乎未有多大效果，遂於次月再令驃騎大將軍源懷率軍支援。從前三次氐族的亂事都能迅速平定來看，第四次叛亂的規模和強度都超越前三次，由此亦可證明武興國的仇池政權乃當時氐族最強大的勢力。而在魏軍的強力鎮壓下，武興國的叛亂終於在三個月後平定，「（魏正始）三年（506、梁天監五年）春正月……壬申，梁秦二州刺史邢巒連破氐賊，克

〔註101〕《魏書》卷 8〈世宗紀〉，頁 201。
〔註102〕《魏書》卷 8〈校勘記〉10，頁 218 載：「按卷 41〈源懷傳〉云本名思禮，『後賜名懷』，此作『懷愼』，疑衍『愼』字。但當時雙名常單稱，所見北魏墓誌中名與史傳不合者此類甚多，也可能源懷實雙名『懷愼』，今仍之。」

武興。……己卯，楊集起兄弟相率降。」〔註103〕

依前引文《魏書・氐傳》、《魏書・世宗紀》所載，北魏共動用楊椿、源懷、邢巒、傅豎眼等四位大將始平定武興國之叛，據此可知氐人的剽悍與勇猛善戰，故不論是北魏或南梁哪方能爭取氐族的歸附，對其軍事力絕對是一大助益。不過亂平後，魏宣武帝並未維持武興國以往的半獨立地位，反而滅其國改爲武興鎮，由北魏朝廷遣將治理，並將楊紹先送至洛陽就近看管，何以致之？筆者認爲魏宣武帝的戰略思考有三：

其一：魏宣武帝執政前期的 503～506 年間（魏景明四年至正始三年、梁天監二至五年），氐族連續爆發四次動亂，可見氐族在北魏治下相當不穩定。氐族各部落林立，彼此間並未有嚴格的從屬關係，其中勢力最強較有政治規模者，乃以仇池爲中心建立的仇池政權，如前述的仇池國、武都國、武興國等。事實上仇池地區雖爲氐族傳統聚集區，但並非所有的氐族皆群居於此，氐族大致分布在隴、蜀之間的西漢水、白龍江、涪水流域，《魏書・氐傳》載：〔註104〕

> 氐者，西夷之別種，號曰白馬。……秦漢以來，世居岐隴以南，漢
> 川以西，自立豪帥。……自汧渭抵於巴蜀，種類實繁，或謂之白氐，
> 或謂之故氐，各有侯王，受中國封拜。

據上引文可知氐族各部落「自立豪帥」、「各有侯王」，並未有統一的領袖。而梁州氐族在503～506 年間連續爆發四次武力反抗北魏的動亂，其中包括勢力最大的武興國，雖然在強大魏軍的彈壓下，順利敉平，但是氐族此仆彼起的亂事，讓北魏君臣對氐族政策有了不同的思考方向。若還是讓氐族「各有侯王」這種半獨立的羈縻方式，在北魏統治力無法推展至氐族基層的情況下，亂事恐會再度爆發。另外，北魏佔有漢中後，北魏和南梁在西南區域及蜀地的戰略形勢發生變化，魏宣武帝對蜀地的企圖大增，準備積極經略，此從其崩逝前一年尚遣高肇率軍伐蜀即可證明。一旦魏軍進攻蜀地，若氐族爆發動亂，將會使魏軍首尾無法兼顧，是繼續進軍亦或先行平亂，會打亂北魏的軍事調度，嚴重影響伐蜀大計。

因此，爲了避免日後魏軍進攻蜀地時遭到氐族叛亂的掣肘，以及將北魏統治力滲透至基層，能完全控制氐族民，不再靠支配氐族酋首而間接對其部

〔註103〕《魏書》卷 8〈世宗紀〉，頁 201。
〔註104〕《魏書》卷 101〈氐傳〉，頁 2227。

落民進行支配，遂決定掃除氐族中勢力最大的武興國。事實上，純粹的武力鎮壓常會招致反效果，滅武興國改武興鎮，將其納入北魏行政體系中，如此作法會使北魏與氐族間沒有任何的疏洪空間，反而不如羈縻武興國令其有半獨立的地位，北魏政府和氐族民中間有武興王君臣等人以資緩衝。或許北魏君臣仍對這個觀點有所思考：繼續維持武興國運作避免改為鎮或州，以免氐人反對北魏的完全掌控而激起動亂。但是在北魏朝廷一貫對地方叛亂大多以武力鎮壓的情形下，魏宣武帝仍然選擇滅亡武興國並直轄其地，希望藉由直接控制氐族人民與土地，減少他們叛亂機會，為日後經略蜀地清除任何可能的障礙。

其二：氐族楊氏建立的仇池政權，因其特殊的地理環境，常利用南北政權的矛盾，加上靈活的戰略運用，有時臣屬北朝、有時又稱藩南朝，藉以獲取自身最大的利益。仇池政權最早向北魏朝貢的紀錄是在魏道武帝時，「天興初，遣使朝貢，詔以（楊）盛為征南大將軍、仇池王。……盛以兄子撫為平南將軍、梁州刺史，守漢中。」〔註105〕天興初當指天興一、二年間（398～399、晉隆安二至三年）。仇池主楊盛原稱藩於東晉，他見魏道武帝創建北魏後迅速興起成為北方強大的勢力，對比暮氣深沉的東晉，或許當時楊盛觀察到北魏即將崛起，遂有意偏向力量強大的一方，以尋求更有力的依靠，因此特意與之交結。

仇池政權雖然早在魏道武帝時即接受北魏冊封，但並未專事北魏。東晉滅亡後，劉宋、南齊、南梁依序興替，在這三個南朝政權與北魏對峙過程中，為了拉攏氐族勢力，均曾賜與仇池政權官爵或封號，〔註106〕仇池政權忽而事南、忽而事北的外交手段，雖然為其爭取到發展空間，但是也對北魏造成困擾。當仇池政權專事南朝時，常會受其號令興兵侵擾魏境，造成北魏邊防警訊頻傳，如前文曾述及楊集始臣屬南齊時曾進犯北魏邊區。至於魏宣武帝為何有滅亡武興國的戰略作為，應是他擔憂日後魏軍進攻蜀地或與梁軍交戰時，武興國接受南梁的利誘出兵襲擾，如此將嚴重威脅魏軍的側翼或後防，故為防止上述情況發生，俾能專力與南梁爭奪蜀地，唯有消滅武興國，盡領其眾、盡併其土，讓武興國成為北魏治下的一鎮或一州。

〔註105〕《魏書》卷101〈氐傳〉，頁2229。

〔註106〕仇池政權接受劉宋、南齊、南梁等政權之冊封，參見《宋書》卷98〈氐胡傳〉，頁2403～2411。《齊書》卷59〈氐傳〉，頁1027～1031。《梁書》卷54〈諸夷‧武興傳〉，頁816。

其三：氐族在南北朝時所建國家，前後有仇池國、武都國、武興國、陰平國等，但事實上這些國家的部落色彩極濃，部落組織在上述各國家中起著相當重要作用，同時也因部落作用的存在，氐人勇猛剽悍，尚武風氣濃厚，史載：「氐人勇戇。」〔註107〕而北魏也有猛將出自氐族楊氏，楊大眼即是一例，《魏書·楊大眼傳》云：〔註108〕

> 楊大眼，武都氐難當之孫也。少有膽氣，跳走如飛。……從高祖征宛、葉、穰、鄧、九江、鍾離之間，所經戰陳，莫不勇冠六軍。……大眼善騎乘，裝束雄竦，擐甲折旋，見稱當世。……自爲將帥，恒身先兵士，衝突堅陳，出入不疑，當其鋒者，莫不摧拉。

楊大眼乃一員驍將，南征北討爲北魏立下不少汗馬功勞。其實不只楊大眼，北魏軍隊的中級軍官、基層士兵，也包括爲數不少的氐人。北魏雖是鮮卑拓跋氏所建，但其軍隊組成包括各個民族，如魏太武帝於451年（魏正平元年、宋元嘉二十年）第三次魏宋大戰時，親率軍隊圍攻盱眙，與劉宋盱眙守將臧質爆發激烈戰鬥，〔註109〕魏太武帝致書臧質勸其投降，書信中曾提及圍城魏軍士兵的組成，「吾今所遣鬭兵，盡非我國人，城東北是丁零與胡，南是三秦氐、羌。」〔註110〕可見氐人很早就被北魏徵召爲兵，當然亦包括其他少數民族，而這些少數民族多是以部落的型態存在，因此勇猛善戰，能提升北魏軍隊的戰力。而在武興國存在的情況下，北魏朝廷雖可透過武興王楊紹先徵召其氐族子民爲兵，但畢竟中間隔著一層，氐楊統治集團有時會有意見，若將半獨立的武興國滅之，改派官員或將領駐守，便可直接秉承北魏朝廷號令，如此一來，徵召氐族男丁從軍將無任何阻礙。

綜合上述，魏宣武帝因爲氐族管理不易，跟其他少數民族一樣常有亂事發生，且透過氐族酋首的間接管理，北魏無法完全控制氐族；加上爲避免氐族依附南梁，趁北魏經略蜀地或魏軍與梁軍作戰時從旁牽制，以及對氐人徵兵的需求，遂滅亡武興國，改爲武興鎮，並遷楊紹先至洛陽，且爲強化北魏的統治，再改鎮爲州，「執紹先送于京師，遂滅其國，以爲武興鎮，復改鎮爲

〔註107〕《後漢書》卷86〈南蠻西南夷列傳〉，頁2859。
〔註108〕《魏書》卷73〈楊大眼傳〉，頁1633～1635。
〔註109〕關於盱眙之役的詳細經過，可參見筆者著，《北魏與劉宋戰略關係研究——從國家戰略觀點的解析（下）》第四章〈全國總動員的對抗——魏太武帝後期與劉宋之戰略關係（439～452）〉，頁228～231。
〔註110〕《宋書》卷74〈臧質傳〉，頁1912。

東益州。」〔註111〕先改爲軍事色彩濃厚的鎮，再更易爲一般的行政州，可見魏宣武帝意欲將氐族在仇池地區的勢力，全數納入北魏的行政體系中。東益州領武興、仇池、槃頭、廣萇、廣業、梓潼、洛叢等七郡，〔註112〕而這些州郡人口的生產力與兵源提供，對北魏而言，乃一大助益。然而，魏宣武帝對氐族的強勢作爲，是否眞能達成其執行這些作爲的目的，這可從其日後伐蜀與南梁作戰時得到驗證。不過，就在他遣高肇率十萬大軍伐蜀，與南梁軍隊尚未爆發大規模戰鬥時，魏宣武帝即崩逝，之後北魏朝廷更召回伐蜀大軍，對蜀地的經略因而停止，因此無從得知，納入一般州郡管理的氐族，是否會在魏軍伐蜀與梁軍作戰時，趁機作亂或叛魏投梁，並協助梁軍對魏軍作戰了。

　　魏宣武帝一朝能強化對蠻族及氐族的控制，並非其一人所爲之結果，而是北魏對待蠻族及氐族政策使然。北魏一開始爲了和南朝爭奪蠻族，自然以籠絡爲主，對蠻酋封賞官爵並給予權力，北魏朝廷賦予蠻酋的權力，並非僅是一般官員的行政權力，如大陽蠻桓誕「聽自選郡縣。」〔註113〕光城蠻田益宗「所統守宰，任其銓置。」〔註114〕田益宗歸附北魏是在桓誕之後，桓誕當時正是北魏籠絡政策最高峰之時，所以連田益宗都能自己任命所轄之地的官員，桓誕雖然史載僅有讓其自選郡縣，但是想當然爾，其統轄之地的官員應該也是由他決定。不過隨著這些蠻酋依附日久，北魏對他們的控制力逐漸增強，自然無法容許其治下有半獨立的地區存在。是故從魏孝文帝中、後期始，已開始採行削減蠻族勢力的措施，這也是爲什麼桓誕卒後，其子桓暉、桓叔興無法擁有和其父一樣權力的原因了。

　　魏宣武帝上台後，對蠻族、氐族雖仍是一貫的剿、撫二策，但是手段與態度卻強硬許多，甚至動用武力征討。除了是延續魏孝文帝持續削弱蠻族勢力的政策外，另一個重要原因是北魏的勢力已逐漸深入蠻區。北魏自魏獻文帝至魏孝文帝，對南方開疆闢土頗見成效，青齊、淮北、淮西、沔北等地相繼入魏，魏宣武帝又取得壽春及其周圍淮南地域。北魏在上述地區設官治理，而軍隊必然也會進駐，這些都會對蠻族構成壓力，或許以往蠻族大多在南朝

〔註111〕《魏書》卷101〈氐傳〉，頁2232。
〔註112〕《魏書》卷106下〈地形志下〉，頁2613～2614。
〔註113〕《魏書》卷101〈蠻傳〉，頁2246。
〔註114〕《魏書》卷61〈田益宗傳〉，頁1370。

領域，北魏無法直接接觸，但現在北魏統治之地已有許多蠻族，對蠻族爆發動亂的容忍度勢必降低。故魏宣武帝對待蠻族及氐族，仍維持其既有權力與地位，但是一有動亂或非法情事，則正好提供魏宣武帝用兵的理由。這也就是為什麼楊集始反覆在南北政權間降附，引起魏宣武帝不滿，最後利用氐楊統治集團謀反，一舉滅其國而成為北魏治下的一般州郡，更執楊紹先至洛陽看管的原因了。相同情形亦發生在蠻酋田益宗身上，利用其貪暴契機，用兵東豫州，剷除田氏家族勢力，更拔除田益宗東豫州刺史之職，遷至洛陽監管。

總而言之，魏宣武帝一朝長期的魏梁戰爭，基於戰爭的需要，對蠻族和氐族都極力爭取，也因為和他們接觸日廣，使魏宣武帝較其父祖對蠻族、氐族問題更加關注，雖然他也是透過撫慰與武力雙管齊下的方式，但是愈往後期發兵征討的情況愈多，也因直接治理較間接治理更能鞏固北魏的統治，從而使北魏對蠻族、氐族的控制，得到進一步的加強。

第三節　北魏經濟與生產的破壞

魏宣武帝積極對南梁用兵，雖然對北魏有正面的助益，但戰爭不可避免的會造成士兵大量傷亡及物資、糧食、戰馬、武器等損耗，而這些對北魏的經濟、社會、民生等層面都造成負面影響。

戰爭對民生經濟影響頗大，最直接影響的即是大量男丁應召入伍，在以農業為主要生產方式的中原地區，男丁是勞動力的來源，現為了作戰需要，不得不棄耕從軍，勞動力不足的結果導致農田廢耕，直接受衝擊的是生產減退，接著便是賦稅減少影響國家經濟。散騎常侍、兼尚書盧昶在對魏宣武帝的奏章中詳實描述戰爭對農業、生產及經濟的破壞，史載：〔註115〕

> 汝潁之地，率戶從戎；河冀之境，連丁轉運。又戰不必勝，加之退負，死喪離曠，十室而九。細役煩徭，日月滋甚；苛兵酷吏，因逞威福。至使通原遙畛，田蕪罕耘；連村接閈，籲飢莫食。

從上引文可知戰爭對農村的破壞，「至使通原遙畛，田蕪罕耘。」原本應從事農業生產的農民戰死沙場，耕地無人耕種導致荒廢，如此國家經濟必然遭受影響。另外從「汝潁之地，率戶從戎；河冀之境，連丁轉運。」這兩句透露出兩點經濟上的困境。

〔註115〕《魏書》卷47〈盧昶傳〉，頁1056。

　　第一，北魏在與南梁長期作戰的過程中，徵召各地男丁從軍，所謂三丁抽一、五丁抽二，歷朝歷代率皆如此，但是由「汝潁之地，率戶從戎。」一語觀之，為了應付戰事需要，大批農民投入軍隊，生產荒廢實屬必然，而且這個現象並非只有汝、潁等一兩處，而是多數州郡百姓皆應召入伍，如北魏因裴叔業的降附而取得壽春後，梁武帝對壽春虎視眈眈，急欲奪回該軍事重鎮。魏宣武帝為加強壽春防務，503 年（魏景明四年、梁天監二年）六月，「發冀、定、瀛、相、并、濟六州二萬人、馬千匹，增配壽春。」〔註 116〕從六州抽調二萬兵力增防壽春，平均一州約三千餘人，不論這三千餘人是否為原來各州既有武力，或是重新自百姓中征發，都屬額外兵力，即便是從各州州軍徵調，該州兵力減少三千，勢必對防禦體系產生影響，故為健全防禦體系必須再從該州徵召男丁補充兵力，可見隨著北魏版圖擴大城戍增多，軍隊數量也必然隨之成長，而這些當然由廣大的百姓負擔，此一例也。506 年（魏正始三年、梁天監五年）因梁武帝北伐爆發的魏梁第二次大戰，雙方戰鬥激烈互有勝敗，〔註 117〕至六、七月時魏軍逐漸取得優勢，《魏書・世宗紀》載：六月「丁未，假平南將軍奚康生破蕭衍將張惠紹，斬其徐州刺史宋黑。丁巳，詔尚書邢巒出討徐兗。」〔註 118〕七月「戊子，中山王英大破衍徐州刺史王伯敖於陰陵，斬其將二十五人，首虜五千有餘。己丑，詔發定、冀、瀛、相、并、肆六州十萬人以濟南軍。」〔註 119〕魏宣武帝為了乘勝追擊，增援十萬兵馬交由安樂王元詮率領投入淮南戰場，而這十萬部隊由上述六州徵調，平均一州一萬六、七千人，較 503 年（魏景明四年、梁天監二年）各州支援三千餘人增防壽春多了至少五倍之多，這些援軍的兵源自然又是各州百姓承擔，由此可見，隨著戰事的綿延與戰場的擴大，百姓負擔的兵役愈來愈多，其痛苦可想而知，此二例也。514 年（魏延昌三年、梁天監十三年）十月已是魏宣武帝末期，其於兩個多月後崩逝，但是他仍然以高肇為平蜀大都督，率十萬大軍西伐，雖然史未明載這十萬部隊來源為何，但是必定有部分徵自各州郡，各州郡百姓應召入伍的結果，又是農田廢耕、農村凋敝，北魏人民遭受戰爭的荼毒由此可見一斑，此三例也。

　　第二，戰爭行為不只在戰場的衝殺，軍糧等後勤供應亦是不可或缺的部

〔註 116〕《魏書》卷 8〈世宗紀〉，頁 196。
〔註 117〕關於這次的戰爭，詳見本書，頁 338～361。
〔註 118〕《魏書》卷 8〈世宗紀〉，頁 202。
〔註 119〕《魏書》卷 8〈世宗紀〉，頁 203。

分，北魏百姓除了作爲兵源補充上戰場作戰外，還需承受糧食的運輸，換言之，健壯男丁作爲士兵衝鋒陷陣，而糧食運輸則由體格條件次等之男丁擔任，亦即所有男性幾乎投入所有戰爭行爲中，差別僅是前線或後勤而已，「河冀之境，連丁轉運。」正可說明男丁運送軍糧的現象。另據《魏書‧食貨志》：〔註120〕

> 自徐揚內附之後，仍世經略江淮，於是轉運中州，以實邊鎮，百姓疲於道路。乃令番戍之兵，營起屯田，又收內郡兵資與民和糴，積爲邊備。有司又請於水運之次，隨便置倉，乃於小平、石門、白馬津、漳涯、黑水、濟州、陳郡、大梁凡八所，各立邸閣，每軍國有須，應機漕引。

北魏朝廷對軍糧的運輸，乃由中原地區向邊防重鎮運送，由於運輸過程路途遙遠，故有「百姓疲於道路」之語。之後爲了因應對南梁的長期戰事，需有穩定的兵源供應，不得不減少軍糧轉運人力，俾便將輸送軍糧的男丁也能投入戰場，遂利用屯田與和糴的方式加以解決。接著更在八個水陸要衝設置倉儲，一旦有戰事需要，便可就近供應。雖然軍糧供應問題看似解決，其實不然，這些原來歸屬於運輸軍糧的男丁，因爲北魏長期與南梁的軍事對峙導致兵力吃緊轉而投入作戰領域，北魏政府實質上加諸百姓身上的戰爭負擔仍未解決，只是負擔戰事的領域不同罷了。而且北魏百姓生產的糧食，必然優先提供戰爭需求，如此會排擠民生糧食的供應，若再加上天災影響，糧食問題更爲嚴重，尤其是延昌年間水旱災頻傳，512 年（魏延昌元年、梁天監十一年）六月《魏書‧世宗紀》載：「去歲水災，今春炎旱，百姓饑餒，救命靡寄。」〔註121〕次年八月又載：「頃水旱互侵，頻年饑儉，百姓窘弊。」〔註122〕雖然北魏人民遭受這麼多天然災害的創傷，但是 512～514（魏延昌元至三年、梁天監十一至十三年）這幾年間，北魏與南梁在東部、中部、西部三條戰線都有戰事發生，〔註123〕即便北魏如其他朝代一樣，對災民仍有開倉賑濟的緊急救助措施，如 512 年（魏延昌元年、梁天監十一年）六月，魏宣武帝「詔出太倉粟五十萬石，以賑京師及州郡饑民。」〔註124〕次年「夏四月庚子，

〔註120〕《魏書》卷110〈食貨志〉，頁 2858。
〔註121〕《魏書》卷8〈世宗紀〉，頁 212。
〔註122〕《魏書》卷8〈世宗紀〉，頁 213。
〔註123〕參見本書表三：魏宣武帝與南梁戰爭年份與戰線統計表，頁 488～489。
〔註124〕《魏書》卷8〈世宗紀〉，頁 212。

以絹十五萬匹賑恤河南郡饑民。……六月乙酉，青州民饑，詔使者開倉賑恤。」
〔註125〕雖然災民受到一定程度的救濟，但是在需應付南方戰事的前提下，糧
食供應必然有一部份置於軍事用途，如此會排擠災民的糧食救濟，故以反面
思考言之，若南方無戰事，即不需戰備存糧，北魏政府便能將各倉儲之糧全
數用於災民。當然，魏梁雙方有無戰爭並非北魏能片面決定，若南梁發動北
伐，北魏必然反抗而爆發戰爭，不過這種情況就百姓心態而言多少能體諒，
此乃保家衛國不得不然。事實上，北魏與南梁的衝突大多是北魏挑起戰爭，
換言之，魏宣武帝將百姓捲入戰爭的苦難中，即便在其崩逝的當年仍然調動
十萬大軍伐蜀，而十萬軍隊又要徵召多少男丁入伍，又要準備多少軍糧供應，
這些都是一筆龐大的數目，由此可見，魏宣武帝長期對南梁用兵，百姓因而
遭受戰爭傷害的程度，不言可喻。

第四節　北魏社會對戰事的負擔與疲憊

　　長時期的戰爭會帶來軍隊大量的傷亡，而士兵是軍隊的主體，他們來自
社會各階層、各家庭，一旦陣亡或重傷都會對他們的家庭和社會帶來重大影
響。在經年累月的征戰下，北魏朝廷多位大臣，皆曾向魏宣武帝上奏或進言，
論及陣亡、傷殘將士的嚴重性及帶來的社會問題，如太尉長史裴宣曾進言：
〔註126〕

　　　　自遷都已來，凡戰陳之處，及軍罷兵還之道，所有骸骼無人覆藏者，
　　　　請悉令州郡戍邏檢行埋掩。并符出兵之鄉：其家有死於戎役者，使
　　　　皆招魂復魄，祔祭先靈，復其年租調；身被傷痍者，免其兵役。

另太常卿崔光亦上表云：「南境死亡千計，白骨橫野，存有酷恨之痛，歿爲怨
傷之魂。」〔註127〕由這兩則記載可知魏軍士兵在戰爭中傷亡頗眾，甚至白骨
橫於野而無人覆藏，「歿爲怨傷之魂。」形容的甚爲貼切。至於躲過戰禍倖存
者，身體必然遭受輕重不等的傷害，即便肉體無任何傷痕，但是精神上的創
傷與陰影，也很難短時間抹去，「存有酷恨之痛。」即是謂此。

　　家庭成員有人因戰爭傷亡，對整個家庭影響巨大，陣亡者其父母妻兒需
忍受失去兒子、丈夫、父親的悲痛，且整個家庭失去一個最主要的勞動生產

〔註125〕《魏書》卷 8〈世宗紀〉，頁 213。
〔註126〕《魏書》卷 45〈裴宣傳〉，頁 1023。
〔註127〕《魏書》卷 67〈崔光傳〉，頁 1489。

力；重殘者雖保住性命，但生產力必定減半。大部份百姓都樂於安居不喜戰爭，而戰爭型態的不同也會影響百姓對政府的觀感，如果是外敵入侵，必須保家衛國，此乃不得不然，需為生存而戰；若是侵略型態的戰爭，如魏宣武帝長期對南梁的侵略戰爭，初期或許百姓接受徵召，還能為北魏的光榮而戰、為建立統一王朝而戰，但是隨著戰事的綿延、戰場的擴大，對南梁的戰爭卻始終沒有結束的跡象，加上傷亡人數不斷成長，必然引起人民的怨懟，加深社會矛盾，北魏朝廷已有部分大臣注意到這個現象，向魏宣武帝提出呼籲，如崔光曾上表建言：〔註128〕

> 百姓困窮，絞縊以殞。北方霜降，蠶婦輟事。羣生憔悴，莫甚於
> 今。……陛下為民父母，所宜矜恤。國重戎戰，用兵猶火，內外怨
> 弊，易以亂離。

崔光認為長年的戰事使民生憔悴、社會疲憊，若再逢天災肆虐，會使百姓在天災人禍的雙重影響下，生活痛苦，便會有不滿的怨氣，這股怨氣一旦爆發，容易激起亂事，所謂「內外怨弊，易以亂離。」因此希望魏宣武帝能暫停對南梁的戰事，先與民休養生息，及至社會安定、國力恢復後再向南用兵。不過，魏宣武帝並未接受崔光的建言，仍然持續執行其積極南進的國家戰略，導致北魏社會和百姓困苦的局面並未改善，而身為臣子的崔光也只能一再規勸魏宣武帝，其云：〔註129〕

> 且南西未靜，兵革不息，郊甸之內，大旱跨時，民勞物悴，莫此之
> 甚。承天子育者，所宜矜恤。

鑑於北魏社會因戰爭和天災導致困頓的情況一再發生，尤其「民勞物悴，莫此之甚。」一語點出當前的社會局勢，不少大臣和崔光一樣都抱持相同立場要求魏宣武帝體恤民情、珍惜民力，散騎常侍盧昶是另一個代表，他曾上表曰：〔註130〕

> 然自比年以來，兵革屢動。荊揚二州，屯戍不息；鍾離、義陽，師
> 旅相繼。兼荊蠻凶狡，王師薄伐，暴露原野，經秋淹夏。

從盧昶的奏表可知，北魏用兵的對象並非僅有南梁，尚有依違南北政權間，動輒叛亂的蠻族，因此在戰事不斷的情況下，只會加重北魏社會對戰爭的承載度，若持續對外用兵，恐會引起百姓不滿及社會騷動，屆時階級問題、民

〔註128〕《魏書》卷67〈崔光傳〉，頁1489。
〔註129〕《魏書》卷67〈崔光傳〉，頁1490。
〔註130〕《魏書》卷47〈盧昶傳〉，頁1056。

族問題等北魏社會不安的因子一旦爆發，恐會激起亂事。尤其北魏乃鮮卑拓跋氏所建，以少數民族統治廣大的漢人，雙方原本即存在民族矛盾，加上北魏積極漢化並遷都洛陽後，統治階級內部又有漢化與草原文化的路線之爭，北魏社會這些不穩定的因子是否會因長期戰爭導致百姓對政府的不滿，進而催化這些因子引發動亂，實有其可能。

綜上所述，北魏朝廷部分眼光深遠的大臣如裴宣、崔光、盧昶等人，都對經年累月的戰事導致社會困頓、百姓痛苦指數不斷飆高、甚至可能引發動亂的情形感到憂心，先後向魏宣武帝提出警訊，希望能停止戰爭，讓社會恢復元氣。然在君主封建的體制下，大臣建言端賴為君者是否願意傾聽，上述大臣的主張並未被魏宣武帝所接受，對南梁的戰事依然持續著，直至他崩逝為止，而疲憊的北魏社會與百姓也一再承載戰爭加諸其上的負擔。

第五節　小　結

魏宣武帝時期北魏與南梁的戰爭，可謂魏宣武帝一生與梁武帝的較量，魏宣武帝並未如梁武帝般長壽，僅在位十六年、三十三歲即過世，不似梁武帝在位四十八年、享壽八十六。〔註131〕魏宣武帝與南梁戰爭頻率如此之高，雖然仍是秉持北魏意欲滅亡南朝建立大一統王朝的國家戰略，但是戰爭型態已有所改變，至其後期時，少見全面性的大戰，而是區域性質的有限戰爭居多。由於以往北魏動輒以龐大軍力威嚇南朝，組織大軍南伐，鯨吞不少城戍和土地，但多是得地而不能守，如魏太武帝。〔註132〕事實上，魏宣武帝前期

〔註131〕魏宣武帝生於483年（魏太和七年、齊永明元年），卒於515年（魏延昌四年、梁天監十四年），年三十三；在位十六年，從太和二十三年至延昌四年（499～515、齊永元元年至梁天監十四年）。參見《魏書》卷8〈世宗紀〉，頁191～215。梁武帝生於464年（魏和平五年、宋大明八年），卒於549年（梁太清三年、東魏武定七年），年八十六；在位四十八年，從梁天監元年至太清三年（502～549、魏景明三年至東魏武定七年）。參見《梁書》卷1〈武帝紀上〉，頁1；卷2〈武帝紀中〉，頁33；卷3〈武帝紀下〉，頁95。

〔註132〕魏太武帝組織大軍與劉宋作戰，雖能給予劉宋極大的武力威嚇，戰爭初期大多能屢敗宋軍，佔領不少城戍與土地，但是至戰爭後期往往無法守護，待魏軍北返後，所佔城戍與土地又回歸劉宋。關於魏太武帝與劉宋戰爭，及其佔領城戍、土地又撤退情形，可參見筆者著，《北魏與劉宋戰略關係研究——從國家戰略觀點的解析（上）（下）》第三章〈攻勢與守勢兼具——魏太武帝前期與劉宋之戰略關係（423～439）〉，頁125～170；第四章〈全國總動員的對抗——魏太武帝後期與劉宋之戰略關係（439～452）〉，頁171～270。

亦有這種情形發生，但是在中、後期時已轉爲以中小型戰爭爲主，戰爭時間較長，以蠶食方式佔領南梁城戍與土地。戰爭型態與佔領方式的改變──從鯨吞到蠶食，使魏宣武帝對南梁疆域的拓展獲得一定成果，如淮南重鎮壽春、義陽的入魏，以及蜀地漢中、巴西、劍閣等鎮戍的入魏，劍閣以北之地亦入魏。〔註133〕同時也因對蜀地拓展順利，帶給魏宣武帝信心，才有他後期少見的積極攻勢，以十萬大軍進攻蜀地。而上述城戍與土地的佔領，也成爲魏宣武帝長期和南梁戰爭中的一大成果。另一個成果是北魏勢力的不斷往南推進，和蠻族及氐族的接觸也更加頻繁，而在魏宣武帝父祖長期對蠻族、氐族的經營下，至其繼位時，已有足夠的力量採取強硬手段，以軍事力對付蠻酋及氐族酋首，徹底消除他們在蠻族、氐族裡的權勢與影響力，北魏不再需要透過他們間接管理，而是能直接管理蠻民和氐人，強化了北魏對蠻族和氐族的控制。

　　不過，魏宣武帝與南梁長期的戰事，雖然在疆域的拓展及對蠻族、氐族的控制得到正面助益，但不可否認，對北魏的經濟與社會都造成負面傷害。戰爭所需兵源、物資皆是取之於社會，長期的戰爭導致大量將士傷亡，對無數家庭造成傷害，且這些受徵召赴前線打仗的男丁，若是承平時期，當可投入各項生產行業，現完全將其置於軍事力的展現，自然無法發揮其勞動力，受影響的當然是北魏的經濟。再者，南北交界地區常成爲魏梁軍隊交鋒之處，受到的戰爭破壞，不論是農業、手工業的廢弛，或是屋舍、田園遭戰火所毀，都對當地社會、經濟造成損害。然而，在統治階級一統南北的思維下，基層百姓的聲音往往得不到重視，且身處封建專制的政治環境，百姓只能繼續被迫赴戰場，並將各項生產提供軍需。於是在戰爭似乎沒有停止跡象的情形下，百姓的不滿逐漸累積，若逢水旱災及飢荒，百姓的痛苦可想而知，加上北魏又是少數民族政權，於是在北魏社會中，階級矛盾、民族矛盾等問題暗潮洶湧，隨時在找尋宣洩的出口。

　　魏宣武帝一朝的戰爭另有一重要特徵，即是魏宣武帝的戰略眼光幾乎聚焦於南梁，此乃與北方宿敵柔然的勢力消長有關。柔然經過北魏歷代君主的討伐，至魏孝文帝時已大爲衰弱，加上太和十一年（487、齊永明五年）高車背叛柔然，高車亦是勢力強大的游牧民族，在與柔然長年相互攻擊下，柔然勢衰，已無法控制其他少數民族，於是邊疆各少數民族幾乎全歸向北魏，

〔註133〕參見顧祖禹，《讀史方輿紀要》卷4〈歷代州域形勢四・南北朝〉，頁186。

太和十七年（493、齊永明十一年）「諸邊君蕃胤，皆虔集象魏，趨鏘紫庭。」
〔註 134〕柔然至此已不復北魏前期的實力雄厚，能動輒入寇威脅北魏生存，
不過卻也同時導致北魏國防政策的改變，將國防重心由北方轉至南方。魏宣
武帝時期與柔然戰略關係平和，雙方僅有一次對峙，時為「正始元年（504、
梁天監三年）九月，有告蠕蠕率十二萬騎六道並進，欲直趨沃野、懷朔，南
寇恆代。」〔註135〕魏宣武帝詔左僕射源懷加使持節、侍中率軍抗擊，源「懷
至雲中，蠕蠕亡遁。」〔註 136〕兩軍尚未交戰，柔然已遠遁。至於柔然其他
見諸史端者，都是遣使至北魏朝獻、請和的記載，「正始三年（506、梁天監
五年），伏圖遣使紇奚勿六跋朝獻，請求通和。」〔註137〕伏圖為柔然主他汗
可汗，由於柔然衰頹，故魏宣武帝強硬要求，「通和之事，未容相許。若修
藩禮，款誠昭著者，當不孤爾也。」〔註 138〕亦即要柔然自降為北魏藩國，
才願與之修好。二年後，伏圖又遣使「奉函書一封，并獻貂裘，世宗不納，
依前喻遣。」〔註 139〕伏圖死後，「子醜奴立，號豆羅伏跋豆伐可汗。……永
平四年（511、梁天監十年）九月，醜奴遣沙門洪宣奉獻珠像。」〔註 140〕

　　承上，在南北二敵中柔然勢衰的戰略態勢下，北魏與柔然關係漸趨平和，
北方不再警訊頻傳，也促使魏宣武帝將戰略目標鎖定南梁。也因如此，魏宣
武帝一朝的對外戰爭幾乎都集中在南方，造成國家戰略主軸向南梁傾斜，重
南輕北的結果，使備禦柔然的北鎮將士逐漸被忽略，軍人能從戰爭中獲致利
益及獎賞者，率皆對南梁作戰所得，既是如此，能否能將北鎮部隊調至南方
作戰，使其獲軍功及封賞呢？這種軍隊換防輪流屯駐各要地的更戍法並非不
可，而是有一定的困難。由於南北戰略目標不同，北鎮部隊需與柔然作戰，
故以騎兵為主，戰鬥訓練著重騎射及馬上衝殺，若調至河湖交錯的南方作戰，
能否對抗南梁的水軍優勢，乃一大問題。再者，南方氣候、地形與北地全然
不同，這些影響戰力的因素都必須考慮。因此，魏宣武帝當思考的是，當其
將國防重心置於南方、戰略目標鎖定南梁時，北方雖然與柔然戰略關係平和
衝突不多，但是仍應善待北鎮將士，勿令他們因待遇不佳、升遷無望，導致

〔註134〕《魏書》卷 7 下〈高祖紀下〉，頁 171。
〔註135〕《魏書》卷 41〈源賀附子懷傳〉，頁 927。
〔註136〕《魏書》卷 41〈源賀附子懷傳〉，頁 927。
〔註137〕《魏書》卷 103〈蠕蠕傳〉，頁 2297。
〔註138〕《魏書》卷 103〈蠕蠕傳〉，頁 2297。
〔註139〕《魏書》卷 103〈蠕蠕傳〉，頁 2297。
〔註140〕《魏書》卷 103〈蠕蠕傳〉，頁 2297。

怨恨陡生，進而引爆亂事。〔註141〕這些不滿的情緒雖然在魏孝明帝時爆發成六鎮之亂，但其潛藏、累積則是在魏宣武帝時，是故他對北鎮日漸忽視的過程，也成為魏宣武帝長期對南梁戰爭的負面影響之一。

〔註141〕關於北鎮將士從以往備受北魏朝廷重視，鎮將多是具皇族、宗室、代人貴族
　　　　等身分者出任，卻因柔然衰微使其遭受忽視的過程，本書在後續章節有詳盡
　　　　論述，參見本書，頁 587～592。